上海高水平地方高校重点创新团队『中国特色社会主义涉外法治体系研究』项目资助
国家社科基金16CFX058项目资助

金砖国家投资者保护法律制度比较研究

陈文婧 著

金砖国家法律研究 第七卷

法律出版社
LAW PRESS·CHINA
北京

图书在版编目（CIP）数据

金砖国家投资者保护法律制度比较研究 / 陈文婧著.
北京 : 法律出版社, 2024. -- ISBN 978-7-5197-9359-3

Ⅰ. D910.4

中国国家版本馆 CIP 数据核字第 20246B20P1 号

金砖国家投资者保护法律制度比较研究
JINZHUAN GUOJIA TOUZIZHE BAOHU FALÜ ZHIDU BIJIAO YANJIU

陈文婧 著

策划编辑 高 飞
责任编辑 高 飞
装帧设计 臧晓飞

出版发行 法律出版社
编辑统筹 质检中心
责任校对 王 丰
责任印制 吕亚莉
经　　销 新华书店

开本 710 毫米×1000 毫米 1/16
印张 22.75 **字数** 346 千
版本 2024 年 9 月第 1 版
印次 2024 年 9 月第 1 次印刷
印刷 北京新生代彩印制版有限公司

地址:北京市丰台区莲花池西里 7 号(100073)
网址:www.lawpress.com.cn
投稿邮箱:info@lawpress.com.cn
举报盗版邮箱:jbwq@lawpress.com.cn
销售电话:010-83938349
客服电话:010-83938350
咨询电话:010-63939796

书号:ISBN 978-7-5197-9359-3 **定价**:86.00 元

凡购买本社图书,如有印装错误,我社负责退换。电话:010-83938349

目　录

绪　论

2001年，经济学家吉姆·奥尼尔（Jim O'Neill）在其发表的文章《全球经济需要更好的经济之砖》（*Building Better Global Economic BRICs*）中首次提出了“金砖国家”的概念，将巴西、俄罗斯、印度和中国合称为“金砖国家”（BRIC）。吉姆·奥尼尔认为金砖国家具有经济高速发展、人口多等共性，并预测金砖国家在未来作为新兴市场国家的代表，将对世界经济发展起到举足轻重的作用。2010年，随着南非的加入，金砖国家扩展成为“金砖五国”（BRICS）。[1] 在金砖机制已走过17年之际，2023年8月24日在南非举行的金砖国家领导人第十五次会晤特别记者会宣布，邀请沙特、埃及、阿联酋、阿根廷、伊朗、埃塞俄比亚正式成为金砖大家庭成员，成员身份将于2024年1月1日生效。[2] 实际上，在过去20多年里，金砖国家发展迅速，平均数据显示，该组织的国内生产总值约占到全球总量的20%，贸易额占全球贸易额的15%，对全球经济贡献率约为50%。而在如今单边主义、霸权主义抬头，世界进入单极化趋势的背景下，金砖的此次“扩容”无疑为推动多极化和国际秩序朝着更加公正合理方向发展提供了积极的信号。金砖机制也成了广大发展中国家缔结友谊，共谋发展的平台。

改革开放40多年以来，尤其是在2001年加入世界贸易组织（WTO）之

---

〔1〕 在2010年9月举行的G20峰会期间，南非政府正式申请加入“BRIC”。2010年12月，中国作为当时金砖国家的轮值国，向南非发出加入邀请，2011年4月，南非总统出席了金砖国家第三次峰会，标志着南非正式加入金砖国家。

〔2〕 柳丝等：《金砖历史性扩员让“金字招牌”更闪亮——国际人士看好金砖合作未来前景》，载人民网，http：//world. people. com. cn/n1/2023/0824/c1002-40063387. html，2023年8月29日最后访问。

后的20多年来，中国经济在各方面取得了长足的进步。资本的“引进来”和“走出去”一直伴随着改革开放以来中国经济的发展。1992年至2010年，中国连续19年成为世界上吸引外商直接投资最多的发展中国家。自20世纪90年代以来，越来越多的中国投资者开始“走出去”，进行对外直接投资。尽管“走出去”是符合当下国家战略的一条必由之路，但“走出去”之路并非坦途，时常面临投资所在国的法律风险。麦肯锡咨询公司的一项数据显示，在过去的20年里，在全球大型企业兼并案中，真正取得预期效果的比例不超过50%，而中国则有67%的海外收购不成功。[1] 在中国企业“走出去”的征途中，遭受失败以及投资风险大多因对所在国法律以及政策环境的不了解，中国投资者对相关风险防范和权益保障准备不足。

目前，金砖国家之间的投资日渐频繁，但有别于传统的美国、英国、日本等发达国家，国内学者以及法律实践从业人员对金砖国家的法律体系以及具体法律知识了解不甚充分。而恰恰它们的法律体系、法律渊源背景以及构成都较为复杂。以南非为例，南非曾有被英国和荷兰分别殖民的历史，因此南非的法律体系兼有普通法和部分罗马法的特点；南非具有独特的种族历史问题，一些法律中有关于种族的特殊规定。例如，南非《广义黑人经济振兴法案》（Broad-Based Black Economic Empowerment，BEE）硬性要求黑人持有公司一定比例的股权；南非部分投资行业具有特殊规定，例如，投资者投资与矿产资源有关的产业，需要遵循南非特有的法律制度以及接受监管。实际上，金砖国家已然成为一块新的投资蓝海。尤其是在中美贸易摩擦、贸易保护主义兴起、世界经济整体处于下行的大背景下，新兴经济体由于劳动力丰富、营商成本相对低廉、市场广阔等特点，引起了投资者的广泛关注。而如前所述，投资作为一项系统工程，对投资相关法律体系的全面掌握和了解，是为中国投资者“走出去”保驾护航的利器。

本书以国别为章，分别对巴西、俄罗斯、印度以及南非投资相关的法律制度进行梳理以及比较分析，最后形成法律风险防控指引，旨在帮助赴金砖

---

〔1〕 桑晓霓：《中国企业海外并购的困境》，载FT中文网，http：//www.ftchinese.com/story/001052275？full=y&archive，2023年7月1日最后访问。

国家投资的中国投资者们防控投资法律风险，保障投资安全和利益。投资法律风险及其防控是一个总括性框架，包括许多零散的内容。考虑到金砖国家的法律渊源以及历史等特殊之处，本书针对各个国家的不同特点，有针对性地选择相关法律制度，分析其中的法律风险，并给出防控的建议。[1]

---

〔1〕 由于本书成稿于此次金砖“扩容”前，讨论对象仅限于中国投资者投资原金砖国家（巴西、俄罗斯、印度、南非）时所涉及的投资者保护法律制度，不涵盖新扩员国家。

第一章　投资巴西法律风险防控

巴西是金砖国家之一，同时也是“一带一路”倡议的共建国之一。因此，巴西是中国企业“走出去”投资的一片蓝海。但是，由于政治、经济、文化以及法律制度等的巨大差异，投资者“走入巴西”必须考虑法律风险，保护好投资者自身利益以及投资安全。同时，就国家自身情况来说，巴西是南美洲面积最大国家，同时，其国内生产总值位于世界第六、西半球第二以及南半球第一，也是南美洲国家联盟的成员国。[1] 巴西历史上为葡萄牙殖民地，因此其官方语言为葡萄牙语。在2010年以前，巴西的国内生产总值年平均增长率曾达到5.4%，而人均国内生产总值现已达到约12，000美元。但自2010年起，巴西经济开始出现危机，2014年巴西的经济仅增长0.15%，2015年全国经济则出现了负增长。与此同时，巴西国内的通货膨胀率居高不下，国家面临经济萎缩、失业率飙升、通胀高企以及汇率大幅贬值等问题。

目前，就巴西国内情况而言，其正在经历基础设施建设领域的一次重大飞跃。例如，巴西的公私合作组织（Public-Private Partnership）正受到政府的大力提倡。在此框架下，外国人和本国投资者均可以更广泛地参与基础设施建设。在投资的产业方面，能源产业被认为是巴西最先进也最具有优势的产业，并且该产业具有巨大的投资潜力。[2] 从2000年到2010年，巴西的能源消费量从1.72亿吨油当量增长到2.21亿吨油当量。在2010年以后，随着

〔1〕 钱颜：《投资巴西不能妄自揣测当地情况》，载《中国贸易报》2017年9月19日，A6版。

〔2〕 中华人民共和国驻巴西大使馆经商处：《巴西能源发展近况与投资机会》，载中国政府网，http：//br.mofcom.gov.cn/accessory/201102/1297706744970.doc，2023年6月15日最后访问。

2014 年世界杯和 2016 年奥运会的举办，能源消费被进一步带动增长。[1] 根据巴西能源矿产部预计，到 2019 年年底，巴西国内能源供应量将达到 4.299 亿吨油当量，年增长率达到 5.8%，超过 4.7%的 GDP 预期增长率。对外国投资者来说，巴西的能源产业是一片投资蓝海，具有巨大的投资潜力，即便该产业在过去的几年里已经吸收了大量公共以及个人投资，但乙醇、风力项目以及可再生资源等都可以被视为能源产业的相关拓展，为投资者提供充足的投资机会。[2]

为了夯实巴西的基础设施建设，巴西新的港口、道路、铁路以及高速列车等工程正在规划中。并且，巴西政府也在基础设施建设领域的投资方面采取了一定举措，以鼓励投资者对该行业的投资。事实上，中国与巴西的经贸往来已经逐渐由贸易转向投资，中国投资者进入巴西已经呈增长态势。[3] 同时，巴西政府对中国投资者对巴西基础设施建设的参与也有着积极的期待。[4] 在巴西政府实施紧缩财政政策的大背景下，中国国家电网和三峡集团等大型企业的进入为强化巴西基础设施建设作出了重要贡献。这些投资中的一部分也是通过收购第三国企业在巴西的资产来实现的，如三峡集团对葡萄牙电力集团的收购。[5] 值得投资者注意的是，巴西的基础设施领域是一块投资回报潜力巨大的蓝海，但同时也存在投资的法律风险。例如，投资者应避免因涉及贿赂或腐败案件而触犯巴西本国法律。

---

〔1〕 中华人民共和国驻巴西大使馆经商处:《巴西能源发展近况与投资机会》，载中国政府网，http://br.mofcom.gov.cn/accessory/201102/1297706744970.doc，2023 年 6 月 15 日最后访问。

〔2〕《企业境外法律风险防范国别指引》系列丛书编委会主编:《企业境外法律风险防范国别指引：巴西》，经济科学出版社 2013 年版，第 10 页。

〔3〕 中国贸促会驻巴西代表处:《中国在巴西的投资：2014-2015》，载中国贸促会网，http://www.ccpit.org/Contents/Channel_4139/2017/0610/821859/onlineeditimages/file71497045203531.pdf，2023 年 7 月 1 日最后访问。

〔4〕 中国贸促会驻巴西代表处:《中国在巴西的投资：2014-2015》，载中国贸促会网，http://www.ccpit.org/Contents/Channel_4139/2017/0610/821859/onlineeditimages/file71497045203531.pdf，2023 年 7 月 1 日最后访问。

〔5〕 中国贸促会驻巴西代表处:《中国在巴西的投资：2014-2015》，载中国贸促会网，http://www.ccpit.org/Contents/Channel_4139/2017/0610/821859/onlineeditimages/file71497045203531.pdf，2023 年 7 月 1 日最后访问。

总体而言，中国投资者走进巴西，切不可“想当然”地用自身的商业习惯以及方式去经营，必须做足功课，防控投资风险。现如今很多大型中国企业为了使业绩逐年稳定提高，在国内产能过剩、竞争日趋激烈的背景下，纷纷将目光投向海外。巴西由于能源等项目资源的充裕，成为中国投资者新的注视点。但由于对投资国的了解相对有限等，中国投资者容易“水土不服”，遭遇法律风险。具体来说，巴西的法律法规基本还在沿用几十年前的法律条文，陈旧而复杂，各州之间又不尽相同。并且，巴西经常会出台一些临时措施，使投资者穷于应付。国际货币基金组织认为，巴西法规、临时措施繁多，降低了法规的透明度，影响了外国企业对巴西投资的积极性；因此投资者若不能在事先做足功课，就容易在经营中碰触到法律的红线。例如，巴西有着严格、细致的劳工法律法规，对于劳工的权益保障非常全面。在巴西，雇佣劳动者都必须登记，并且在登记时需要注明工资以及工作条件等。此外，巴西的女性和未成年劳动者除享有一般劳工权益外，还受到特殊保护，在雇佣条件、加班时间、夜间劳动、工作环境等方面，法律均作出了特殊规定。并且，尽管巴西国内一直面临用工压力，但巴西政府并不鼓励引进外籍劳动者。在吸引外资时，巴西政府主管部门将有关引资项目能否促进巴西本国人的就业作为重要的审批依据。巴西相关法律规定，本国劳动者在人数以及工资收入方面分别不得低于企业全部劳动者人数和工资总额的2/3。外籍劳动者则必须有特殊技术专长，并持有工作签证，才可以在巴西企业工作。总之，巴西的劳工法律对资方要求相当严格，对劳动者保护完整严密，间接增大了投资者的用工成本。但在2017年，巴西对劳工法进行了修改，在一定程度上改变了此种现状，具体内容后文将深入分析。

除了法律法规方面的风险，投资者走入巴西还面临其他风险，如资金风险。由于巴西当地的消费者习惯于分期支付购买商品，所以往往客户也会要求厂家给予渠道商一定的账期，这样会带来资金风险管控问题，因此投资者要控制好资金风险，一旦发生延迟支付或者拒绝支付等纠纷，在巴西付诸法律解决程序又十分漫长，将会造成企业资金的流失或者资金链的断裂等。[1]在巴西营商还存在行政效率低等风险。在巴西申请获取农产品卫生许可证手续时间长达1年，办理进口食品原产地包装注册手续时间长达7个月，办理药品等注册时间则更长，冗长低效的行政程序极大地影响了投资者的效率。[2]再如，巴西实施一定程度的外汇管制。外国企业或个人（除有外交特权的单位或个人之外）在巴西银行不能开立外汇账户，外汇进入巴西首先要折算成当地货币后方能提取。所有在巴西的外国投资必须在巴西中央银行注册。由巴西央行颁发外国投资证明，注明投资的外国货币金额及相应的雷亚尔金额。外资在投资利润汇出、撤资或用利润再投资时需出示该证明。[3]除此之外，巴西还存在进口限制、海关体制不透明、进关费用高等问题，投资者需要事先做好功课，以规避投资风险，保障投资利益。本章将会对巴西影响投资者利益的相关法律法规进行逐一研究分析，旨在为投资者提供法律风险防控方面的指引，保护投资者利益。

第一节　巴西法律制度的历史渊源、演进及发展

巴西正式进入世界历史的视野是从1500年被葡萄牙殖民开始的，宗主国葡萄牙的法律制度、司法制度等对巴西，尤其是早期巴西的影响深远。[4]因此，巴西与葡萄牙一样，属于大陆法系国家，以成文法为正式的法律渊源，巴西法院在适用法律时，必须严格适用成文法。包括联邦最高法院在内的各

[1] 曹澜波:《巴西："投资热土"但非"遍地黄金"》，载《中国投资》2014年第8期。

[2] 《对巴西投资环境的利弊分析》，载全球中小企业联盟网，http://www.globalsmes.org/news/index.php?func=detail&detailid=352&catalog=28&lan=gb&search_keywords=，2023年6月5日最后访问。

[3] 《巴西政策：关于外资进入的一般规定》，载全球中小企业联盟网，http://www.globalsmes.org/news/index.php?func=detail&detailid=353&catalog=28&lan=gb&search_keywords=，2023年6月5日最后访问。

[4] 刘天来:《宪法视角下巴西司法制度的历史演进——从殖民地到合众国》，载《西南科技大学学报（哲学社会科学版）》2020年第4期。

级法院的判例均不是正式的法律渊源，它们只有说服力，但没有法律约束力，不能为法院所直接适用。在巴西脱离葡萄牙殖民成为独立国家以后，巴西帝国建立，在经历了60余年的帝国时代以后，由于民众对帝制的不满，巴西废除帝制建立联邦制，自1889年起，巴西正式进入合众国时代。在进入合众国时代以后，巴西的法律以及司法制度受到了美国的影响，创立了联邦和州两套平衡的双轨制司法系统，同时极大提高了司法权的独立性。[1] 因此，巴西法律制度的大致发展可主要分为殖民地时期、帝国时期以及合众国时期，本部分将以此为时间脉络梳理巴西法律制度的大致发展。

一、殖民地时期（1500年~1822年）

1500年葡萄牙人发现巴西后，1530年葡萄牙国王任命马金·阿方索·得索扎前往巴西统管殖民事务，并授予其极为广泛的行政和司法职权。[2] 在葡萄牙殖民地时期，殖民者采取的是"父爱式"（patrimonialism）的治理方式，即葡萄牙君王代表至高无上的权力统治者，派遣"代理人"（驻扎于巴西的葡萄牙籍殖民官员），来执行君王的各项旨意。[3] 殖民官员宣誓效忠葡萄牙君主，并负有忠诚义务，一切行为的作出均来自君主的旨意，殖民官员本身并没有被赋予任何职责框架。[4] 巴西国土内产生的一切生产劳动收益、税收等的根本所有权均属于葡萄牙君主。殖民地时期的这种统治模式，催生了腐败、官僚主义等现象，且此类现象也给独立以后的新巴西带来了持续的负面影响。[5] 在殖民地时期，巴西所使用的"法律"就是当时葡萄牙王室颁布的大量条文精细的法律和法令。当时的"司法"则是由巴西各种殖民官员和当地

---

〔1〕 刘天来：《宪法视角下巴西司法制度的历史演进——从殖民地到合众国》，载《西南科技大学学报（哲学社会科学版）》2020年第4期。

〔2〕 刘天来：《宪法视角下巴西司法制度的历史演进——从殖民地到合众国》，载《西南科技大学学报（哲学社会科学版）》2020年第4期。

〔3〕 Keith S. Rosenn, *Brazil's Legal Culture*: *The Jeito Revisited*, Florida International Law Journal 1, 1984, p. 9.

〔4〕 Keith S. Rosenn, *Brazil's Legal Culture*: *The Jeito Revisited*, Florida International Law Journal 1, 1984, p. 9.

〔5〕 韩琦：《论拉丁美洲殖民制度的遗产》，载《历史研究》2000年第6期。

的利益集团来负责的，他们在实际的执行中往往为了谋取私利，罔顾法律和法令的规定，形成一种“服从但不执行”的普遍现象。[1] 这也可被视为现代巴西社会法治建设道路中的“有法不依”现象的历史根源之一。[2]

在殖民地时期的巴西，尽管表面上“立法”和“司法系统”都存在，但实际上民众无法通过这些机制获得正义。殖民地时期法律制度并不是为保护大多数民众的权益而设置的，而是为了服务特定群体，如葡萄牙君主、葡萄牙籍的官员以及巴西本地的利益集团（大庄园主）等，且规则本身在执行上也是可以为了既得利益群体而随意改动的，缺乏稳定性。[3]

二、帝国时期（1822 年~1889 年）

殖民地时期，欧洲盛行重商主义，垄断贸易横行，殖民者也把该种理念推广至巴西。因此，在垄断贸易理念的驱动下，葡萄牙王室相当于建立了一个垄断公司，在垄断公司控制下，巴西在经济上只是宗主国的附庸，处于次要地位，殖民地为母国提供必要的矿产品和其他原料（如咖啡、糖、烟草、棉花等），却不能根据自己的需要发展经济和开发资源，无助于国内经济和良性社会制度的形成。[4] 进入 19 世纪以后，由于人力、资金均不足等情况，葡萄牙王室在殖民地的统治逐渐式微，王室法令在巴西缺乏实施的基础。[5] 王室在司法裁判方面的权力逐渐由实质掌控军队的军人以及巴西本地的大地主、大庄园主取得。[6]

在巴西帝国建立初期，主要的政治力量之间存在激烈的竞争，在没有宣告独立之前，就已经通过选举成立一个制宪大会制定宪法。1823 年 5 月，制

---

〔1〕 韩琦:《论拉丁美洲殖民制度的遗产》，载《历史研究》2000 年第 6 期。

〔2〕 谭道明:《巴西的法治道路与现代国家构建问题》，载《拉丁美洲研究》2021 年第 5 期。

〔3〕 谭道明:《巴西的法治道路与现代国家构建问题》，载《拉丁美洲研究》2021 年第 5 期。

〔4〕 ［美］斯蒂芬·罗博克:《巴西经济发展研究》，唐振彬等译，上海译文出版社 1980 年版，第 29 页。

〔5〕 Keith S. Rosenn, *Brazil's Legal Culture*: *The Jeito Revisited*, Florida International Law Journal 1, 1984, p. 13.

〔6〕 C. R. Boxer, *The Golden Age of Brazil*, 1695-1750: *Growing Pains of a Colonial Society*, California, University of California Press, 1962, p. 307.

宪代表在里约热内卢召开了多次会议，代表大地主和奴隶主的精英阶层提出一部名为“木薯宪法”的宪法草案，该宪法限制绝对君主权力，与葡萄牙有所区别。[1] 该部宪法草案的部分条款和精神被独立后的巴西在制定宪法时吸收。[2]

1824年3月，巴西皇帝佩德罗一世颁布了巴西历史上第一部宪法。该宪法共有179条，展现了中央集权的特征，所有的权力都严格地集中在皇帝以及宪法所设立的机关之中。1824年帝国宪法很突出的一点是在行政权、立法权和司法权“三权”外创设了“裁决权”，专属于皇帝行使。根据《宪法》第99条的规定，裁决权高于立法权、行政权和司法权三权，可以介入三权的行使，任何权力也不可追究皇帝本人的责任，再一次确认了皇帝至高无上的权力和地位，以及司法机关实际上的“弱势”。[3]

在帝国时期，巴西还于1830年颁布了《刑法典》。出于对国际贸易的需要，巴西于1850年制定了《商法典》，成为拉丁美洲最早制定商事法律制度的国家之一。但与其他国家几乎照搬法国模式制定《商法典》不同的是，巴西在立法的过程中综合借鉴了荷兰、葡萄牙和法国的相关立法。巴西民法典编撰活动也在帝国时期十分活跃，先后出现了弗雷塔斯、纳布科、桑托斯、罗德里格斯及贝维拉瓜等人的草案，草案的内容都受到当时欧洲大陆国家民法典，尤其是德语国家民法典的影响。[4]

事实上，帝国时期尽管有法律的存在，但巴西民众以及各阶层并不严格遵守法律规定，法律的执行也大打折扣。人们更愿意依赖私人关系，作为日常生活行为遵循的指引，而非遵守法律。此外，由于帝国时期交通和通信不发达，加之巴西幅员辽阔，大量的偏远地区的民众并没有意识到法律以及法

---

[1] 刘天来:《宪法视角下巴西司法制度的历史演进——从殖民地到合众国》，载《西南科技大学学报（哲学社会科学版）》2020年第4期。

[2] 刘天来:《宪法视角下巴西司法制度的历史演进——从殖民地到合众国》，载《西南科技大学学报（哲学社会科学版）》2020年第4期。

[3] 刘天来:《宪法视角下巴西司法制度的历史演进——从殖民地到合众国》，载《西南科技大学学报（哲学社会科学版）》2020年第4期。

[4] 徐国栋:《从〈巴西民法汇编〉到〈新巴西民法典〉》，载《华东政法大学学报》2009年第3期。

院的存在，仍以传统的社群模式建立与他人之间的联系以及解决纠纷。[1] 总体而言，帝国时期的巴西继承了葡萄牙法律的遗产，受到了法国立宪主义的影响，也移植了英国法中的陪审制度，在表面上拥有了看似相对完整的法律体系和司法系统，但在实际的运用中，却相去甚远，法律的遵守和执行以及司法机关的独立公正审判等，都远未得到落实。长期以来，巴西法治发展遇到的最大障碍不是“无法可依”，而是“有法不依”；看似先进完整的法治理念和法律规范无法落地于实践。[2] 这些现象与巴西帝国时期司法机关被皇权“架空”等不无关系。

三、共和体制时期（1889 年~1964 年）

巴西共和体制下的第一部宪法起草于 1891 年，以美国宪法为基础，同时吸收法国宪法的因素，采用代议制和总统制，成立联邦制国家，并依据联邦制原则建立了中央和地方的权力双轨制，保证州政府相对中央政府有相当大的自治权。[3] 1891 年《宪法》将巴西正式定名为“巴西合众国”，采取政教分离模式，丰塞卡在军人、新兴中产阶级以及咖啡种植主的支持下赢得选举，成为巴西第一任总统。

美国宪法的影响和巴西对联邦制思想的采用，使巴西废除帝制后，还在临时政府时期就给司法体制带来了剧烈的变化，其中最大的变化就是建立了“双轨制”的司法体制，即包括联邦法院和州法院两套系统。得益于美国宪法的影响和巴西政界对司法权认识的转变和加深，司法机关在 1891 年《宪法》中的职能、政治地位等得到了极大的提升。巴西合众国时期的司法机关除了保留原有的解决私法上的争议的职权之外，还被赋予了维护个体权利免受来自立法权和行政权侵犯的职能，并包括对立法机关和行政机关的合宪性审查。此外，新宪法还明确司法权是独立的权力，法官享有不被调动和减薪等宪法

[1] Keith S. Rosenn, *Brazil's Legal Culture*: *The Jeito Revisited*, Florida International Law Journal 1, 1984, p. 30.

[2] 谭道明：《巴西的法治道路与现代国家构建问题》，载《拉丁美洲研究》2021 年第 5 期。

[3] 刘天来：《宪法视角下巴西司法制度的历史演进——从殖民地到合众国》，载《西南科技大学学报（哲学社会科学版）》2020 年第 4 期。

保障，且行政机关不再如同帝国时期的1824年《宪法》规定的那样享有中止法官权力的权力。总体而言，共和国时期巴西的司法制度深受美国司法制度的影响。

四、军政府独裁时期（1964年~1985年）

在军政府独裁期间，布朗库、席尔瓦、梅迪西三届军人政府在政治上实行独裁统治，在经济上鼓励并引进外资并致力于控制通货膨胀。军政府先后出台1967年和1969年两部宪法，以保留民主外观的方式确认了巴西历史上前所未有的官僚威权体制。在统治前5年军政府以“革命最高统帅部”的名义发布17部单独法律，几乎推翻了既有的制度安排，并且这些制度法完全不受制于宪法审查。例如，第二号制度法将国会大量权力转移给军人总统，增加最高法院法官数量以削弱法院的独立性，总统和副总统由选举团间接选举产生。[1] 尽管在军政府执政期间，巴西经济得到发展，却是巴西帝制结束以后，历史上对法治破坏最大的一个时期。

事实上，巴西军政府执政期间采取的是“官僚威权主义”的新政体形态，高度依赖“绩效合法性”。随着所谓的“巴西奇迹”黯然失色，经济一旦滞涨或者衰退，军政府就不得不主动进行政治“开放”和民主转型。[2]

五、民主时期（1985年至今）

20世纪80年代开始，巴西民众的民主意识逐渐觉醒，推行政治民主化，实行总统直选的呼声越来越高。不过，即便巴西已迈入民主化进程，其官僚系统仍难免受到腐败的严重侵蚀。最近40年来，巴西发生的有重大影响的腐败窝案多达十几起。例如，1992年的科洛尔腐败案、2005年的“月费”案、2013年的巴西国家石油公司腐败案、2015年的奥德布雷希特建筑公司腐败案，以及2016年的卢拉涉嫌腐败案等大案。2014年起，巴西加大力度打击腐败行为。首先，在立法层面，巴西初步形成了一个预防腐败与惩治腐败相结

---

〔1〕 谭道明:《巴西的法治道路与现代国家构建问题》，载《拉丁美洲研究》2021年第5期。

〔2〕 谭道明:《巴西的法治道路与现代国家构建问题》，载《拉丁美洲研究》2021年第5期。

合的腐败治理法律体系。[1] 其次，在机构层面，巴西推出“三驾马车”的反腐模式，由法检警协同合作、以联邦法院为主导，最早形成于巴拉那州，整合了州一级联邦法院、联邦检察院和联邦警察这3个反腐部门的资源，有效解决了此前机构合作不力、效率低下的问题，打出了巴西腐败治理的组合拳。该模式后来被复制到巴西圣保罗等其他州，推进了全国范围内的腐败治理。[2] 但是，再民主化以后的巴西，普通民众对法律的遵守却不容乐观，民众法治理念的建立依然任重道远。

第二节 巴西外商投资法律制度

自20世纪90年代以来，巴西启动了大规模的私有化进程，建立了自由外汇市场，降低对外贸易领域的严格管制，大量减少了对外国投资的限制。1995年巴西政府通过修宪，逐步放松了国家对石油、天然气和矿产开采等领域的垄断，并对电信、电力业实行私营化，对外资的准入门槛也大大降低。20世纪90年代中期以来，流入巴西的外商直接投资不断增加，外国资源和资金的流入已逐渐成为促进巴西多个行业强劲发展的保障。我国和巴西同为金砖国家成员国，近年来，在中国企业“走出去”的背景下，我国对巴西的投资也呈不断增长的态势。[3] 目前，我国已成为对巴西投资最多、增速最快的国家之一，对巴西累计投资已超800亿美元，涵盖农业、能矿、交通、通信、金融、电力等广泛领域。[4]

一、巴西外商投资法律制度的基本框架

巴西是联邦共和国，联邦政府和州政府均有各自的外商投资政策。

---

〔1〕 袁东振等:《拉美国家腐败治理的经验教训研究》，中国社会科学出版社2020年版，第97~105页。

〔2〕 谭道明:《巴西的法治道路与现代国家构建问题》，载《拉丁美洲研究》2021年第5期。

〔3〕 李紫莹:《中国在巴西直接投资：趋势与挑战》，载《国际经济合作》2014年第9期。

〔4〕《中国对巴西投资已超800亿美元，能源、医疗保健等行业很有吸引力》，载中华人民共和国商务部网2021年4月14日，http://fec.mofcom.gov.cn/article/tzhzcj/xgzx/202104/20210403052195.shtml。

（一）巴西联邦政府的外商投资法律政策

巴西《联邦宪法》和巴西《外国资本法》是巴西联邦政府管理外国投资的主要法律。在巴西，不同行业的外资政策一般由负责该行业的政府部委具体负责，如能源矿产部、通信部、发展工业和外贸部、中央银行以及农业部等。[1]

1995年是巴西外商投资政策的重大转折之年。在外国资本可投资的领域范围上，巴西1995年《宪法修正案》明确规定，取消巴西各州政府对输送天然气的垄断地位，允许私人资本涉足这一领域；允许外国资本参与近海和内海航运；对外资开放信息市场。[2] 根据巴西现行法律，除了核能开发、医疗卫生、养老基金以及航天工业等少数几个行业，其他行业均对外资开放。[3] 巴西政府鼓励外资优先进入出口创汇、高新技术和国家经济发展急需的产业，鼓励开发北部和东北部地区。[4]

总体而言，在1995年以后，巴西联邦政府在外资准入以及持股比例限制等方面逐渐放宽管制，基本做到内外资"一视同仁"。但实际上，巴西对外资营商的限制并不体现在外商投资法律制度本身，而体现在其他方面的法律政策限制上。一个典型的例子就是土地的获得。巴西的土地分为公有和私有两类：其中私有制是巴西土地所有制的主要形式，约占巴西土地总面积的70%；政府土地加上无主土地，共占巴西土地总面积的30%。[5] 巴西的土地可以自由交易，但对外资有所限制。具体来说，巴西资本的全资企业，或由巴西资本控股51%及以上并拥有51%及以上表决权的合资企业在购买土地方面不受任何限制。外资全资企业以及外资控股企业在购买土地方面则依据所购买土

〔1〕 赵雪梅主编:《巴西商务环境》，对外经济贸易大学出版社2016年版，第133页。

〔2〕 赵雪梅主编:《巴西商务环境》，对外经济贸易大学出版社2016年版，第133页。

〔3〕 苏挈:《金砖国家外资准入实质条件研究》，西南政法大学2014年硕士学位论文，第12页。

〔4〕 赵雪梅主编:《巴西商务环境》，对外经济贸易大学出版社2016年版，第133页。

〔5〕 中国国际贸易促进委员会:《企业对外投资国别（地区）营商环境指南（巴西2020）》，载中国国际贸易促进委员会网，https://www.ccpit.org/image/1/edacf09a158a40458bc79f519b3b1b82.pdf，2023年7月11日最后访问。

地面积的大小需要经由不同部门或层级的审批才能获得购买资格。例如，3 模以下的土地，可以自由买卖，涉及国家安全或者买卖多块土地的则需要土改局批准。3 模以上、20 模以下的土地需要土改局批准，但无须递交开发计划。20 模以上的土地则不仅需要土改局批准，还要递交开发计划，且说明获得新土地后拥有土地的总面积不超过 50 模。自然人若要购买 50 模以上的土地，以及法人若要购买 100 模以上的土地，则均需要国会特别审批通过。[1]

巴西法律还进一步规定，外国自然人或法人在巴西购买土地的面积应不超过该市总面积的 25%。不经巴西国防委员会批准，外国自然人或法人不得购买距边境 150 公里以内或距联邦公路 100 公里以内的土地。[2] 2011 年，巴西政府出台新政，禁止外国人、外国企业以及外国控股的巴西企业购买或并购拥有土地所有权的巴西企业，进一步收紧外资使用土地的政策。[3] 因此，土地问题是外商投资巴西的一道门槛。

（二）州和地方的外商投资配套政策

巴西联邦政府规定，巴西各州有权制定有利于本州地方发展和引进外资的鼓励政策，给外资企业一定的减免地方税收政策。因此，巴西各州积极制定外商投资配套政策，主要是税收减免优惠，优惠提供水、电、燃料等生产所需基础设施，提供低息贷款等。[4] 州政府通常还在土地的售价方面给予投资者优惠，以低于市价出售土地，并为建造厂房给予低息贷款。

二、外资投资巴西的主要方式

外资投资巴西的方式通常分为四种：外国货币投资、外国信贷转化投资、以实物投资以及股权收购。

---

〔1〕 1 模 = 5 ~ 100 公顷不等。

〔2〕 中国国际贸易促进委员会：《企业对外投资国别营商环境指南（巴西 2020）》，载中国国际贸易促进委员会网，https://www.ccpit.org/image/1/edacf09a158a40458bc79f519b3b1b82.pdf，2023 年 7 月 11 日最后访问。

〔3〕 赵雪梅主编：《巴西商务环境》，对外经济贸易大学出版社 2016 年版，第 135 页。

〔4〕 赵雪梅主编：《巴西商务环境》，对外经济贸易大学出版社 2016 年版，第 135 页。

（一）外国货币投资

使用外国货币在巴西进行的投资不必事先经巴西政府批准。在巴西投资建厂或获得现有巴西企业的所有权，只需通过巴西有权进行外汇操作的银行将外国货币汇入巴西。外资注册由巴西受益企业向巴西央行提出申请，申请应在外汇买卖合同成交后 30 天内进行，申请时应同时提交资金的资产化证明。

（二）外国信贷转化投资

由外国信贷转化的投资须事先经巴西央行批准。经批准后，应进行象征性的外汇买卖操作。巴西企业应在 30 天内将该资金资产化，并向巴西央行提出外资注册申请。

（三）以实物投资

以实物投资的形式投资巴西具体分为两个阶段：进口通关阶段和资产融合阶段。在进口通关阶段，进入巴西的进口商品受非自动进口许可证的管理，进口商（外资或合资企业）需事先向巴西发展工商部外贸局提出进口申请。外贸局对申请进行审核，经巴西央行会签后，发放进口许可证。上述申请和批准均通过巴西外贸网进行。其中，报关手续与一般受非自动进口许可证管理的商品进口无异。

在资产融合阶段，即以进口货物、机械、设备及其零配件进行的投资必须在通关后 180 天内融入目标企业，成为该企业的资产。并且，在资产融合后的 30 天内，巴西企业应当向央行提出外资注册申请。[1]

（四）股权收购

外商企业可以收购巴西上市公司股权的形式来实现兼并，该交易过程可

---

〔1〕《巴西对外国投资的市场准入规定》，载中华人民共和国商务部网 2011 年 7 月 30 日，http：//br. mofcom. gov. cn/article/ddfg/tzzhch/201107/20110707671609. shtml。

通过现金或者股权交换来完成。股权收购必须拥有足够数量的有表决权的股票，以确保对公司的控制权。这一过程应通过金融机构完成，且受其担保。收购通知书要对受让方身份、认购股份、价格和其他支付条款、收购程序以及其他收购条款和条件进行披露。

三、CFIA〔1〕：国际投资争端解决模式的创新

双边投资协定（bilateral investment treaties）通常被视为保护投资者的一种重要方式。但巴西作为拉美地区热门的投资地之一，一直以来却是国际双边投资协定的“局外人”。自 20 世纪 90 年代巴西开始经济自由化改革以来，共签署了 14 个双边投资协定，但最终均未获国会通过。巴西出于多种考虑拒绝适用双边投资协定，原因包括：第一，双边投资协定可能会对主权和民族国家平等原则造成损害；第二，双边投资协定的内容可能与巴西国内法冲突；第三，双边投资协定中的争端解决机制涉嫌对国内投资者造成歧视。〔2〕

进入 21 世纪以后，巴西经济进入高速发展期，同时吸引大量海外资本进入巴西，涌现出一大批跨国公司，迫使巴西对投资协定进行反思，并研究推进如何订立国际投资协定新准则。2015 年，巴西以提高“投资便利化”为切入点，颁布了 CFIA 示范法，旨在重新平衡东道国与投资者之间的权利和义务，为国际投资条约体系提供新的选择模式。〔3〕

CFIA 的一大亮点是对国际争端解决模式的创新，在不牺牲监管自主权的情况下促进外国投资，并且侧重争端预防和双边机构治理，最后将投资仲裁限制在国与国之间。〔4〕

---

〔1〕 巴西《合作与促进投资协定》示范法（Cooperation and Facilitation Investment Agreement，CFIA）。

〔2〕 魏丹、唐妍彦：《从国际投资规则的旁观者到引领者——巴西 CFIA 模式研究》，载《武大国际法评论》2019 年第 5 期。

〔3〕 唐妍彦：《巴西国际投资争端解决模式改革及对中国的启示》，载《拉丁美洲研究》2021 年第 2 期。

〔4〕 唐妍彦：《巴西国际投资争端解决模式改革及对中国的启示》，载《拉丁美洲研究》2021 年第 2 期。

（一）CFIA 项下争议解决机制的创新：双层治理模式

如上文所述，巴西一直以来并不积极签署双边投资协定的重要原因之一在于对投资者—国家仲裁（investor-state dispute settlement，ISDS）模式的不信任，认为其并非一个有效解决投资争议的手段。[1] 有别于传统的投资者—国家仲裁机制，CFIA 创新的争议解决模式强调预防争端和国家仲裁相结合。在投资者和投资国之间出现僵局时，由国家联络点与联合委员会作为治理机构介入纠纷解决。[2] 其中国家联络点起着调停人的作用，而联合委员会是缔约双方投资的监督人和 CFIA 协定推动者。[3] 因此，与传统投资者—国家仲裁模式注重事后的“被动式”救济不同，CFIA 旨在通过强调和打造事前的沟通协调机制，促进投资便利化，通过国家联络点和联合委员会的“双层治理模式”，来解决争议。在穷尽事前沟通协调仍不能解决争议的情况下，再进入投资者—国家仲裁模式，进行最终争端解决。CFIA 创新的是一种将争端预防机制与国家（东道国）—国家（投资母国）仲裁相混合的争议解决机制。[4]

“双层治理模式”是 CFIA 项下争端预防机制的重要部分，具体包括国家联络点与联合委员会。国家联络点所扮演的角色类似于外国投资者与东道国政府的联络员，它直接面向外国投资者，在授权和预先确定的义务范围内为外国投资者提供支持、帮助其解决困难、处理其投诉，并尽可能提出寻求改进投资方式的具体行动。[5] CFIA 第 18 条规定了国家联络点的具体职责：充当争议双方的信息媒介，对外国投资者的咨询或者请求提供协助，及时反馈

---

〔1〕 Catharine Titi, *International Investment Law and the Protection of Foreign Investment in Brazil*, Transnational Dispute Management 2, 2016, p. 3.

〔2〕 唐妍彦：《巴西国际投资争端解决模式改革及对中国的启示》，载《拉丁美洲研究》2021 年第 2 期。

〔3〕 唐妍彦：《巴西国际投资争端解决模式改革及对中国的启示》，载《拉丁美洲研究》2021 年第 2 期。

〔4〕 魏丹、唐妍彦：《投资便利化与投资环境优化：以中国和巴西为视角》，载《社会科学家》2020 年第 10 期。

〔5〕 唐妍彦：《巴西国际投资争端解决模式改革及对中国的启示》，载《拉丁美洲研究》2021 年第 2 期。

给东道国政府，并可酌情建议对相关投资环境进行改善。

国家联络点设在巴西外贸商会，为了更好地促进投资便利化，为投资者提供服务，2018 年以后还特别设定了直接投资监察员。2020 年 5 月巴西政府颁布了第 43 号决议，宣布对直接投资监察员制度进行改革，改革后的直接投资监察员的服务对象不仅是来自与巴西已经签订 CFIA 的国家的投资者，还包括其他国家的投资者。简言之，第 43 号决议出台后，直接投资监察员的联络和服务对象包括所有国家的投资者。巴西政府此举旨在全面推进投资便利化，进一步推进和普及“争端预防”。

“双层治理模式”的另一重要治理机构是联合委员会，其角色类似于外国投资者与东道国政府之间的观察与调解员，重要任务是争取以友好的方式，在争端解决过程中寻求共识。[1] 联合委员会是国家层面的沟通对话平台，由双方政府派代表组成，定期举行会议（每年至少一次），并由双方轮流担任主席。[2] CFIA 第 17 条规定了联合委员会的具体职责：加强双方合作，扩大和促进相互投资，并为投资提供便利举措；邀请私营主体和民间团体参加会议，并酌情就相关问题征询他们的意见；以友好方式协商沟通解决争议；在必要时补充争议双方的仲裁规则。CFIA 赋予了联合委员会政治和外交职能，即以观察员的身份长期工作，强调对投资环境的研究，促进以有效方式刺激进一步投资的手段和方法。值得注意的是，CFIA 允许私营部门和民间社会的利益相关人参加联合委员会的会议，虽然仅限定于“有针对性的难题”，但正是这样一种法律上的可能性，为私营企业以及民间社会参加特定问题的会议或者“特别工作组”提供了合法性。[3] 由于投资通常涉及多个利益相关方，可能会对环境等社会公共问题造成影响，巴西 CFIA 中的这一举措具有前瞻性，允许私营部门和民间社会的相关人士参与会议讨论，可以提前认识到可能产生

---

〔1〕 唐妍彦：《巴西国际投资争端解决模式改革及对中国的启示》，载《拉丁美洲研究》2021 年第 2 期。

〔2〕 魏丹、唐妍彦：《从国际投资规则的旁观者到引领者——巴西 CFIA 模式研究》，载《武大国际法评论》2019 年第 5 期。

〔3〕 唐妍彦：《巴西国际投资争端解决模式改革及对中国的启示》，载《拉丁美洲研究》2021 年第 2 期。

的问题，并做好预案，避免将来的摩擦，更全面地“预防争议”以及促进“投资便利化”。

（二）CFIA 项下争议解决机制的创新：三阶段模式

巴西的争端解决分为三个阶段：争端缓解阶段、争端预防阶段以及国家间仲裁阶段。其中争端缓解阶段、争端预防阶段都是建立在机构治理的对话平台上，整个争端解决体制体现了以对话优先、仲裁为辅的特征。[1]

第一个阶段是争端缓解阶段。在该阶段，国家联络点发挥关键作用，充当投资者与东道国政府以及相关机构之间双向沟通的桥梁，解决摩擦。具体来说，外国投资者遭遇问题可以及时咨询或联系国家联络点，联络点可就此问题给出答复和建议，或将外国投资者所面临的问题告知东道国政府或相关部门。同时，国家联络点也可以就此问题进行评估和分析，建议东道国政府和相关部门在这方面作出改善。与投资者—国家仲裁模式不同，巴西争端解决机制是双向的，投资者与东道国政府间可以双向沟通，提出建议并表达不满；而在投资者—国家仲裁模式中，东道国无法根据双边投资协定起诉外国投资者，因此投资者的不法行为（如行贿）以及对东道国公共利益的损害不能适用该机制进行救济。[2]

第二个阶段是争端预防阶段，在该阶段中发挥核心作用的是联合委员会。如果争端缓解阶段未能取得争议双方都能接受的调解结果，则进入第二阶段。争议双方可申请要求联合委员会召开会议就争议进行沟通和磋商。联合委员会则必须在收到请求后的 60 天内召开会议，并邀请私营部门和民间社会的利益相关人士参加会议。如上文所述，联合委员会通过召集投资争议双方以及各利益相关者参加会议，了解和听取意见，并综合上述各方的想法试图给出争议的解决方案。第二阶段会议的另一重要内容就是制定倘若争端预防失败

---

〔1〕 唐妍彦:《巴西国际投资争端解决模式改革及对中国的启示》，载《拉丁美洲研究》2021 年第 2 期。

〔2〕 唐妍彦:《巴西国际投资争端解决模式改革及对中国的启示》，载《拉丁美洲研究》2021 年第 2 期。

以后，进入国家—国家仲裁时的仲裁规则。

第三个阶段是最终争端解决阶段，即国家—国家仲裁。国家—国家仲裁的主要目的是对有争议的行为或事项进行“合规性审查”，CFIA 规定如果双方当事人同意仲裁员认为相关措施造成的损害并且在判决中确定了该损害的赔偿额，收到赔偿的一方（投资者母国）应当按照当事人的内部程序扣除诉讼费用后，将赔偿金转移给相关投资权的持有人（外国投资者）。[1] 仲裁庭作出的判决具有终局效力，对双方当事人均有约束力。但并非所有事项都是可仲裁事项。有关企业社会责任、反腐败以及环境、劳动和健康等涉及社会公共利益的问题均为不可仲裁事项，说明巴西政府对这些问题保留监管空间。

四、CFIA 的优势与存在的问题及争议

首先，CFIA 无疑是对投资争端解决模式的一大创新，为投资者—国家仲裁模式提供了替代性方案。与上述仲裁模式强调严格司法程序不同，CFIA 旨在为投资者和东道国之间提供弹性的沟通平台和机会，试图通过国家联络点、联合委员会等机构，保持投资者与国家之间的稳定、友好对话，维护了二者关系的长足发展。在巴西的争端预防范式下，国家联络点可以尽早了解投资者的关切，并统筹相关部门予以及时回应，联合委员会通过邀请系争行为的利益攸关方出席会议并发表意见，力求友好解决纠纷。巴西争端预防范式强调在黄金时段通过特定机构，进行多边对话、协调和参与，有助于减少甚至避免投资者的不满演化成投资条约项下的争端，进而与东道国在仲裁庭上针锋相对，从而实现投资者与国家之间的良性互动和互利共赢。[2]

其次，CFIA 还可维护东道国规制权。通常来说，作为国家主权的一部分，东道国对外资的规制权是维护东道国本国公共利益的重要工具，例如，

---

〔1〕 唐妍彦:《巴西国际投资争端解决模式改革及对中国的启示》，载《拉丁美洲研究》2021 年第 2 期。

〔2〕 漆彤、胡安琪:《论投资争端预防的巴西范式及其借鉴》，载《武汉理工大学学报（社会科学版）》2021 年第 6 期。

对劳工、环境、公共健康以及人权等东道国公共利益的维护。[1] 传统的投资者争端解决机制，使投资者绕过主权国家，直接由国际仲裁庭进行争端解决，对主权国家行使索赔权，在这个层面上而言，东道国无法行使规制权。巴西CFIA项下的“双层治理模式”强调投资者及政府部门之间的充分沟通与对话，在国家联络点和联合委员会的机构治理下，东道国能够完整追踪和监测投资者的行动。这一模式亦使投资者完全落入东道国国内法律的管辖，当东道国采取的某项措施被指控违反条约时，可以先在联合委员会这一国家间平等协商的平台上予以友好化解，即使联合委员会协商失败，最终的国家间仲裁庭也只能通过解释条约来判定东道国的系争行为是否违反条约，而无需担忧面临巨额索赔。[2]

最后，CFIA模式能够优化投资环境，推进投资便利化。传统的投资者—国家仲裁机制针对个案，投资者若胜诉，则能获得相应赔偿，但对东道国的政策几乎没有影响。而CFIA模式却能在沟通中使东道国政府从外国投资者的反馈中认清所暴露出来的问题，从而完善国内投资政策，建设更加透明、便捷、友好的投资环境。[3]

尽管CFIA有上述几项明显创新优势，但它可能存在的问题与争议也是不容忽视的。首先，在很长一段历史时期内，投资者在东道国遭遇纠纷是由母国出面，与东道国沟通以解决问题，维护本国公民权益，带有很浓的“外交保护”的色彩。直到20世纪60年代末70年代初，随着投资者—国家仲裁机制的兴起，国际投资保护开始“去政治化”,[4] 1965年《华盛顿公约》的出

---

[1] 漆彤、胡安琪:《论投资争端预防的巴西范式及其借鉴》，载《武汉理工大学学报（社会科学版）》2021年第6期。

[2] 漆彤、胡安琪:《论投资争端预防的巴西范式及其借鉴》，载《武汉理工大学学报（社会科学版）》2021年第6期。

[3] 唐妍彦:《巴西国际投资争端解决模式改革及对中国的启示》，载《拉丁美洲研究》2021年第2期。

[4] 朱明新:《国际投资争端解决的“去政治化”与“复政治化”》，载《太平洋学报》2012年第11期。

现成为现代多边的外国投资者权益保护机制形成的重要标志。[1] 投资者—国家仲裁机制以保护投资者利益为核心，赋予外国投资者独立诉权，这既是一种推动各国遵守条约的执行机制，也是一种因投资条约规定被违反而向受害者进行赔偿的手段。[2] 从这个层面而言，CFIA 又回归了“政治化”，让投资争端的解决带上了“外交保护”的色彩。

其次，CFIA 模式的执行极度依赖“双层治理模式”，而该模式的主要参与者就是国家联络点和联合委员会。其中，国家联络点是投资者在东道国的第一联系人与调解人，对争端缓解与预防起到重要作用。在巴西，国家联络点由巴西商会负责，是巴西经济部的下属机构，并非独立第三方，因此其是否能在投资者和东道国之间保持客观中立性是存疑的。如果东道国的联络点对投资纠纷的解决无法令投资者满意，但又不将纠纷提交至联合委员会时，投资者将不得不求助于其母国的联络点，要求帮助协调解决。[3] 且长期以来，巴西的行政机构颇受腐败以及官僚主义等的诟病，行政效率低下，国家联络点是否能够真正成为投资者与东道国政府之间的有效沟通平台是需要验证的。因此，CFIA 是否能够真正促进投资争端的解决，并且促进投资便利化，是有待实践检验的。

第三节　在巴西设立公司

外国投资者赴巴西从事经营活动最为典型的模式之一就是通过开设公司进行。在实践中，外国投资者在巴西的投资方式主要有新设子公司（绿地投

---

〔1〕 眭占菱、肖威：《外国投资者权益保护机制的嬗变——兼论中国立法及实践的现状及趋势》，载《时代法学》2016 年第 2 期。

〔2〕 唐妍彦：《巴西国际投资争端解决模式改革及对中国的启示》，载《拉丁美洲研究》2021 年第 2 期。

〔3〕 José Augusto Fontoura Costa y Vivian Daniele Rocha Gabriel, *O Brasil, ACFIs e a Arbitragem de Investimentos*, Revista Internacional de Arbitragem e Concilia 8, 2015, p. 7.

资）拓展巴西业务市场、从事经营活动和并购巴西当地企业两种。[1] 在国际金融危机发生以前，中国对拉美投资以绿地投资为主、并购投资为辅；金融危机以后绿地投资比重下降，并购投资成为绝对主力。[2] 下文将就两种投资方式所需程序以及注意事项进行分析研究。

一、在巴西新设公司

外国投资者在巴西新设公司，首先在确保符合巴西对外商投资行业、准入门槛以及持股比例等的限制等条件以后，就进入公司设立以及注册登记等相关程序，此方面内容大多属于巴西《公司法》的规定。

（一）公司类型的选择：有限责任公司和股份有限公司

根据巴西《公司法》的规定，巴西的公司主要包括两种形式：有限责任公司（Sociedades Limitadas）以及股份有限公司（Sociedades por Ações）。有限责任公司是巴西最简单、最灵活和经济的公司运营方式。有限责任公司拥有相对自由的组织结构和决策过程，以及较低程度的透明度和披露义务，因此很多巴西中小企业选择此种形式设立公司。基于以上原因，外资企业常选择在巴西投资设立有限责任公司。

有限责任公司的法人治理架构较为简单。股东会是公司最高的权力机构，且为必设机构，要求 2 名以上股东。董事会是公司的最高决策机构，为必设机构。经理层（总经理）也是必设机构。监事会由股东大会选举产生，非必设机构。监事会可以是永久机构或根据股东要求在某一财年设立的临时机构。

相比于有限责任公司，股份有限公司的公司治理构架相对复杂。巴西的股份公司一般有 4 种治理模式，最简单的为：股东会+董事会（行政理事会）+审计委员会，可满足小规模、业务简单的公司治理运营需求。在此基础

[1] 《企业境外法律风险防范国别指引》系列丛书编委会编：《企业境外法律风险防范国别指引：巴西》，经济科学出版社 2013 年版，第 117 页。

[2] 王永中、徐沛原：《中国对拉美直接投资的特征与风险》，载《拉丁美洲研究》2018 年第 3 期。

之上，可增设监事会，或者增设经理层和监事会。最完备的股份公司治理模式为：股东会+董事会（行政理事会）+审计委员会+经理层+专门委+（监事会），这也是大多数规模较大、治理较为规范的股份公司的治理模式。

（二）巴西公司的主要治理机构以及基本架构

在巴西法律的框架下，股份公司的各公司治理机构都有其特定的权限以及功能定位，分工明确、各司其职。主要公司治理机构一般包括：董事会、行政理事会、经理以及审计委员会等。股份有限公司可以设立行政理事会，并将公司管理交付于行政理事会及董事会，或仅仅交付给董事会管理。必须指出的是，巴西法律框架下的行政理事会仅仅是审议机构，公司决策则由董事会完成。根据巴西《公司法》的规定，行政理事会成员由董事会选举的董事产生，并根据公司章程决定该理事会的人数；但其中至少有一人为董事长。行政理事会成员任期不超过 3 年，连选可连任。董事会的成员中可有 1/3 的行政理事会人员。

经理是巴西《公司法》规定下的另一大公司治理机构。自然人股东可以当选为经理层人员。经理层人员主要的职责是执行和实施公司股东会和董事会（行政理事会）的决策事项，并接受监督检查。借鉴美国萨班斯法案（Sarbanes-Oxley Act），巴西设置了独立于董事会与外部审计机构之外的审计委员会，作为一个重要的公司治理机构。一般而言，审计委员会所设人数为 3~5 人，由股东大会选举产生，其中应有一名持股 10%以上的股东代表。代表股东利益是审计委员会的职责所在，其主要职能是监管、监督管理层工作，维护股东权益不受侵害。

在巴西股份公司中，各公司治理机关均具有明确的职能和职责。例如，股东会的职责分为两大类：关于一般事项的职责和关于具体事项的职责。在一般事项上，根据巴西《公司法》的规定，巴西股份公司的股东会拥有以下职权：修订章程，随时选举或解散董事会成员和行政理事会的成员，确立审计理事会成员的薪酬，批准年度报告，批准分配利润和强制性股息的方案，授权董事会发行可换股及有抵押债券，批准董事监事和经理层人员待遇标准，以及批准公司合并、分立和解散。而在重要事项上，根据巴西《公司法》的规定，巴西股份公司的股东会拥有以下职权：变更企业成立目的，削减强制性股息，批准公司合并、拆分或整合公司方案，以及增设新类别的优先股。

董事会则主要具有以下几种职权：制定公司总体战略，决定公司的生产经营，监督管理层，审查公司财务，选举和解聘经理人员，确定经理人员职权和职责，以及组织召开股东大会等。经理作为董事会决策执行人通常拥有以下职权：依据董事会确立的公司使命、目标、战略与指导方针管理公司业务，组织实施董事会决策的公司事项，选聘公司内部管理人员，制定公司内部管理制度，接受董事会、审计委员会或（监事会）的监督检查。

审计委员会在巴西公司治理架构中具有重要的作用，其职能职责只要是围绕公司在生产过程中财务、人事等重大事项展开的，主要包括以下几个具体职能：检查公司的账目；依照公司章程就某项管理活动的决策发表赞成或反对意见；在需要时，聘请或解聘独立审计师；对管理部门向股东大会提交的年度报告等全部信息资料发表具有法律性质的意见；针对在审查监督过程中发现的经营、管理、会计核算等方面存在的错误、弊端和不法行为，向管理部门提出报告和建议应采取的有效措施，如果所采取的措施仍未达到维护公司利益的目的，应向股东大会提出报告；至少每 3 个月检查一次试算平衡表和公司编制的其他财务报表，检查年度财务报表并提出意见；在公司清算期间，作为特别监督人员须参与公司的清算。

（三）巴西设立公司的程序、要求及需要投资者注意的事项

巴西作为南美洲新兴的具有巨大潜力的国际贸易市场，吸引大量外资进入。对于国外投资者而言，选择合适的公司类型至关重要。鉴于股份公司设立以及运作的种种复杂性，投资者更适宜选择设立有限责任公司。[1] 巴西法律对外资企业在巴西设立公司的形式选择并无严格规定，外国投资者可以在巴西设立巴西法律所允许的任何企业形式。但因为“新市场”背景下对股份

---

〔1〕 国务院国资委企业分配局考察团、徐建红：《巴西公司治理最新进展——以董事会制度建设为中心》，载《国有资产管理》2007 年第 7 期。

公司的治理高标准，为了减少审批流程和灵活操作，设立有限责任公司（全资子公司）为最佳选择。[1]

在巴西设立公司，结合巴西《公司法》对公司治理架构的要求，治理架构的选择宜采用“股东会（股东代表）—董事会（执行董事）—经理层（总经理）”的模式为佳，即股东代表—执行董事—总经理的法人治理架构。由总经理全权代表公司，处理日常运营，遇有需要董事会、股东会决策事项时，再召开董事会、股东会。该模式层次简单，人员设置较少，便于管理。此外，由股东会、董事会统一决策重大事项并直接对总经理进行监督，能较好地降低运营风险。[2]

除了选择所设立公司的类型外，外国投资者在巴西设立公司还需要注意以下要点：首先，在股权结构上，公司需要由 2 个及 2 个以上股东共同出资设立。同时，还需要指派 1 名巴西公民或有长期居住权的居民为股东代表，其享有股东权利。其次，在公司治理架构上，如前所述，建议采取最简单的架构股东会—董事会—经理层（其中经理层人员须为巴西公民或有长期居住权的居民）。最后，在治理机关的权限分配方面，建议由公司股东会决策涉及生产经营、人员调配任免等的重大事项。但为了提高决策效率，可授权经理层一定的日常经营管理权限。董事会在股东会的授权范围内决策相关事项并对经理层进行监督。[3]

除此之外，在巴西设立有限公司还需要注意巴西《公司法》的几项基本要求，即公司必须至少有两个出资人，出资人可以是居住在巴西或他国的法律实体或自然人。在公司的设立章程中须指明该公司在巴西的地址，该地址须适合该公司从事的业务。在巴西公司持有股份或股本的外国实体或个人均必须在巴西境内税收服务处登记外国股东须在巴西中央银行取得相应的注册号。

---

〔1〕 国务院国资委企业分配局考察团、徐建红：《巴西公司治理最新进展——以董事会制度建设为中心》，载《国有资产管理》2007 年第 7 期。

〔2〕 国务院国资委企业分配局考察团、徐建红：《巴西公司治理最新进展——以董事会制度建设为中心》，载《国有资产管理》2007 年第 7 期。

〔3〕 龚敏、陈维娟、王蕾：《巴西的公司治理》，载《董事会》2013 年第 10 期。

在设立有限公司时，外国投资者还必须注意巴西法律框架下规定的有限公司的若干需要注意之处：夫妻在财产共有制度（过去、现在及将来的财产）或强制分有财产制度（此规定不适用在2003年1月前成立的公司）的情况下结婚的，不能成为同一公司的股东；有限责任公司至少有两名执行公司章程的股东，且必须在公司总部所在州的商业登记处或法人机构民事登记处备案；出资额由公司资本等分而成；公司资本由公司章程规定，但没有最低注册资本的要求（某些特定类型的公司如银行和保险公司除外）；每份出资赋予出资人股东会中的一票表决权，然而民法并未规定无表决权的出资额，即优先出资额；股东可以资产（非劳务）认购各自的股东权益，但此类资产需要经评估；股东会决议可以增加公司资本。现存股东有优先认购权，所以全体股东可以认购公司增加的出资额度；股东原则上对公司债务和公司其他义务不负责，但对其认缴的出资总额负连带责任；第三人可以根据公司章程的规定认缴公司出资或禁止继承人成为股东；只有居住在巴西的个人（无论是否为股东）可以担任有限责任公司的经理。

根据巴西相关法律要求，外国人要获得公司管理职位必须先申请永久工作签证，股东决定经理的报酬，公司可设一名或多名经理，可以根据公司章程的规定设立审计委员会。审计委员会应至少由3名成员（无论是否为股东）组成。公司财务报表和董事报告须每年一次在一个会计年度结束后4个月内报股东批准。有限责任公司有10名以上股东的，必须在股东会上表决其职责下的事项，此表决必须遵守民法关于会议召集、表决提交与通过的具体规定。10名以下股东的公司可以根据公司章程的规定召开股东会，无须经过复杂的程序。个别事项的通过有具体的人数要求，如修改公司章程、公司合并或解散需要代表至少75%公司资产的股东的投票通过。任命经理的法定人数可以是全票，代表2/3公司资产的股东投票或代表50%公司资产的股东再加一票通过，这取决于公司资本是否缴清，以及公司章程和其他文件规定的经理的任命。

二、在巴西并购公司：反垄断审查

外资以并购的方式进入巴西市场也是投资巴西的一种主流方式，现今在数量上已超过了新设（绿地）投资。并购巴西公司在实体和程序方面最值得注意的就是巴西有关部门对外资的反垄断审查。虽然外资并购巴西企业本身并不必然构成垄断行为，但如果并购以后的企业集中度过高，对社会的公平竞争秩序构成潜在威胁，则必须向巴西的反垄断执法机构申报，并可能接受反垄断审查。在全球不同司法辖区内，如果一项交易被认定为“集中”，且参与集中的相关方的营业额、资产或市场份额达到了一定的标准，则该项交易需要进行申报。不同的司法辖区则规定了不同的申报门槛。巴西规制外资并购反垄断审查的法律主要是《反垄断法》，该法于 1994 年开始对市场经济活动发挥作用，并于 2011 年进行了修改。下文将对巴西的外资并购反垄断审查相关法律规则进行研究分析。

（一）巴西 1994 年《反垄断法》

巴西是最早进行反垄断法立法的发展中国家之一。早在 1962 年，巴西就颁布了《反垄断法》，但在当时的环境下，巴西政府对经济进行严格的干预，国有企业垄断各个行业，导致巴西并无市场经济的存在，也不存在自由竞争，因此该部法律并未发挥任何作用。[1] 直到 20 世纪 90 年代，巴西开始经济自由化改革，进行了一系列以私有化、价格自由化和去监管化为特征的改革。作为改革的一部分，1994 年《反垄断法》出台，该法建立了现代化的竞争保护体系，标志着巴西的反垄断法进入新的时代，确立了巴西竞争政策体系的基本框架。[2]

根据巴西 1994 年《反垄断法》的规定，巴西反垄断执法工作由以下机构共同承担：一是司法部经济法律秘书处负责反垄断案件的调查初审；二是财政部经济监控秘书处，负责对经济法律秘书处调查的案件提出分析意见，也可单独或与经济法律秘书处共同进行案件初审，但是经济保护管理委员会，

---

〔1〕 王先林：《金砖国家反垄断法的最新发展与主要制度比较（一）》，载《中国工商管理研究》2012 年第 5 期。

〔2〕 王先林：《金砖国家反垄断法的最新发展与主要制度比较（一）》，载《中国工商管理研究》2012 年第 5 期。

负责发布法规、决议来指导反垄断执法，受理经前两个机构初审的案件并作出最终的行政裁决。在该部法律中，并没有针对企业兼并控制的专门条款，也没有规定企业兼并审查的实质性标准，只有针对企业兼并适用反垄断审查的一般性要求以及经济保护管理委员会批准垄断协议和滥用市场支配地位行为所适用的条件。

在当时，巴西对企业兼并适用的反垄断审查一般要求是根据经济法律秘书处和经济监控秘书处联合发布的《横向合并指南》规定的企业兼并申报门槛。根据该指南，任何形式的企业兼并，如果导致兼并后企业（或其所属集团）在相关市场上获得至少20%的市场份额，或者参与兼并企业上年度营业额合并达到或超过4亿雷亚尔，无论是否产生限制竞争的后果，都应当申报。在1994年《反垄断法》的框架下，企业并购采取的是“事后申报”制度。一方面，这导致审查工作进展缓慢，无论是人力不足的执法机构，还是正常推进交易的企业，都缺乏加快审查进度的动力。另一方面，事后申报制度也制约了审查裁决的执行，执法机构审查发现企业兼并存在垄断影响时，兼并交易大多已经完成。在这种情况下，从根本上否决交易的成本巨大，执法机构不得不退而求其次采取非常有限的附加补救措施。因此，从实践上看，巴西1994年《反垄断法》规定的事后审查制度难以真正遏制有可能形成市场垄断的并购交易。

（二）巴西2011年《反垄断法》

由于2004年《反垄断法》的执行实效欠佳等问题，在7年历经多次提案修改以后，巴西2011年《反垄断法》正式出台。新法体现了巴西反垄断法律制度的重大变化，特别是建立了一个单一的反垄断执法机构，引入合并前的审查制度，加强了反垄断执法机构的力量。[1]

新法的第一项重要改革就是整合原有的反垄断执法机构，减少职能交叉，提高执法效率，将原来的经济保护管理委员会和经济法律秘书处合并成为新

---

〔1〕 王先林:《金砖国家反垄断法的最新发展与主要制度比较（一）》，载《中国工商管理研究》2012年第5期。

的经济保护管理委员会。而经济监控秘书处则作为一个技术支持性机构继续存在，但仅负责竞争倡导，承担与反垄断相关的调查研究和分析咨询职能，包括就国家制定法律、法规或其他行为规范过程中与促进竞争相关的方面发表技术性意见、开展特定行业或者部门的竞争状况评估等。经济监控秘书处不参与反垄断执法，原来的反垄断经济分析职能也移交给经济保护管理委员会。而经济保护管理委员会则隶属于司法部，内设负责反垄断调查分析与审查的总督察办公室、负责反垄断案件裁决的经济防卫行政法庭以及负责技术支持的经济研究司，成为巴西反垄断执法机构。

此外，新法也改变了企业并购的门槛，建立企业并购前申报制度。取消了20%的市场份额的标准，只采用营业额标准，即参与合并的企业上一财政年度总营业额超过4亿雷亚尔，并且有一个企业上一财政年度总营业额超过3000万雷亚尔就必须主动申报进行反垄断审查。[1] 2012年以来，经济保护管理委员会发布了一系列决议，逐步明确新的企业兼并规制的操作流程和具体要求，对并购交易申报所需信息资料及表样、申报简易程序的适用、经济集团的定义以及股权收购交易的申报要求等问题都作了具体规定。

根据新法，任何行为或以任何方式企图或能够实现以下四种效果的，都属于违反经济秩序的行为：第一，限制、抑制或以任何方式损害自由竞争或自由企业制度；第二，控制某种产品或服务的相关市场；第三，可以随意增加利润；第四，滥用市场支配地位。根据上述总体界定，反垄断法列举了19种具体的违反经济秩序的行为。但在实践中，违反经济秩序的行为变化多端，因此法律不可能也没有必要对具体类别作过于详细的规定，而是由执法机构根据法律的基本精神进行裁定。此外，虽然企业的兼并、收购等经济集中行为本身并不直接构成违反经济秩序的行为，但如果企业集中度过高，会对竞争构成潜在威胁。因此，反垄断法规定，企业经济集中活动达到规定标准的，应当向经济保护管理委员会申报，通过其审查并获得批准。

---

〔1〕 王先林：《金砖国家反垄断法的最新发展与主要制度比较（三）》，载《中国工商管理研究》2012年第7期。

三、公司经营失败：以福朋案为例

【案情简介】

福朋集团主要经营某家用电器的生产与销售，在国内为行业三强之一，在中国企业500强中排于前列，并已在东南亚地区拓展多年。借助其在市场经营中积累的多年优势，福朋集团所到之处均顺风顺水，虽然尚无法和国际大牌竞争，但在发展中国家的市场上往往能够打败当地品牌，成为后起之秀。经过研究和市场调查，福朋集团发现，由于巴西工业基础薄弱，在其市场上，与福朋产品同类的产品不存在拥有竞争优势的本土品牌，90%以上的市场被美日品牌占据。相较美日品牌，福朋集团的产品在价格、节能、维修保养费用等方面更具竞争优势。因此，进入巴西市场就成为福朋集团2011年发展战略的重中之重。彼时，摆在福朋集团面前的有两个选择：以贸易方式进入巴西，或者在巴西投资设厂。考虑到整件产品进入巴西的税费极高，福朋集团最终决定在巴西当地设立组装厂，将产品零部件出口到巴西，并在当地完成组装。

福朋集团最终选择一位名叫爱德华多（Eduardo）的巴西商人作为合作伙伴，按照1∶1的出资比例合资，在巴西设立组装工厂及销售公司。在爱德华多的帮助下，福朋初期在巴西发展顺利，不到2年就取得了巴西10%的市场份额，并成为福朋集团旗下2013年销售额最高的海外公司。但在2014年，该巴西合资公司却从蒸蒸日上的辉煌骤然跌落，陷入了完全意料之外的败局。最终经核算，福朋集团的损失超过5亿美元——而合资公司在经营3年间给中国公司带来的利润不到6000万美元。福朋集团的投资血本无归，还要被迫花费重金聘请律师和会计师，处理可能需要耗时10年的合资公司的破产清算程序，且国内业务的发展也被巴西合资公司拖累。福朋集团因此成为投资过程中受伤最重的一方。

巴西合资公司的经营危机并不是突然爆发的，主要原因是巴西合作伙伴爱德华多与外部审计机构的“勾结”，很多严重问题被故意掩盖了。依据巴西商业法律，针对合资公司进行每年一次的内部审计和第三方外部审计都是必要的。巴西合资公司成立之初，爱德华多向福朋集团推荐了一家当地的小公司作为外部审计机构，并表示聘请他们可以省下很多成本，福朋集团欣然同意了爱德华多的选择。

事实上，中国企业在境外投资时，外部独立审计在控制投资风险方面扮演着至关重要的角色。因为，无论是聘请当地人管理，抑或派遣自己人管理，毕竟远离公司总部，而且各个国家的会计准则均不相同，国内总部的财务人员不可能对海外公司实行非常有效的管控。而各个国家都有很多优秀的当地会计师事务所，中国企业完全可以通过各种渠道了解到；即使无从判断当地会计师的优劣，选择四大会计师事务所之一的当地分支机构，亦应是安全的选择。

在公司陷入危机之后，福朋集团重新聘请了四大会计师事务所之一对巴西合资公司进行了整体审计，发现了很多非常严重的财务问题。其中的一些证据显示，爱德华多涉嫌将公司部分收益非法转移到海外。根据会计师的调查，律师目前已经对原审计公司、审计人员、爱德华多提起了诉讼。目前的证据已经足以赢得诉讼，但是要追回福朋集团的损失，则几乎不可能。

会计师在审计中还发现，巴西合资公司的销售业绩非常好，但是应收账款所占的比重很高，约有 1 亿美元的应收账款无法回收，这也是合资公司破产的重要原因。在合资公司成立之初，爱德华多为了提高销售业绩，采取了给经销商更长的付款期、降低资质审核要求的销售政策，从而和其他品牌产品竞争经销商。会计师审查当年的销售合同时发现，很多经销商赊货的风险远远高于可能获得的预期利润，巴西合资公司甚至曾经给已经进入破产流程的公司赊货。

即使在该合资公司的风险管理制度并不完善的情况下，这样的赊货行为也已构成明显违背公司制度的“越权”行为。爱德华多作为合资公司的实际运营者，有一定的灵活经营的权利，但风险控制制度成为摆设，福朋集团对爱德华多的诸多经营问题毫不知情，又由于福朋集团不熟悉巴西的商业法律，在合资公司成立之初就埋下了风险的“种子”。

【案例涉及的主要问题及评析】

对巴西法律的不了解是福朋集团失败的最直接原因，集团在毫无觉察的情况下落入了爱德华多设下的“圈套”。首先，福朋集团和爱德华多签订的第一份关于合资协议中约定，合资公司的法定代表人为福朋集团董事长，爱德华多也欣然接受。福朋集团认为，这样的约定足以控制巴西合资公司。然而实际情况并非如此，因为在巴西的《公司法》中，并没有“法定代表人”这个概念，因此以法定代表人控制合资公司无异于一纸空文。

其次，双方在公司章程中规定了公司管理机构的组成。由于各持50%的股份，福朋集团要求董事会各出2人达到平局，爱德华多表示同意，并提议设立一个管理委员会作为合资公司的日常管理机构，并完全由巴西股东委派（因中方不常驻巴西）。对此，福朋集团认为，管理委员会类似于中国的“董事会秘书”的角色，负责执行董事会决议，不会影响中方在董事会的投票权，因此同意了爱德华多的提议。根据该公司章程对应的葡萄牙文版本，董事会对应的机构为Conselho de Administração，管理委员会对应的机构则为Diretoria，这样的翻译从字面看与中国法律语境中的通常概念似乎没有太大差异。但在事实上，根据巴西《公司法》的相关规定，此“董事会”非中国法律语境下的“董事会”。巴西法律语境下的Conselho de Administração仅负责非常重要事务的表决，以及通过查询公司账簿等方式进行监督，一定程度上类似于中国公司法中的监事会，在公司的具体运营中并无太多决策权。而巴西法律语境下的Diretoria则有权决定公司日常经营中的一切事项，可以不需要所谓“董事会”决议而对外签署一切文件并对公司生效。因此，公司章程中的管理委员会（Diretoria）才是决定公司日常运营的重要权力机关，其权限实际上类似于中国公司中董事会加法人代表的合体，拥有100%的投票权。而正是借助这一便利，爱德华多签署了大量对中国公司股东不利的文件，包括明显违背公司风控制度、提高账面业绩的销售合同。

在经营过程中，爱德华多通过一系列“伪装”行为，使福朋集团的董事长一直没有发现上述事实。爱德华多一直奉福朋集团董事长为合资公司的董事会成员，每3个月就举行一次董事会，将重要事项提交到董事会讨论。而作为中方股东眼中“听话”的管理者，爱德华多几乎每次董事会都同意福朋董事长的意见。根据巴西法律规定，所有董事会决议需要以葡萄牙语行文，并在公司注册登记部门进行注册方可具有法律效力；而在合资公司陷入危机后，律师将在当地注册登记部门调取的公司历年全部董事会决议与福朋集团提供的董事会决议进行对比后发现，有超过60%的董事会决议并未被注册。原因是爱德华多对福朋集团采取了阳奉阴违的做法：如果董事会决议符合爱德华多的本意，他就将董事会决议注册；如果不符合，他并不会明确反对，而是在会后将签字的董事会决议扔进垃圾桶。无论如何，没有注册的董事会决议是无效的，而他却能够继续以管理委员会的名义作出任何自己想要的经营决定。

因此，福朋集团在巴西投资失败主要是由几个原因引起的：第一，在选择合作对象上太轻率，在公司运营等各种事项上过于信任和依赖巴西当地的合作伙伴。第二，对巴西的法律非常不了解，想当然地把巴西公司法的相关内容规定等同于中国公司法的规定，没有预计到两国法律制度存在客观差异。福朋集团错误理解了巴西公司中的“管理委员会”的真正角色和职能，给图谋不轨的巴西合作伙伴制造了钻空子的空间。第三，忽视专业人士的作用和意见，对独立审计机构、律师等认识不足，轻信巴西合作伙伴介绍的“第三方审计机构”，造成无法挽回的巨大损失。

第四节　巴西劳工法律制度

在海外投资中，关于劳工法的问题始终是一个敏感问题，处理不当甚至可能导致东道国国内社会产生局部动荡而使劳工问题“政治化”。[1] 处理劳工问题，投资者应当谨慎遵守东道国的相关法律，避免因为对法律了解不足而将劳工问题上升到政治问题。东道国的劳工法律遵守不当，既会给投资者带来损失，例如导致企业生产经营活动因无法正常有序开展而倒闭，也有可

[1] 梁咏:《中国投资者海外投资法律保障与风险防范》，法律出版社2010年版，第60页。

能将劳资双方的矛盾升级成为投资者与东道国政府之间的矛盾。

在实践中，投资者在海外投资中遭遇东道国劳工法律风险多是因为对当地相关法律不熟悉。并且，投资者的企业管理模式与东道国的企业管理文化可能相去甚远，也导致了劳工法律风险的发生。实际上，中国投资者在海外投资的过程中，遭遇劳工法律风险并不鲜见。例如：2004 年的上汽—双龙案就是这方面的典型案例。2004 年，上海汽车工业集团与韩国双龙汽车株式会社的债权银行达成协议，以将近 5 亿美元的价格收购了双龙 48.92%的股份，成为其最大的股东。之后上汽集团又继续通过二级市场收购等，总共取得双龙 51.3%的股份，成为拥有绝对控制权的大股东。但从上汽开始收购双龙伊始，其与双龙工会之间的关系就一度紧张，工会还曾组织过大规模的罢工活动。中韩企业文化差别，工会角色差别，以及中国投资者对此预估不足等，导致了劳资关系的极度紧张。2009 年，在国际相关汽车产业环境不景气的情况下，双龙汽车进入破产重组程序，但其经营状况并未因此得到改善。双龙工会由此组织部分工人暴动，采用武装手段占领工厂，在很大程度上导致了企业破产重组计划的失败。由此，上汽集团的投资以失败告终。透过上汽—双龙案，我们可以看到非良性的劳资关系对投资者的投资计划可能会带来致命的影响，最终导致投资完全失败。尤其在目前，中国投资者的海外投资产业大多以制造业、能源开采等劳动密集型行业为主，就免不了面临劳资关系以及劳工法律等问题。劳工问题是综合性问题，由于各国对劳资关系、劳工权益保护以及劳动争议解决等方面的规定具有差异。除此之外，每个国家可能还对劳工法律有着与投资者母国相关法律差异极大的规定。以巴西为例，根据法律规定资方必须每年根据通货膨胀率给员工增长工资，但因中国的相关法律中并无如此规定，投资者忽略巴西劳工法律的这一特殊之处，导致工会的抗议或者罢工，影响正常的生产经营活动和秩序。因此，在投资者赴东道国新设投资时，应当全面了解东道国的相关法律。具体来说，投资者应当充分了解东道国劳动者取得报酬的权利、休息休假的权利、获得劳动安全卫生保护的权利、民主管理权、结社自由权、集体谈判权、接受职业技能培训的权利以及享受社会保障等八项权利。[1]

一、巴西劳工法律概况

由于殖民地时期的历史因素，巴西的劳工立法深受欧洲国家劳工立法的影响，其立法宗旨是以保护劳动者为主。[2] 1943 年，巴西政府颁布了巴西第一部系统的劳工法——巴西《统一劳工法》，该法虽经过随后多次修改，但至今仍是巴西劳工法律的基础。1988 年，巴西《联邦宪法》颁布，并在该法中规定了新的劳工权利，还提高了此前《统一劳工法》中规定的标准。总之，巴西政府通过这两部主要法律，确立了一套严格详尽的劳工法律制度，旨在保障劳工权益。2017 年，巴西再一次修改了劳工法律制度，但总体而言，立法宗旨仍以保护劳动者为主。

巴西的劳工法律制度主要包括劳工权益、劳动合同以及劳工机构三个方面的内容。同时，作为赴巴西投资的外国投资者，还应当慎重了解巴西劳工法律制度中对外籍雇员的规定以及工作准证办理等方面的内容。

二、劳工权益

巴西《联邦宪法》以及《统一劳工法》等都规定了劳动者享有的各种权利。巴西法律规定，不得因为性别、种族、宗教以及其他文化等而产生雇佣关系的差别；劳动者享有完全的同工同酬权利，同样的工作不因国籍、年龄、性别等的不同而产生工资待遇方面的差别。构成工资级别不同的正当理由非常有限，如工作年限的长短等。[3] 巴西法律框架下的基本劳工权益包括：薪金、劳动时间、假期、保险以及其他权益。

---

[1] 梁咏:《中国投资者海外投资法律保障与风险防范》，法律出版社 2010 年版，第 39 页。

[2] Ministry of External Relations of Brazil, *Legal Guide for Foreign Investors in Brazil*, (10 June 2024), https://edisciplinas.usp.br/pluginfile.php/4243006/mod_resource/content/1/LegalGuideForForeignInvestorsInBrazil.pdf.

[3] 《企业境外法律风险防范国别指引》系列丛书编委会编:《企业境外法律风险防范国别指引:巴西》，经济科学出版社 2013 年版，第 166 页。

（一）薪金

根据巴西劳工方面的相关法律规定，雇主必须按月或者根据劳动合同规定的更短周期以巴西法定流通货币（雷亚尔）向雇员支付劳动报酬。劳工工资不得低于巴西法定的最低工资标准。[1] 最低工资标准在每年的 4 月底前后根据物价水平的波动调整一次。各行业的劳资双方在法定的最低工资基础之上，可商定本行业的最低工资标准（但不得低于劳工法律规定的总体最低工资标准）。法律还规定，最低工资至少应有 30%以货币形式支付。值得注意的是，巴西允许未成年人以“徒工”的形式参与劳动，但也针对未成年徒工的最低工资作出了规定。未成年徒工的最低工资在学徒期前一半为法定最低工资的 1/2，在学徒期的后一半为法定最低工资的 2/3。劳工可以在工作满 12 个月以后，获得第 13 个月工资。

如果雇员加班，则巴西劳工法律规定雇主必须支付给雇员加班工资。加班报酬为正常工作时间小时工资的 150%，节假日加班报酬按照平时工资的 200%支付。巴西劳工法律还进一步规定，当日晚上 10 点至次日凌晨 5 点为夜间工作时间，工资报酬按照日间工作时间的 120%计算。[2] 若员工从事危险环境工作，如矿井、油田开采等，则一般可按照正常工资的 130%计算报酬。[3] 此外，巴西劳工法律还规定雇员有权要求参与分红，一般来说，分红的数额不属于法定范畴，而由雇主和雇员委任的委员会协商解决，一般为 1 个月工资。

（二）劳动时间

根据巴西劳工法律的规定，“正常工作时间”为每日 8 小时，每周 44 小时，轮班每班 6 小时。除此之外，法律还规定了严格的工作休息时间，例如：

---

〔1〕 巴西 2018 年的法定最低工资标准为 954 雷亚尔。

〔2〕 中国国际贸易促进委员会：《企业对外投资国别（地区）营商环境指南（巴西 2020）》，载中国国际贸易促进委员会网，https：//www.ccpit.org/image/1/edacf09a158a40458bc79f519b3b1b82.pdf，2023 年 7 月 1 日最后访问。

〔3〕 胡文强、秦俊茹：《巴西劳工法现状及对策建议》，载《经济师》2010 年第 2 期。

连续工作 4~6 小时后，雇员应当有 15 分钟休息时间；若连续从事 6 小时以上工作，则雇员应当有 1~2 小时的休息或者用餐时间。[1] 值得外国投资者注意的是，根据巴西法律的规定，员工在正常工作时间之外接听单位电话、接收单位短信以及查看单位邮件等行为视为加班，员工有权据此要求加班报酬。[2]

此外，巴西劳工法律还规定，企业可以按照生产或者业务需求调整雇员的劳动时间。例如，企业可以在经营淡季缩短正常工作时间但不降低工资，剩余工作时间企业可在经营旺季安排雇员加班。但法律规定，总体的调整时间不得超过 120 天，劳资协议另有规定的除外。但值得注意的是，巴西法律进一步规定，企业在旺季调整延长工作时间，每日最多不超过 2 个小时，在延长时间中，企业无须支付员工加班报酬。

（三）假期

雇员除了法定节假日之外，每年还享有 30 天的带薪假期（但假期天数按照缺勤天数递减）。在假期期间，雇主还必须支付雇员 1/3 的假期奖金。此外，雇员有权自主选择缩短假期。例如，雇员有权只休息 20 天，而同时要求雇主支付另外 10 天的劳动报酬。[3]

（四）保险

根据巴西劳工法律以及社会保障法律的规定，雇主每个月应当为雇员缴纳相当于其收入的 8%的失业保险金。失业保险金在巴西也被称为工龄保障基金（FGTS-Fundo de Garantia do Tempo de Servico），其指的是雇主每个月有义务为雇员在一个银行账户存入雇员总收入的 8%在该雇员名下。在劳动关系存续期间，该资金不得取出。只有在法律规定的情况下，如无理由解雇、退

---

〔1〕 商务部投资促进事务局:《中国对外投资促进国别/地区系列报告》之《投资巴西》，2011 年 11 月，第 84 页。

〔2〕《企业境外法律风险防范国别指引》系列丛书编委会编:《企业境外法律风险防范国别指引：巴西》，经济科学出版社 2013 年版，第 168 页。

〔3〕 胡文强、秦俊茹:《巴西劳工法现状及对策建议》，载《经济师》2010 年第 2 期。

休、劳工合同一方死亡以及劳动期限届满时，该笔资金才可以被员工领取。

雇员还有获取养老保险金的权利。养老保险金的构成包括，雇主支付雇员工资的8%，雇员根据自身收入情况支付8%~11%，两者成立共同资金账户作为养老保险金账户。

（五）其他

除上述几个方面内容外，雇主对雇员还负有其他方面的义务。例如，巴西劳工法律规定员工的试用期不得超过 90 天，试用期过后，如若雇员无正当理由被解雇，其有权获得相当于其银行账户中失业保险金的 40%作为解雇赔偿金。又如，法律规定如果雇员超过 300 人，则雇主必须为雇员建造餐厅。再如，巴西劳工法律还为残疾人参与劳动提供特殊保障。100 人以上规模的公司，必须雇佣 2%~5%的残疾人。

三、劳动合同

（一）劳动合同的形式

在巴西，企业与劳工之间应当签有劳动合同，但书面形式的劳动合同并不是法律规定所必需的。如若没有书面劳动合同，其他能够证明劳动关系存在的，法律也予以认可。例如，劳动证和雇员登记证也可被视为劳动合同。[1] 此外，巴西法律还规定劳工合同具体分为两大类：集体劳工合同以及个人劳动合同。前者指的是由工会代表员工与雇佣企业签订的、制约所有相关雇员的劳动合同；后者则指的是由企业与雇员个人直接签署的劳动合同。根据巴西相关法律的规定，个人劳动合同对雇员的保护条件不得低于集体劳动合同的规定。

通常来说，根据法律规定，劳工合同应当明确规定工资、工种、工作时间等。一旦签订劳工合同，则资方在未获得劳工同意的情况下，不得随意修改合同条款。否则，根据法律的规定，则由资方承担责任。如若劳动合同没

---

〔1〕 胡文强、秦俊茹:《巴西劳工法现状及对策建议》，载《经济师》2010 年第 2 期。

有明确规定合同期限或者规定不明确，则将推定该劳动合同为无固定期限劳动合同。[1]

(二) 劳动合同的中止、终止和结束

企业和劳工双方均可自愿结束合同，但需要签合同终止的文件，并需要提前30天通知对方。劳工获解职通知后的30天内，每天可只上半天班，另半天可外出找工作。工会领导成员以及企业安全委员会成员在其任期内和任期结束后的一年内不能被解雇，劳工工伤事故发生后一年内或工伤治疗期间内也不可被解雇。当雇员无正当理由连续旷工一个月以上，雇主才可以主动与雇员终止劳动合同。在具有正当事由的解雇发生时，雇主应当支付雇员工资余额、部分休假工资和法律规定的各种应得的补贴。[2]

如若雇员被无理由终止劳动关系，则雇主必须支付给雇员相当于事业保险金金额的40%作为罚金。如果雇员因为服兵役或尽其他民事义务致使劳动合同中止，则企业应当为其保留工作岗位。

四、劳工机构

在巴西，涉及劳工事宜的主要劳工机构包括：劳工部、劳工法院以及工会。[3] 其中，巴西劳工部是劳工法律法规的主要执行机构，负责监督巴西劳工法律的具体实施情况，其下设的劳工检察院接受劳工投诉，并对雇主的违法行为进行行政处罚。值得外国投资者注意的是，雇佣外籍劳工必须经过巴西劳工部的批准。[4]

巴西设有专门的劳工法院，主要负责对劳资纠纷进行调节或者裁决，属于联邦编制。巴西的劳工法院系统整体分为三级：最高劳工法院（劳工高等法院）、地方劳工法院（劳工联邦区法院）以及劳工争议仲裁庭。其中，最高

---

〔1〕 胡文强、秦俊茹：《巴西劳工法现状及对策建议》，载《经济师》2010年第2期。

〔2〕 刘国林、刘怡然：《防控巴西汇率与劳工风险》，载《中国外汇》2015年第22期。

〔3〕《企业境外法律风险防范国别指引》系列丛书编委会编：《企业境外法律风险防范国别指引：巴西》，经济科学出版社2013年版，第171页。

〔4〕 李犇：《巴西工程项目的劳工风险及防范》，载《国际经济合作》2015年第5期。

劳工法院负责劳动诉讼的终审，地方劳工法院负责地区性劳动案件的审理以及对初审上诉案件的审理，而劳工争议仲裁庭则负责劳动诉讼的初审。从巴西的三级劳工法院的设立和构成也可以看出，巴西对劳工法律的执行是十分严格的。

在巴西，一般的劳资纠纷主要通过当地工会代表进行协商解决。在实践中，若企业处理不好与工会的关系，极易陷入劳资纠纷。在巴西，工会的力量强大，无论雇员是否为工会会员，工会都有权代表其参加集体合同的签订和谈判以及代表出面解决纠纷。如由工会代表雇员与雇主进行薪资谈判等。因此，对外国投资者尤其是中国投资者而言，进入巴西市场营商，一定要意识到巴西工会的影响力，切忌“想当然”地套用本国经验，而引发劳资纠纷，导致投资失败。

五、外籍劳工

巴西的劳工法律优先保护本国劳动者的就业权。外籍劳工若要在巴西合法工作，则必须事先取得巴西劳工部的批准，并且取得巴西劳工部移民局颁发的工作准证。并且，巴西劳工法律还进一步规定，外籍劳工必须是有专业技能的人员，而且需要具备 2 年以上专业工作经验（有高等学历者），如为中等学历的专业人员，则需要 3 年以上的工作经验。并且，外籍劳工的人数不得超过企业职工人数的 1/3，在外籍劳工不到 1/3 的情况下，其工资也不得超过企业工资总额的 1/3。[1] 根据巴西法律的规定，只有当国内没有充足的专业人才可供使用，企业才被允许雇佣更高比例的外籍劳动者。[2] 并且，如果外资企业要解雇员工，在从事的工种相同或类似的情况下，巴西法律规定雇主应当先解雇外籍员工。[3] 总体来说，巴西的劳工法律极度倾向保护本国劳动者，促进本国劳动力市场的发展，而对雇佣外籍员工要求和程序相当严苛。

---

〔1〕 乔健、李诚:《中资企业投资“一带一路”国家劳动关系风险防范研究——以巴西为例》，载《中国人力资源开发》2018 年第 7 期。

〔2〕 刘国林、刘怡然:《防控巴西汇率与劳工风险》，载《中国外汇》2015 年第 22 期。

〔3〕 刘国林、刘怡然:《防控巴西汇率与劳工风险》，载《中国外汇》2015 年第 22 期。

作为外国投资者，赴巴西投资开设企业，必须要考虑到此方面的风险，否则将导致投资不利甚至失败。

六、巴西劳工法律的改革动向

2017 年，巴西对劳工法进行了较大范围的改革。此次巴西劳工法的改革，旨在加强雇员和雇主之间劳动协议的意定性，而非将所有细节以及内容都交由法律来直接规定。总而言之，改革后的劳工法强调劳工协议的重要性。例如，新法规定员工和雇主可以自由协商工作时间，只要每周工作的总时长不超过宪法规定的上限；雇员的休息时间（如午休）可以与雇主协商，但如果雇员工作时间超过 6 小时，则休息时间不得少于 30 分钟；雇员每年 30 天的年假最多可分成 3 个时段休，其中一段不得少于 14 天，其他的 2 段各不得少于 5 天；新法允许“弹性工作制”，即公司可以聘请以时薪计算的员工，并且可以在需要时才聘请他们。

2022 年 9 月，巴西《统一劳工法》新增了对远程办公的具体规定。例如，法律规定了远程办公者应当与实地办公者享有同等的劳动权益（获得报酬等），并规定应当将远程办公的各种具体权利义务以及远程办公的具体工作内容在劳动合同中写明。

七、员工权益纠纷：以“三星案”为例

【案情简介】

韩国电器业巨头三星集团因发展战略考虑，在巴西亚马逊地区的马瑙斯自由贸易区投资设立工厂，雇佣约 6000 名当地员工，以组装手机为主要业务。这家工厂是三星整个拉丁美洲的主要供货商。2013 年，三星员工诉称，并向巴西检方提供证据显示，工人要在 32 秒时间里完成一部手机的组装，在 65 秒内组装一台电视机。一名工人一天据称包装了近 3000 部手机。员工还指出，在三星工厂，一个班次可以长达 15 个小时，有时每天站立工作长达 10 小时，且中途没有休息时间。恶劣的工作环境导致员工出现肌腱炎、肌肉骨骼疾病、背部疾病等健康问题。15 天内工人因病请假的次数高达 2018 次，员

工曾提交过1200多份对工作环境不满的诉讼。经调查，巴西劳动部认为三星存在严重的违反劳工法律制度的行为，擅自延长工人工作时间，迫使工人长期机械式组装手机零部件，导致身体部位肌肉受损。工人的疾病是由每天重复一项任务6800次所引起，他们每分钟的工作量是医学上规定的3倍。如果三星不改变其装配要求，该工厂20%的员工将会在5年内患上肌肉骨骼疾病。因此，巴西劳工监察办公室责令三星进行整改，要求工人每工作50分钟休息10分钟，并要求三星支付约1.1亿美元的赔偿金。

2015年，三星集团巴西公司因高级管理人员不尊重员工，经常使用“精神暴力”，被巴西劳工监察办公室处罚1000万雷亚尔。巴西员工向巴西劳工监察办公室提交的投诉书中称，三星巴西公司高管人员多次要求员工完成不可能在要求时间内完成的复杂任务，有时还在聚会时强迫员工喝酒。投诉书还显示，公司高管人员曾把其下属巴西员工称作“懒虫”和“哑巴”，有时嘲笑员工的英语水平，并对员工的长相指手画脚，还曾因一名女性员工太胖而将其解雇。

为此，三星公司与巴西劳工监察办公室达成协议。三星巴西公司承诺，出资500万雷亚尔用于在电视、电台和主流媒体上宣传禁止“精神暴力”或禁止雇佣童工的公益广告；同时向劳工法庭指定的非营利机构捐赠500万雷亚尔。此外，三星巴西公司每年还要向巴西劳工监察办公室报送报告，介绍其在改善恐吓、歧视或强迫员工等方面所采取的行动和取得的进展。如果三星巴西公司没有履行劳工法庭的要求，将会面临进一步的处罚。

【案例涉及的主要问题及评析】

三星在巴西因劳工问题遭遇处罚的案例很直观地说明了巴西劳工法律制度对员工工作时长、休息权以及被尊重权等方面的规定。如雇主违反这些规定，则会遭遇严厉处罚。巴西是劳工大国，拥有人数众多的适龄劳动人口，且用工成本相对低廉。这些基础条件常为中国投资者，尤其是需要大量劳动力的制造业投资者所青睐。但是，巴西劳动者对工作较为散漫随意，不喜欢严苛管束和加班加点，在私下交流时，甚至有人将中资企业称为“人肉搅拌机”。[1] 因此，中国投资者在巴西设厂雇佣员工时，就应该注意改善“刻板印象”，在企业劳工合规方面更加注意，并打造优质有效的员工与企业间的沟通平台。从可行性角度，中资企业可以探索建立“职工之家”或“员工俱乐部”之类的员工维权平台，发挥该组织的独立性，整合员工权益保障、人力资源发展及促进劳资合作等议题，使之成为联系、协调、维权、服务中外员工的职工之家。[2]

第五节　巴西环境法律制度

巴西的环境保护法律制度覆盖的范围非常广泛，并且环境立法体系健全、执法严格、环境违法成本较高。巴西对环境保护一向十分重视，上升到宪法高度。在巴西《联邦宪法》《石油法》《环境犯罪法》中都有相应的环保方面的规定。

一、巴西环境法律制度的发展概况

巴西早在1981年8月就颁布了法规，制定了国家环境政策，对土壤、水体、大气等环境资源的使用进行规划和监测，保护生态系统，并对污染或者潜在的污染活动进行控制，跟踪环境质量状况。[3] 1988年巴西《联邦宪法》第一次将环境保护提升至宪法高度，用一整章规定环保问题的各种具体情况，主要明确了对政府的环保要求，规定一系列保护生态平衡的法规，并对国家

---

[1] 乔健、李诚:《中资企业投资“一带一路”国家劳动关系风险防范研究——以巴西为例》，载《中国人力资源开发》2018年第7期。

[2] 乔健、李诚:《中资企业投资“一带一路”国家劳动关系风险防范研究——以巴西为例》，载《中国人力资源开发》2018年第7期。

[3] 王蕾蕾、毕强:《我国企业对巴西基础设施投资风险及障碍浅析》，载《四川建材》2019年第3期。

以及公民相关的环保义务和权利作出了具体规定。[1]

巴西环境保护法建立了“国家环境保护体系”，以实现国家环境的全面保护。从结构上来说，巴西的国家环境保护体系由联邦、州、当地政府机构以及其他致力于保护和改善环境质量的机构所组成，由这个整体共同承担环境保护的职责。因此，环境许可证、检查项目、行使环境管理权以及发出行政处罚和活动禁令等均由上述机构负责落实和执行。[2] 主要的环境保护法律法规，从保护对象上划分，则主要分为：水体保护法律法规、森林保护法律法规、大气污染防治主要法律法规以及涉及投资的环境影响评价法律法规。具体包括，巴西《水资源法典》《森林法典》等。

二、巴西的环境评估制度

巴西实行严格的环境评估制度，新建或者扩建企业或者工程，必须提交环境影响报告以及环境影响可行性解决方案，向巴西环境保护部门申请，以获得环境评估许可证书。[3] 其中，环境影响报告指的是，对于企业或者工程活动可能带来的环境影响的实地调查报告。如对空气、水、动植物、土壤、声音、安全以及环境美观等多方面带来的影响。凡是对上述要素可能带来负面影响的，都需要在此份报告中明确指出。环境影响可行性解决方案指的是，分析上述环境影响报告可能产生的负面影响，并提出避免或减轻该负面影响的可行性方案。一些典型的工程，如森林砍伐、公路、铁路、港口、机场、油气管道、电线、水力发电站、灌溉工程、油井、矿物开采工程、有毒物质的处置等都需要提交环境影响可行性解决方案的报告。根据巴西法律的规定，未取得环评证书的企业或工程，不得营商或开工。因此，环境评估制度是外国投资者赴巴西投资无法回避的重要环节。

---

〔1〕《巴西主要环保法律法规》，载中华人民共和国商务部网 2011 年 7 月 30 日，http://br.mofcom.gov.cn/article/ddfg/qita/201107/20110707671613.shtml。

〔2〕《巴西主要环保法律法规》，载中华人民共和国商务部网 2011 年 7 月 30 日，http://br.mofcom.gov.cn/article/ddfg/qita/201107/20110707671613.shtml。

〔3〕《企业境外法律风险防范国别指引》系列丛书编委会编：《企业境外法律风险防范国别指引：巴西》，经济科学出版社 2013 年版，第 177 页。

巴西的环保体系庞大而复杂，对于欲赴巴西的外国投资者而言，事先做好相关“功课”，对巴西的环保体系进行全面梳理，是十分必要的。事实上，如前文所述，巴西的能源、矿产以及基础设施等行业越来越受到投资者的青睐，成为投资蓝海。但不容忽视的是，这些领域的投资活动，往往绕不开环保方面的问题。既有的研究表明，环境影响评价是中国企业“走出去”必须直面的严峻挑战之一。

以中国国家电网公司2014年和2015年先后在巴西完成了两期特高压直流输电送出工程投资前期的环评工作为例，足以证明巴西拥有全世界几乎“最严格”环境评价制度。在国家电网公司的投资案例中，其主要面对的环评问题是对于巴西稀有动植物的保护和迁移工作。2014年和2015年，国家电网巴西控股公司相继中标了巴西第二大水电站——美丽山水电站两期装机容量为800千伏特左右的高压直流输电的送出工程，此两项工程由西北到东南分别绵延2076千米（一期）和2550千米（二期）。作为巴西电压等级最高、投资额最大、线路最长的输电工程，上述二期工程将为巴西贡献税收约290亿雷亚尔，增加就业岗位1.6万个，但由于其工程位置的特殊性，既要穿越有“地球之肺”之称的亚马孙热带雨林，又要翻越巴西利亚高原和里约丘陵，还要跨越亚马孙河、托坎廷斯河等5大流域及863条河流，沿线地形多变，生物种类繁多，人文差异悬殊，因此所经历的环境评估被称为“史上最严环评”。

在国家电网的二期工程中，由于巴西环保法律规定不仅要保护稀有、濒临灭绝的物种，也要保证生物的多样性，因此在工程沿途中，移植了数百种植物。工程建设队伍不仅需要把相关植物迁移出建设区域，根据巴西环保法律的规定，该些植物还必须迁入与“原本土壤环境相类似”的“合适的生长地”。此外，施工建设人员还必须定期观察迁出植物的生长状况，以确保其适应新的土壤环境，保障生物的多样性。

环境评估是一项系统庞大的工程，在国家电网在巴西的二期建设工程中，除了为了遵守巴西环保法“保障生物多样性”的要求之外，建设施工队伍还负责工程沿线水土保持、文物古迹的调查、对印第安与黑人部落的保护、对居民以及各类敏感点的影响分析以及征得土地所有者的许可等任务。以征得土地所有者的许可为例，巴西实施土地私有制，对土地的使用需要征得所有者的同意。国家电网的二期工程沿线途经 78 个城市，每个城市涵盖城区、乡镇和农村，涉及的土地所有者就有 3300 多位。在国家电网的工程征地工作中，主要面临以下几个操作性难题：其一，土地所有者的资料登记不详，无法联系，只能通过当地政府的公证处查询相关信息，给谈判带来了极大困难；其二，土地所有权难以确认。有些地块由于家族继承或出售转让，至今所有权不清，部分土地甚至出现“一地多主”的情况，国家电网二期工程队为收集证据、明确业主，联系公证处、法院等机构花费了大量时间；其三，部分土地所有者不愿出售土地，谈判未果，因此工程队只能根据法律程序通过法院诉讼解决；其四，土地所有者要价过高。由于二期工程线路穿过的里约热内卢等经济发达地区，当地民众一般不接受基于市场提出的赔偿价格，要求 2 倍甚至更高的征地赔偿。在此种情况下，为保障工程核算成本的执行，便只能通过提请法院诉讼解决这一问题。但如前文所述，巴西的司法系统存在效率低下、法院判决与执行的时间较长等问题，从而影响了正常的工程进度。[1]

国家电网二期工程除了要拿到相关的城市用地许可，还必须征得附近民众的同意。由于二期工程沿途较长，从西北到东南经过帕拉、托坎廷斯、戈亚斯、米纳斯和里约等 5 个州，而沿途所经过之处经济发展水平、教育水平等差距很大，因此二期工程队用近两年的时间与当地各相关部门沟通，对人口、经济、教育、医疗、交通等诸方面进行调查和评估，在 10 个城市召开 11 场环评听证会，充分听取当地政府机构及沿线民众对环评影响评估的意见，最大限度地降低了对当地社会经济产生的影响。以医疗为例，环评期间二期工程队在西北发现 33 个城市存在疟疾传染风险，为此专门编制了保护方案，与巴西卫生部及 33 个城市卫生机构达成一致，及时提供了疟疾防治的医疗设施和药品等。

---

〔1〕 陈效卫:《在巴西，“最严环评”是种怎样的体验?》，载新浪新闻网，https：//news. sina. cn/2017-12-22/detail-ifypwzxq5594895. d. html。

在国家电网二期工程中，施工队伍先后聘用了400多人参与环评，投入环保和征地搬迁费用共折合5.5亿元人民币，提交了56卷、超过100G容量的环境调查报告和环境影响诊断评估报告，提出地理环境保护、动植物保护及疟疾防控等19个方案，前后历时25个月获得巴西相关部门的许可。因此，通过国家电网二期工程的案例，广大投资者应当意识到，在巴西获得环评许可是一项长期、艰巨并且时间成本较大的任务，绝非一日之功。作为外国投资者，首先要转变理念，应当避免“环评就是形式工程”的想法，而要具体研究巴西环保相关法律法规，做好系统性准备工作，才能保证在有效的投入时间中，获得相关部门的环评许可，尽早营商获得投资回报。

三、环境污染的刑事责任

在巴西的环境保护法律法规制度框架下，上述的环评许可制度和本部分将要分析的环境犯罪惩罚制度一直被视为巴西环境治理的两大特色。[1] 后者指的是，从法律意义上对破坏环境的行为及其主体实行法律惩罚，惩罚内容包括查封违法工程、罚款、追究公职人员的责任、刑事监禁等。

（一）巴西《环境犯罪法》

1998年2月生效的巴西《环境犯罪法》是规定巴西环境污染刑事责任如何处理的核心法律。其规定了对环境犯罪的刑事处罚措施以及环境法律责任的责任主体。该法规定，如果环境犯罪是根据法人的法定代表、契约代表或者集体的决定，并为该法人的利益而实施时，该法人应当成为责任主体。但同时必须指出的是，该法人的责任承担并不完全排除实施该犯罪个人、共同实施者或者参与者的责任。如果实施者、参与者等也存在主观破坏环境的过错，根据法律也应当承担相应责任。巴西《环境犯罪法》对法人实施的处罚种类主要包括：罚金、中止权利、社区服务等。其中中止权利指的是，部分或者全部中止法人活动，暂时禁止法人的成立、工作或者活动，禁止法人与

---

〔1〕 范纯:《巴西环境保护法律机制评析》，载《北方法学》2011年第2期。

政府签订合同以及从政府处接受补贴、补助和捐赠。法人实体的社区服务指的是，资助环境计划和工程，在环境退化的地区从事恢复性工作，维护公共区域，捐助公共环境机构或文化机构等。[1]

（二）破坏环境罪

巴西《环境犯罪法》将一系列行为规定为环境犯罪行为，需要受到刑事处罚，值得外国投资者在经营中特别注意。该法律规定的破坏环境犯罪行为包括以下几种：

例如，《环境犯罪法》对“破坏动物群罪”作出了规定，其指的是：未经相关政府部门的许可或授权，或违反许可或授权的条件，对本土或迁徙的任何野生动物进行屠杀、追踪、狩猎、捕捉或使用。处罚措施是处以6个月以上1年以下监禁，并处罚金；未经相关环保机构许可或授权，出口未加工的两栖动物或爬行动物皮毛的，处以1年以上3年以下监禁，并处罚金；未取得官方技术批准报告或未经相关政府部门的许可，将某一动物物种引入本国的，处以3个月以上1年以下监禁，并处罚金；虐待、伤害、毁损本国或他国的野生动物、家畜或驯养的动物的，处以3个月以上1年以下监禁，并处罚金；排放污水或废弃物，造成河流、湖泊、水坝、潟湖、海湾或巴西领水中的水生动物灭绝的，处以1年以上3年以下监禁，并处罚金；在相关政府机构明令禁止捕鱼的期间或禁止捕鱼地点捕鱼的，处以1年以上3年以下监禁，单处或并处罚金。

又如，《环境犯罪法》对“破坏植物群罪”也作出了规定，其指的是：破坏永久自然保护区（包括形成期）内的森林资源，或对森林资源的使用实际上已违反环境保护规则的，处以1年以上3年以下监禁，单处或并处罚金；未经相关政府部门的许可，在永久自然保护区内砍伐树木的，处以1年以上3年以下监禁，单处或并处罚金；在林地或森林内引起火灾的，处以2年以上4年以下监禁，并处罚金；在林地、其他植被地、市区或其他人类居住地区制

---

〔1〕《企业境外法律风险防范国别指引》系列丛书编委会编：《企业境外法律风险防范国别指引：巴西》，经济科学出版社2013年版，第178页。

造、销售、运输或释放可能造成火灾的气球的，处以1年以上3年以下监禁，单处或并处罚金；未经相关政府部门许可，在公共所有的森林或永久自然保护区内开采石料、沙石、石灰石或其他类型的矿物质的，处以6个月以上1年以下监禁，并处罚金；违反行政法律的规定，出于工业使用、能源或其他目的，砍伐阔叶树或将其加工成木炭的，处以1年以上2年以下监禁，并处罚金；采用以下方式捕鱼的：使用爆炸物或其他对水生动物造成相似后果的物质；使用有毒物质或政府部门禁止使用的其他物质，处以1年以上5年以下监禁。

再如，《环境犯罪法》对“环境污染及其他环境破坏罪”作出了规定，其指的是：对人体健康造成或可能造成伤害，对动物造成死亡，或对植物群造成显著破坏的各种形式污染的，处以1年以上4年以下监禁，并处罚金；未经相关政府部门的许可或授权，或违反许可或授权的条件，对矿产资源实施勘探、采集和提炼的，处以6个月以上1年以下监禁，并处罚金；违反相关法律或法规的规定，生产、加工、包装、进口、出口、交易、提供、运输、贮藏、保存、使用有毒物质或对人体健康或环境有害的产品或物质的，处以1年以上4年以下监禁，并处罚金；传播任何对农业、家畜、动物群、植物群和生态系统有害的疾病、害虫或其他物种的，处以1年以上4年以下监禁，并处罚金。

此外，《环境犯罪法》也对“破坏公共秩序和文化遗产罪”作出规定，其具体指的是：破坏、毁损由法律、行政法规或司法决议特别保护的财产；由法律、行政法规或司法决议保护的文件保管所、登记所、博物馆、图书馆、绘画馆、科学设施或其他类似财物的，处以1年以上3年以下监禁，并处罚金。

四、巴西的环境司法特色制度：检察介入

巴西的环境立法从内容到体系，已经相当成熟，甚至有学者认为其堪称世界最先进的环境法体系之一。[1] 巴西还拥有相对完善的环保执行机构，已

---

〔1〕 Lesley K. McAllister, *Making Law Matter*: *Environmental Protection and Legal Institutions in Brazil*, Stanford University Press, 2008, p. 20.

形成从中央到地方的环境政策制定与规划机构，如中央政府的环保部、大城市的环保局等环境管理机构，而且建立了由联邦政府、州政府、市政府组成的“全国环境机构的联动体系”，负责环境执行的协调工作，形成环境管理与执行的“三位一体”架构。〔1〕

然而与大部分的发展中国家一样，巴西的环境法执行长期处于薄弱状态。巴西的早期环境立法受到外力的影响大于国内的因素，形式重于实质，存在先天不足。〔2〕并且，巴西的环境执法主要依赖行政机构，但是受巴西历史因素和制度性因素的影响，巴西行政部门官僚主义、贪腐成风的痼疾在自然保护和环境管理方面也有所体现。巴西未能形成统一、严格、高效的管理和执行体制，不但出现有法不依、执法不严、暴力违法、政治干预、司法透明度低、司法诉讼过程漫长等现象，而且执法部门之间、区域之间缺乏有效的协调机制，环境治理不仅在卫生、能源、司法等多个部门，而且在州、市、联邦政府之间，常引起管辖权的争端。〔3〕

自20世纪80年代末开始，随着遍及拉美各国的债务危机以及与此相伴随的财政危机的发生，政治风向发生转移，巴西政府采取了一系列的财政改革措施削减开支和冻结雇用人员，环保部门出现严重的资源短缺，工资降低，工作条件恶化，专业人才大量流失，人手不足，环境行政执法的实力和地位都在下降。〔4〕以巴西最主要的环境执法行政机构——环境与可再生资源协会（IBAMA）为例，该机构1989年成立时有人员6230人，1991年达到顶峰时有人员有6544人，随后开始缩减人员编制，2000年只剩下266人。〔5〕而1991年的一份内部研究显示环境与可再生资源协会需要12000人才能充分履

---

〔1〕王友明：《巴西环境治理模式及对中国的启示》，载《当代世界》2014年第9期。

〔2〕李挚萍：《环境公益保护视野下的巴西检察机构之环境司法》，载《法学评论》2010年第3期。

〔3〕［巴西］费尔南多·奥古斯都·阿德奥达托·韦洛索、［巴西］莉亚·瓦尔斯·佩雷拉、［中］郑秉文主编：《跨越中等收入陷阱：巴西的经验教训》，经济管理出版社2013年版，第310页。

〔4〕李挚萍：《环境公益保护视野下的巴西检察机构之环境司法》，载《法学评论》2010年第3期。

〔5〕李挚萍：《环境公益保护视野下的巴西检察机构之环境司法》，载《法学评论》2010年第3期。

行其职责。[1] 此外，巴西环保行政部门在政府架构中的地位低，影响力小，经常得不到必要资源来发展执法所需技术设备和技术能力，缺乏独立性且受制于政府。[2] 上述种种问题，都造成了巴西环保行政部门执法的困境。在这个背景下，巴西的检察机关开始介入环境执法活动，形成颇具巴西特色的“检察环境司法”。

和世界各国检察机构一样，巴西检察机构最初被赋予的职能是代表国家检控刑事犯罪，其职能后来被扩大到在民事案件中协助特殊群体（如残疾人、妇女儿童、少数民族等）主张权利。为强化环境司法机制，巴西加大了检察机构介入环境保护的力度。1988 年《联邦宪法》使巴西检察机构在环境保护中的地位大大提升，检察机构广泛介入环境保护，形成独特的检察机构环境司法，其在一定程度上弥补了环境行政执法太弱和不到位的缺陷；巴西 1998 年《环境犯罪法》更是大大加强了检察机构追究环境犯罪法律责任的力度。[3] 检察机构环境司法行动包括开展民事调查，收集有关现实或者潜在的环境损害信息，开展庭外调解，提起民事公益诉讼，检控环境犯罪等。这种做法不但提升了环境守法水平，还对政府履行环境职责形成了有效的监督，发挥了司法机构保护公民环境权的作用。[4] 根据法律规定，行政机关和民间环保组织均有提起环境公益诉讼的资格，检察机关也可以刑事起诉环境犯罪案件，但实践中检察机关提起的民事环境公益诉讼起着最为主要的作用。[5]

---

〔1〕 Lesley K. McAllister, *Making Law Matter*: *Environmental Protection and Legal Institutions in Brazil*, Stanford University Press, 2008, p. 20.

〔2〕 李挚萍:《环境公益保护视野下的巴西检察机构之环境司法》，载《法学评论》2010 年第 3 期。

〔3〕 李挚萍:《环境公益保护视野下的巴西检察机构之环境司法》，载《法学评论》2010 年第 3 期。

〔4〕 范纯:《巴西环境保护法律机制评析》，载《北方法学》2011 年第 2 期。

〔5〕 肖建华、杨恩乾:《巴西检察机关在公益诉讼中的角色简评》，载《人民检察》2010 年第 11 期。

五、巴西《石油法》：以雪佛龙漏油事件为例

巴西《石油法》也是巴西环保体系中的一部重要法律。近年来，海外石油投资成为一项热门的投资项目，受到投资者青睐。以中国投资者为例，近年来随着中国石油公司“走出去”战略的深入发展，各大石油公司在海外的石油投资日益扩大，但同时其中也蕴藏着巨大的法律风险。因此，熟悉投资巴西石油市场的法律风险，对于保护投资利益具有重要的现实意义。下文将以雪佛龙公司的巴西漏油事件为例，分析与巴西《石油法》相关的投资法律风险以及相关应对措施。

【案情简介】[1]

雪佛龙是世界上最大的石油企业之一。2009 年以来，雪佛龙与巴西石油公司合资，在巴西里约热内卢州的坎波斯湾弗拉德油田进行钻井和石油开采作业，每天石油产量 7.47 万桶，约占巴西石油日产量的 3.5%，是巴西第三大石油企业，仅次于巴西石油公司和壳牌石油公司。

2011 年 11 月 7 日，该公司在弗拉德油田钻井时，突然遇到地下无法控制的超大压力，蕴藏在海底岩层下的油气从井口缝隙喷溢出来，泄漏到大西洋海域并在海面上形成大面积的油花污染。两天后，该公司才向巴西石油管理署报告，并按巴方要求采取紧急措施控制喷溢的漏油。据巴西石油管理署估计，11 月 8 日至 11 日，大约有 2400 桶石油泄漏。此后，漏油量逐步减少，但溢油问题没有完全解决。12 月 13 日，雪佛龙的代表承认，通过海底监测，发现原油还在溢漏，每天大约有 1 桶（159 升），完全制止漏油还要一些时间。巴西技术人员乘坐海军直升机到油田巡察时，仍然能看到海面上漂浮着油花，面积大约有 1 平方千米。

雪佛龙钻井漏油事故在巴西引起了强烈反响。里约热内卢州环保局长阿迪尔松说，“这次事故的性质是严重的”，按照巴西标准，泄漏原油超过 200

[1] 案情简介来自中国新闻网，https：//www. chinanews. com. cn/ny/2011/12-19/3541085. shtml，2023 年 7 月 1 日最后访问。

立方米（约合20万升）就被视为“大面积事故”。巴西海军和石油管理署估计，弗拉德油田泄漏的原油有38万升。为此，当地环保部门依据巴西石油法，对雪佛龙处以5000万雷亚尔的罚款。在事故调查结束后，还将根据新情况，重新评估，给予补罚。

2011年11月23日，巴西石油管理署下令，无限期中止雪佛龙在弗拉德油田的所有开采作业，并要求该公司彻底封堵漏井的井口，清扫残留在海面上的原油。当地渔民协会也要求司法部门对漏油事故进行独立调查，对当地捕鱼业造成的经济损害进行评估。渔民们认为，漏油点虽然得到控制，但油气渗透到海底岩层，将对鱼类生存带来长期潜在的威胁。负责调查原油泄漏事故的巴西联邦警察局也表示，如果调查证明雪佛龙在原油泄漏上负有责任，将以“破坏环境罪”惩处。

【案例涉及的主要问题及评析】

雪佛龙案很好地体现了巴西环境执法部门对环境事件的多方位和严格的处理，直观凸显了巴西环境法律制度的巨大风险。根据巴西法律规定，检察院不但可以介入民事诉讼，还可以提起民事诉讼。发现漏油后仅10天，在距离漏油点较近的科伊塔卡则斯杜坎普斯市，联邦检察院公诉人奥利韦拉就对雪佛龙提起了民事诉讼。同时，2011年11月21日，巴西环境和可再生资源局对雪佛龙开出了第一张罚单，罚金为5000万雷亚尔（约合2700万美元），“罪名”是破坏环境。此外，巴西联邦警察局对漏油事件相关负责人展开调查，包括查阅雪佛龙内部的《项目环境影响评估》《钻井施工计划》等文件，根据巴西法律的“双罚制”，相关法人和自然人都将受到指控，其中“破坏环境罪”是一项刑事犯罪。巴西石油署也对雪佛龙提起了行政诉讼，并且研究对雪佛龙进行两项处罚，罚金总额可能达到1亿雷亚尔（约合5400万美元）。同一个漏油事件，巴西检方、警方和代表政府的相关机构同时反应，工作平行开展，这些程序相互独立，而且对漏油造成的环境损失的索赔累计额没有上限。

因此，雪佛龙事件提醒外国投资者，对这种会对环境造成严重污染的事故，不得抱有任何侥幸心理，应当严谨做好从事前、事中到事后的全流程风险管理，加强日常安全检查、实行定期报告制度并建立全面的风险预警和应急机制。[1] 例如，外国投资者可以通过购买环保责任保险来降低事故的责任风险。根据国际石油公司的操作管理，可以通过购买第三方责任保险的方式转移部分环保风险。为防范出现极端恶性的环境污染事件，投资者还可以根据情况统筹考虑是否需要购买额外的责任保险。[2]

第六节 巴西的商事争议解决机制

巴西解决争议主要有两种法律途径：司法方式和行政方式。前者主要指通过诉讼或者仲裁解决；而行政方式指的是政府行政机构能够裁决的一些争议，主要包括税务争议、环境许可争议、国家石油管理以及巴西石油招标等引发的争议。[3] 通常来说，诉讼和仲裁能够解决大部分类型的商事争议，而行政方式通常解决上述列举的几种特定事项所引起的争议。

一、巴西的民事诉讼法律体系

1988 年《联邦宪法》以及 2015 年《民事诉讼法典》是巴西民事诉讼法律体系的两大法律渊源。在过去的 20 余年里，巴西的民事诉讼法律制度经历了深刻的结构性变化。因此，巴西民事诉讼制度中的创新点主要体现在巴西新《民事诉讼法典》中。对外国公司或者投资者而言，在巴西涉诉有一些值得注意之处。例如，根据巴西法律的规定，涉诉的外国公司或者个人投资者需要委托具有巴西律师从业资格的律师代理出庭；外国公司或投资者必须以

---

〔1〕 秦禾:《海外环保法律风险管理研究——以雪佛龙公司巴西漏油事件为视角》，载《石油化工管理干部学院学报》2012 年第 3 期。

〔2〕 秦禾:《海外环保法律风险管理研究——以雪佛龙公司巴西漏油事件为视角》，载《石油化工管理干部学院学报》2012 年第 3 期。

〔3〕《企业境外法律风险防范国别指引》系列丛书编委会编:《企业境外法律风险防范国别指引：巴西》，经济科学出版社 2013 年版，第 185 页。

书面形式授权律师代理参加诉讼；代理律师的权限必须规定在相应的证明文件中，且该证明文件上记载的人有权代表公司对外签字，公司章程记载着代理人所在单位以及现任职位，并且以上文件必须符合法律翻译的要求。此外，外国涉诉公司以及个人所有的文件必须经过巴西有关领事馆认可后方可在巴西境内具有法律效力，并且该国外文件必须与其葡萄牙语译本一并提交，并由有资格的翻译人员翻译。[1]

尽管多年来，巴西一直致力于司法制度的改革，但是必须指出的是，巴西的民事诉讼法律体系以及司法执行状况仍不尽如人意。[2] 巴西法律繁杂、司法程序冗长，司法效率低下。低下的司法效率则导致企业倘若选择通过诉讼来解决纠纷，平均需要长达 6 年的时间才能够获得最终判决。[3] 据统计，2014 年巴西全国有 7000 多万案件在审，平均每位法官每年需要审理 4000 多个案件。[4] 这就导致投资者一旦陷入纠纷而选择通过诉讼来解决争议，获得判决并且得到执行的时间将会相当长，严重影响投资利益。下文将对巴西民事诉讼法律体系作一个简要的概括和分析。

（一）巴西民事诉讼的大致程序

通常情况下，巴西民事诉讼程序自审判法官组成的一审法院开始。这类案件中，当事人可以通过法定程序，向二审法院提起上诉。新《民事诉讼法典》还规定当事人可以立即向有管辖权的法院对特定的中间裁决（诉讼期间作出的裁决）提出异议，这种上诉方式被称为“中间上诉”。州法院及联邦法院的上诉案件均由 3 位上诉法官进行审理。

二审法院作出裁判后，若存在违反《联邦宪法》或联邦法律有关条款的

---

〔1〕《企业境外法律风险防范国别指引》系列丛书编委会编：《企业境外法律风险防范国别指引：巴西》，经济科学出版社 2013 年版，第 185 页。

〔2〕 Teresa Arruda Alvim Wambier & Cassio Scarpinella Bueno, *Civil Justice in Brazil*, BRICS Law Journal 3, 2016, p. 110-111.

〔3〕 Fernando Dias Simões, *Commercial Arbitration in the Portuguese-Speaking World: Opportunities and Challenges*, Young Arbitration Review 30, 2014, p. 31.

〔4〕 赵懿先：《“金砖”系列：巴西新〈仲裁法〉要点解读》，载搜狐网 2017 年 9 月 13 日，https://www.sohu.com/a/191623549_284463。

情形，则可向联邦最高法院提起非常上诉或向高等法院提起特别上诉。根据此规定，应由 5 位部长（授予这些法院法官们的职称）适用前述新《民事诉讼法典》第 932 条的有关规定共同审理此类上诉案件。在审理此类上诉案件时，受理案件的法院担任着三审或四审法院的角色。特别上诉（高等法院）或非常上诉（联邦最高法院）仅仅审理法律问题。但如果查明该判决与《联邦宪法》或联邦法律的相关规定不符，即使受理上诉的法院无权审理全部问题，但也不会禁止法院对此案件进行重审。

州宪法及《联邦宪法》为政治官员及政府机构例外设立了“司法特权”。最新的关于司法特权的例子与共和国总统委任前总统卢拉为总统办公厅参谋长（内阁成员）的任命有关。许多人对此提出了职务执行令目的在于阻碍因一审“Carwash”运动而对他进行的刑事调查。而根据《联邦宪法》的规定，无论是通过普通上诉、前述的非常上诉还是特别上诉，此类案件均可进入高等法院。

（二）法院及管辖权

巴西司法体系的组织架构受《联邦宪法》管辖。《联邦宪法》对此有专章规定。

《联邦宪法》第 92 条规定了司法体系的构成，其中，与民事诉讼相关的机构包括：联邦最高法院、国家司法委员会、高等法院、联邦上诉法院以及州、联邦管辖区法院。其中，高等法院享有上诉管辖权，是司法体系中的上层机关，其职能是规范法律的理解与适用，高等法院在巴西全国享有管辖权。联邦最高法院是巴西最高司法机关，是《联邦宪法》的守卫者。尽管巴西适用混合制司法审查制度，但无论是对合宪性的集中审查（如直接针对违宪性提出的诉讼的审理）或是扩散审查（如非常上诉的审理），有关巴西宪法性法律的最终解释权均归属于联邦最高法院。

《联邦宪法》第 101 条规定了联邦最高法院的人员构成，即联邦最高法院由 11 名大法官组成。大法官选自 35 岁至 65 岁的巴西公民，必须具备渊博的法学知识，并且品质高洁，最终须经联邦参议院绝对多数批准后由联邦共和国总统任命。

联邦最高法院的管辖权由《联邦宪法》第 102 条规定，且任何法律甚至《民事诉讼法典》均不得对联邦最高法院的管辖权加以拓宽或限制。作为拥有单一管辖权的机构，联邦最高法院可以行使初审管辖权、普通上诉管辖权以及非常上诉程序管辖权。在普通上诉管辖权下，联邦最高法院对其他法院所作的判决进行再审，是严格意义上的二审法院。而在非常上诉程序管辖权下，联邦最高法院享有扩散审查合宪性的权力。

《联邦宪法》第 105 条规定了高等法院的管辖权，其他任何法律不得对其加以限制或拓宽。高等法院拥有初审管辖权、普通上诉管辖权和特别上诉管辖权。根据《联邦宪法》第 105 条第 1 项的规定，高等法院可对下列案件中作为一审法院行使民事诉讼法上的初审管辖权：针对部长、海军、陆军或空军指挥官或法院自身行为而发出的职务执行令或信息保护令；除《联邦宪法》第 102 条第 1 款第 O 项下规定外的法院间的管辖权冲突，以及非高等法院法官与法院的管辖权冲突和各法院法官间的管辖权冲突。

《联邦宪法》第 105 条第 2 项规定了高等法院的普通上诉管辖权。高等法院有权对下列民诉案件行使普通上诉管辖权：为防可能出现不利判决，联邦上诉法院或州或联邦管辖区法院任初审法院时发布的职务执行令以及一方当事人为外国政府或国际主体而另一方当事人为市辖区、居民个人或居于国内的主体的案件。《联邦宪法》第 105 条第 3 项规定了高等法院的特别上诉管辖权。该规定明确指出了“由联邦上诉法院或州、联邦管辖区法院进行初审或终审，但被上诉的裁判违反了联邦法律的案件”可以适用“特别上诉”程序。具体来说，包含以下案件：违反联邦条约或法律，或否认联邦条约或法律效力的；法官裁判地方政府违反联邦法律的行为有效的；以及对联邦法律所作的解释与另一法院所作解释有分歧的。

《联邦宪法》第 109 条规定了联邦法院的初审管辖权。联邦法官在下列案件中作为联邦司法体系初审法官行使初审管辖权：联邦政府、联邦公共公司政府机构作为原告、被告、辅助人或对方当事人等利益相关方的案件，但与破产、工伤及与选举法院、劳工法院相关的案件除外；与人权有关的案件，根据《联邦宪法》第109条第5款的有关规定，高等法院将审核是否会产生“管辖权的转移”、针对联邦主管当局行为而发出的职务执行令和信息保护令（不适用于联邦法院司法管辖权下的案件），以及与土著人民权利有关的争议。

二、巴西的商事仲裁法律制度

相比于冗长的司法程序，巴西仲裁程序的默认规则是180天之内结案，体现了巨大的效率优势，节省当事人的时间成本。此外，巴西近年来一直试图将自身打造为仲裁友好的司法管辖区，无论是仲裁程序中或是承认与执行仲裁裁决，整个司法系统体现出对仲裁的大力支持，因此仲裁成为当事人的一种新选择。

实际上，通过仲裁手段来解决商事争议更具有灵活性和自主性，越来越受当事人青睐。而中国与巴西，由于分处不同的地理区域，拥有不同的政治、经济、文化传统与法律制度，伴随着投资的增多，不可避免产生争议和摩擦。相对于司法主权的刚性而言，以仲裁为代表的非诉纠纷解决机制，因其特有的灵活性、自主性等优势，已成为国际经贸交往中主流的争议解决方式，也影响着各个国家国内的相关法律制度改革。为了提升本国商事仲裁制度的水平、推动仲裁的繁荣发展，进而提升本国营商环境水平，巴西于2015年修改了其《仲裁法》，是巴西政府致力于推进本国投资贸易便利化的重要举措之一，旨在增强投资政策透明度，减少投资者的行政成本，加强吸引外资的能力。作为外国投资者，要善于捕捉东道国改善营商环境的信息，善用东道国的法律制度降低风险以及控制争端解决的成本，使盈利最大化、持久化。[1]本部分将着重介绍巴西的商事仲裁制度以及其2015年修法以后的最新发展，以及对投资者的影响，旨在为投资者提供投资保护的风险提示，使其知晓一旦陷入纠纷，该如何高效并低成本地解决。

---

〔1〕 赵懿先:《“金砖”系列：巴西新〈仲裁法〉要点解读》，载搜狐网2017年9月13日，https：//www. sohu. com/a/191623549_ 284463。

（一）巴西仲裁法律制度发展概况

1996年9月，巴西《仲裁法》正式颁布实施，规定如果当事双方一致同意，涉及私人财产权的争议可以提请仲裁，当事双方可以自由确定适用于所提请仲裁的法律规则，其中可以包括一般法律原则、惯例、习俗或者国际贸易规则。巴西1996年《仲裁法》的颁布给巴西的商事争议解决带来了重大改变，商事争议自此以后可以选择法院诉讼之外的仲裁方式解决，是巴西商事纠纷解决历史上一个重大的突破和前进。根据该法的规定，巴西开始重视仲裁在解决争议上的作用，并将仲裁规定为纠纷解决的替代方式。巴西联邦最高法院于2001年宣布有关该部法律的合宪性规定，随着仲裁程序的兴起，越来越多的争议开始通过仲裁解决，而巴西国内的仲裁机构也与日俱增。从立法模式上看，巴西1996年《仲裁法》采用了较为完善的先进立法模式，受到了《联合国国际商事仲裁示范法》（Model Law on International Commercial Arbitration）的影响，在借鉴1985年示范法的基础上展现了现代性仲裁制度与巴西原有立法体系良好的融合。巴西1996年《仲裁法》被誉为巴西里程碑式的立法，确立了一些基本仲裁原则，大大提升了巴西的商事仲裁水平。其一，该法确立了管辖权自裁原则（Kompetenz-Kompetenz），其核心是仲裁机构本身有权对仲裁协议的效力及其是否拥有管辖权作出裁定。[1] 其二，仲裁条款的独立性。巴西《仲裁法》认可仲裁条款的独立性，即便合同最终被确认无效，并不影响仲裁条款的效力，除非在仲裁程序中发现仲裁条款本身是无效的。其三，一裁终局及裁决的约束力。巴西1996年《仲裁法》实施以前，合同中的仲裁条款并不能迫使合同方必须选择以仲裁的方式解决争议，且仲裁裁决的执行必须经过法院批准才能实现。在巴西1996年《仲裁法》颁布实施以后，合同中的仲裁条款对合同当事人产生了实质性的约束力，并提供了一个解决纠纷的更为便捷的程序，同时赋予仲裁裁决与法院裁决相同的法律效力。根据巴西1996年《仲裁法》的规定，如果当事人双方事先签署了仲裁条

---

〔1〕 邓杰:《论我国应确立仲裁庭管辖权自裁原则》，载《湖南师范大学社会科学学报》2002年第5期。

款，则纠纷必须通过仲裁解决，如果当事一方未遵守仲裁条款，则另一方可以提交进行仲裁的司法审查。[1] 如果仲裁条款已经规定仲裁地和仲裁规则，则利害关系一方无须征得对方当事人的同意就可以直接申请仲裁。如果仲裁条款没有明确规定上述内容并且任何一方对此提出异议，另一方则可以通过司法诉讼的方式强制对方接受仲裁。[2] 此外，如果双方之间存在仲裁协议，则任何一方当事人都不能针对其提起诉讼，即便法律规定此类争议可以通过诉讼解决，也会被法官立即驳回。[3]

2015 年 7 月，巴西新《仲裁法》颁布，新法并非对巴西 1996 年《仲裁法》的全面改革，也继续秉承和保持了旧法所确立的原则，其实质上仅是将近年实践中的常用做法以立法的形式固定下来。巴西 2015 年《仲裁法》修改的内容主要涉及可仲裁事项、仲裁双方当事人、仲裁机构和仲裁员的选定、国内仲裁与国际仲裁的明晰、仲裁的临时救济措施、仲裁的部分裁决、国内仲裁裁决的撤销、外国仲裁裁决的承认与执行等几个方面。下文将上述几个方面逐一进行归纳以及分析。

（二）可仲裁事项

在巴西 1996 年《仲裁法》中，劳动法和特定的反垄断问题均不属于“可仲裁事项”。而在 2015 年《仲裁法》中，立法者则试图扩大“可仲裁事项”的范围，打造“仲裁友好型”机制，从而促进非诉争议解决机制的发展。新法规定格式合同、消费者合同和劳动合同均可适用仲裁机制。并且，新法还明确规定了公司纠纷属于“可仲裁事项”。这项修改导致的一个争议是：当公司章程中加入仲裁条款，是否意味着其约束公司所有的股东？针对此问题，2015 年《仲裁法》明确指出：当有新股东加入公司时，倘若不同意公司章程

---

〔1〕《巴西仲裁法律制度的最新发展》，载东方律师网，https://www.lawyers.org.cn/info/0b50f56ac2d442dda31c668c49c493fb，2023 年 6 月 1 日最后访问。

〔2〕《企业境外法律风险防范国别指引》系列丛书编委会编：《企业境外法律风险防范国别指引：巴西》，经济科学出版社 2013 年版，第 206 页。

〔3〕《企业境外法律风险防范国别指引》系列丛书编委会编：《企业境外法律风险防范国别指引：巴西》，经济科学出版社 2013 年版，第 206 页。

中“公司纠纷适用仲裁”的条款，则可以在30天内行使退出公司的权利；如股东选择不退出公司且其在加入公司时已明确知晓公司章程已列明仲裁条款，则视为同意以仲裁方式解决公司纠纷。在此方面，对于外国投资者而言，在收购目标公司的股份时，应当明确审查公司章程中是否有仲裁条款，以免引发后续纠纷。

需要特别指出的是，根据巴西近年来的仲裁实践，在并购交易中，若原公司与第三方事先签订过仲裁协议，而后该公司被其他公司并购，合并后的公司依然要受到前述仲裁协议的约束。[1] 2007年巴西高等法院承认的SpieEnertran S/A v. Inepar S/A Indústria e Construções一案中，法院公布了裁定理由：前述公司签订的所有仲裁协议对并购后的公司仍然有效，因为并购公司应假设知晓继承前公司的全部权利义务。因此，投资者在收购前需要严格审查拟收购公司的全部仲裁协议，特别是仲裁机构的选择、仲裁地安排等。[2]

几乎所有的商事争议均可在巴西适用仲裁程序来解决。[3] 比较常见的商事仲裁裁决的争议包括建筑合同纠纷、公司事务纠纷（如公司与股东之间或者公司大股东与小股东之间的争议）、能源开发与保险合同所涉的纠纷等。[4] 巴西2015年《仲裁法》第1条还明确指出，即便该纠纷涉及公共行政机构，双方仍可以使用仲裁进行争议解决。

（三）仲裁双方当事人

在一般的商事仲裁中，作为平等民事主体的法人、自然人可签订处理财

---

〔1〕 Yoram Z. Haftel, *BRICS and the Global Investment Regime*, in Soo Yeon Kim ed., BRICs and the Global Economy, World Scientific Press, 2020, p. 17.

〔2〕 赵懿先:《“金砖”系列：巴西新〈仲裁法〉要点解读》，载搜狐网2017年9月13日，https://www.sohu.com/a/191623549_284463。

〔3〕 Andre Luis Monteiro, José Antonio Fichtner, Sergio Nelson Mannheimer, *Is Brazil An Arbitration-Friendly Jurisdiction?*, Kluwer Arbitration Blog (6 January 2019), http://arbitrationblog.kluwerarbitration.com/2019/01/06/is-brazil-an-arbitration-friendly-jurisdiction/.

〔4〕 Andre Luis Monteiro, José Antonio Fichtner, Sergio Nelson Mannheimer, *Is Brazil An Arbitration-Friendly Jurisdiction?*, Kluwer Arbitration Blog (6 January 2019), http://arbitrationblog.kluwerarbitration.com/2019/01/06/is-brazil-an-arbitration-friendly-jurisdiction/.

产权纠纷的仲裁协议。但巴西 2015 年《仲裁法》第 1 条则拓宽了商事仲裁当事人的范围，此条法律规定公共行政机构可将纠纷提交仲裁。这意味着，自 2015 年 7 月新法颁布起，在涉及投资者与政府部门或大型国有企业（如电力公司、煤气公司、能源公司等）签订的各类投资项目合同中，巴西的政府部门或国企均可以签署仲裁协议，成为仲裁当事人。[1] 新法对商事仲裁当事人范围的拓宽意味着投资者在与巴西政府部门或公共机构进行商业合作时，可以在合同中附加仲裁条款或签订仲裁协议。此规定赋予投资者在争议解决机制方面更多谈判以及选择的空间，避免法院的地方保护主义倾向，寻求更为有利的争端解决机制。[2] 值得注意的是，巴西既没有签署解决国际投资争端解决中心公约，也甚少签署双边投资协议，因此巴西 2015 年《仲裁法》第 1 条作出的修改实则为外来投资者提供了一个可供选择的、相对稳定的争议解决机制。

（四）仲裁员以及仲裁机构的选定

巴西 2015 年《仲裁法》中关于仲裁员的选任方式、数量以及资质等规定，体现了意思自治原则，赋予当事人极大的自由选择权。值得注意的是，与中国不同，巴西对仲裁员的专业资质没有要求，也不禁止外国人作为仲裁员。因此，对投资者来说，为了避免地方保护主义，减少沟通障碍，则可以考虑选择本国专业人才作为仲裁员参与审理。但在实践中，尽管 2015 年《仲裁法》在仲裁员的选任上基本“不设限”，但仲裁机构却对此法律条款的修改公开表示反对甚至是实践中的抵触。例如，巴西—加拿大商会仲裁与调解中心就规定禁止当事人委任的仲裁员名册以外的仲裁员，除非获得商会主席的特批。[3] 仲裁机构认为，立法者不应该介入仲裁机构的私人活动中，并且仲

---

〔1〕 赵懿先、魏丹:《巴西仲裁立法改革：友好型仲裁机制的优化》，载《武大国际法评论》2016 年第 1 期。

〔2〕 赵懿先、魏丹:《巴西仲裁立法改革：友好型仲裁机制的优化》，载《武大国际法评论》2016 年第 1 期。

〔3〕 Yoram Z. Haftel, *BRICS and the Global Investment Regime*, in Soo Yeon Kim, ed., BRICs and the Global Economy, World Scientific Press, 2020, p. 15.

裁机构预先核准并提供的仲裁员名册也在一定程度上确保了仲裁机构提供的仲裁的质量。[1]

在仲裁机构的选择方面，巴西 2015 年《仲裁法》赋予了当事双方自由选择仲裁机构的权利。可选择的仲裁机构既可以是国际性的仲裁机构，如国际商会仲裁院（International Chamber of Commerce，ICC）的圣保罗分院，也包括巴西本土的仲裁机构。[2]

（五）国内仲裁与国际仲裁

巴西区分国内仲裁和国际仲裁的标准与我国不同，并不以案件涉外因素作为考量，而是以仲裁裁决的制作地为判断因素。即便是外国仲裁机构进行仲裁裁决，但只要是在巴西境内作出的，都被视为巴西国内仲裁，终局不可上诉，可在巴西境内立即得到执行。例如，投资者进入巴西市场与对方签订协议时，可以约定以 ICC 等知名仲裁机构对潜在的纠纷进行仲裁，而仲裁地可以选择在巴西，此举既可以满足我方企业对仲裁公正性的考量，又可以被视为巴西国内仲裁，免去国外仲裁裁决承认的程序，直接获得司法机构的执行，降低时间成本。事实上，实践中的操作也基本与此相符，ICC 受理的所有拉美案件中，有 55%的当事人来自巴西，25%选择巴西作为仲裁地。[3]

（六）仲裁的临时救济措施、保全与仲裁函

巴西 1996 年《仲裁法》规定当仲裁申请被受理后，仲裁庭可以依当事人的申请批准临时措施。一旦申请被批准，仲裁员自己直接向管辖所在地的法

---

〔1〕 Yoram Z. Haftel, *BRICS and the Global Investment Regime*, in Soo Yeon Kim, ed., BRICs and the Global Economy, World Scientific Press, 2020, p. 15.

〔2〕 Andre Luis Monteiro, José Antonio Fichtner, Sergio Nelson Mannheimer, *Is Brazil An Arbitration-Friendly Jurisdiction?*, Kluwer Arbitration Blog (6 January 2019), http://arbitrationblog.kluwerarbitration.com/2019/01/06/is-brazil-an-arbitration-friendly-jurisdiction/.

〔3〕 Mayer Brown, *Key Things to Know about Arbitration and Brazil*, Homepage of Mayer Brown (11 August 2016), https://www.mayerbrown.com/-/media/files/perspectives-events/events/2016/08/key-things-to-know-about-arbitration-and-brazil/files/view-slides/fileattachment/160811-chi-webinar-intl-arb-brazil-slides.pdf.

院提交有关执行临时措施的文件。临时措施的执行过程需要向法院申请协助。在特殊情况下，当事人也被允许在仲裁庭成立以前向法院寻求临时措施等救济途径。

在临时措施方面，巴西 2015 年《仲裁法》规定在仲裁庭组成之前，当事人可以向法院申请临时措施。如果相关利害关系人未能在法院批准采取临时措施的裁定作出的 30 日内申请仲裁，那么临时措施将解除。仲裁庭应支持、修改、或撤回临时措施。一旦仲裁开始，那么申请临时措施就需要由仲裁庭决定。

巴西 2015 年《仲裁法》的修改还引入了有关保全措施的新规定，本质上来讲是以法律的形式巩固和认可了现行实践中仲裁员的指定保全措施，并审查由法院在仲裁庭组成之前采取保全措施的权力。[1] 新法还说明了在保全措施的处理上，法院和仲裁庭不可能在同一时段就同一事项作出裁定。换言之，法律修订允许双方当事人在仲裁庭尚未组成时，向法院申请保全措施。法院作出采取保全措施裁定的 30 天内，该保全措施仍然有效。一旦仲裁庭组成，其就拥有了决定临时措施的绝对管辖权，双方只能向仲裁庭申请仲裁保全，仲裁庭就被赋予了受理、修改、或解除法院执行的保全措施的权力。实际上，这一法律的修改使巴西法院将面临处理由巴西 2015 年《仲裁法》修改所带来的和仲裁机构所定仲裁规则之间的潜在冲突，如 ICC 仲裁规则规定在特定情况下，皆允许双方在仲裁庭组成后向法院申请临时措施和强制性措施。[2]

巴西 1996 年《仲裁法》允许仲裁员向法院寻求帮助，敦促强制第三方证人出庭作证，而法院则可运用司法力量强制证人出庭。在此方面，巴西 2015 年《仲裁法》延续了这一做法，规定仲裁庭可以向法院发送仲裁函。如果双方当事人协商一致，仲裁不公开审理，则法院亦确保仲裁函的保密性。

---

〔1〕 赵懿先:《巴西仲裁法及 2015 年修订简述》，载刘晓红、程金华主编:《金砖国家法律研究》总第 1 卷，法律出版社 2015 年版，第 149 页。

〔2〕 Mayer Brown, *Key Things to Know about Arbitration and Brazil*, Homepage of Mayer Brown (11 August 2016), https://www.mayerbrown.com/-/media/files/perspectives-events/events/2016/08/key-things-to-know-about-arbitration-and-brazil/files/view-slides/fileattachment/160811-chi-webinar-intl-arb-brazil-slides.pdf.

仲裁函是仲裁庭向法院发出的正式函件，仲裁庭可以通过仲裁函与法院保持沟通，这是将仲裁庭与法院沟通方式正式化、法律化，其用意在于允许仲裁员以仲裁函的方式向法院提出直接采取执行措施的申请，以便法院与仲裁庭更好地合作，运用其固有的司法权力来支持仲裁，例如通知证人作证、协助执行、要求银行（第三方）冻结仲裁当事人的银行账号等。[1]

（七）仲裁的部分裁决

巴西2015年《仲裁法》修改的一大亮点是规定了仲裁庭可以作出部分裁决。此外，当事人和仲裁员可同意延长作出最终裁决的时间期限。新法还规定如果仲裁庭未能就当事人申请的所有仲裁事项加以仲裁，当事人可以向法院寻求救济。在这种情况下，法院可以要求仲裁庭进入程序并对遗漏的仲裁事项作出裁决。新法的规定避免了当最终裁决作出后仲裁庭的权力因届满而消灭。

（八）国内仲裁裁决的撤销

巴西1996年《仲裁法》规定的国内仲裁裁决撤销的情形包括以下几种：（1）当事人有某种无行为能力的情形，仲裁员不具有完全民事行为能力的；（2）仲裁协议无效；（3）对裁决未能说明理由或未能满足法律规定的形式要件的（包括当事人姓名、案件总结、裁决的理由、仲裁规则、执行该裁决的期限、仲裁地点、日期及仲裁员的签名）；（4）仲裁裁决超越当事人协商一致的仲裁事项范围的；（5）仲裁裁决对当事人申请的仲裁事项有遗漏，未作出审查决定的；（6）仲裁员在仲裁该案时有索贿受贿、勒索、徇私舞弊等不公正行为的；（7）裁决在期限届满后才作出的；（8）仲裁员有偏袒行为或未能保证双方当事人最基本的程序正义的。巴西2015年《仲裁法》第33条第1款则强调无论异议针对的裁决是部分裁决还是最终裁决，针对仲裁裁决的撤

---

[1] Felipe Sperandio, *The Brazilian Arbitration Act* 2015—*What's Changed*?, Lexis © *PSL Arbitration* (18 June 2015), https://www.clydeco.com/clyde/media/fileslibrary/Updates/The_Brazilian_Arbitration_Act_2015-whats_ch_(2).pdf.

销，当事人需要在收到裁决之日起 90 天内提出异议申请。由此可见，2015 年的新法解决了在最终裁决作出前是否可以申请撤销部分裁决的可能性的有关争议。[1]

根据巴西 1996 年《仲裁法》的规定，上述第（3）（4）（5）种情形可导致法院将仲裁裁决发回原仲裁庭重新仲裁。其他情形下整个仲裁裁决将会被撤销。2015 新法规定，法院作出有关仲裁裁决的撤销时，必须说明是否发回原仲裁庭重新仲裁。因此，从某种程度上说，2015 年法律修改实际上是赋予了当事人一个新的选择权，即情形（5），当仲裁庭未能对所申请的全部仲裁事项作出裁决时，是否向法院申请要求补充仲裁。因为根据 1996 年《仲裁法》，如果仲裁庭未能就所有申请事项仲裁，那么该仲裁可被撤销，并发回原仲裁庭重新仲裁全部事项。而根据新法的规定，仲裁裁决的撤销就不再受制于未能对所有申请事项作出裁决这一法定理由，而是为当事人提供了是否选择补充仲裁的可能。

（九）外国仲裁裁决的承认与执行

2015 年《仲裁法》第 35 条明确了外国仲裁裁决的承认与执行方面的事宜由巴西高等法院负责。实际上，有关外国仲裁裁决的承认与执行，2004 年以前是由巴西联邦最高法院作出的，而 2004 年以后实践中交由巴西高等法院管辖。因此，2015 年修改的《仲裁法》是将 2004 年以来在外国仲裁裁决的承认与执行方面的相关事宜以法律的形式确定下来。在实践中，巴西司法系统一直审慎运用司法审查权，不仅公布了所有已审理的外国仲裁裁决承认与执行的案件，同时尽力避免产生对巴西公司的保护倾向，体现了专业、公正、透明、高效的原则。[2] 1996 年至 2004 年，巴西联邦最高法院共受理了 5 件

---

〔1〕 Felipe Sperandio, *The Brazilian Arbitration Act* 2015—*What's Changed*?, Lexis © *PSL Arbitration* (18 June 2015), https: //www. clydeco. com/clyde/media/fileslibrary/Updates/The _ Brazilian _ Arbitration_ Act_ 2015-whats_ ch_ (2) . pdf.

〔2〕 Felipe Sperandio, *The Brazilian Arbitration Act* 2015—*What's Changed*?, Lexis © *PSL Arbitration* (18 June 2015), https: //www. clydeco. com/clyde/media/fileslibrary/Updates/The _ Brazilian _ Arbitration_ Act_ 2015-whats_ ch_ (2) . pdf.

有关裁决承认与执行的申请。其中2件分别以没有书面仲裁协议和巴西公司未经恰当通知，致使未能出庭申辩为由驳回。[1] 此阶段案件数量较少的原因是巴西在加入《纽约公约》以前，要求申请人在仲裁所在地的司法机构先完成仲裁裁决的承认才可向巴西申请。[2] 在2004年至2015年，巴西高等法院作为唯一的负责外国仲裁裁决的承认与执行的机关，受理了22件申请承认外国仲裁裁决的案件，并承认了其中17件。巴西高等法院在审查中秉承"拒绝实质性审查"的要求，因此，被拒绝承认与执行的仲裁裁决基本上均是由于未能满足《仲裁法》所要求的形式要件，如不存在仲裁协议、不存在基本合同、缺乏仲裁程序的适当通知而导致一方未能申辩、不遵守承认手续以及缺乏认证翻译等。在向巴西高等法院申请承认和执行外国仲裁裁决时，需提交裁决的正本以及翻译为葡萄牙语（巴西官方语言）的认证译本，并提交仲裁协议的原件以及葡萄牙语翻译版本。一旦外国仲裁裁决经由巴西高等法院承认，其执行程序将与国内裁决一样，且在此阶段也不必接受实质性审查。[3]

巴西高等法院对外国仲裁裁决的执行的时间难以预估，通常取决于几个因素，如法院积压的案件量和被执行人的配合程度等。通常情况下，结合巴西的司法效率，外国仲裁裁决的承认与执行的所有程序完成，大致需要5~10年的时间。[4]

作为《纽约公约》的缔约国，巴西《仲裁法》对"外国仲裁裁决不予执行"的几种情形的规定与《纽约公约》第5条一致，包括以下几种情形：双

---

〔1〕 Plexus Cotton Limited v. Santana Têxtil S. A. （SEC 6. 753-7） and Tardivat International S/A v. B. Oliveira S/A （SEC 5. 378-1） .

〔2〕 Felipe Sperandio, *The Brazilian Arbitration Act* 2015—*What's Changed*?, Lexis © *PSL Arbitration* （18 June 2015）, https：//www. clydeco. com/clyde/media/fileslibrary/Updates/The _ Brazilian _ Arbitration_ Act_ 2015-whats_ ch_ （2） . pdf.

〔3〕 具体案例可参考 Indutech SPA v. AlgocentroArmazéns Gerais Ltda. （SEC 978）, Plexus Cotton Limited v. Santana Têxtil S. A. （SEC 967）, Subway Partners v. HTP High Technology Foods Corporation S. A. （SEC 833）, Gottwald Port Technology GMBH v. Rodrimar S. A. （SEC 968）, and Oleaginosa Moreno Hermanos v. MoinhoPaulista Ltda. （SEC 866）。

〔4〕 Felipe Sperandio, *The Brazilian Arbitration Act* 2015—*What's Changed*?, Lexis © *PSL Arbitration* （18 June 2015）, https：//www. clydeco. com/clyde/media/fileslibrary/Updates/The _ Brazilian _ Arbitration_ Act_ 2015-whats_ ch_ （2） . pdf.

方当事人依对其适用的法律缺乏民事行为能力的；该项协定依当事人作为协定准据之法律系属无效，或未指明以何法律为准时，依裁决地所在国法律系属无效者；被执行仲裁裁决的相对方出于任何原因未被告知所指派的仲裁员或未被告知仲裁适用的程序；仲裁裁决超越仲裁协议范围的；仲裁机关之组成或仲裁程序与各造间之协议不符，或无协议而与仲裁地所在国法律不符者；裁决对各造尚无拘束力，或业经裁决地所在国或裁决所依据法律之国家之主管机关撤销或停止执行者；争议事项系不能以仲裁解决，即仲裁标的已超出巴西《仲裁法》的强制性规定；裁决内容违反巴西公共政策的。在此方面，特别值得投资者注意的是最后一条的规定“裁决内容违反巴西公共政策的”，此处涉及巴西高等法院如何解读“巴西公共政策”这一概念。在近些年的实践中，巴西高等法院体现出明显支持仲裁的立场，致力于推进巴西仲裁的现代化。当被执行人以“违反巴西公共政策”为由进行抗辩时，高等法院仍遵循对仲裁裁决不作实质审查的原则。例如，在 International Cotton Trading Limited v. Odil Pereira Campos Filho 一案中巴西高等法院拒绝了对仲裁裁决的实质性审查，而坚持了形式审查的立场，关注外国的仲裁裁决是否符合巴西《仲裁法》规定的形式要件。在 Grain Partners v. Coopergrão 案中，被申请人亦试图要求法院对仲裁裁决进行实质性审查，而巴西高等法院再次驳回这一请求，同时说明其在承认与执行外国仲裁裁决时的审查范围仅限于审查形式要件。

（十）巴西与中国之间司法裁决和仲裁裁决的承认与执行

与其他所有国家一样，由于涉及司法主权，外国仲裁裁决要在巴西国内生效并执行，必须首先得到巴西司法机构，即法院的认可。迄今为止，中国和巴西两国之间并没有关于商事仲裁裁决相互承认与执行的双边条约。但巴西对中国投资者开展投资合作出台过相应的保护政策。例如，1994 年中国与巴西政府签署了《关于鼓励和相互保护投资协定》工作文本。但是，该协定并未经过巴西议会的批准，因此在实践中作用有限。[1] 又如，中国与巴西曾

〔1〕《企业境外法律风险防范国别指引》系列丛书编委会编：《企业境外法律风险防范国别指引：巴西》，经济科学出版社 2013 年版，第 206 页。

在1991年签订《关于对所得避免双重征税和防止偷漏税的协定》，旨在避免中巴双重征税问题。再如，中国和巴西在2006年签署了《关于加强基础设施领域工程建设合作的协议》，旨在促进中巴两国之间基础设施领域的合作，吸引更多中国投资者注资参与巴西的基础设施建设。

总的来说，虽然中国与巴西之间在过去数十年内陆续签订了若干双边合作或者促进协议，但对于司法裁决与仲裁裁决相互承认与执行方面的问题，并未有协议产生，这对促进中巴之间的贸易投资往来与合作是不利的。中国和巴西都属于金砖国家，同时巴西也是“一带一路”倡议的积极支持者，因此为了促进中巴之间投资贸易便利化，保护两国投资者利益，可以在中巴之间，或者在金砖国家的框架下，签署相互承认和执行司法裁决和仲裁裁决的协议，以促进相互之间的商事合作与交流。

三、巴西法院对外国仲裁裁决的承认与执行：以EDFI案为例[1]

【案情简介】

EDF International S/A（以下简称EDFI公司）与Endesa Latino América S/A（以下简称Endesa公司）、Astra Compañia Argentina de Petróleo S/A（以下简称YPF公司）签订了一份关于受让另一家公司股权的《股权转让合同》。随后，各方因履行该合同产生了争议，EDFI公司在布宜诺斯艾利斯以Endesa公司与YPF公司为被申请人向ICC申请仲裁。

在仲裁程序中，Endesa公司与YPF公司提出了仲裁反请求，仲裁庭经过审理，对EDFI公司的仲裁请求与Endesa公司、YPF公司的仲裁反请求都予以了支持，并对双方互负的债务进行了抵销，最终裁决Endesa公司与YPF公司向EDFI公司支付巨额款项。

EDFI公司遂向巴西高等法院申请承认与执行该份ICC的仲裁裁决。在承认执行外国仲裁裁决的诉讼程序中，两被执行人，即Endesa公司与YPF公司

[1] 案件编译整理自Kluwer Arbitration Blog：https：//arbitrationblog.kluwerarbitration.com/2016/03/08/brazil-refuses-recognition-of-an-icc-award-set-aside-in-argentina/，最后访问日期：2024年1月3日。

提出其已在阿根廷法院启动了“撤销该ICC仲裁裁决”的程序，并且随着时间的推移，Endesa公司与YPF公司向高等法院提交了充分的证据证明阿根廷法院已作出了撤销该ICC裁决的决定。据此，Endesa公司与YPF公司认为，承认一份已经被裁决作出地法院撤销的仲裁裁决将会违反《纽约公约》与巴西《仲裁法》的规定。

根据巴西法律，在承认与执行外国仲裁裁决的司法程序中，巴西公共检察署须出具一份关于“是否应当承认与执行该外国仲裁裁决”的意见。在本案中，检察署认为，由于该ICC仲裁裁决已经被仲裁地法院，即阿根廷法院撤销，因此，巴西不应对该仲裁裁决进行承认与执行。

【案例涉及的主要问题及评析】

关于是否应当“承认与执行”该ICC仲裁裁决的问题最终被提交到了由来自巴西高等法院的15位法官组成的特别法庭。特别法庭认为，根据巴西《仲裁法》、巴西冲突规范以及巴西最高法院的内部规定，巴西法院承认与执行一份外国仲裁裁决的前提之一是该仲裁裁决在其作出地，即仲裁地是合法有效的。而本案中，双方当事人对于阿根廷法院已经于2010年将该ICC仲裁裁决撤销的事实均没有异议，而阿根廷法院撤销该ICC仲裁裁决的决定已经产生既判力。

特别法庭列出了本案应适用的法律，为《纽约公约》第5条、《巴拿马公约》第5条以及巴西《仲裁法》第38条。特别法庭认为，前述法律均规定：“如果一份仲裁裁决已经被仲裁地法院撤销或暂停执行，则（被要求承认与执行该仲裁裁决的缔约国的）法院可以拒绝承认与执行该份仲裁裁决。”特别法庭还援引了其内部规定的第216条D项，根据该条内部规定的要求，“向巴西法院申请承认与执行一份仲裁裁决前，该仲裁裁决必须是终局的、有效的”。此外，特别法庭还援引了商事仲裁国际理事会对《纽约公约》的释义，来论证“根据《纽约公约》，可以拒绝承认与执行已经在仲裁地被撤销的仲裁裁决”的观点。

因为案涉的ICC仲裁裁决已经被仲裁地法院撤销，故巴西最高法院认为巴西应当拒绝承认与执行该仲裁裁决，也就是说，“因为阿根廷法院撤销了该仲裁裁决，所以该仲裁裁决无法得到巴西法院的承认与执行”。最终特别法庭认为，承认与执行一项外国仲裁裁决的本质是一份仲裁裁决的效力从一个法域延伸到另外一个法域。因此，如果一份仲裁裁决在其作出地被认定为无效，那么该裁决的“无效状态”也应当延伸到其他法域。

第七节 投资巴西法律风险防控提示

一、投资准入方面

就外商可投资的领域、准入门槛以及持股比例限制而言，巴西的外商投资法律制度是开放的，并未对外资有过多限制。但投资者不可忽视巴西外商投资法律政策框架体系中的隐形壁垒，如上文提到的获取土地的限制。

作为中国投资者，应当时刻关注巴西土地政策的变化。巴西国土面积广袤，开发使用率低，地价低，由此吸引大批外国投资者前往投资开发。但是，2010 年以来，巴西政府连续出台新的土地政策，对外资持有土地的数量进行限制。例如，2010 年巴西政府出台法令，规定外国人、外国企业或外资控股的巴西企业不得购买或租赁 50 模以上的土地（相当于 250~5000 公顷土地，具体数字取决于土地所处位置）。2011 年，巴西政府再次出台法令，禁止上述主体购买或并购拥有土地所有权的巴西企业。这对想在巴西扩大投资面积的他国企业而言，显然是一个严峻的挑战。尤其是对农业、种植业等需要大量用地的中国投资企业来说，是一个严厉的限制，上述行业在投资巴西之前，需要就此土地限制政策作一个全面评估。

除了对外国投资者获取土地面积的限制，投资者在巴西购买或租赁土地的手续也相当烦琐，通常需要聘请律师进行协调办理。外资申请购地需要提交的项目开发计划书需包含以下内容：购买土地总面积和项目开发面积比例，投资和项目实施计划表，是否全额或部分使用官方信贷，工业项目需提供土地位置及项目类型是否符合规定以及项目实施物流方案的可行性，生态经济可行性论证等。办理土地购买材料和文件需要报巴西农业部评估。最终由巴西国家垦殖和农业改革委员会在听取国家安全委员会意见后发放批准书，批准后买主即可进行公证。公证时应携带身份证、在巴西居住证明、巴西国家垦殖和农业改革委员会批准书。批准书有效期仅为 30 天，买主必须在此期间内进行公证，并在随后的 15 天内，到不动产登记所登记。所有程序完结后，才视为投资者购买或租赁巴西土地成功。

但是，即便在购买土地成功后，还存在土地被巴西政府征用的风险。在购买土地以后，土地不可长期闲置。根据巴西法律的规定，如果证实土地主人闲置土地，政府机关可以通过公证机关给土地主人发通知，土地所有者应在接到通知的 1 年内报送项目计划，在项目计划批准后的年限内开始动工，否则政府有权在 5 年内累进征收城市土地房产税。5 年后如果土地所有者仍然闲置土地，政府则可以无偿没收土地。

巴西 CFIA 项下创新的争议预防机制也值得投资者注意，作为投资前风险进行合理评估。实际上，CFIA 机制弱化了投资者作为独立主体申请救济的资格和权利。CFIA 争端预防范式在强化国家作用的同时，也导致了私人投资者在相关程序中难以独立地主张权利。在投资者仅仅对东道国存在不满、尚不认为后者的行动已经违反条约时，投资者尚且可以独立自主地通过国家联络点，表达自己的关切。但如果这一阶段问题没有得到解决，投资者只能依靠母国政府出面，启动联合委员会的审理程序。而在联合委员会审查阶段，只有投资者母国才是适格的一方当事人，具有利益关系的私人投资者只能受邀参与会议，本身不具有当事人资格。包括最终的国家间仲裁争端解决程序本质上也属于东道国与母国在国家层面的博弈，且由于仲裁庭无法自行判定任何赔偿，即使仲裁庭判定东道国的系争行为构成对条约的违反，投资者也得不到实质的金钱赔偿。由此可见，私人投资者在争端预防甚至解决阶段很大程度上受其母国的意志支配，其独立属性被极大弱化。在实践中，母国基于整体国家利益的考量，可能并不总是愿意代表单个投资者出面追索。[1] CFIA创新机制，弱化私人投资者的独立属性，规定联合委员会的争端预防程序须由母国出面发起，强调投资者母国与东道国层面的协商处理，使原本仅存在于个体投资者与东道国之间的矛盾，直接升级为母国与东道国之间的矛盾。相较于投资者—国家仲裁模式纯粹意义上的法律解决，联合委员会的审理过程更易掺杂政治性的干扰因素，从而影响其公正性。因此，这一模式可能导致私人投资者无法获得有力救济，从而降低投资者对东道国的投资积极性。[2]

二、公司设立及营业方面

在公司设立方面，若是选择新设投资（绿地投资），外国投资者应当根据项目的具体情况选择公司类型。一旦确认公司类型以后，投资者应当尽早进入公司注册程序。巴西的公司注册手续以及要求相当严格，且行政机构存在效率低下等问题，考虑到时间成本，外国投资者应当在程序上留有时间，尽早进入注册程序。此外，投资者还需要注意的是，如果滥用公司人格，违反法律，违反环境责任、劳工责任等，根据巴西法律框架下的“刺破公司面纱”原则，法院可能会判决股东或管理人员承担相应责任。因此，在实践中，为规避此种风险，根据项目的具体情况考量，第三国的公司通常也可以作为投资主体。[3] 若是选择并购作为投资巴西的方式，投资者则需要注意如果参与合并的一个企业上一财政年度总营业额超过 4 亿雷亚尔，并且有一个企业上一财政年度总营业额超过 3000 万雷亚尔就必须向经济保护管理委员会主动申报进行反垄断审查。

福朋集团在巴西投资失败的例子，很好地说明了在巴西投资设立合资企

---

〔1〕 季斯雨：《巴西投资条约争端预防与解决条款研究》，西南大学 2020 年硕士学位论文，第 21 页。

〔2〕 漆彤、胡安琪：《论投资争端预防的巴西范式及其借鉴》，载《武汉理工大学学报（社会科学版）》2021 年第 6 期。

〔3〕 漆彤、胡安琪：《论投资争端预防的巴西范式及其借鉴》，载《武汉理工大学学报（社会科学版）》2021 年第 6 期。

业时，存在的巨大法律风险。首先，在合作对象的选择上，不可轻信，应当对对方的资信以及经营等各种状况作一个全面的尽职调查，切不可存在侥幸心理。其次，应当聘请专业的第三方机构，尤其是审计师、会计师以及律师，对公司经营状况进行全面把关，不可出于节约成本等侥幸心理，聘请不合资质的第三方人士。最后，也是最重要的，对当地法律的漠视和无知易于导致最终的失败。在福朋集团的案例中，中方投资者想当然地认为巴西公司法律制度中的一些名词和公司治理机关，对应中国公司中的某些概念和机关，造成极大误解，将公司的实际决策权拱手让出，给予对方钻漏洞的机会，给公司造成无法挽回的巨大损失。因此，对于中国投资者而言，怎么重视法律风险的评估和预防都不为过。对于项目投资者而言，应当加强项目的前期法律尽职调查，建立重大项目法律顾问提前介入工作机制，将法律论证与市场论证、技术论证与财务论证有机结合，实现从可行性论证到立项决策、从谈判签约到项目实施全程参与，确保法律风险防范的全面覆盖。

此外，要确保中国投资者在巴西投资项目进行顺利，除了投资方本身的法律后备团队之外，要重视利用巴西本地高质量的中介服务，并为之合理支付费用。由于巴西投资环境复杂，借助高质量的中介服务是非常必要的。高质量的中介服务必然对应相对较高的服务价格，这也是巴西投资环境的客观状况，投资巴西的企业必须充分意识到利用当地法律、财务、税务中介服务的必要性，并将其列入必须支出的管理成本。

三、用工方面

首先，投资者应当明确的是巴西的劳工法律倾向于保护劳工权益，尤其是巴西本国的劳工权益。对于在巴西设立经营实体的外国投资者来说，应当转变理念，避免将本国情况“想当然”地套用。其次，外国投资者应当认真调查并且研究巴西劳工法律制度的特殊之处，在员工招聘、薪金标准、劳工合同的签订以及外籍劳工的雇佣等问题上严格遵守巴西劳工法律，切勿存在侥幸心理。最后，建议在巴西投资设立经营实体的外资企业成立由专业人员组成的劳动争议调解委员会，妥善处理各类劳动争议，尽可能让劳动争议在企业内部解决，避免扩大上升为社会事件，降低处理争议的成本，维护稳定的营商环境。[1]

在防范劳工法律风险的路径方面，可以将近年来国内地方或企业行之有效的预防和处理重大劳动争议纠纷的劳动关系风险预警系统移植至国际企业，减少对外投资过程中劳动争议的发生。组织机构是预警系统的主体。在企业层面，企业总部和国际投资企业都应建立相应机构。企业工会或“职工之家”在劳动关系预警工作中承担第一知情人、第一报告人的责任，对本单位的劳动关系预警机制的建立、运行和实施负责。企业的分厂、分公司、处室（部门）成立专门的工会预警工作小组，负责本单位的预警工作。[2] 在组成人员上，首先应具有较强的专业知识；其次需要有丰富的经验、宽广的眼界，较强的沟通能力；最后在品格上热情担当、公正公平、原则性强，愿意为企业和员工服务的人员，且能够保守秘密。具体而言，企业工会或“职工之家”按月收集劳工诉求和潜在的劳资矛盾信息，这是预警信息的主要来源。收集信息后，需要对其进行分析判断，以确定劳动关系稳定或异常。对劳动关系进行评价可以用定量或定性的方式。定性评估方法包括召开形势座谈会，或设立一个评估周期，由预警人员定期分析。企业要建立信息月统计填报制度，收集未化解矛盾纠纷的信息。此外，也可收集劳动者投诉举报，听取企业报告，通过劳资协商及与员工代表进行沟通，分享相关信息。

根据劳动争议的严重程度，企业可以建立分类处理系统。如特别重大的劳资纠纷群体性事件的定性，一般是参与人数 30 人以上，员工采取过激行为，扰乱企业正常生产经营秩序或造成一定社会影响；或劳资纠纷参与人数不满 30 人，但有个别人采取暴力犯罪以及编造、散布暴力恐吓信息等极端行为，严重影响社会稳定的；群体性事件有聚众堵塞公共交枢纽、长时间非法占据公共场所、限制企业经营管理者人身自由、群体性械斗的。此外，根据

---

〔1〕《企业境外法律风险防范国别指引》系列丛书编委会编:《企业境外法律风险防范国别指引:巴西》，经济科学出版社 2013 年版，第 172 页。

〔2〕乔健、李诚:《中资企业投资“一带一路”国家劳动关系风险防范研究——以巴西为例》，载《中国人力资源开发》2018 年第 7 期。

劳资纠纷烈度，还可设置重大矛盾纠纷、一般性矛盾纠纷等不同处理方式。后者可以采取对话会、恳谈会的方式处理矛盾纠纷。[1]

不同于多数发展中国家，巴西并不存在企业工会，即特定的企业级工会或工作场所的工会组织。但巴西的地方工会和行业工会势力庞大，因此中国投资者在巴西设立企业之初，就应当处理好与工会的关系。在实践中，中方企业在巴西注册后，当地工会立即会送来一份厚厚的集体合同。这份合同的内容一般是漫天要价，如周日加班费为300%、每年工资上调幅度为10%等。这些可以根据当地法律法规和本企业具体情况与工会沟通，在沟通中为自己争取更大权益。如果中方企业忽视或置之不理3个月后这份集体合同就自动生效，企业必须完全遵守所有要求。因此，我国投资者切不可简单套用国内营商的思路，忽视巴西当地工会的任何行为，尤其是纸面文书，而应当予以重视，积极与对方磋商谈判，避免陷入被动。

四、环境保护方面

20世纪中期，巴西经历了经济的腾飞，但随之也带来了严重的环境污染和环境破坏。鉴于此，巴西政府开始致力于环境保护和环境立法，于1988年在宪法中专门增加环境一章，成为世界上第一个将环保内容完整写入宪法的国家。时至今日，巴西已形成了一套严谨完备的环境保护法律体系，并且在环境执法上也颇为严格。环境犯罪在巴西几乎可与“种族歧视罪”相提并论，足见巴西政府对环境保护的重视力度。

外国投资者应当充分意识到巴西对环境保护的重视以及环保措施的严格，不能存在侥幸心理。以中资企业为例，投资者必须改变在中国国内的一些传统观念和做法，提高环境保护意识。上文提到的国家电网二期工程案例以及雪佛龙漏油事件，都可以体现巴西环保措施的现状，投资者应当在投资进入巴西之前，做好充分的准备工作，并从现实的案例中获取经验。例如，外国投资者可以在投标巴西项目前，仔细审查招标文件中有关环保许可以及环评

---

〔1〕 乔健、李诚:《中资企业投资“一带一路”国家劳动关系风险防范研究——以巴西为例》，载《中国人力资源开发》2018年第7期。

等的要求，应当确定办理环保许可是业主还是承包商的责任。如果是承包商的责任，那么作为投标者，投资者应当仔细评估环保许可办理的风险；而如果是作为业主，投资者则要根据项目情况，决定环保许可是自己办理还是交给承包商办理。又如，在项目执行过程中，投资者应当严格按照巴西环保法律法规以及项目合同的具体要求来执行项目。在此建议投资者可以根据项目的具体情况单独设立专门的环境保护部门，来处理和应对各种与巴西环保法律法规产生关联之处。此外，要提醒外国投资者的是，应当聘请精通巴西环保法律的律师，来负责准备和处理办理环境许可事宜，并向指定的联邦、州或市申请环境许可。[1]

参考雪佛龙漏油事件，外国投资者还应当意识到，建立一套预警和危机应对体系也是十分必要的。企业应当及时积极应对环境污染事件，还应当采取措施防止事故继续扩大。以雪佛龙漏油事件为例，雪佛龙公司在发现了漏油点以后，忙于堵漏，却没有进行大面积的安全检查，排查隐患。而根据石油开采行业的一般常识，一个区块范围内的地质条件通常极其相似，一旦出现一个漏油点，则极有可能出现类似的新的漏油点。从法律风险防控的角度来说，法律部门首先应当及时提醒公司的勘探部门进行检查。其次，一旦发生恶性的环境污染事件，企业务必及时收集相关信息，并公布于众，这样有利于事后官方展开调查，并且能够避免舆论发酵，维护企业形象。最后，在类似雪佛龙漏油事件的重大环境污染事件中，在应对诉讼时，要“攻守结合”，在积极承担责任的同时也要有效维护自身利益。[2] 例如，积极探明油管漏油原因，并证明该漏油原因不完全是石油公司本身的过错所导致。最后，对于环保污染集体诉讼，宜以和解形式结束诉讼。由于环境集体诉讼通常持续的时间较长，影响巨大，因此对公司的形象影响较大，故对于企业而言，

[1] 乔健、李诚:《中资企业投资“一带一路”国家劳动关系风险防范研究——以巴西为例》，载《中国人力资源开发》2018 年第 7 期。

[2] 秦禾:《海外环保法律风险管理研究——以雪佛龙公司巴西漏油事件为视角》，载《石油化工管理干部学院学报》2012 年第 3 期。

和解是比较理想的解决方案。[1]

五、争议解决机制方面

外国投资者在巴西提起诉讼，有诸多方面需要注意。例如，涉诉的外国公司或者个人投资者需要委托具有巴西律师从业资格的律师代理出庭；外国公司或投资者必须以书面形式授权律师代理参加诉讼；上述书面文件都必须经过有资格的葡萄牙语翻译进行翻译，并加以公证才具有相应法律效力。巴西的司法程序过程相当冗长，平均一起案件需要花费 6 年时间才有审理结果，这也是巴西诉讼制度的最大问题之一。造成诉讼迟延的主要原因一方面是由于初审法官担任审判、以事实审查为主的机制；另一方面是请求上诉的机会太多，对初审法院所有的中间命令均可上诉，导致诉讼当事人可将诉讼拖入冗长的程序中。此外，巴西各级法院的案件积压问题非常严重，大量案件无法在合理的时间内得到审理，效率低下和案件增多两个原因造成了诉讼程序缓慢，极大拉低巴西的司法效率。尽管近年来，巴西致力于推动司法改革，提升司法效率，但整体效果仍有待观察。[2] 因此，诉讼并非投资者在巴西解决争议的最佳方式。

近年来，巴西力图打造仲裁“友好型”法律体系。但在仲裁的过程中，也有诸多细节需要投资者注意。例如，在仲裁庭组成之前，当事人可以向法院申请临时措施，获得批准临时措施的裁定后，要在 30 日内申请仲裁，超期则解除临时措施。仲裁开始后，申请临时措施的权力就转移到仲裁庭，仲裁庭可以支持、修改、撤回临时措施。且仲裁庭可向法院发仲裁函，例如通知证人作证、强制证人出庭、协助执行、要求银行（第三方）冻结仲裁当事人的银行账号等。

中国投资者在巴西投资营商，应当重视企业的法律纠纷管理工作，这一

---

〔1〕 秦禾:《海外环保法律风险管理研究——以雪佛龙公司巴西漏油事件为视角》，载《石油化工管理干部学院学报》2012 年第 3 期。

〔2〕《一带一路沿线国家法律风险防范指引》系列丛书编委会编:《一带一路沿线国家法律风险防范指引（巴西）》，经济科学出版社 2019 年版，第 274 页。

点在诉讼案件高发的巴西尤为关键。企业主要负责人应当切实履行责任，将案件管理纳入企业日常治理运营工作中去，统筹策划，定期听取和了解纠纷内容汇报。对于可能要启动争议解决机制的重大纠纷或复杂案件，可以先争取尝试与议会沟通以获取解决。巴西议会在国家立法、制定经济和社会发展规划等方面有重要影响力，中资企业在巴西营商，应当学会如何与议会沟通，争取议员的支持和理解，在投资决策方面先取得议员的支持，进而在发生与该投资项目有关的纠纷时可以请议员出面沟通调解，避免启动争议解决机制，最大程度上节省成本，提高确定性。

第二章　投资俄罗斯法律风险防控

俄罗斯横跨欧亚大陆，是世界上领土面积最大的国家，与 14 个国家接壤。俄罗斯自然资源丰富，种类多，储量大，自给程度高。由于地质构造复杂，俄罗斯矿产资源相当丰富。但很长一段时间以来，俄乌战争等因素进一步增加了俄罗斯与西方国家之间的矛盾与分歧。西方国家对俄罗斯实施了涉及政治、能源、金融、军事等多领域的多轮制裁，导致西方国家在俄罗斯的投资较之以往“缩水”。

中俄两国自 1996 年建立战略协作伙伴关系以来，经济合作已经取得了长足的发展。近 20 年来，中俄经贸合作呈现快速发展势头，双边贸易额快速增长。2016 年，中俄贸易额达 695.63 亿美元，同比上升 2.3%。其中俄方出口 373.34 亿美元，同比上升 7.4%；俄方进口 322.29 亿美元，同比下降 3.1%。其中，能源原料以及食品出口额分别占俄罗斯对中国出口总额的 56%和 28%。俄罗斯自中国进口的主要商品为机电产品、纺织品，分别占 2016 年进口总额的 48%以及 27%。2017 年，中俄贸易额达 840.9 亿美元，同比增长 20.9%。其中俄方出口 429.0 亿美元，同比增长 15.0%；俄方进口 412.0 亿美元，同比增长 27.9%。[1] 此外，“一带一路”倡议的推进与发展以及金砖国家间日益紧密的经贸合作也为中俄两国进一步全面深入合作提供强有力的根基和框架。实际上，中俄两国在资源规模以及产业发展方面存在明显的互补性，中俄投资合作具有巨大的潜力。尤其是在近几年，俄罗斯遭遇了经济衰退和下

---

〔1〕 中国民生银行研究院宏观研究团队：《俄罗斯投资机遇及风险分析》，载《中国国情国力》2018 年第 6 期。

滑，货币大量贬值，但实际上为投资者带来利好消息，打开投资市场。[1] 据统计，在俄罗斯的外商直接投资总额中，采矿和采石业占22%，是当地最受外商欢迎的行业。此外，目前俄罗斯逾半外商投资来自非能源行业，其中制造业占21%、批发及零售业占16%、金融和保险业占15%，并且海外投资呈逐年攀升趋势。[2]

对于中国投资者而言，近年来，中国对俄罗斯的投资主要分布在能源、矿产开发、林业、贸易、轻纺、家电、通信以及服务等领域，中国已经成为俄罗斯的主要投资来源国。自2015年年底起，俄罗斯把人民币纳入国家外汇储备。2017年3月，中国工商银行也获俄罗斯联邦中央银行核准，成为当地首家人民币结算银行。该行更是唯一于莫斯科及圣彼得堡均持有经纪、买卖及存款业务牌照的中资银行。[3] 随着"一带一路"倡议的推进以及金砖国家间合作的不断深化，中俄之间的经贸往来关系预计还将持续升温。

从中俄两国双边经贸关系的前景来看，两国都有全方位发展经贸关系的愿望，希望进一步加强和深化诸多领域的合作，如农业、能源等领域。跨境电子商务等新兴贸易方式的蓬勃发展以及"一带一路"建设对俄罗斯等国家的吸引力都为中俄贸易稳健增长带来新机遇。中俄两国元首于2015年5月在莫斯科发布的《中华人民共和国与俄罗斯联邦关于丝绸之路经济带建设和欧亚经济联盟建设对接合作的联合声明》指出，要实施大型投资合作项目，共同打造产业园区和跨境经济合作区等。

但是，在看到机遇的同时，投资者也应当意识到投资风险的存在。而在所有的投资风险中，法律风险以及防控措施等问题则成为投资者必须慎重考虑和对待的方面。首先，从法律渊源和传统上看，俄罗斯的法律体系有其特殊之处。从历史渊源来看，俄罗斯联邦法属于大陆法系，制定法为其法律渊

---

〔1〕《中国企业在俄罗斯投资重点关注问题》，载搜狐网2017年6月9日，https：//www.sohu.com/a/150060202_284463。

〔2〕数据统计来源：俄罗斯联邦中央银行。转引自陈永健：《俄罗斯："一带一路"理想投资地点》，载香港贸发局网2018年7月25日，https：//research.hktdc.com/sc/article/MzgyODIwODgy。

〔3〕陈永健：《俄罗斯："一带一路"理想投资地》，载香港贸发局网2018年7月25日，https：//research.hktdc.com/sc/article/MzgyODIwODgy。

源的主要形式。此处所指的制定法，不仅包括俄罗斯国家立法机关制定的法律，还包括俄罗斯中央行政机关和地方国家权力机关以及行政机关在其职权范围内制定并且颁布的规范性文件。[1] 俄罗斯除了联邦共和国本身（国家层级）拥有自己的宪法和法律，其边疆区、州、联邦直辖市、自治州以及自治区等都拥有自己的规章和法律体系。而俄罗斯幅员辽阔，国土面积大，因此对于投资者来说，去俄罗斯哪个具体区域投资，需要事先做的“功课”数量巨大，稍有不慎就可能引发法律风险。其次，除了制定法之外，判例在俄罗斯的法律体系中也发挥一定作用。如同在德国、法国以及其他大陆法系国家一样，判例在俄罗斯并不是一种正式的法律渊源，但其仍在实践中占有一席之地，发挥相应作用。例如，俄罗斯任何一个法院或者仲裁机构均不可能忽视俄罗斯联邦最高法院的判决。如果某一地方法院无视最高法院的判决，则其判决很可能面临被撤销的风险。[2] 因此，投资者在赴俄罗斯投资营商之前，不仅要做好俄罗斯制定法的基础研究工作，还应当适当关注具体的判例，才能形成完备的风险防控体系，保护投资利益。

投资者还需要关注俄罗斯的法治以及政策环境，考虑到相关风险。在俄罗斯，由于之前社会主义计划经济以及地方保护主义的遗风，垄断行业较多，而且对外资投资领域也有诸多限制，包括关税和非关税壁垒限制，对外商投资和经营构成阻力。例如，俄罗斯规定公共采购和政府预算项目要优先采购本国产品、要求对进口车辆及工程机械征收报废税、出台的汽车信贷支持政策将外国汽车排除在外等。[3] 俄罗斯还存在一定程度的腐败、行政效率低下以及法治环境缺乏稳定性等问题。例如，国家法律、政策、法规以及政府条例等，尤其是针对外商投资领域的政策具有一定的不可预见性，此为外国投资者投资俄罗斯的一大隐忧。在某些时候，出于对国家或者寡头利益的保护，

---

〔1〕《一带一路沿线国家法律风险防范指引》系列丛书编委会编：《一带一路沿线国家法律风险防范指引（俄罗斯）》，经济科学出版社 2016 年版，第 11 页。

〔2〕［俄罗斯］瓦列里·穆辛、［俄罗斯］尼古拉·克罗帕切夫：《俄罗斯法概要：外国投资者法律指南》（第 2 版），高圣平等译，中国人民大学出版社 2015 年版，第 3 页。

〔3〕中国民生银行研究院宏观研究团队：《俄罗斯投资机遇及风险分析》，载《中国国情国力》2018 年第 6 期。

俄罗斯临时修法，导致投资者利益受损，甚至可能出现投资者的财产被征收或者罚没等现象。但此种法律法规的不稳定性也表现为，有时为了吸引或者迎合某个领域的外国投资者，俄罗斯积极降低门槛提供便利等。例如，莫斯科杜马曾通过决议，免除在莫斯科汽车制造商的财产税，并将其应缴利润税由 17%降低至 12.5%。此举旨在吸引外资，发展当地汽车制造业，以及增加就业机会等。[1]

在俄罗斯的投资活动还涉及税收、财政、海关、知识产权保护、劳工以及争议解决等方面的法律问题，均值得投资者注意。根据以往的经验，赴俄罗斯进行投资，投资者一定要注意“属地化”经营策略，应当积极融入当地文化，吸纳当地人员就业，并主动承担必要的社会责任，务必转变“只盈利”的心态，而要适当为推动当地社会发展作贡献，才能够保证营商的稳定以及更长远的投资利益。投资者在“属地化”经营中，还应当充分了解俄罗斯的民族特性，尽量消除中俄文化冲突，使企业的发展真正与当地融合在一起，才是发展的长久之道。

在本章的后半部分，将着重选取俄罗斯的外商投资法律制度、俄罗斯公司组织以及公司治理相关法律制度、劳工法律制度、环境保护法律制度以及商事争议解决机制等方面进行梳理与分析，旨在为欲赴俄罗斯投资的投资者呈现出防控潜在法律风险、保护投资者利益的框架。

第一节　俄罗斯法律制度的历史渊源、演进及发展

俄罗斯无论就其地理位置还是文化传统，都处于东西方之间，作为一个欧洲国家，在东西方双重文化的影响下，俄罗斯文化所体现的东方文化的特质反而更有其独特之处。[2] 从文明的内核来看，俄罗斯的法律文化深受东西

---

[1] 《莫斯科市杜马免除汽车制造商财产税》，载新浪财经网，http：//finance. sina. com. cn/roll/2018-05-19/doc-ihaturfs4040617. shtml。

[2] 边乐利:《蒙古统治与俄罗斯文化的东方化》，载《哈尔滨学院学报》2018 年第 11 期。

方的共同影响。古罗斯时期，俄罗斯在地域上属于欧洲，并与欧洲长时间接触，文化也深受拜占庭文化的影响，因此古罗斯的文化可以说是欧洲文化的一部分。13世纪，蒙古征服基辅罗斯以后，开启了长达240余年的对俄罗斯的统治。在蒙古统治时期，古罗斯的文化和经济等遭到一定程度的破坏，俄罗斯的国家制度和风俗习惯在此期间深受东方文化的影响。17世纪末，彼得大帝统治时期，俄罗斯重新踏入了回归欧洲的“西化”之路。彼得大帝和叶卡特琳娜二世改革，将俄罗斯带进了现代化门槛。20世纪初的“十月革命”，又中止了俄国资本主义的脚步，开始了社会主义进程。20世纪90年代初期，苏联解体，俄罗斯再次走上了传统西方式的资本主义道路。在普京上台之后，“西化”道路上不断充斥着东方因素的影子。俄罗斯东西方文化兼具的特质，也造就东西方交融气质的法律文化，进而贯穿在俄罗斯的法律演进、发展与现代化的道路中。

一、基辅罗斯时期与《罗斯法典》(约882年~1240年)

古代罗斯是现代俄罗斯国家的前身，文明起步比较晚。公元9世纪中期前后，来自斯堪的纳维亚半岛的诺曼人到达了东欧平原，进行武装贸易活动，控制了从北欧经第聂伯河出黑海到君士坦丁堡的商路。公元882年，瓦里亚格人的王公奥列格率兵南下征服基辅，随后征服东斯拉夫人的西南群体和东南群体，形成了以基辅为中心的古罗斯国家。在当时，罗斯与拜占庭（也称“东罗马帝国”）是近邻。作为文明高度发达的千年帝国，拜占庭创造了光辉灿烂的文明，影响了世界上许多国家和地区的文明进程。作为文明程度相对落后的邻国罗斯，也在经济、法律、文化与宗教等多方面受到了拜占庭的影响。[1]

中世纪初期，罗马帝国分裂为东西两个部分，罗马法在东罗马帝国即拜占庭帝国境内一直适用，公元7~9世纪，罗马法是拜占庭帝国的重要法律渊

---

〔1〕 王小波:《俄罗斯法律制度的源起初探》，载《俄罗斯研究》2008年第4期。

源。[1] 因此，罗马法实际上也对基辅罗斯时期法律制度的构建产生了间接影响。公元10世纪，为了争夺海外市场以及打通并巩固通往海外市场的商道，罗斯王公开始了对拜占庭首都君士坦丁堡的贸易征战，其间于907年、911年、945年和971年签订了4个双边条约。其中，911年签订的条约标志着罗斯王国与拜占庭正式贸易关系的建立。[2]

基辅罗斯的建立为罗斯法律制度的产生创造了政治基础。在基辅罗斯建立初期，奥列格大公就根据东斯拉夫人的习惯法汇编而成了《罗斯法律》，是古代罗斯最早的成文法，被视为《罗斯法典》的雏形。[3] 拜占庭与罗斯经贸关系的确立，也为两国的法律交流提供了基础。《罗斯法典》中的许多内容借鉴了两国911年和945年签订的双边条约的内容，并根据当时罗斯的社会状况作出相应修改。[4]

实际上，《罗斯法典》从其最初行文至最后完成，历时两个世纪之久，即从11世纪初持续至13世纪初，实质上是一部法律汇编，包括《雅罗斯拉夫法典》《雅罗斯拉维奇法典》《1097年法典》《莫诺马赫法规》。[5]《罗斯法典》中的各部分条款都是不同历史时期的产物，根据当时社会环境而制定、修改和增补，因此法典的编纂历时两个世纪之久，13世纪初在诺夫哥罗德才最终完成。[6]《罗斯法典》是基辅罗斯时代最具有标志性的法制表现，也是

---

[1] 王海军:《罗马法对古代俄罗斯法的影响——以东正教作用为中心的考察》，载《湘江法律评论》2015年第1期。

[2] 王小波:《俄罗斯法律制度的源起初探》，载《俄罗斯研究》2008年第4期。

[3] 王钺:《〈罗斯法典〉产生的社会背景分析》，载《兰州大学学报》1996年第4期。

[4] 拜占庭与俄罗斯两国于911年签订的双边条约第6条规定：“如若罗斯人偷窃基督徒的财物，或反之——基督徒偷窃罗斯人的财物，窃贼被受害者当场抓住或正准备偷时就被抓住而打死（不管何种情况），他的死无论基督徒或罗斯人都不得追究；但受害者可以拿回自己丢失的财物。如若偷盗者自动俯首就擒，那就让失主把他抓住捆起，偷盗者应以高于被盗财物价值三倍的数目偿还。”《雅罗斯拉维奇法典》相应规定：“如果盗贼进入自己的庭院，或者仓房，或者畜棚内，可以将其打死。如果发现盗贼在被打死之前是被捆绑着的，则应向王公支付命金。”转引自王海军:《罗马法对古代俄罗斯法的影响——以东正教作用为中心的考察》，载《湘江法律评论》2015年第1期。

[5] 王松亭:《〈罗斯法典〉形成始末——俄国法制史研究之一》，载《吉林大学社会科学学报》1994年第3期。

[6] 王松亭:《〈罗斯法典〉形成始末——俄国法制史研究之一》，载《吉林大学社会科学学报》1994年第3期。

俄罗斯法制进程中一个重要的历史基石，它不仅展现了古代俄罗斯的法制状况，也从一个侧面展现了其社会生活的面貌。法典第一部分内容是刑法制度，包括犯罪和刑罚。第二部分内容是婚姻、家庭和继承法律制度。在婚姻法方面，法典并没有明确规定，但是相关条文反映了当时的情况，其中缔结婚姻的方式从多神教时期的抢婚、买卖婚和送婚到后来东正教时期的宗教婚礼，经历了一个宗教与法律互动变迁的过程。第三部分内容社会结构与身份等级制度。当时社会中存在不同的阶层，包括特权阶层、自由民和奴隶，法律给予他们不同的定位，实行着差别对待，并借此来凸显等级制度。第四部分内容是财产法律制度，法典中建构出了一个契约体系，并在这样的基础上建立起了一套契约型债法的规则。最后一部分重要内容是司法制度，对诉讼主体、司法权以及诉讼程序等都作了大致规定。尽管《罗斯法典》已不为后世所用，但为此后俄罗斯法制发展奠定了基础，无论对俄罗斯还是世界法制文明，它的存在都具有不可忽视的意义。

二、蒙古统治时期（约1240年~1480年）

蒙古对俄罗斯长达240余年的统治，给俄罗斯的文化打下了东方烙印，影响深远。在法律方面，蒙古统治丰富了古罗斯的法律。蒙古统治之前，罗斯主要的法律是《罗斯法典》，由习惯法汇编而成，带有很强的原始色彩。例如，如果杀了人，被害人的兄弟可以为其复仇，父亲可以为其复仇，儿子也可以为其复仇；如果没有复仇者，凶手应赔偿被害人40格里夫那。[1] 可见，《罗斯法典》并无严峻刑罚（如死刑）的规定，原始的血亲复仇依然存在，可以使用金钱去抵消罪名。与之不同的是，蒙古的法典《大扎撒》则对每一条罪行都规定了相应的刑罚，主要有死刑、充军、鞭打等刑罚，从整体上来看，是按照轻罪重刑的原则规定的，是一部相对而言比较严酷的法律。[2] 由此可见，基辅罗斯与蒙古国的立法风格迥异。

---

〔1〕 王海军:《〈罗斯法典〉研究》，华东政法大学2012年博士学位论文，第148~149页。
〔2〕 边乐利:《蒙古统治与俄罗斯文化的东方化》，载《哈尔滨学院学报》2018年第11期。

三、俄罗斯帝国时期（约1480年~1917年）

15世纪末，在莫斯科大公伊凡三世领导下，统一的罗斯国家再次形成，为巩固政权和完善国家各种机制，保障中央集权制国家的运行，伊凡三世在1497年颁布了第一部国家法典汇编——《1497年律书》（又称《大公律书》）。此部律书也为结束封建割据状态奠定了基础，在当时属于非常先进的立法。[1] 律书的主要内容包括：划分了各种法院的权限，统一了司法收费，强调了书面文件作为司法证据的重要性；削弱各地总督的权力，迫使地方总督服从中央机关的监督，对行政和司法机构公职人员滥用权力进行限制和惩办；对各种犯罪，尤其是侵犯封建统治阶级生命和财产的行为和反抗政治制度的行为加强刑罚力度，以保护势力日益增长的军工贵族和商人的利益；限制农民在不同地主土地上的迁徙权，在法律层面确立农奴制；规定所有和占有的原则，借贷和雇佣关系的有效设立规则；扩大了法定继承的范围等。[2]《1497年律书》是继《罗斯法典》以后俄罗斯在法律方面的又一次总结和重大推进，是俄罗斯法律在15世纪发展的一个重要标志。律书使俄罗斯的司法走向统一，体现司法中央集权化的趋势，推动了俄罗斯法律系统化的进程。与此同时，罗斯国家开始被称为“俄罗斯”。

俄罗斯法律的最大特色在于承袭了古罗马的法律传统，符合大陆法系的特点，即重视法典的创造。[3] 在整个俄罗斯帝国时代，法典编撰都是一项重要活动。16世纪在原有法典基础上重新编纂了新法典《1550年律书》和1589年《沙皇费多尔·伊凡诺维奇律书》，以适应国家新的政治与经济发展。1649年沙皇阿列克谢·米哈伊诺维奇颁布了《会议法典》，这是罗曼诺夫王朝统治时期的第一部中央集权法律典籍，立法技术完备、内容丰富、体系严谨。1830年著名的法学家斯佩兰斯基编纂整理了《俄罗斯帝国法令全集》，这部

---

[1] 李琳：《俄罗斯传统法律文化研究——以十月革命前法典编纂为视角》，载《社会科学辑刊》2011年第5期。

[2] 张寿民：《俄罗斯法律发达史》，法律出版社2000年版，第27页。

[3] 李琳：《俄罗斯传统法律文化研究——以十月革命前法典编纂为视角》，载《社会科学辑刊》2011年第5期。

全集收集了从《会议法典》以来至1825年12月12日为止的一切立法。1833年斯佩兰斯基编成《俄罗斯帝国法律全书》，从1835年生效后，一直是俄罗斯帝国的立法汇编，直至1917年十月革命后才被废除。这些系统化的法典编纂不仅规定了行政和刑事内容，而且还高度重视民事法律行为的调整，成为俄罗斯法律最主要的法律渊源。[1]

《俄罗斯帝国法律全书》的编成，为俄罗斯的法学研究和发展奠定了基础，也极大鼓舞了俄罗斯法学家的士气和信心。19世纪60年代，俄罗斯开启的废除农奴制、建设司法制度、推行地方自治等一系列重大改革，客观上要求法学理论解决现实问题，也给法学家们的研究提供了客观环境基础。这一时期法学研究的重点是探索解决俄罗斯国家与法的现实问题，探索各部门法和实务中出现的所有前沿问题。[2] 19世纪后半叶至20世纪初，法学理论和观点的多元性，各种法学思想和流派交相辉映，许多天才的作者在其法学论著和完善立法的提案中表现了创造性思想。[3] 各部门法在这一阶段得到了较为均衡的发展，不仅包括传统部门法，如民法、刑法、金融法，也包括新的部门法，如国家与法的一般理论、土地法、生态法、劳动法、商法、国际法等，俄罗斯的法学研究进入“黄金时代”。[4]

四、苏俄时期（约1917年~1991年）

1917年十月革命以后，列宁领导缔造了各民族一律平等的社会主义联邦制国家——苏联，并领导制定了1924年《宪法》，奠定了苏维埃国家社会主义法制的基础，并提出了依法治国、各级党组织在宪法范围内活动、法律保护公民的权益等社会主义法制的重大原则。

从俄罗斯国家发展的历史而言，十月革命具有变革性，为俄罗斯的发展轨道注入了浓重的“社会主义”因素。按照当时革命领导人和理论家根据经

---

〔1〕 李琳：《俄罗斯传统法律文化研究——以十月革命前法典编纂为视角》，载《社会科学辑刊》2011年第5期。

〔2〕 王志华、刘天来：《俄罗斯国家与法理论的历史传统》，载《求是学刊》2017年第5期。

〔3〕 王志华、刘天来：《俄罗斯国家与法理论的历史传统》，载《求是学刊》2017年第5期。

〔4〕 王志华、刘天来：《俄罗斯国家与法理论的历史传统》，载《求是学刊》2017年第5期。

典马克思主义学说对法律的诠释，认为法律是商品社会的关系体系，是阶级对立的产物。在没有剥削和压迫的社会主义社会是不存在法律的，法律应当是随着社会主义制度的建成而消亡的。[1] 苏俄政权的建立，也宣告着沙俄末期缔造的俄罗斯法学研究“黄金时代”的结束。由于苏俄政权出于意识形态基调的考虑，彻底否认沙俄末期俄罗斯取得的法学理论和研究成果，彻底否认此前沙俄时代法学家信奉的罗马法传统和理念，将俄罗斯的法学发展引入与此前完全不同的另一历史阶段。

但是，在苏俄建立初期依然存在立法活动，编撰了 1922 年《苏俄民法典》，但其目的并不是要进行法制建设，而是一种对资本主义“妥协”的权宜之计。[2] 1921 年，苏俄政权宣布成立新经济政策，1922 年年初成立了民法典编撰委员会，同年年底《苏俄民法典》编撰完成，并于 1923 年正式颁布施行。在此部民法典的编撰上，苏俄的立法者彻底摒弃并坚决反对在立法中运用罗马法传统和原理，强调该法的主要任务是完全保证无产阶级国家的利益，并毫无例外地严格监督一切私人企业，取消一切违反法律规定或与工农群众利益相抵触的合同和私人法律行为。

1936 年，苏联权力机构试图编撰一部适用于全苏维埃联盟的民法典，最终于 1961 年颁布了《民事立法纲要》。1964 年，第二部《苏俄民法典》在《民事立法纲要》的基础上编撰完成，在条款结构上几乎是《民事立法纲要》的“翻版”。总体而言，1964 年《苏俄民法典》是计划经济背景下民法典的扛鼎之作，但是其完全与民法保护私权的私法属性相背离。[3] 该法典取消物权概念，取消公司法人组织等概念，关于资本主义商品经济的部分大大缩减，在内容和结构上体现苏俄无产阶级时代浓重的意识形态色彩，也代表了社会主义苏联立法的趋势。

---

〔1〕［奥］凯尔森：《共产主义的法律理论》，王名扬译，商务印书馆 1962 年版，第 76~93 页。

〔2〕［苏］布拉都西主编：《苏维埃民法》（上），中国人民大学民法教研室译，中国人民大学出版社 1956 年版，第 22 页。

〔3〕张建文：《俄罗斯民法典编纂史研究》，中国政法大学出版社 2012 年版，第 198 页。

五、俄罗斯联邦时期（1991 年至今）

1991 年，苏联解体，社会主义体制在苏联以及东欧各国迅速瓦解，俄罗斯成为独立的联邦制国家。独立之后的俄罗斯联邦开始了计划经济向市场经济过渡发展的进程，国家性质、法律制度等都发生了深刻的变革，法律改革仍以趋同大陆法系为基本走向。1993 年《俄罗斯联邦宪法》颁布后，“民主政治”“主权在民”“三权分立”等宪法原则被确定下来，明确了俄罗斯的联邦制国家结构形式，建立了议会制和总统制，这一系列体现宪政精神的制度为俄罗斯此后法治国家的选择和发展模式确立提供了宪法保障。[1]

在独立以后的转型初期，俄罗斯通过一系列立法和制度设计积极推动法治的实现。1991 年到 2000 年的 10 年内，俄罗斯陆续制定并颁布了《外商投资法》《证券市场法》《自然垄断法》《消费者权利保护法》《中央银行法》《不动产权利和不动产交易国家登记法》《生产合作社、农业合作社与消费者合作社法》等。

俄罗斯现行法律体系极其庞大，不同效力等级的立法文件数目繁多，有大量的联邦法律，还有各州、边疆区、共和国、自治区等 85 个联邦主体通过的数不清的“地方性”法律及规范性法律文件。[2] 在庞大的俄罗斯法律体系中同时存在各种模糊、“低级”的法律规范、机关文件，阻碍了真正有意义的、具有实效功能的法律文件的适用。此外，当今俄罗斯法律体系还具有多样性和不确定性的特点，有的法律明显地表现出性质不同的法律调整动因和趋向，有的法律甚至允许按照不同的价值取向制定调整某类关系的相应法律规则。[3]

在司法改革方面，苏联解体之后，俄罗斯在进行司法改革的过程中开始

---

〔1〕 何勤华、王海军:《晚近俄罗斯法治的新发展（2006—2016）》，载《学术界》2018 年第 9 期。

〔2〕［俄］阿 · 弗 · 米茨凯维奇:《俄罗斯法律汇编——科学的必要性》，载《俄罗斯法杂志》1997 年第 2 期。

〔3〕 刘洪岩:《昂扬而凝重的话题：俄罗斯法治转型进程中的法律自治》，载《北方法学》2018 年第 2 期。

"复兴"近代司法传统，仿照西方设计了"三权分立"体制，并恢复了陪审团制度和律师制度，以及辩论式诉讼模式，又一次形成了一套以西方司法为形式、以俄罗斯司法传统为内核的现代司法模式。[1]

历史上东方与西方的交融影响，在俄罗斯转型时期的法治建设中也得以体现：其给予俄罗斯面向西方的视野，也保留了传统的底色，具有双重属性。俄罗斯法治在形式上是西方的，但承载其法治制度的根基则是本土的，并不会因移植西方法治元素而完成西化的转变。[2] 总统权力过大，国家权力无法得到有效的制约和监督，司法系统也无法完全独立，是俄罗斯遭受西方批评"无真正法治"的一个重要原因。

如何理解俄罗斯的法治状况以及法律体系，对于投资者而言是一个重要的"功课"。如果仅从法律的文本和字面规定去理解俄罗斯的法律，是远远不够的，还应当对其法律制度的发展演进以及和社会体制的相互作用关系去理解法律是如何规定的，才能全面理解投资俄罗斯的法律风险，以及做好相应的风险防控。

第二节　俄罗斯的外商投资法律制度

俄罗斯的外商投资立法模式是制定统一的外商投资法典，并确认国内的一些法律也同样适用于外商投资领域。[3] 自 20 世纪 90 年代初苏联解体后，俄罗斯的意识形态经济体制发生重大变化，苏联长期奉行的计划经济体制被彻底打破，俄罗斯大力加快市场经济和私有化的进程，试图建立西方发达国家模式的市场经济。在此过程中，外国资本，尤其是来自欧美发达国家资本

[1] 王海军:《近代俄罗斯的司法现代化之路——基于司法改革进程的考察》，载《北方法学》2018 年第 4 期。

[2] 何勤华、王海军:《晚近俄罗斯法治的新发展（2006—2016）》，载《学术界》2018 年第 9 期。

[3] 李贤华、贺付琴:《域外外商投资法律制度》，载《人民法院报》2019 年 3 月 22 日，第 8 版。

的大量投入，对俄罗斯的经济发展起着至关重要的作用。[1] 这样的背景，催生了俄罗斯外商投资法律制度的诞生和发展。俄罗斯第一部正式颁布的外商投资法指的是1991年7月4日俄罗斯最高苏维埃颁布的《外商投资法》，该法较为系统地制定了俄罗斯关于外资调整的基本原则和外资企业在俄活动的基本规范，为进入俄罗斯的外商投资活动奠定了法律基础。[2]

进入21世纪以后，随着俄罗斯经济发展和对外开放工作的不断推进，鼓励外商投资的法律文件相继出台，包括《外国投资法》、《投资战略性商业组织的联邦法》（以下简称《战略投资法》）、《租赁法》、《产品分割协议法》、《固定资产投资法》、《马加丹特别经济区法》及《关于保护有价证券市场投资者权利和合法利益的联邦法》等，规定对外国投资者采取比国内投资者更优惠的政策。[3] 此外，俄罗斯还通过联邦总统令、法规、部门规章以及地方性法律和规范性法律文件调整外商投资活动。[4] 俄罗斯形成了以《外国投资法》和《战略投资法》为核心的外国法律体系，旨在为吸引外资创造更多的便利条件和保障。

一、俄罗斯外商投资法律制度的基本框架

俄罗斯外商投资法律制度中最核心的两部法律是《外国投资法》和《战略投资法》。总体的立法精神是在不对俄罗斯的国家安全造成威胁的情况下，尽可能地鼓励和吸引外资，保障内外资一致待遇。

（一）法律对“外国投资者”的定义

根据《外国投资法》的规定，被认定为外国投资者的包括：（1）外国法人，其民事权利根据设立国家的法律确定，并有权根据其本国法律在俄罗斯

---

〔1〕 王哲、李尚公:《俄罗斯外商投资法述评》，载《中外法学》1998年第1期。

〔2〕 王哲、李尚公:《俄罗斯外商投资法述评》，载《中外法学》1998年第1期。

〔3〕 殷敏:《“一带一路”倡议下中国对俄投资的法律风险及应对》，载《国际商务研究》2018年第1期。

〔4〕 殷敏:《“一带一路”倡议下中国对俄投资的法律风险及应对》，载《国际商务研究》2018年第1期。

联邦境内开展投资活动；（2）非法人的外国组织，其民事权利根据设立国家的法律规定，并有权根据其本国法律在俄罗斯联邦境内开展投资活动；（3）外国公民，其民事权利能力和行为能力根据其本国法律规定，并有权根据本国法律在俄罗斯联邦境内开展投资活动；（4）经常居住在俄罗斯境内的无国籍人，其民事权利能力和行为能力根据其居住地的国家法律规定，并有权根据居住国法律在俄罗斯联邦境内开展投资活动；（5）国际组织有权根据俄罗斯联邦参加的国际条约在俄罗斯联邦境内开展投资活动，外国政府则根据俄罗斯联邦法律规定的程序在俄罗斯境内开展投资活动。

（二）鼓励与禁止外商投资的行业

俄罗斯政府鼓励外商直接投资领域大多是传统产业，如石油、天然气、煤炭、木材加工、建材、建筑、交通和通信设备、食品加工、纺织、汽车制造等行业。

截至2022年，俄罗斯未开放铁路客运和货运市场，不允许外商设立合资企业提供装卸、集装箱堆场、船舶代理、结关等服务，不允许外商从事铁路运输设备的维修保养服务。此外，油气管道和电网建设运营领域也未对外资开放。公路运营领域尚未开放。此外，俄罗斯还禁止外国投资者投资博彩业和人寿保险业，禁止外资银行设立分行，禁止外国保险公司参与其强制保险方案。

（三）限制外商投资的行业

在俄罗斯外商投资法的框架下，鼓励和禁止外商投资的行业在实践中比较明晰，没有需要外国投资者特别注意之处。比较复杂的情形是“限制外商投资的行业”，需要外国投资者仔细甄别并规划合理对策。[1]

出于对国家安全和国家支柱战略型产业安全保护的需要，俄罗斯于2008年出台《战略投资法》，对部分涉及国计民生、军工、核能、武器等共计13大类47种经营活动实行外商准入的投资限制。产业主要涵盖国防军工、核原

---

〔1〕 王佳慧:《当代俄罗斯外资立法的发展》，载《俄罗斯中亚东欧市场》2012年第9期。

料生产、核反应堆项目的建设运营、用于武器和军事技术生产必需的特种金属和合金的研制生产销售、宇航设施和航空器研究、密码加密设备研究、天然垄断部门的固定线路电信公司、联邦级的地下资源区块开发、水下资源、覆盖俄罗斯领土一半区域的广播媒体、发行量较大的报纸和出版公司等47项对国家安全有战略意义的核心重要产业。从事上述47项战略行业的公司也被称为“战略公司”。

外国投资者在上述战略行业实施投资活动时，应当遵守《战略投资法》对于投资比例、投资主体、投资对象、投资程序等方面的禁止或限制性规定。根据《战略投资法》，在下列情况下外国投资人非经前置审批不得实施：规模达到战略公司上一财年总资产价值25%以上的主要经营资产收购交易，以及导致外国投资人持股战略公司达一定比例或其他控制战略公司经营管理的交易。

《战略投资法》将特殊外国投资者（外国政府、国际组织、离岸公司、具有双重国籍的俄罗斯公民以及上述主体控制下的俄罗斯境内外实体），与一般外国投资者分立而设。且将从事联邦级矿产开发利用的战略公司视为特殊战略公司，并对此规定了更低的前置审批触发条件，甚至直接禁止其实施一定规模的战略行业外商投资活动。

对于资产收购交易而言，一般外国投资人非经前置审批不得收购战略公司上一财年总资产价值25%以上的主要经营资产。但对于特殊外国投资人，《战略投资法》明确禁止其收购战略公司上一财年总资产价值25%以上的主要经营资产。

而对于新设投资（绿地投资）、股权交易、管理服务等可能导致外国投资人持股或控制战略公司的非资产收购类交易，《战略投资法》规定了一般性的禁止或限制性条件。(见表2-1)[1]

---

[1] 田文静等:《外商在俄罗斯战略投资将受更多监管》，载金杜律师事务所网，https://www.chinalawinsight.com/2018/01/articles/corporate-ma/%E8%81%9A%E7%84%A6%E4%B8%A8%E5%A4%96%E5%95%86%E5%9C%A8%E4%BF%84%E7%BD%97%E6%96%AF%E6%88%98%E7%95%A5%E6%8A%95%E8%B5%84%E5%B0%86%E5%8F%97%E6%9B%B4%E5%A4%9A%E7%9B%91%E7%AE%A1/，2023年6月1日最后访问。

表 2-1　外国投资者控股或持股的禁止性要求

交易主体	一般外国投资者	特殊外国投资者
持股特殊战略公司<5%	√	√
5%≤持股特殊战略公司<25%	√	○
控制特殊战略公司	○	×
25%≤持股特殊战略公司<75%且交易结果将使外国投资者继续增持	○	×
持股一般战略公司<25%	√	√
25%≤持股一般战略公司<50%	√	○
否决一般战略公司决议	√	○
控制一般战略公司	○	×

“√”：不受《战略投资法》限制可自由实施的交易

“○”：非经前置审批不得实施的交易

“×”：《战略投资法》禁止实施的交易

《战略投资法》从股权比例、公司治理等多个角度，详尽列举了视为外国投资者“控制”战略公司的各种情形：(1) 外国投资者通过合同关系或其他方式有权支配战略公司一定比例股权（见表 2-2）；(2) 外国投资者有权决定战略公司董事会、监事会、集体执行机构或其他集体管理机构一定比例的成员，一般战略公司为 50% 以上的成员，特殊战略公司为 25% 以上的成员；(3) 外国投资者有权选任战略公司独任执行机构（总经理、总裁、首席执行官等）；(4) 外国投资者根据合同或其他文件有权决定战略公司作出的各项决议，包括企业经营活动决议；(5) 外国投资者受聘成为战略公司的管理层。[1]

---

[1] 田文静等：《外商在俄罗斯战略投资将受更多监管》，载金杜律师事务所网，https://www.chinalawinsight.com/2018/01/articles/corporate-ma/%E8%81%9A%E7%84%A6%E4%B8%A8%E5%A4%96%E5%95%86%E5%9C%A8%E4%BF%84%E7%BD%97%E6%96%AF%E6%88%98%E7%95%A5%E6%8A%95%E8%B5%84%E5%B0%86%E5%8F%97%E6%9B%B4%E5%A4%9A%E7%9B%91%E7%AE%A1/，2023 年 6 月 1 日最后访问。

表 2-2 外国投资者支配战略公司一定比例股权的情形

公司类型	外国投资者支配股权的具体情形
一般战略公司	50%以上股权
	50%以下股权，但外国投资者所持股权与其他股东所持股权的比例关系，使外国投资者可能决定战略公司作出的决议
	多个特殊外国投资者各自持有50%以下股权，但其股权比例关系使其可能决定战略公司作出的决议
特殊战略公司	25%以上股权

《战略投资法》于2008年出台时仅规定了42项对国家安全具有战略意义因而限制外商投资的行业。2017年，该法经过修改，将“战略行业”的范围扩大到47项，对涉及核能、通信传媒和国防的战略行业进行了修订，并将军事目的的核材料和放射性物质利用活动、俄罗斯各级政府采购电子平台新增为战略行业。[1]

新法除了扩大“战略行业”的范围，还进一步对有可能涉及“战略行业”投资的外国投资者加强监管审批。在2017年《战略投资法》修改前，俄罗斯联邦反垄断局（初审部门）和俄罗斯政府外资监管委员会（终审部门，简称“委员会”）依据《战略投资法》的明文授权，对触发战略行业外商投资前置审批的交易进行审批和监管。据统计，自2008年《战略投资法》颁布施行至2017年7月，俄罗斯联邦反垄断局共收到465份外商投资战略行业前置审批申请，其中有13项交易未能最终通过审批。[2]

在旧法的框架下，外商投资限制性行业的审批流程：全权机构接受申请—交易初审—政府委员会最终裁决，整个审查程序的最长时限为3个月，特殊情况下可能延长至6个月。(见图2-1)[3]

---

〔1〕《外商在俄罗斯战略投资将受更多监管》，载中华人民共和国商务部网2018年1月18日，http：//trb. mofcom. gov. cn/article/zuixindt/201801/20180102700483. shtml。

〔2〕《外商在俄罗斯战略投资将受更多监管》，载中华人民共和国商务部网2018年1月18日，http：//trb. mofcom. gov. cn/article/zuixindt/201801/20180102700483. shtml。

〔3〕 徐晨、孙元欣:《外资安全国家审查制度国际比较与借鉴》，载《上海经济研究》2018年第8期。

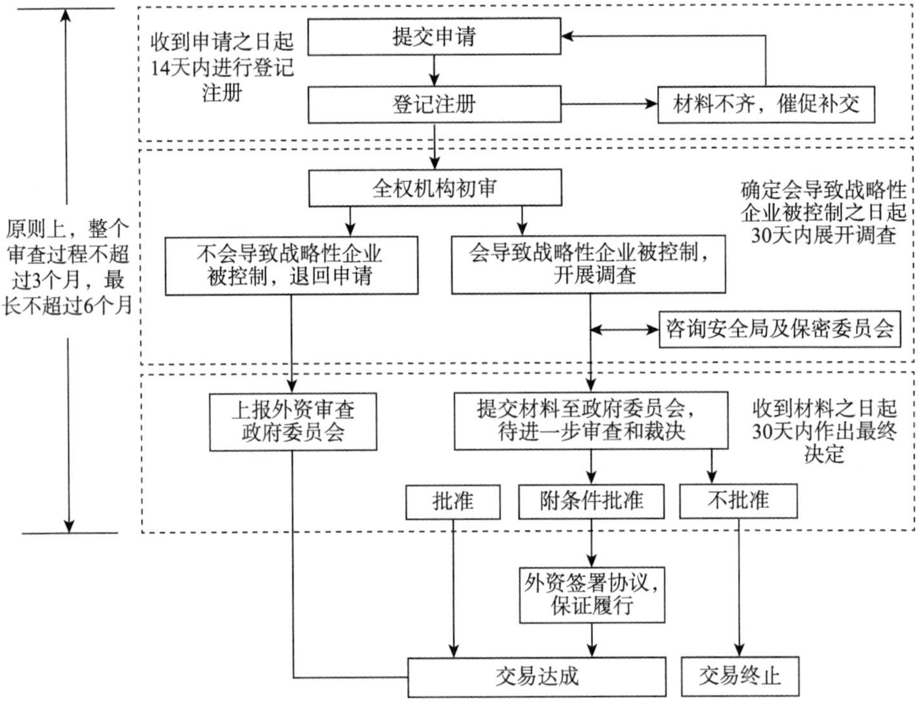

图 2-1 外商投资限制性行业审批流程

2017 年修改的《战略投资法》扩大了主管机关的监管权力，由此产生了一些需要实践观察和解释的模糊空间。例如，新法赋予委员会主席（由政府总理担任）对任一项外商投资活动（即使为非战略公司）以保护国家安全为由主动启动审查程序。一旦委员会决定对该项交易启动审查，则投资者有义务等待审查结果出台后再实施交易，否则交易即为无效。[1] 但是新法并未明文规定何种类型的外商投资活动可能被主管机关主动启动审查。根据经验，前置审批的时长通常为 3~6 个月，《战略投资法》新增的这项监管权力，很可能给大型交易带来相当程度的不确定性。

又如，2017 年修改前的《战略投资法》规定，主管机关可以对战略行业的外商投资行为作出附条件的审批，比如保密义务、产品供应保障、产品价

[1] 徐晨、孙元欣:《外资安全国家审查制度国际比较与借鉴》，载《上海经济研究》2018 年第 8 期。

格保证、人员雇佣义务、战时和紧急情况下动员等9项义务。这9项义务在《战略投资法》中均有明确的规定。但是，新法赋予委员会更大的审批权力，委员会有权在作出前置审批决定时，对外国投资者附以上述9项义务外的其他任何附随义务。因此，外国投资者在对项目进行前期调研或可行性分析时，也很可能面临较大程度的不确定性。[1]

二、俄罗斯经济特区投资政策及相关法律风险详解

为了振兴经济、发展高新科技产品、促进旅游业与港口和交通运输等行业的发展，并加强研发成果的工业转换，俄罗斯于2005年7月颁布了俄罗斯联邦《经济特区法》并设立了经济特区。经济特区指的是俄罗斯联邦领域内进行经营活动但适用特殊规则的区域。目前，俄罗斯联邦的经济特区依据所侧重产业的不同，主要分为四大类：工业生产型经济特区、科技研发型经济特区、旅游休闲型经济特区以及港口型经济特区。其中，工业生产型经济特区主要覆盖化工、航空航天、建材生产等行业，旨在为产品的生产以及加工提供便利条件。技术推广型经济特区主要涵盖高科技行业，如纳米技术、微电子技术、生物工程、通信技术以及制药医疗行业等，旨在促进高新技术产品的研发、鼓励产品技术创新，以及工艺的优化等。旅游休闲型经济特区主要涵盖度假业以及餐饮休闲业等，旨在促进旅游业的发展，促进娱乐休闲设施的开发、再开发和经营。港口型经济特区主要涵盖船舶维修及建设、水产品加工、船舶用品和装备制造维护以及港口基础设施运营等，其设立旨在改善港口的货物储存相关服务，提供远洋船舶以及航空器运输所需要的日常必备物资，提供水生物资源的加工处理、港口经济特区技术设施维护等。

俄罗斯经济特区的设立，为投资者带来利好消息。根据俄罗斯相关法律的规定，不仅俄罗斯本国企业可以入驻经济特区并享受相应的优惠政策，外国投资者所投资设立合资企业以及全资子公司等也可以进驻经济特区并取得

〔1〕 徐晨、孙元欣:《外资安全国家审查制度国际比较与借鉴》，载《上海经济研究》2018年第8期。

与本国企业相同的优惠待遇。[1] 总体来说，在经济特区内的企业，可以享受税收优惠（如经济特区内的企业利润税由20%降至13.5%）以及享受简化的行政注册审批程序等（如经济特区为企业提供海关、税收、移民注册等优惠政策）。

（一）经济特区居民企业资格的取得

首先，根据俄罗斯联邦《经济特区法》的规定，申请成为俄经济特区居民的必须是俄罗斯企业，或者是俄罗斯的商事组织。其中值得投资者注意的是，此处所指俄罗斯的商事组织，并非仅仅包括俄罗斯内资公司或者企业，也可以是外国投资设立的商事组织，如合资企业[2]或者外国公司的全资子公司。其次，此类商事组织必须在经济特区所在地的税务机构进行注册登记。最后，此类商事机构必须和经济特区管理机构签署关于特区范围内商事活动的协议。

《经济特区法》还对特区内居民企业的商事活动确立了一系列行为准则，同时还规定了商事组织和经济特区管理机构所签署的协议的一些程序和内容方面的要求。如协议应当以书面形式签署，经济特区居民企业无权将协议规定的权利和义务转让给他人，经济特区居民企业无权在经济特区范围外设置分支机构和代表机构等。

（二）经济特区居民企业的特殊优惠政策

经济特区内设立的企业主要享有税收优惠以及行政制度方面的便利优惠。根据俄罗斯联邦《税法典》的规定，港口经济特区的居民企业在经济特区内从事工作和提供服务活动，可免征所得税。在港口经济特区内应征消费税的货物，可免征消费税。在财产税方面，根据《税法典》的规定，对于经济特区内居民企业来说，在经济特区内为开展活动而创建或获得的额定财产，从

---

〔1〕［俄罗斯］瓦列里·穆辛、［俄罗斯］尼古拉·克罗帕切夫：《俄罗斯法概要：外国投资者法律指南》（第2版），高圣平等译，中国人民大学出版社2015年版，第279~280页。

〔2〕此处的合资企业，俄罗斯和外国投资者的注册资本与参股比例不限。

财产列入该商事主体资产负债表的下一个月起的10年内免征财产税。《经济特区法》还规定，经济特区内的居民企业在与经济特区管理机构签署的协议有效期内开展商事活动，享有增加联邦税、区域税和地方税的豁免权。

除了税务方面的优惠政策，行政制度方面提供的便利也是俄罗斯经济特区优惠政策的一个重要方面。《经济特区法》规定了在工业生产型、科技研发型以及港口型这三种经济特区中设立自由关税区的海关程序。此种优惠意味着在上述几种类型的经济特区中存放和使用外国货物可以免征关税和增值税。

（三）经济特区对外资的限制与其他注意事项

除了各种优惠之外，经济特区还存在对外资的限制，外国投资者并非可以投资俄罗斯经济特区内任何领域的行业。根据俄罗斯相关法律的规定，外国投资者不得投资进入俄罗斯具有战略意义的行业和企业，如放射性材料、航空航天、广播电视出版、联邦级矿产资源等。[1]

对于欲在俄罗斯经济特区内设立企业的外国投资者来说，必须先依法在俄罗斯财政部下属的俄罗斯联邦税务局注册，注册所需时间一般在一个月到一个半月之间。同时，在注册时应当注意到俄罗斯法律的特殊之处。如在俄罗斯注册公司时，并不要求公司设有法定代表人，所有的文件以签字为准，并不强调盖章，没有公司负责人签字的文件在法律上视为无效。[2]

三、外国投资者所设公司在俄经营未获许可：以某吉尔吉斯斯坦籍公司在俄经营案为例

【案情简介】

某吉尔吉斯斯坦股份公司在俄罗斯境内注册成立了分公司。该分公司的经营范围不仅提供国际货物运输服务，还提供俄罗斯境内的货物运输服务。根据俄罗斯法律的规定，货物运输业务在俄罗斯联邦需要登记，该公司遂递交申请要求颁发许可。俄罗斯的相关国家机构则拒绝向该公司颁发许可。

---

〔1〕 王莉莉:《俄罗斯经济特区吸引外资优惠政策多》，载《中国对外贸易》2018年第2期。

〔2〕 王莉莉:《俄罗斯经济特区吸引外资优惠政策多》，载《中国对外贸易》2018年第2期。

由此，该公司就向俄罗斯仲裁法院提起诉讼，要求认可其在俄罗斯联邦境内既可以经营国际运输业务，又可以经营俄罗斯联邦境内的运输业务，国家机构有义务颁发从事相应企业经营的许可。

一审法院部分满足了该公司的诉讼请求，确认该公司拥有在俄罗斯境内既可以经营国际运输业务，又可经营境内运输业务的权利。一审法院、二审法院和上诉法院没有支持答辩人——国家机关关于外国法人和分公司不得在俄罗斯从事需要经许可的经营活动的理由，认为上述理由不符合俄罗斯联邦《外国投资法》相关条款的规定。该法规定，针对外国投资者的经营法律体制不得劣于针对俄罗斯本国投资者的经营法律体制。

但俄罗斯联邦最高仲裁院却撤销了该案判决中关于认可外国组织有权在俄罗斯境内从事货物和旅客运输的权利的请求，并在判决中驳回该部分请求。

【案例涉及的主要问题及评析】

在上述案例中，某吉尔吉斯斯坦股份有限公司（总公司）是在吉尔吉斯斯坦境内注册并在俄罗斯联邦设有分公司，是俄罗斯联邦《外国投资法》上认定的外国投资者，属于外国法人。上述法律确立了外国投资者在俄罗斯联邦经营的一般体制，即关于外国投资者经营法律体制不得劣于针对俄罗斯本国投资者的经营法律体制。

根据俄罗斯相关法律的规定，外国投资者在俄罗斯境内从事国际货物运输应持有运输工具过境俄罗斯联邦的专门许可。禁止用外国投资者的运输工具运送货物和旅客，其中包括临时入境俄罗斯并在俄罗斯境内的站点之间运送货物和旅客。

因此，如上所述，允许经营俄罗斯国内运输的只能是俄罗斯法人。在俄罗斯境内注册的外国法人分公司不是俄罗斯的承运人，因此不是俄罗斯的法人，应对其适用前述禁令。

国家为了对类似从事国内汽车运输业务的经营活动进行监控，规定了从事国内汽车运输必须获得许可。在这个案件中在俄罗斯境内从事汽车运输的能力外国法人并不具有。因此，向外国法人颁发许可给予其从事俄罗斯境内汽车运输的权利就不符合法律规定。

上述法律规则应当理解为俄罗斯限制外资进入和接受外资的例外规定，由此必然引起诸多后果。在俄罗斯联邦汽车运输领域正实施新的外资准入规则——通过在俄罗斯联邦境内设立外资商业机构。吉尔吉斯斯坦的企业可以在俄罗斯境内设立俄罗斯法律所允许的商业机构（股份有限责任公司、股份公司或其他形式），而非吉尔吉斯斯坦公司的分公司，因为分公司并没有独立的法人地位。

第三节　投资俄罗斯的具体形式：新设投资或并购

通常外资投资俄罗斯是在新设立经营实体（绿地投资）或并购当地公司两种方式中选择进行。这两种方式都涉及以下几个问题需要投资者考量：第一，是否满足俄罗斯关于外资准入和外资安全审查的规定（此问题在本书上一部分有详细介绍和研究）；第二，俄罗斯现行法律对外资反垄断审查的法律规定与实践，尤其是针对中国企业反垄断审查的动向；第三，成立何种类型的商事组织来进行投资；第四，投资所在国对于公司设立的程序以及要求是什么；第五，对于公司成立以及治理有何特殊规定等。由于外资准入以及安全审查等内容已在本书上一部分详细介绍过，本部分将着重就俄罗斯联邦《民法典》《有限责任公司法》《股份公司法》等法律以及俄罗斯外资反垄断审查的相关法律规定与实践，分析和研究投资者在俄罗斯注册、成立以及运营公司的规定。

一、俄罗斯商事组织的类型

对于投资者来说，选择成立何种商事组织形式进行投资是其要面临的第一个问题。俄罗斯现行法律承认以下几种类型的商事组织：（1）商事合伙企业，包括普通合伙企业和有限合伙企业；（2）商事公司，包括有限责任公司和股份公司；（3）生产合作社。

其中，商事合伙企业和商事公司是两种最常见的经营实体的种类。其指的是注册资本由发起人按照股份出资形成的商事组织。根据俄罗斯联邦《民法典》第66条第1款的规定，商事组织中发起人出资的财产以及商事组织在经营活动中生产和获得的利润，归该商事组织所有。除此之外，根据《民法典》第65-1条第1款以及第67条第1款的规定，商事组织的发起人和参与人享有以下几种主要权利：参与商事组织的经营管理；获取与企业经营有关的信息；对商事组织的决议进行表决；参与商事组织的利润分配；在商事组织清算时获得部分该商事组织的财产；章程规定的其他权利。此外，根据《民法典》第65-2条第3款的规定，上述商事组织的发起人和参与人必须承担以下几种义务：依照法律或者章程的规定共同出资，形成企业财产；对商事组织相关信息的保密义务；参与商事组织决议的表决；章程规定的其他义务。

二、有限责任公司

通常来说，投资者投资设立经营实体，通常会选择成立有限责任公司或者股份有限公司。俄罗斯法律框架下的有限公司具有两种“身份”特性：首先，有限公司通过股东的出资形成资本以进行经营；其次，有限公司的股东承担“有限责任”，股东的个人财产与其出资给公司的财产相互独立，仅有出资财产对公司承担财产责任。此外，根据俄罗斯联邦《有限责任公司法》的规定，有限责任公司的股东应当在1人以上50人以下。

（一）设立文件

投资者要成立有限责任公司，必须准备书面设立协议与公司章程两份文件。有限责任公司的设立协议规范发起人在公司设立过程中的法律关系以及规定发起人应当对公司登记之前产生的与设立该公司有关的债务承担连带责任。根据《有限责任公司法》的规定，有限责任公司的设立协议应当包括以下内容：股东共同设立公司的程序，公司注册资本的数额，每一位股东在注册资本中持有的股份，股东的出资方式（货币或者实物出资）以及股东出资的程序和期限。

此外，根据《有限责任公司法》第 12 条第 2 款的规定，有限责任公司的公司章程应当包括以下内容：公司的名称（全称以及简称），公司股东的权利和义务，公司的住所，公司机关的组成及职权（股东大会、董事会等）、公司注册资本的具体数额，公司股东退出公司的程序及后果，公司股东将股份全部或者部分转让给他人的程序，公司文件的保存以及公司股东查阅权的范围。

在实践中，公司章程和设立协议在对公司的同一事项进行规定时，可能产生内容不一致的情况。在此种情况下，公司章程优先适用。[1] 公司章程是确认公司与第三人相互关系时最直接适用的法律文件。

（二）注册资本

成立有限责任公司，还需要注册资本。根据《有限责任公司法》第 15 条第 1 款的规定，有限责任公司的股东可以通过多种方式缴纳其在公司注册资本中的份额，包括通过货币、有价证券、动产或不动产、专利权或其他具有货币价值的权利出资。其中，对于实物出资的作价评估必须由独立的评估机构进行。

有限责任公司的注册资本缴足后可以依照法定程序增加。根据《有限责任公司法》第 17 条的规定，公司增资的来源包括三种：公司自有财产、股东追加出资以及在公司章程未有禁止时，可以接受第三人入股公司。

在上段所提的第一种方式中，如果欲通过公司自有财产来增加注册资本，需要满足以下前提条件：（1）股东会以全体表决权的 2/3 以上多数通过该项增资决议；（2）该增资决议必须以公司上一年度财务报告的数据为基础；（3）注册资本的增加值不得超过公司净资产值与公司注册资本和公积金之和之间的差额。

如果欲通过股东追加出资，则又分为两种具体情况。首先，如果通过全体股东追加出资，则必须遵守以下法定程序：（1）必须通过全体股东所持

---

〔1〕 王志华：《俄罗斯公司种类及其特点分析——兼与中国公司立法比较》，载《比较法研究》2007 年第 3 期。

2/3 以上多数通过该项增资决议；（2）全体股东必须在上述决议作出之日起的 6 个月内追加出资；（3）最晚应当在追加出资期限届满后的 1 个月内召开股东大会以确认追加出资的结果，并对公司章程中的相关部分进行修改；（4）申请注册资本变更登记的文件以证明股东追加出资的文件。自变更完成登记之日起，注册资本变更开始对第三人产生效力。其次，如果仅有一个或者多个股东，而非全体股东追加出资，则应当遵守如下程序：（1）欲追加出资的股东应当向公司提交申请，并且在该申请中表明其欲追加的出资份额和构成、缴纳出资的程序和期限；（2）股东会需要就此问题形成一致的决议；（3）股东会还需要决议对公司章程进行相应修改；（4）申请变更登记的文件应当在所追加的出资额全部缴纳之日起 1 个月内提交至登记机关。

最后一种第三人追加出资的情况，在增资程序上与上述“一个或多个股东”追加出资的程序大致相同，但需要注意以下特殊之处：（1）只有当公司章程对第三人入股公司未加以禁止时，第三人才可出资；（2）第三人向公司提交申请表示愿意追加出资时，除了在申请中表明其欲追加的出资份额和构成、缴纳出资的程序和期限之外，还需要提交一份要求入股公司成为公司股东的申请；（3）股东大会需要对第三人入股形成一致的决议。

根据《有限责任公司法》第 20 条的规定，有限责任公司除了可以依照法定程序增加注册资本，同时也有权减少注册资本。减少注册资本的程序如下：（1）股东会以全体股东的 2/3 以上多数通过减资决议；（2）在上述减资决议作出的 30 日后，书面通知债权人减少公司注册资本这一事实，并告知公司减资以后的注册资本额；（3）公开减少注册资本的决议公告。此外，出于对债权人保护的考虑，公司应当向债权人发出通知，并且在该通知发出以后 30 日内，债权人有权书面要求公司提前清偿或者履行相关债务，并要求赔偿相应损失。

一般来说，公司可以自行决定减少其注册资本，但在某些特定情况下，公司则必须减资，此类情况包括：（1）公司的注册资本未在公司登记之日起 1 年内缴足。在这种情况下，公司应当将其注册资本减少至实际出资额，并依照法定程序进行注册资本的减资登记；（2）如果下一财政年度结束时，公司的净资产值低于公司的注册资本，则公司应当将其注册资本减少至与公司净资产等值的数额。

（三）公司治理机关

俄罗斯的有限责任公司设有董事会（非法律强制，公司章程可自行决定是否设立）、公司首席执行官、公司管理委员会（非法律强制，公司章程可自行决定是否设立）、公司审计师或审计委员会（股东人数在 15 人以上的公司必须设审计师或审计委员会）等公司治理机关。

俄罗斯的有限责任公司通常设置双重管理机构：公司的最高权力（决议）机关是股东会，此外还设有执行机关。执行机关可以是公司首席执行官或者是公司管理委员会。公司仅在公司章程规定时，组建公司管理委员会作为执行机关，而公司应当在任何时候都聘请首席执行官作为执行机关。

根据《有限责任公司法》第 33 条的规定，股东会是公司最高权力机关，股东会的职权包括：确定公司经营活动的基本方针、决定公司是否加入协会或其他商业联合会；修改公司章程、变更公司注册资本额；组建公司执行机关；选任公司审计师或审计委员会；批准公司年度报告和年度会计报表；通过向公司股东分配净利润的决议；制定公司内部活动准则；通过与公司改组或者清算有关的决议；选任公司清算委员会、批准清算报告。

值得投资者注意的是，如果公司所进行的某项交易与公司高级管理人员或者大股东（在俄罗斯法律的语境下，持有公司 20%或以上表决权的股东被视为大股东）存在利害关系，则未经过公司股东会多数表决同意，该交易不得进行。根据《有限责任公司法》第 40 条的规定，有利害关系的股东不得参加此投票表决。如果违反这一“利益回避”原则，则法院有权依照公司或股东的请求，宣布该交易无效。

作为公司必设的执行机关，公司首席执行官是由股东会在公司章程规定的期限内选举产生。根据《有限责任公司法》第 40 条的规定，公司的首席执行官可以由公司股东以外的人担任，其职权包括：（1）无须授权即可以公司的名义进行活动，如代表公司利益和签订合同；（2）授权他人代表公司活动；

(3) 与公司员工订立或解除劳动合同。此外，根据《民法典》第 53 条第 3 款的规定，被授权代表公司的人，在代表公司行事时，必须为公司利益善意合理行事，否则须对其给公司造成的损失承担责任。在此类案件中，被诉的公司首席执行官负有举证责任，证明自己的行为不存在过错。倘若首席执行官能证明自己不存在过错行为，则公司遭受的损失就不应当由其赔偿。[1]

如前文所述，管理委员会也可为公司的执行机关，其可依据公司章程的规定，由股东会选举产生。此外，公司章程也应当就管理委员会的人数、任期以及职权作出具体规定。与公司首席执行官不同的是，公司管理委员会不由法律强制规定公司必须设立，而赋予公司自行决定是否设立该机关。根据《有限责任公司法》第 32 条第 2 款以及第 41 条第 1 款的规定，管理委员会的主席应当由公司首席执行官担任，公司首席执行官可以同时兼任公司董事。

三、股份公司

投资者也常选择设立股份公司。与有限责任公司相类似，股份公司的股东也不对公司债务承担责任，仅在其所有的股份价值的范围内对与公司经营有关的亏损承担风险。与有限公司相区别的是，股份公司发行普通股和优先股两种股票。根据《民法典》第 102 条第 1 款的规定，优先股在公司注册资本总额中所占的份额不得超过 25%。

（一）设立程序

设立股份公司时，发起人应当在公司设立协议签订后 1 年内缴足公司股本。根据《民法典》第 66-2 条第 4 款的规定，在公司设立登记之前，应当至少缴纳公司股本的 75%。与有限责任公司相类似，股份公司的股份可以用货币或者实物出资。公司的设立协议应当对股份的出资形式作出规定。根据《股份公司法》第 34 条的规定，如果股份以实物形式出资，则应当由发起人

---

〔1〕 公司首席执行官过错行为的举证责任已经由俄罗斯联邦最高仲裁法院主席团在案例判决中予以说明。具体案例参见：[俄罗斯] 瓦列里·穆辛、[俄罗斯] 尼古拉·克罗帕切夫：《俄罗斯法概要：外国投资者法律指南》（第 2 版），高圣平等译，中国人民大学出版社 2015 年版，第 191~192 页。

确定实物出资的货币价值，该价值应当由独立的第三方评估机构进行确认。

（二）注册资本

股份公司对注册资本的具体规定与有限责任公司的相关规定相类似。根据《股份公司法》第 28 条的规定，股份公司可以通过增加股票面值或发行新股的方式增加注册资本。但必须注意的是，增加股票面值的决议必须经由股东大会通过，发行新股的决议应当经由股东大会或董事会一致表决通过。其中，如果该股份公司是上市公司，可以通过公开募集或定向募集的方式发行新股；如果该股份公司是非上市公司，则仅可以通过定向募集的方式发行新股。其中，上市的股份公司经由公开募集的方式发售新股时，其股东有权按照持股比例对新发行的股份享有优先购买权。

股份公司和有限责任公司一样，也可以通过法定程序减少注册资本。根据《股份公司法》第 29 条的规定，股份公司可以通过减少股票的票面价值或者股票的数量来减资。根据《股份公司法》第 72 条第 1 款的规定，当通过减少股票数量来减资时，公司须从股东手里回购一定数量的股票，而后将股票注销。

（三）公司机关

俄罗斯的股份公司设有股东大会、董事会（如果公司股东在 50 人以上，则公司必须设立董事会；如果股东少于 50 人，公司则可以规定董事会的职权由股东大会行使）、首席执行官以及管理委员会（非法律强制，公司章程可自行决定是否设立）等公司机关。

和有限责任公司一样，股份公司的最高权力机关也是股东大会。股份公司股东大会有权决议的主要事项包括：（1）修改公司章程或批准新的公司章程；（2）公司改组；（3）指定公司清算委员会、批准临时清算报告和最终清算报告；（4）组建公司董事会，提前终止董事会权限；（5）决定待发行股份的数量、票面价值、种类以及股份所享有的权利；（6）通过增加股份票面价值或发行新股的方式增加公司注册资本；（7）减少公司注册资本；（8）选任公司首席执行官和管理委员会；（9）选任公司审计师或审计委员会；（10）选任外部审计；（11）批准公司年度报告和年度会计报表，分配公司利润；（12）批准进行与公司高级管理人员有利害关系的交易；（13）决定公司加入商事组织协会；（14）通过公司内部活动准则；（15）公司回购股份。

其中，根据《股份公司法》第49条第2~4款的规定，对股东大会的第（1）~（3）项、第（5）项以及第（15）项事项的决议，应当经由出席股东大会股东所持表决权的3/4以上多数通过。其余事项的决议经由出席股东大会股东所持表决权的简单多数通过即可。

关于董事会的设立，俄罗斯股份公司的规定则与有限责任公司的规定存在差异。有限责任公司将公司是否需要设立董事会的权限赋予公司章程。而在股份公司中，法律则强制规定公司股东在50人以上的股份公司必须设立董事会，股东人数在50人以下的公司，法律则不强制该股份公司设立董事会，公司可以选择由股东大会行使董事会的职权。根据俄罗斯联邦《股份公司法》第64、65条的规定，董事会的职权主要包括如下几项：（1）确定公司经营项目的优先顺序；（2）召集股东大会；（3）在公司章程授权董事会决定的情况下，通过发行新股的方式增加公司注册资本；（4）在公司章程授权董事会的情况下，任命公司执行机关；（5）批准实施重大交易，批准与公司高级管理人员有利害关系的交易；（6）决定是否成立分公司或代表机构；（7）回购公司股份。

根据《股份公司法》第66、67、68条的规定，股份公司董事会成员的数量由公司章程决定，但不得少于5人。其中，如果该股份公司的股东人数在1000人以上，其董事会成员数量不得少于7人。如果股份公司的股东人数在1万人以上，则其董事会成员人数不得少于9人。董事长从董事会成员中选举产生，领导董事会。董事长的主要工作职责包括：组织董事会工作、召集董事会以及主持董事会和股东大会会议。有效的董事会会议的参与人数不得少于公司董事的一半。董事会决议采取多数决，即每一董事享有表决权，通过半数以上董事同意的决议即为通过。

在实践中，经常产生的一个问题是，董事会决议是否具有终局效力？即股东大会是否可以撤销董事会决议？此问题对投资者进入俄罗斯营商，尤其是以参股设立合资企业的方式营商，具有重要的实践意义，需要仔细考量。根据《股份公司法》第 48 条第 3 款的规定，股东大会无权对公司其他机关依照法律规定程序作出的决议进行撤销。这一规定即意味着，即便股东大会认为董事会作出了错误决议，也无权撤销该董事会决议。解决这一问题的方式，可以由股东大会作出提前终止董事权限的决定，并将该董事权限另授予他人，据此方式，新组建的董事会可以撤销先前董事会作出的决议。

与有限责任公司类似，公司的首席执行官及管理委员会也是公司机关的重要组成部分。如前文所述，首席执行官为法律规定必须选任的，而是否设立公司管理委员会则由公司章程进行规定，法律对此并无强制规定。根据《股份公司法》第 69 条第 2 款的相关规定，公司应当与首席执行官签订劳动合同，并且该劳动合同应当由董事长或董事会授权的其他人代表公司签署。股份公司首席执行官的职权与有限责任公司相类似，如代表公司利益，以公司名义进行交易、签订合同等。首席执行官或公司管理委员会通常由股东大会或董事会决议任命，〔1〕由此引发的一个常见的实践问题是，当该股东大会或董事会任命首席执行官或管理委员会的相关决议被法院宣告无效时，该首席执行官以公司名义为公司利益与第三方签署的交易合同是否还对公司具有约束力？投资者应当注意的是，根据俄罗斯联邦最高仲裁法院主席团在具体案例中的裁定：如果该与第三方的交易合同在法院判决股东大会或董事会决议无效之前签署，则该合同对公司具有约束力；反之，如果合同在法院的判决生效之后签署，则合同对公司无约束力。

四、俄罗斯对外资的反垄断审查

（一）俄罗斯反垄断法律体系框架与执法机构

与外商投资法律制度一样，俄罗斯的反垄断法律制度是在 20 世纪 90 年

〔1〕 通常由股东大会任命，但在股东大会将此权力授予董事会时，可以由董事会决议任命首席执行官或管理委员会。

代初进行经济转型的背景下建立的。苏俄时代，俄罗斯曾实行过长达70年的计划经济，有着相当规模的产业基础，是典型的、大型的转型经济国家，即从苏联时期的计划经济体制向市场经济体制转变。[1] 1991年3月俄罗斯就制定了《关于发展竞争和限制商品市场垄断行为的法律》（以下简称《反垄断法》），这是俄罗斯第一部专项反垄断法律。由于这部法律是在苏联解体前制定和实施的，正值苏联末期准备向市场经济转型，因此其不仅在当代俄罗斯经济上，也在苏联经济史上有着重要的地位。[2]

俄罗斯反垄断法律制度的正式成熟建立是在2006年。2006年的《保护竞争法》确立了俄罗斯现行反垄断法的基本制度，并且也一直在不断完善的过程中。2006年以后，俄罗斯的反垄断法律制度大致分为三个阶段：2006年的第一套反垄断法律制度工具箱由《竞争保护法》和《行政违法法典修正案》组成；2009年的第二套工具箱由《竞争保护法》《行政违法法典》《刑法典》和其他法律的修正案组成；2012年的第三套工具箱也由《竞争保护法》《行政违法法典》《刑法典》和其他法律的新修正案组成。[3] 在立法体系上，与南非、印度以及巴西的单一反垄断立法模式不同，俄罗斯采取的是反垄断和反不正当竞争合并立法的模式，使反垄断法的体系构成复杂。除了2006年颁布并多次修改的《竞争保护法》之外，俄罗斯的反垄断法律体系还包括由联邦法律、联邦政府制定的反垄断法规和联邦反垄断局制定的法规构成。其中，除了《竞争保护法》之外，仅联邦法律就还包括2005年制定并经多次修订的《国家采购法》、2003年制定并经多次修订的《电力法》、2008年制定的《外国投资俄罗斯战略企业管理办法》、2007年制定的《发展中小企业法》、1995年制定并经多次修订的《自然垄断法》、1995年制定并经多次修订的《广告法》、2007年和2012年修订的《行政违法法典》、2018年和2022年修订的

---

[1] 王先林：《金砖国家反垄断法的最新发展与主要制度比较（一）》，载《中国工商管理研究》2012年第5期。

[2] 王先林：《金砖国家反垄断法的最新发展与主要制度比较（一）》，载《中国工商管理研究》2012年第5期。

[3] 王先林：《金砖国家反垄断法的最新发展与主要制度比较（一）》，载《中国工商管理研究》2012年第5期。

《刑法典》和2009年的《贸易法》。[1]

俄罗斯的第一个反垄断执法机构成立于1990年，并被命名为"国家反垄断政策及支持新型企业委员会"。此后，该机构历经多次改革，后根据2004年3月的俄罗斯联邦总统令，撤销原反垄断执法机构，成立"联邦反垄断局"（FAS），直属于联邦政府。根据俄罗斯联邦政府制定的联邦反垄断局条例，联邦反垄断局是联邦政府的授权机构，负责制定法规文件，监督反垄断法、广告法和国家采购法的遵守情况，监督和调节自然垄断企业对法律的遵守情况。俄罗斯联邦反垄断局的权限广泛，包括监督滥用支配地位、限制竞争协议、企业并购、国家权力机关和地方自治机构的垄断行为、不正当竞争、国家采购、提供国家特惠以及保护消费者权利。联邦反垄断署设署务委员会、22个局，直接管理82个地方分署，并设有作为跨部门咨议机构的公共咨议委员会和专家委员会。[2] 作为独立和有权威的市场经济秩序的组织和维护者，俄罗斯联邦反垄断局的职能远远超过多数国家的同类机构，这种机构设置则是处于转型经济国家所必要的。[3]

（二）俄罗斯联邦反垄断局对中国企业在俄直接投资的审查及影响

根据俄罗斯反垄断相关法律的规定，符合一定条件的交易需进行反垄断申报。

1. 触发审查的交易：（1）收购俄罗斯股份公司超过25%、50%或75%的有投票权的股份或俄罗斯有限责任公司超过1/3、1/2或2/3有投票权的份额或权益；（2）取得俄罗斯公司业务经营决策权或取得作为其管理主体的职权；（3）收购位于俄罗斯的生产性固定资产或无形资产，且该等拟收购资产的账面价值超过转让方全部资产账面价值的20%；（4）商业实体的重组；（5）收购在俄罗斯开展经营活动且在俄罗斯的上一财政年度营业额超过10亿卢布的

---

〔1〕 李福川：《俄罗斯反垄断政策》，社会科学文献出版社2010年版，第76~92页。

〔2〕 王先林：《金砖国家反垄断法的最新发展与主要制度比较（三）》，载《中国工商管理研究》2012年第7期。

〔3〕 王先林：《金砖国家反垄断法的最新发展与主要制度比较（三）》，载《中国工商管理研究》2012年第7期。

境外公司超过50%的股份或有投票权的份额或其控制权；（6）设立以其他公司的股权或财产出资的经济实体；（7）竞争者之间在俄罗斯市场开展合资经营的安排。

2. 审查形式。俄罗斯反垄断审查分为以下两种形式，根据具体情形适用其中之一：事先批准（FAS可作出附条件批准），事后通知（主要适用于符合法律规定豁免情形的集团内部交易）。

3. 审查门槛。相关经营者的上一财政年度全球营业额之和超过100亿卢布，或相关经营者的全球资产账面价值之和超过70亿卢布；且被收购方的全球资产价值超过4亿卢布（该项适用于收购类交易）。对相关经营者的定义如下：就收购类交易，指收购方、被收购方或资产转让方；就其他类型交易，指合营各方、以其股权或资产出资的新设主体的创始股东等。金融机构和自然垄断行业的反垄断审查适用特殊标准。

4. 审查期限。一般为30天，可延长2个月。反垄断局决定延长审查期限时，通常会向公众披露该交易并邀请利益相关方提出意见。

5. 批准有效期。反垄断局批准的有效期为作出之日起1年，如果无法在该等期限内完成交易，需要重新取得批准。

俄罗斯联邦反垄断局的反垄断审查尤其值得中国企业在以并购方式投资俄罗斯时注意。2008年金融危机后，中国企业对外投资开始活跃，也引起了反垄断局的注意。俄罗斯对中国企业严格审查的原因主要有两个方面：一方面由于近些年中国企业实力逐渐增强，所以对俄罗斯投资规模也是逐渐变大，而且投资领域主要集中在采矿业，对国家安全构成潜在威胁；另一方面由于中国对俄罗斯投资中，国有企业占很大比例，国有企业具有深厚的政府背景，并且受政府控制，俄罗斯担心中国国有企业对俄罗斯的投资暗藏政治意图。这两个原因使中国企业在对俄罗斯直接投资中成为关注的焦点。[1] 实际上，不仅针对中国，俄罗斯联邦反垄断局对外资并购反垄断审查均采取严格的态度和措施。

---

〔1〕 王路遥：《俄罗斯反垄断规制与国家安全审查制度对中国企业在俄罗斯投资的影响》，广东外语外贸大学2018年硕士学位论文，第27~28页。

五、严格的反垄断并购审查：以斯伦贝谢公司并购案为例

【案情简介】

2017 年 7 月俄罗斯欧亚钻井公司宣布，其股东同意将公司 51%的股份出售给美国斯伦贝谢（Schlumberger）公司，但协议需要俄罗斯联邦反垄断局的批准。2017 年 9 月俄罗斯联邦反垄断局局长表示，根据调查，俄政府拒绝将欧亚钻井公司出售给美国斯伦贝谢公司。

【案例涉及的主要问题及评析】

俄罗斯联邦反垄断局并没有公开阻止交易的具体细节和原因，但可以尝试从以下几个方面分析原因。第一，斯伦贝谢公司属于美国公司，但是随着美国与俄罗斯国际关系的不断恶化，美国与俄罗斯之间的关系具有很大的不确定性，美国可能会对俄罗斯采取新一轮的制裁措施。为了避免公司的损失，斯伦贝谢公司的股东可能勒令公司停止在俄罗斯的一切业务。如果斯伦贝谢公司停止在俄罗斯的业务将会给俄罗斯带来巨大的经济损失。第二，欧亚钻井公司从事钻探和石油开采业务，属于俄罗斯战略性行业，并且欧亚钻井公司是俄罗斯公司之一，斯伦贝谢公司对欧亚钻井公司的收购有助于钻探技术转移到美国，甚至可能导致石油能源的流出，危及俄罗斯国家安全。第三，从对等原则考虑，俄罗斯假定在相同情形下，美国政府不会允许俄罗斯公司并购同类型的美国公司。基于对等原则，俄罗斯联邦反垄断局拒绝此次交易。

值得中国投资者注意的是，俄罗斯联邦反垄断局在进行反垄断审查时，所采取的标准和原因通常是不公开披露的，因此也无法从之前的审查案例中汲取经验。观察既往的案例，可以发现反垄断审查具有一定的政治色彩，在两国关系有摩擦时，经常会给并购企业带来困境。国有属性强的外国企业更容易受到反垄断局的严格审查，以防国有资本渗入俄罗斯的核心产业。

第四节 俄罗斯劳工法律制度

总体来说，由于地广人稀，俄罗斯是世界上劳动力相对短缺的国家之一。尤其是低素质劳动人口严重短缺，其补给主要来自前独联体国家。但从另一个角度而言，俄罗斯又对外籍劳务人员管理严格，法律设立了种种限制，对外籍劳工采取配额制。用人单位如果雇佣外籍劳工，不仅需要严格的申请审批流程手续，还需要在本年度进行外籍劳务人员数量的核算，并提早申请报备。因此，对于外国投资者而言，在俄罗斯设立经营实体营商，如果要雇佣来自投资国的劳动力，则必须提前做好功课，以免延误时间，增加营商成本。

一、俄罗斯劳工法律概况

俄罗斯的劳工法律体系是由所有调整劳动关系的法律规范构成的总体，是一个庞大的法律系统，而非一部单独的法典。[1] 俄罗斯的劳工法律体系包含的主要法律有《宪法》《劳动法典》《居民就业法》《最低工资法》《残疾人社会保障法》《劳动退休金法》《工会及其权利和活动保障法》《外国人法律地位法》等。在俄罗斯的整套劳工法律体系中，《宪法》为根本大法，其原则性地规定："劳动自由，禁止强制劳工，每个人都有权利无歧视地获得劳动报酬，并且劳动报酬不得低于联邦法律规定的最低工资标准，每个人都有权利获得事业保障，外国公民以及无国籍人在俄罗斯联邦与俄罗斯公民享有同等的劳动权利，履行同等义务。"在具体操作实施的层面上，《劳动法典》是调整劳动关系的大法。具体来说，该法典调整劳资双方具体的权利义务，对劳动的组织与管理、劳动安置、职业培训和进修、监督遵守劳动法和缴纳社会保险情况、解决劳动纠纷等问题进行具体规定。对于外国投资者而言，了

〔1〕《一带一路沿线国家法律风险防范指引》系列丛书编委会编:《一带一路沿线国家法律风险防范指引（俄罗斯）》，经济科学出版社 2016 年版，第 178 页。

解和研究俄罗斯的劳工法需要做足全面的“功课”，才可达到防御法律风险、保护投资者利益的目的。

二、劳工权益

俄罗斯联邦《宪法》与《劳动法典》等都对俄罗斯劳动者所享有的劳工权益作出规定。

俄罗斯法律框架下的劳工权益大致包括：薪金/工资（法定最低工资、加班工资、夜班工资、拖延支付工资的责任等）、劳动时间（工时制、缩短劳动时间的情形以及夜班工作时间等）、休息时间（工间休息时间、休息日、年休假以及节日等）、社会保障和补偿（养老金等），以及其他权益（如劳动者享有职业健康和职业安全等权益）。

（一）薪金

根据《最低工资法》的规定，在俄罗斯联邦全境适用最低工资标准，且该最低工资标准不得低于有劳动能力居民的最低生活保障。[1] 俄罗斯最低工资标准主要用于调整工资，为暂时没有劳动能力者、孕产期女职工确定强制社会保险的一种补助金额度。

相对于最低工资标准，俄罗斯法律并未对员工的工资设置上限。一般来说，每个劳动者的工资属于劳动报酬，取决于劳动者本身的专业水平、完成工作的复杂性、数量、质量和条件。因此，每个劳动者的工资额度是根据其技能、完成工作的复杂性、所消耗的劳动数量和质量所共同决定的，并无最高额度的限制。在俄罗斯，工资必须以俄罗斯联邦的法定货币卢布支付。根据劳动者的书面申请，依照集体合同或劳动合同的规定，工资可以以其他形式（如非货币形式）支付，但必须注意的是以非货币形式支付的工资份额不得超过月工资额的20%。

---

〔1〕 2018年5月1日，俄罗斯政府将最低工资标准提升至11163卢布/月。参见《俄地区将获200亿卢布的财政支持用以提高最低工资标准》，载中华人民共和国商务部网2018年3月2日，http：//www. mofcom. gov. cn/article/tongjiziliao/fuwzn/oymytj/201803/20180302717602. shtml。

关于加班工资，根据俄罗斯联邦相关法律的规定，员工前 2 个小时的加班工资不得低于平时工资的 1.5 倍。而当加班时间超过 2 个小时，则 2 个小时以后的加班工资不得低于平时工资的 2 倍。加班工资的具体数额可以由集体合同、用人单位内部规范性文件或劳动合同具体规定。对于加班报酬，员工可以选择获取加班工资或者补休，但补休的时间不得少于加班的时间。此外，俄罗斯联邦相关法律还规定，在休息日或者节假日工作的工资不得少于平时工资的 2 倍。休息日和节假日工资的具体数额，可以由集体合同、内部规范性文件以及劳动合同规定。类似于普通加班，员工可以自由选择是领取休息日或节假日加班工资或者是获取其他休息时间。夜班工资是加班工资中的一种特殊门类，根据相关法律的规定，员工在夜班期间工作的每 1 个小时所获取的工资都应高于正常条件下工作的工资。夜班工资具体数额的计算应当根据具体劳动合同的规定或者协商确定，但不能低于俄罗斯联邦劳动法以及其他规范性法律文件规定的数额。

依照俄罗斯联邦《劳动法典》的规定，雇主有义务按时按期支付劳动报酬给员工。倘若雇主存在拖延支付的行为，根据相关法律的规定，如果拖延支付工资超过 15 天，劳动者则有权在书面通知雇主后中止工作，直到拖延的工资得到支付为止。但对此，法律存在例外规定，即在战争、紧急状态或采取特别措施期间等特殊情况下不允许中止工作。

（二）劳动时间

俄罗斯采取工时制来计算劳动时间。根据俄罗斯联邦相关法律的规定，每周的法定工作时间应当不超过 40 个小时，并普遍实施每周 5 天工作制。节假日和休息日前一天工作时间减少 1 小时。此外，俄罗斯联邦法律还规定了满足特定条件的劳动者可以缩短工作时间，具体包括：不满 16 周岁的员工，每周工作时间不得超过 24 个小时；已满 16 周岁不满 18 周岁的员工或者残疾员工（经过医学鉴定的 1 级和 2 级残疾人员），每周工作时间不得超过 35 个小时；在危险条件下工作的员工，每周工作不得超过 36 个小时；根据俄罗斯联邦相关法律规定的“其他人员”（如医生、教师等），每周工作时间也均少于40个小时。[1] 除了基本劳动时间之外，俄罗斯联邦相关法律还规定员工每年的合计加班时间不得超过120个小时，且连续两天加班时间不超过4个小时。

俄罗斯联邦《劳动法典》还对夜班时间进行了规定。其指的是从晚10点到早6点的工作时间。通常来说，法律规定夜班工作时间比白班工作时间缩短1个小时。并且，不得安排孕妇、不满18周岁的人员从事夜班工作。残疾人、有不满3岁子女的女职工、有残疾子女的劳动者、有医生证明需要照料患有疾病的家庭成员的劳动者，以及有不满5周岁子女的单亲监护人，经此类劳动者本人书面同意，法律允许雇主安排其从事夜班工作。

（三）休息时间

此处所指劳动者的休息时间通常包括：工作日休息（工作日的最低保证休息时间为30分钟）、休息日、公共假期和年假。其中，工作日的休息指的是工间休息和用餐时间。根据俄罗斯联邦相关法律的规定，员工的工间休息和用餐时间不得超过2个小时，但不得少于30分钟。工作条件不允许安排员工休息和用餐时间的，雇主应当在劳动时间内安排劳动者休息和用餐。而休息日指的是，在每周5天工作制的情况下，劳动者享有每周连续休息两天的权利。公共假期即指的是节日。俄罗斯的法定公共假期包括：1月1日至6日和1月8日为新年假期，1月7日为东正教圣诞节，2月23日为卫国日，3月8日为国际妇女节，5月1日为国际劳动节，5月9日为胜利日，6月12日为俄罗斯独立日，11月4日为俄罗斯民族统一日。法律还进一步规定，如果公共假期与休息日重合，则休息日顺延至公共假期后的下一个工作日。最后，年假指的是所有劳动者每年都享有保留平均工资以及工作岗位的年休假。俄罗斯相关法律规定员工的基本年假时间不少于28天。此外，法律还特别规定，对满足一定条件的劳动者，雇主还应当增加年假时间，此类劳动者包括：在有害或危险条件下工作的劳动者，从事特殊性质工作的劳动者，在极北地

---

[1] 教师工作时间为每周36个小时，医生工作时间为每周39个小时。

带以及相似地区工作的劳动者等。

在通常情况下，法律规定在参加工作的第一年，员工凡在一个用人单位连续工作6个月即享有休年假的权利。参加工作的第二年及以后，员工则可以在任何时间休假。符合一定条件的员工在其工作未满6个月时，也应当准予其休假的申请。此类员工包括：将要休或者是刚刚休完孕产假的女职工、未满18周岁的员工以及收养3个月以内婴儿的员工等。

除了带薪假期，俄罗斯相关法律还规定了员工享有无薪休假。根据员工的书面申请，基于一定的理由，并经过劳资双方的协商，用人单位可以准许员工享有不带薪水的休假。例如，根据法律规定，对曾经参加卫国战争的员工可以给予35天以下的不带薪假期；对已经达到退休年龄但继续工作的员工可以给予14天以下的不带薪假期；对军人的父母、配偶，以及对从事特定行业的员工的父母以及配偶可以给予14天以下的不带薪休假（此处所指特定行业包括内务机构、联邦消防局、检查麻醉品以及兴奋剂的机构、海关执行机构等）；对伤残劳动者可给予60天以下的不带薪休假；对生育、登记结婚以及近亲去世的员工可给予5天以下的不带薪休假。

（四）社会保障以及补偿

对员工的社会保障指的是法律应当保障劳动者行使权利的手段、方式和条件。而对员工的补偿指的是为补偿员工为了履行法律规定的劳动义务而支付的相关费用，事后进行的货币补偿。

具体来说，对员工的社会保障以及补偿一般包括下列两种最典型的情形：员工因公出差所获得的保障和补偿以及对员工被解除劳动合同的保障和补偿。

首先，对员工因公出差所获得的保障和补偿。用人单位应当为因公出差的劳动者保留工作岗位、职务以及平均工资，并且还要补偿其因出差支付的差旅费、住宿费以及相应的出差补助。其次，对于员工被解除劳动合同后的补偿和保障。因用人单位裁员或缩减编制而与员工解除劳动合同的情况下，用人单位应当向被解除劳动合同的员工支付解雇金，该解雇金的金额为一个月的平均工资。但值得注意的是，在裁员或者缩减编制的情况下，用人单位应当为具有较高劳动能力和技能的员工提供优先留职权。根据俄罗斯联邦《劳动法典》第 81 条第 3 款的规定，在劳动生产能力和技能相同的情况下，下列人员享有优先留职权：家庭成员中有两个或者两个以上的被赡养人，家中无其他有独立收入的家庭成员，在本用人单位工作期间因公导致重伤或患有职业病，参加过卫国战争或其他国家军事行动并因此致残。此外，在用人单位由于裁员或者缩减编制而与劳动者解除合同时，用人单位有义务向劳动者推荐其他工作岗位。

（五）职业健康与职业安全

劳动者的职业健康与职业安全是俄罗斯宪法赋予的权利。根据俄罗斯联邦《劳动法典》第 212 条第 7 款的规定，雇主应当为处于有害或者危险工作环境下的员工提供合格的劳动保护，使其免受伤害。如为处在特殊工作条件下的劳动者提供专业服装、特种鞋或者防护工具等。此外，雇主还有义务为劳动者提供劳动危害预防措施以及医疗卫生服务，且在劳动者工作时需要救助的情况下，将其送往医疗机构进行救治。

俄罗斯相当重视对劳动者职业健康和职业安全的保护，俄罗斯联邦政府专门任命国家劳动监察总监察员，具体负责对俄罗斯境内的劳动安全状况进行监察。根据俄罗斯联邦《劳动法典》第 357 条的规定，国家劳动监察员具有以下职权：如要求用人单位调查生产事故；责令用人单位停止侵犯员工劳动权益的行为；为查明具体情况，监察员有权责令用人单位暂时中止生产活动等。用人单位对国家劳动监察员作出的决定如果不服，则可以向俄罗斯联邦国家劳动监察总监察员提出申诉或向法院提起诉讼。

三、劳动合同

劳资双方关系的确立以及各种权利义务的规定，离不开劳动合同的签订以及劳动合同中具体条款的设定。劳动合同是劳动关系的核心内容，资方根据劳动合同的规定为劳动者安排工作、支付工资并保障劳工法律制度中规定的劳动条件，而劳方则有义务完成劳动合同规定的工作任务，并遵守劳动合同中列明的各种管理制度。

与几乎所有其他国家一样，俄罗斯法律中也规定劳动合同必须列明一些基本要素条款，如具体的工作岗位、职务、薪金、工作时间、劳动和休息制度以及强制社会保险条款等。[1] 如果劳动合同缺少上述任何一项必要条款，则根据俄罗斯法律的规定，此劳动合同将被认定为尚未签署或者已经终止，应当以附件形式另行签署协议以完成劳动合同。

（一）劳动合同的签订

根据俄罗斯法律的相关规定，劳动合同必须以书面形式签订，一式两份，待劳资双方签字后，由劳动者和用人单位各自保存一份。劳动者应当在用人单位留存的劳动合同上签字确认，表明已收到该劳动合同。未以书面形式签署劳动合同的，如果经用人单位同意或者受其委托，劳动者从事劳动行为，则该劳动合同视为已经签署。其中，值得注意的是事实劳动问题。在实践中，俄罗斯法律允许劳动者从事事实劳动行为，但用人单位应当在 3 个工作日之内与劳方签署劳动合同。如果基于民事法律合同产生的用工关系随后被认定为劳动关系，在法院没有其他相反规定的情况下，则自该关系被认定为劳动关系之日起 3 个月内签署劳动合同。如果劳动者在劳动合同规定之日起未开始工作，则用人单位有权解除劳动合同。在这种情况下，劳动合同则视为自始没有订立。

除了书面的劳动合同，用人单位还应当根据劳动合同的内容，制作录用劳动者的具体书面通知。该通知应当在劳动者开始劳动后 3 日内作出并且告知劳动者，且需要劳动者在上面签名。如果劳动者主动要求取得该通知的复印件，则用人单位应当将此复印件交予劳动者。除此之外，法律还规定，在用人单位录用劳动者时，应当向劳动者介绍单位内部劳动组织管理规章、其他规范性文件、集体条约等，并让劳动者签字。

根据俄罗斯劳工法律制度的规定，年满 16 周岁的人员方有权利能力以及

---

〔1〕《一带一路沿线国家法律风险防范指引》系列丛书编委会编：《一带一路沿线国家法律风险防范指引（俄罗斯）》，经济科学出版社 2016 年版，第 178 页。

行为能力签订劳动合同。对于已经获得普通教育，或者以非面授形式继续接受普通基础教育，或依法停学的年满 15 周岁的人员，可以签订劳动合同从事不伤及健康的劳动。在签订劳动合同时，劳动者需要向用人单位出示护照或其他身份证明文件、劳动手册、服兵役情况证明、学历证书、专业以及专业职称证书，以及是否受过刑事处罚证明等文件。其中，劳动手册是最重要的一项文件，其主要作用是记载劳动者的劳动经历以及工龄。用人单位应当为工作 5 天以上的劳动者记录劳动手册。劳动手册应当记载劳动者的个人信息、所从事的工作、调动、离职、终止劳动合同的原因以及在工作岗位上受到的奖惩情况等信息。

此外，根据俄罗斯劳工法律制度的规定，劳动合同分为定期合同与不定期合同。未规定期限的合同则视为不定期合同。劳动合同到期时，任何一方均未提出解除合同，则合同自动延长。

（二）劳动合同的变更

根据俄罗斯劳工法律的规定，劳动合同的变更指的是因为劳动条件的改变，如用人单位提供的工作岗位、工作地点或者工资的变更等，并且此类变更可能导致劳动者工作的调动或暂停。必须说明的是，对雇员工作的调动，包括临时性调动，也包括长期性调动。前者具体指的是雇员在同一用工单位内进行具体岗位的变更或转换，并且在通常情况下，根据《劳动法典》第 72.1 条第 1 款的规定，临时调动必须经雇员书面同意。但此种书面通知劳动者的临时性调动，存在例外情况。如在发生技术性灾难、自然灾害、流行病、饥荒等特殊情况下，雇主可以不经过员工的同意，也不需要通过书面形式，直接对其进行临时性工作调动。但根据《劳动法典》第 72.2 条第 2 款的规定，换岗持续的时间不得超过 1 个月。并且，基于此种原因进行的工作调动，雇员的工资收入不能低于原来岗位的平均工资水平。

长期性调动则与临时性调动不同，无论在何种情况下，雇主对员工进行长期性调动都必须经过员工的书面同意才可以进行。长期工作调动包括对雇员的工作性质或就职分支机构的改变，以及包括雇员与雇主一起迁移到另一个地方进行工作的情况。根据《劳动法典》第72.1条第2款的规定，在长期调动更换雇主的情形中，员工与原雇主之间签订的劳动合同终止，并且在此时应当由原雇主、雇员和新雇主签订一份三方协议。

除工作的调动之外，员工暂停工作也是劳动合同变更的原因之一。在员工出现以下情况时，雇主必须暂停员工的工作：员工到达工作地点时，因酒精、毒品或者其他类似物品处于麻醉状态；员工未能通过所需的专业培训以及安全规则领域内的专业知识和技能考核；员工未能通过强制性体检；劳动合同中约定的工作类型被医疗机构出具的诊疗意见所禁止等。根据《劳动法典》第76条的规定，员工被暂停工作的，无权取得任何工资报酬。

（三）劳动合同的终止

劳动合同的终止通常来说主要有两大类原因：第一类是不基于任何人意志而导致的劳动合同的终止，第二类是基于当事人特定的法律行为而导致的劳动合同的终止。根据《劳动法典》第83条的规定，第一类情形包括：员工或者自然人雇主死亡，或法院宣告任何一方失踪或者死亡；根据医学诊疗意见，确认员工完全丧失劳动能力；员工被处以刑罚，导致其丧失继续履行劳动合同的可能性；员工丧失继续履行劳动合同义务的执业资格或受到其他阻碍其履行劳动合同义务的行政处罚；等等。

而第二类基于当事人特定法律行为而导致劳动合同的终止则包括以下几种典型的情形：雇员和雇主协议终止劳动合同，雇员主动提出终止劳动合同，雇主主动提出终止劳动合同等。关于劳动合同的终止，根据俄罗斯联邦《劳动法典》第78条的规定，劳动合同可经由以下三种方式终止：通过劳资双方的合意终止、员工提出终止劳动合同或者雇主提出终止劳动合同。

根据《劳动法典》第80条第1款的规定，对于员工提出终止劳动合同，其可以提前两个星期以书面形式通知雇主。但必须注意的是，在此两个星期的通知期限届满之前，员工可以随时撤回该通知。在这种情况下，除非该岗位已经由其他员工通过书面形式予以替代，则该员工与雇主之间的劳动关系保持不变。在该通知期限届满以后，员工有权停止工作。根据《劳动法典》

第 80 条第 5 款的规定，在员工工作的最后一天，雇主必须向员工返还劳动手册并且进行最后的工资结算。《劳动法典》第 80 条第 6 款进一步规定，如果辞职通知期限届满，而劳动合同尚未终止，员工也未坚持辞职，则该劳动合同继续有效。其中，除自愿以外，员工在提出辞职时不需要说明理由。根据《关于俄罗斯联邦法院适用〈俄罗斯联邦劳动法典〉的意见》第 22 条 a 项的进一步阐释，只有当员工出于自愿提出辞职时，劳动合同才可以基于员工的申请而终止。而如果员工声称其提出终止劳动合同的申请是出于雇主的强迫，则应当查明该情况且员工需要对此承担举证责任。

雇主提出终止劳动合同，则与员工主动提出终止劳动合同有较大的不同。首先，不同于员工有权出于自己的意愿来终止劳动合同，雇主的劳动合同终止权是受到极大限制的。当且仅当符合法律列举的特定情形时，雇主才可以主动提出终止劳动合同，这些情形大致包括以下三类：（1）基于员工的过错产生的情形；（2）与员工自身有关，但与其过错无关的情形；（3）与员工自身因素完全无关的其他情形。以下将对此三种情形进行逐一解释。

首先，根据《劳动法典》第 81 条第 5 款的规定，基于员工过错产生的情形主要包括：员工多次无正当理由未完成劳动职责，员工无正当理由缺勤，员工无正当理由拒绝体检或无故拒绝参加法定的特殊职业培训。但是，应当注意的是，在雇主基于员工自身的过错而辞退员工时必须满足两个先决条件：第一，员工必须出现至少两次无故失职或一次严重的失职；根据法律的进一步规定，此处严重失职的情形包括，在醉酒状态或酒精中毒状态下工作，在工作中泄密，在工作地点盗窃、侵占、灭失和损坏他人财产并被法院判决认定或被其他有权机关作出生效的行政处罚决定等。第二，根据《劳动法典》第 194 条的规定，当出现新的违纪现象时，员工已经受到了纪律处分，且该处分仍然有效。必须注意的是，俄罗斯联邦《劳动法典》第 81 条第 5 款还进一步规定，即便员工反复违纪，但只要其先前的违纪行为并未受到纪律处分，则雇主不能基于此辞退该员工。

其次，根据《劳动法典》第 81 条第 3 款的规定，基于与员工自身有关，但与其过错无关的情形而由雇主辞退员工，具体包括的情形如员工由于缺乏资质从而无法达到其工作岗位或工作的要求，但此种“缺乏”或者“无法达到”的事实必须由考核文书予以证实。对于该问题，俄罗斯联邦最高法院强调，如果没有相关的考核文书可以证明员工缺乏或者无法达到一定职业资质，或者考核委员会最终得出员工符合要求的结论，则雇主无权根据员工缺乏资质这一理由终止劳动合同。根据《关于俄罗斯联邦法院适用〈俄罗斯联邦劳动法典〉的意见》第31条第1项的规定，考核委员会也必须结合其他证明材料对员工的考核结果进行评定，而非完全依赖主观判断决定，必须依照一定的程序以及基于一定的证明材料。同时，俄罗斯的相关法律和司法解释还进一步强调，在基于员工缺乏或无法达到相关职业资质这一理由辞退员工时，雇主必须证明员工本人已经对提出的转换至其他工作岗位的建议予以明确拒绝，或因为缺乏空缺岗位等雇主无法向该员工提供其他可予以转换的职位。可见如果雇主基于员工缺乏或者无法达到相关职业资质而辞退员工，是有严格的条件限制的，在实际的运用中，一定要注意前置条件的限制，当且仅当前置条件均获得满足时，才可基于此种理由辞退员工。

除了员工缺乏或者无法达到相关职业资质可以被辞退之外，完全符合职业要求的雇员，也有可能因为诊疗意见等，而被禁止继续从事当前的工作。在这种情况下，雇主则有义务从员工身体健康状况的角度考虑，在获得员工的同意之后，将其调至适合其健康状况的岗位。根据《劳动法典》第77条第8款的规定，如果员工拒绝雇主的调动安排，则雇主可以解雇该员工。

再次，如前文所述，劳动合同的终止也可由于与员工完全无关的因素发生。如公司清算或个体经营者的业务活动终止所导致的裁员。第一，根据俄罗斯联邦《劳动法典》第180条第2款、第178条第1款的相关规定，在公司清算或者个体经营者业务活动终止时终止与员工的劳动合同，还需要满足以下两个前提：（1）提前两个月书面通知员工；（2）员工有权得到等同于3个月平均工资数额的补偿金。第二，根据《劳动法典》第81条第3款的规定，因为裁员导致的劳动合同的终止，除了上述两点之外，还需要满足下列两个前提条件：（1）如果是员工不同意转换工作岗位或者雇主没有空余的工作岗位提供给符合要求的员工而导致的劳动合同的终止，则雇主必须为员工提供新的工作；（2）部分符合一定条件的员工在其职业资质水平与其他员工相同的条件下，享有优先保留其工作的权利。根据《劳动法典》第179条第2款的规定，上述条件包括家庭成员中有两个或者两个以上需要被赡养的人，在本单位工作期间由于工伤而受伤或患职业病的人，卫国战争中致残的残障人士以及在工作期间受雇主提示提升职业资质的人等。

最后，还需要指出的是，根据《劳动法典》第83条第1款的规定，除了上述三种情形下的劳动合同终止，事实上在俄罗斯劳动法律框架下还包括另一种特殊情况下劳动合同终止的情形：当员工被召服兵役或被派遣从事其他公务时，劳动合同也必然终止。

（四）劳动合同的期限

根据俄罗斯劳动法律的规定，劳动合同分为有固定期限劳动合同和无固定期限劳动合同两种。在通常情况下，法律要求雇主与员工签订无固定期限劳动合同，仅在特定条件下才可以签订有固定期限劳动合同。签订有固定期限劳动合同的条件在俄罗斯联邦《劳动法典》第59条中规定。根据法律规定，无须双方合意即可签订有固定期限劳动合同的情形包括：临时履行未在岗员工的岗位职责，且存在相关法律或合同文件规定应当为该未在岗员工保留工作岗位；从事2个月内可完工的临时工作；从事季节性工作；从事用人单位日常从业范围之外的工作，以及与临时扩大生产（不超过1年）或扩大服务量有关的工作；与临时性单位或为完成某项目而特设的单位之间；为完成某特定工作且该工作确切的截止日期尚未知晓的情况下；具有进修人员性质的从业；政权、政党以及其他社会团体机构具有选举限期的职位；就业机构派遣从事临时性工作或社会工作的人员；本法或其他联邦法律规定的情形。

此外，有固定期限劳动合同还可经由双方协商以后签订，具体情形包括：员工数量不超过35人的小企业；雇员是已退休人士，或者是法律规定身体健康状况只能从事临时性工作的人；雇员是去位于北部边区或同等地带的单位工作的人，且居住地位于工作地之外；雇员是参加救援、抢险等清除事故工作的；雇员是按法律法规规定的程序竞争上岗的人员；雇员是在大众传媒、影视单位、剧院、杂技团等组织从事创造性工作的人员；雇员是单位的领导、副领导和主管会计；雇员是在校学生、船员等；兼职人员；以及本法或其他联邦法律规定的情形。必须注意的是，即便员工不反对签署有固定期限劳动合同，但也必须满足俄罗斯联邦《劳动法典》第59条规定的几种情形，否则即为违法行为。在这种情况下，法院可以判定此类合同仍为无固定期限劳动合同。

根据俄罗斯法律的规定，在通常情况下，有固定期限劳动合同的合同期限最长是5年，最短期限则没有具体规定。如果未约定合同期限或合同解除的条件，或者约定期限达到5年以上，那么合同自动成为无固定期限的劳动合同。此外，雇主不得就同一工作内容与同一名员工多次签订有固定期限劳动合同，否则该合同会被认定为无固定期限劳动合同，用人单位还将会受到行政处罚。根据法律规定，在解除有固定期限劳动合同方面，双方可协商解除劳动合同，或者由雇主或员工提出解除劳动合同。所适用的具体条件和程序与上文所述的解除无固定期限劳动合同的条件和程序并无不同。

当固定期限劳动合同达到合同所列明的期限时，雇佣双方未表示解约，员工继续工作的，则视为签订了无固定限期劳动合同。因此，有固定期限劳动合同到期后并不会自动解除。根据《劳动法典》第58条的规定，如果雇主打算在合同到期后同劳动者解除劳动关系，应当在合同到期3天前书面通知员工本人。此处需要提醒投资者注意的是，在固定期限劳动合同约定的劳动期限到期前，如果员工患病，雇主应当及时与员工取得联系。确实无法取得联系的，应当以挂号信的方式将解除劳动关系通知书寄送至员工本人处，作为履行通知义务的证明。[1] 最后，还需要指出的是，无固定期限劳动合同可以通过一定程序和手段转化为有固定期限劳动合同。首先，雇主必须基于充分的理由来进行这种合同转化。具体理由包括：劳动者被指派临时履行未在岗员工的岗位职责，该未在岗员工保留工作岗位；劳动者派往国外完成临时

---

〔1〕 陈芃屹：《俄罗斯公司与员工订立有固定期限劳动合同的法律依据》，载信达立律师事务所网，http：//www. xindalilaw. com/newsitem/278201004，2023年7月1日最后访问。

工作；工作与临时扩大生产有关；劳动者表现出的劳动能力不足；等等。但雇主要注意的是，转变合同只能通过解除旧合同、重新签订新合同的方式进行，而不能够在原有的无固定期限劳动合同上签订补充协议，使之成为有固定期限劳动合同。此外，雇主也不得在无固定期限劳动合同有效的前提下，另签署一份有固定期限劳动合同，按照法律规定，两份都有效但相互冲突的合同，对劳动者最有利的合同才被认定为有效。简言之，无固定期限劳动合同可以在满足一定条件的情况下转化为有固定期限劳动合同，但必须通过解除旧合同、重新签订新合同的方式才可以进行。并且，根据俄罗斯相关法律的规定，具体变更步骤如下：首先，雇主应当就合同变更事项同员工进行对话，向其陈述新的劳动条件以及合同转变的方式；其次，员工自动离职或双方协商解除合同；再次，劳资立即签订新的有固定期限劳动合同，随后雇主要求员工入职；最后，相关的信息和材料都要记录在册。

四、外籍劳工

俄罗斯对外籍劳工采用配额管理。来自独联体国家的劳工不需要办理劳务邀请及签证，因此配额总量中注明了除独联体外引进其他国家劳工的总数量。[1] 根据俄罗斯相关法律的规定，欲聘请外籍劳工的用人单位应当每年向当地劳动就业部门及移民局申请下一年度使用外籍劳工的配额数量。在次年 5 月之前，劳动就业部门以及移民局的外来劳工配额许可证基本发放完毕。根据俄罗斯联邦《外国公民法律地位法》的规定，外国公民根据劳资双方签订的劳动合同，在取得俄罗斯工作许可证的情况下，可以在俄罗斯从事相关的劳务活动。

对于外籍劳工，俄罗斯相关法律遵循以下原则：首先，优先使用本国劳动力原则。与巴西劳工法律相类似，俄罗斯也优先支持本国劳动力的就业。通过配额的手段控制外来劳工的比例和总数量。其次，在外籍劳工的引进中实行工种和行业限制原则。例如，凡是在俄罗斯从事零售和公共服务行业的

---

〔1〕 独联体国家全称为独立国家联合体，包括俄罗斯、亚美尼亚、阿塞拜疆、白俄罗斯、哈萨克斯坦、吉尔吉斯斯坦、摩尔多瓦、塔吉克斯坦以及乌兹别克斯坦。

外国劳务移民必须获取俄语水平测试证书，最低应掌握850个俄语单词；又如，在外资信贷机构中俄罗斯本国雇员的数量不能少于雇员总人数的75%。最后，对外籍劳动者采取工作准证许可原则。用人单位必须持有配额许可，才可以接收外国劳工。外国劳工只有在持有工作准证的情况下，才被允许在俄罗斯合法工作。

近年来，出于保护本国劳动力市场的考虑，俄罗斯对外来劳工的配额有削减的趋势。并且，根据俄罗斯与中国的双边协议，赴俄务工的中方人员可获得1年期的工作签证，并可延长1年。但2年签证到期仍需延长的，劳工需要先回中国，重新申请签证，待相关手续办好后再入境俄罗斯。[1] 值得注意的是，俄罗斯在2013年修改了《外国公民法律地位法》和《出入境管理法》，将掌握一定程度的俄语作为发放外籍劳工劳务签证（1年以上）的条件之一。因此，在投资者赴俄罗斯投资并开设企业实体时，在雇佣外籍劳工方面，一定要注意规避上述风险。

五、如何解聘员工：以舒某诉A公司请求赔偿损失为例[2]

【案情简介】

2010年7月，莫斯科市某区法院审理了舒某诉A公司要求恢复工作岗位或为其安排被解聘期间的空缺岗位，即内审部经理或者部门副经理兼技检科科长，并赔偿其被迫旷工期间的财产损失及精神损失费一案，法院经审理查明：

原告向法院提出上诉诉讼请求，为证明自己的请求，原告指出：其曾在被告A公司工作，并签署劳动合同。但某年A公司通过命令，解聘原告，理由是根据俄罗斯联邦《劳动法典》第81号第1款第2项裁员和缩减编制。

原告认为自己被非法解聘，因为其未被推荐空缺岗位，被告违反了《劳动法典》第179条，侵犯了原告优先留在工作岗位的权利。同时，被告也违

---

〔1〕 许立新：《俄罗斯投资法律风险和防范建议》，载《黑龙江科技信息》2013年第11期。

〔2〕 《一带一路沿线国家法律风险防范指引》系列丛书编委会编：《一带一路沿线国家法律风险防范指引（俄罗斯）》，经济科学出版社2016年版，第198~202页。

反了俄罗斯联邦《居民就业法》，没有将解聘原告之事向就业局报告，被告也没有向工会组织和劳动集体委员会通告解聘原告之事。

庭审过程中原告对自己的诉讼请求进行了全面的举证。被告则对诉讼不予认可，理由在抗辩书中予以阐述。最后法院认为原告舒某的诉讼请求应予驳回，理由如下：

根据《劳动法典》第180条第2款，由于单位清算、裁员或者缩编而解聘劳动者的，用人单位应当在解聘前2个月通知劳动者并令其签字。庭审中查明，用人单位已在规定时间内向原告发出通知，通知指出原告的岗位被裁减，提前告知其可能被解聘。舒某已知悉该通知内容并且签字。根据《劳动法典》第81条第3款，因裁员或缩编而解聘员工是法律所允许的，前提是考虑到劳动者的健康状况，其可以胜任现有的其他工作岗位（既可以是与劳动者职业技能相符的空缺岗位，也可以是较低职务或较低收入的空缺岗位）。被告已按时向原告发出通知，并告知原告没有适合其职业技能的空缺岗位。由于公司缩编且没有适合原告职业技能的空缺岗位而与原告解除劳动合同的通知也已交予原告，解除与原告原有劳动合同的命令已由被告A公司总经理签字。

法院对被告A公司编制表所列所有岗位及岗位说明书逐一进行分析，并与原告职业技能进行对比，法院认为：被告A公司的所有岗位都不能作为空缺岗位推荐给原告，因为他们与原告的职业技能不符，不存在适用《劳动法典》第179条关于保留工作岗位优先权的基础，被告A公司不存在违反《劳动法典》第81条第3款规定解聘原告的情况。

根据《居民就业法》第25条第2款的规定，在作出裁员或者缩编及可能解除劳动合同的决定时，用人单位应当在采取相应措施前2个月向就业机构书面报告，在裁员和缩编将导致大规模解聘员工时，应提前3个月报告。从案卷材料看，被告A公司根据上述法规向莫斯科市居民就业中心书面报告了将解聘包括原告在内的员工。法院认为，被告A公司按上述法律规定适当履行了向莫斯科市就业机构报告的义务。根据《促进就业工作条例》，被告A公司不存在大规模裁员的情形。根据《集体合同》第5.1项，在采取裁员和缩编决定将导致解除劳动合同时，被告应采取上述行动前2个月书面向员工和劳动集体委员会通知该事宜。从案卷材料看出，被告A公司领导已根据《集体合同》上述条款向劳动集体委员会发出过通知，通告了因缩编将解聘包括舒某在内的员工一事。劳动集体委员会经审查上述通知后，也向被告A公司领导发出过意见书，根据该意见书，员工代表机构认为，可以根据《劳动法典》第81条第2款第1项解聘劳动者。

综上所述，法院认为，原告提出的恢复工作岗位和赔偿旷工期间财产损失的诉讼请求不成立。由于在庭审中没有查明被告侵犯原告权利的事实，原告请求被告赔偿精神损失费的请求也不予满足。因此法院驳回原告的各项诉讼请求。

【案例涉及的主要问题及评析】

本案是用人单位依法成功解聘劳动者的典型案例，被告A公司熟练运用法律进行有效的人事劳动管理。《劳动法典》第81条赋予用人单位主张解除劳动合同的权利。本案被告A公司对劳动者舒某的解聘最终得到法院的支持，原因主要有三点：第一，A公司较好地使用了《劳动法典》第81条第1项第2款中“在裁员或缩编的情况下劳动合同可以由用人单位解除”的规定。第二，A公司适当履行了法律和合同规定的义务，包括:《劳动法典》第180条第2款规定的“由于单位清算、裁员或缩编而解聘劳动者的，用人单位应当在解聘前两个月通知劳动者并令其签字”;《居民就业法》第25条第2款规定的“在作出裁员或缩编及可能解除劳动合同决定时，用人单位应当在采取相应措施前两个月向就业机构书面报告，指出岗位、职业、专业和技能要求及每个具体劳动者的工资条件，在裁员或缩编将导致大规模解聘员工时，应提前三个月报告”;《集体合同》第5.1项规定的“在采取裁员和缩编决定将导致解除劳动合同时，被告应当在采取上述行动前两个月书面向员工和劳动集体委员会通知该事宜”。第三，A公司规范地做了大量日常劳动人事管理工作，例如各种命令、通知、报告、岗位说明书等。

第五节　俄罗斯环境法律制度

进入21世纪以来，随着产业的开发与经济的增长，俄罗斯面临一系列环境问题，如城市大气污染严重超标、河流湖泊遭受不同程度污染、森林资源不断减少等。[1] 鉴于此，俄罗斯也出台了严格的环境保护措施，通过制定环境保护法律、改革环境行政管理体制等来解决环境问题。对投资者而言，研究俄罗斯的环境保护法律是至关重要的。尤其是在投资者投资一些指定产业的时候（如林业等），更应当注意相关的环保措施，避免触碰环保“红线”，导致投资失败。

一、俄罗斯环境法律制度的发展概况

俄罗斯的环境法律保护制度历史悠久，自十月革命以来，就已开始陆续发展。近几年来，为了应对日益严重的环境污染和自然资源的减少，俄罗斯积极进行环境保护法律制度以及相关配套行政措施的改革，旨在改善环境，保护森林等自然资源。自2008年以来，政府积极应对气候变化，削减温室气体排放量。除此之外，还积极更新能源战略，制定节能对策并且强化环境行政管理。[2]

总体而言，俄罗斯的环境保护法律体系框架是一套由上至下的法律体系。其中，《宪法》占据绝对高度，其第9条规定：“每个人都有享受良好环境的权利，每个人都必须爱护自然环境，珍惜自然财富。”此外，2002年颁布的俄罗斯联邦《环境保护法》为环保法律制度的主体，对环境保护管理基础，公民、社会团体和其他非商业性团体在环境保护领域的权利和义务，环境保护领域的经济调整，环境保护标准制度，环境影响评价和生态鉴定等进行具体规定。环保法律制度的第三层级，即各领域内的环境保护政策制度。如1995

[1] 范纯:《俄罗斯的环境危机与法律对策》，载《俄罗斯中亚东欧研究》2008年第2期。
[2] 范纯:《俄罗斯环境政策评析》，载《俄罗斯中亚东欧研究》2010年第6期。

年制定并颁布的《特别自然保护区法》《动物保护法》《国家生态鉴定法》，1998 年制定并颁布的《生产废弃物和消费废弃物法》以及《大气保护法》，2004 年修改并颁布的《地下资源法》，2005 年出台的《反污染法》《矿产资源法》，2006 年修改并颁布的《水法》以及《林业法典》等。此外，在俄罗斯联邦《刑法典》中，还对环境犯罪作出了具体规定。

二、俄罗斯联邦《环境保护法》核心内容解读

2002 年 1 月 10 日颁布的俄罗斯联邦《环境保护法》，全文共有 16 章 82 条。该法是俄罗斯环境保护领域国家政策的法律基础。在该法总则中明确指出，本法的立法宗旨及目的在于："确立环境保护领域国家政策的法律基础，以保证平衡地解决各项社会经济任务，保持良好环境、生物多样性和自然资源，其目的是满足当代人和未来世世代代的需要、加强环境保护领域的法律秩序和保障生态安全。"

《环境保护法》体系框架清晰，内容规定具体明确。在总则中对若干易于混淆的概念作出了规范性定义。例如，对环境、环境质量、环境保护标准、环境质量标准等作出详细定义。该法中"环境"指的是自然和人造物体组成的总称。自然界的组成部分为土地、矿藏、土壤、水、大气、动植物界和其他微生物等。而"人造物体"指的是人类为保证其社会需求而改造的不具有自然物体特征的物体。此外，《环境保护法》还对自然资源、自然资源的利用、污染物、环境影响标准、环境负载标准、环境影响评价、国家环境监测、环境保护监督等概念进行定义。因此，对于外国投资者而言，了解和研究该法中的各项定义是至关重要的，要避免"想当然"地套用本国法律中的相关概念来套用和理解俄罗斯环保法律中的相关定义。

（一）俄罗斯联邦《环境保护法》关于环保措施执行机构的职能划分

该法第二章主要对俄罗斯联邦国家权力机关在环境保护关系领域的职权、俄罗斯联邦各主体国家权力机关在环境保护关系领域的职权、地方自治机关在环境保护关系领域的职权分别作出规定。具体来说，俄罗斯联邦国家权力

机关在环境保护中主要负责保证执行俄罗斯联邦生态发展方面的联邦政策并制定和颁布联邦环境保护法律及其他规范性法律文件以及监督其执行等。除此之外，该法第二章还规定了实施国家环境保护管理的执行权力机关的执行程序、职权划分等。例如，规定了俄罗斯联邦国家权力机关和俄罗斯联邦各主体国家权力机关在环境保护关系领域的具体职权划分。由此，可以将各管理机关的权责都逐一列出，有利于法律的实施和执行，避免了由于法律规定的权责不清而导致各部门之间争抢权利或者推诿责任的现象发生。

（二）主要环保政策理念

俄罗斯联邦《环境保护法》第四章和第七章对俄罗斯联邦环境保护的宏观政策进行了详细的阐述和说明。例如，该法第四章明确提到，政府应当在生态预测的基础上编制社会经济发展的总体方案，环境行政管理机关可以对有害环境的行为进行行政处罚，推广可再生能源以及最佳工艺，扶持环保产业等总体纲领性方向。

除了第四章之外，该法的第七章则对各细分行业的具体行业标准进行了说明和阐释。如对建筑物、构筑物、工程、能源项目、军事国防项目、武器装备和军事技术的布局、设计、建设、改建、投产、运营等规定了具体的环保评价标准。

（三）环境的监督管理

俄罗斯联邦《环境保护法》第五、六、十、十一章的内容均涉及环境的监督管理制度。其中第五章“环境保护标准制度”规定了环境保护标准制度包括制定环境质量标准，进行经济活动和其他活动时允许的环境影响标准、其他环境保护标准以及环境保护领域的国家标准和其他标准性文件。第六章主要涉及生态鉴定制度，具体包括国家生态鉴定和社会生态鉴定两种。国家生态鉴定指的是俄罗斯的国家生态鉴定机关，对俄罗斯法律规定必须进行国家生态鉴定的经济活动和其他活动项目依法进行的生态鉴定活动。它是俄罗斯国家的法定生态鉴定。国家生态鉴定的肯定性结论是鉴定对象向银行申请贷款或拨款，以及实施营商活动和其他活动的必备条件。因此，对投资者来说，应当充分认识到国家生态鉴定的必要性，依程序申请国家生态鉴定，并且严格依据鉴定结论执行。

社会生态鉴定指的是在其组织章程中明确地将保护环境——其中包括组织和实施生态鉴定规定为自己的主要活动方向，并且按照法定程序进行了社会登记的社会团体（联合会、联盟、协会等），根据公民、社会团体（联合会、联盟、协会等）和地方自治机关的倡议而组织和进行的生态鉴定，它是一种非法定的民间自发的生态鉴定活动。总体而言，囿于人力以及财力，俄罗斯仅将一些易发生危险事件、危险概率大的项目纳入国家生态鉴定的范畴，而其他项目则进行社会生态鉴定。因此，社会生态鉴定可以被视为国家生态鉴定的必要补充形式。根据俄罗斯联邦《宪法》《环境保护法》《生态鉴定法》《社团法》等的有关规定，俄罗斯公民和社会团体在环境保护方面享有广泛的环境权利。其中，组织和进行社会生态鉴定就是行使此类环境权利的一种重要形式。除此之外，也可以通过社会生态鉴定来激发全体公民和社会团体参与环境保护的积极性。但值得注意的是，社会生态鉴定虽然不同于国家生态鉴定，不是由法律直接对各个方面进行规定，具有一定的自由性，但其也受到国家监督。为了加强对社会生态鉴定的规范管理，俄罗斯规定对其进行国家登记制度。具体来说，组织和实施社会生态鉴定的社会团体应当向法律规定的国家管理机关提出关于组织和实施社会生态鉴定活动的申请，经审查批准后方可组织和实施。并且，社会生态鉴定结论只有经国家生态鉴定机关确认以后才具有法律效力。[1] 因此，投资者必须在投资前期就对项目所涉的环境问题有充分的认识，研判所涉风险，了解俄罗斯的环境保护政策以及关注的环境问题，并进行环境评估以及生态鉴定。

（四）环保违法责任

总体来说，在俄罗斯违反环保法律的相关要求，将承担财产责任、纪律

---

〔1〕 朱南平:《中国对俄投资人必须重视环境保护问题——〈俄罗斯环境保护法〉关键条款阐释》，载《西伯利亚研究》2013 年第 5 期。

责任、行政责任和刑事责任。违反俄罗斯联邦《环境保护法》所引发的争议，需要通过司法途径解决，不得由当事人私下和解。[1] 根据《环境保护法》第十四章“法律责任”的规定，经营者或个人造成环境污染，掠夺性破坏性开采资源，浪费资源，损害、毁灭自然资源，不合理使用自然资源，使自然生态系统、综合环境和自然风貌受到影响和毁坏，将承担完全赔偿责任。此外，法律还规定，即使项目的环保方案通过了国家生态鉴定，但在事实上对环境造成了损害，项目经营者也应当予以赔偿。这一规定应当引起投资者的注意，即并非在项目启动前取得国家生态鉴定就“万事大吉”，还应当关注项目启动后对环境造成的实质影响。此类损害赔偿的标准，是根据项目对环境的损害程度而定，必须按照俄罗斯国家环保机关规定的程序和方式，经过法院判决后由企业支付。

三、俄罗斯的环境检察制度

与巴西类似，俄罗斯也设有专门的环境检察制度，以确保环保法律的落实。1991 年俄罗斯联邦独立后继承了苏联的检察制度，同时结合实际进行了完善。现行俄罗斯联邦检察院体系主要由联邦总检察院、各联邦主体检察院、区（市）检察院三级组成。俄罗斯联邦检察院的一项重要职责，就是监督有关生态法律的执行情况。俄罗斯联邦《联邦检察院法》是这一授权的主要法律依据。俄罗斯的环境检察部门的职能主要包括五个方面：第一，监督各种国家机关及其公职人员是否执行生态法律，颁布的生态法律文件是否合法。这是俄罗斯联邦检察机关最为重要的一项职能。第二，侦查和惩治生态犯罪案件。第三，提起公益诉讼性质的环境损害赔偿诉讼。第四，参加法院对生态案件的审理。俄罗斯法律强调司法中心主义，审判监督变更为检察长参加法院案件的审理，这是与苏联相比，俄罗斯的检察制度发生的最大变化。第五，参与调整生态社会关系的立法活动。不仅监督生态法律执行，还要起诉

---

〔1〕 朱南平:《中国对俄投资人必须重视环境保护问题——〈俄罗斯环境保护法〉关键条款阐释》，载《西伯利亚研究》2013 年第 5 期。

具体生态案件；不仅监督国家权力机关，还要监督公民、法人。[1]

目前，俄罗斯联邦实行复合式的自然保护检察制度，在三种不同的地区，实行不同的自然保护检察制度。第一，在伏尔加河流域建立跨地区自然保护检察院（联邦主体级检察院），由其对伏尔加河流域15个联邦主体内执行生态法律的情况实施监督；第二，在生态环境受重点保护的地区或者是在生态环境遭到严重破坏的地区，建立隶属于本联邦主体检察院的跨区自然保护检察院（区、市级检察院[2]），以负责对本地区执行生态法律的情况实施监督；第三，在俄罗斯联邦超过1/3的地区里，即在32个联邦主体里，未成立专门的跨区自然保护检察院（区、市级检察院）的，仍然由当地的区域性检察院负责对本辖区内生态法律的执行情况实施监督。

俄罗斯联邦复合式自然保护检察制度，在实施中照顾到了不同地区的不同情况，因地制宜发挥检察机关的作用，有效地回应并满足了生态环境保护的需求。以伏尔加河跨地区自然保护检察院为例，它着眼于伏尔加河全流域的整体性，通过创建全流域性的跨地区自然保护检察院对其进行系统性监督，运转高效、监督有力、效果显著。[3] 而且，由于伏尔加河跨地区自然保护检察院具有较强的独立性与专业性，能够保证其在自然资源利用方面有效抵制狭隘的地方利益和部门利益。此外，俄罗斯的自然保护检察制度还坚持自然保护领域检察监督的“系统性”。鉴于生态环境（特别是流域治理）具有特殊性，应充分考虑到它的整体性、系统性、跨区域性等特点，才有利于推进环保检察工作的进行。[4]

总体而言，俄罗斯联邦通过创建独具特色的复合式自然保护检察制度，有效地预防和及时地发现、解决环境污染和环境破坏问题，成为防止生态违法行为、保护生态环境、维护公民生态权利的骨干力量，并在国内赢得很高的声誉。同时，这也充分体现俄罗斯对环境保护工作的重视，投资者应当将

---

〔1〕 曲冬梅:《环境检察专门化的思考》，载《人民检察》2015年第12期。

〔2〕 俄罗斯的区、市级相当于我国的县和县级市。

〔3〕 王圭宇:《俄罗斯联邦复合式自然保护检察制度介评》，载《中国检察官》2019年第15期。

〔4〕 王圭宇:《俄罗斯联邦复合式自然保护检察制度介评》，载《中国检察官》2019年第15期。

此作为一个重要事前评估因素，做好充分准备。尤其对于中国投资者而言，在俄罗斯的投资主要在采矿业和农林渔牧业两大产业领域，占到对俄投资存量的64%。[1] 这些都是极易在环境保护方面发生问题摩擦的投资领域，因此对中国投资者而言，吃透俄罗斯的环境保护法律制度，是防范投资法律风险至关重要的一个环节。

四、地区政府的严格环境保护法律责任：以俄布里亚特污水处理厂排放废水案为例[2]

【案情简介】

2020年8月，贝加尔湖卡班斯克区水域出现“黑水”。经调查，证明污水的来源是俄罗斯布里亚特污水处理厂，水的颜色和气味的变化与污水处理厂排放的废水不合格有关。布里亚特污水处理厂的污水处理设施使用时间已超过50年，设备已经严重老旧，难以维修，所使用的废水处理方式无效且过时。在排放的水中发现六种物质（氯化物、悬浮物等）超标1.5~14倍。根据相关法律规定，卡班斯克区政府必须形成预算案，为污水处理厂拨款，并采取研究项目的解决方案，建造新的市政基础设施，并取代老旧的排水网管，但区政府并没采取这些行动。因此，区环保检察院向法院提起了诉讼，要求判处卡班斯克区政府的不作为行为非法，并负有确保设计和建造综合污水处理设施的义务。卡班斯克地区法院支持了检察院的要求。

【案例涉及的主要问题及评析】

该案例是很典型的俄罗斯环境检察诉讼案例。在一般的惯性思维里，检察院通常就刑事案件提起公诉，而污水排放并污染环境的行为通常受到行政处罚或者进行民事赔偿。俄罗斯环境保护法律制度的一大特色之处就是检察

---

[1] 中华人民共和国商务部、国家统计局、国家外汇管理局编：《2020年度中国对外直接投资统计公报》，中国商务出版社2021年版，第41页。

[2] 案例信息整理自：《俄布里亚特共和国老旧污水处理厂排放的不合格废水污染贝加尔湖》，载俄罗斯卫星通讯社网2021年3月15日，https://sputniknews.cn/20210315/1033273065.html。

院介入环境诉讼，以严格执行和落实环境保护法律制度。在本案中，区政府没有及时为污水处理厂更新老化设备，防止有害污水的排放，被判令承担法律责任，足见俄罗斯环境执法的严格。

第六节　俄罗斯的商事争议解决机制

在俄罗斯的法律框架下，诉讼、仲裁和调解均为解决争议的合法模式。但实际上，诉讼和仲裁在外商投资企业的争议解决中占据极为重要的位置。俄罗斯受理商事诉讼的法院是联邦仲裁法院（又称商事法院）系统，在2014年之前曾独立于联邦法院系统，其程序设计包括初审、第一上诉审、第二上诉审等程序，并由联邦最高仲裁法院（现已并入俄罗斯联邦最高法院）负责审判监督程序。[1] 相比于商事诉讼，商事仲裁则具有灵活性以及便利性。当事人通过合意选择替代性纠纷解决机制，授权非司法机关或者个人对其所提交的争议作出具有约束力的裁判。[2] 下文将分别介绍和分析俄罗斯的民事诉讼和商事仲裁法律制度。

一、俄罗斯的民事诉讼法律制度

就俄罗斯的诉讼制度而言，与投资者解决争议相关的一般是俄罗斯民事诉讼体系。现今俄罗斯的民事诉讼体系不是纯粹的大陆法模式，其也具有普通法系的程序特征，以及一些俄罗斯独有的特征。[3] 现行的俄罗斯民事司法机构主要由普通管辖法院、军事法院、仲裁法院以及知识产权法院组成。调整俄罗斯法院系统的基本法律是1996年颁布的《司法系统法》。其中，俄罗

〔1〕 Dimitry Maleshin, *Overview of Russian Civil Justice*, in BRICS Law Journal, Volume 3, 2016, p. 35.

〔2〕 Kaufmann-Kohler & Rigozzi Antonio, *International Commercial Arbitration*, Oxford University Press, 2015, p. 79-80.

〔3〕 Kaufmann-Kohler & Rigozzi Antonio, *International Commercial Arbitration*, Oxford University Press, 2015, p. 79-80.

斯的仲裁法院主要负责解决经济纠纷，而普通管辖法院则负责处理公民个人之间的纠纷。[1]

（一）俄罗斯的民事司法系统

俄罗斯民事司法机构由普通管辖法院、军事法院、仲裁法院（商事法院）以及知识产权法院组成。调整俄罗斯法院系统基本原则的主要法律是俄罗斯联邦1996年《司法系统法》。俄罗斯的仲裁法院主要负责解决经济纠纷，而普通管辖法院则处理公民个人之间的纠纷。随着苏联解体以及市场经济制度的推行，俄罗斯仲裁法院系统于1991年成立。仲裁法院被构建为一个三审制的系统。调整仲裁法院活动的主要法律是俄罗斯联邦1995年《商事法院法》。仲裁法院同时还享有对外国法院判决和仲裁裁决的承认与执行的专属管辖权。仲裁法院系统共有四个级别：85个地区法院、21个上诉法院、10个属地法院和最高法院。

普通管辖法院的管辖权限包括民事纠纷、行政诉讼的上诉、劳动与就业纠纷、家事法和消费者保护以及其他类型的案件。其通行的规则是，所有没有被提交到仲裁法院的案件都由普通管辖法院管辖。调整普通管辖法院活动的主要法律是《普通管辖法院法》。普通管辖法院系统有三个级别：地区法院，地方法院和最高法院。地区法院是根据一个地区的行政区划来设立的，而地方法院则在地方行政划分的层面上（联邦的一级行政主体）运作。俄罗斯现有85个地方行政区。

（二）俄罗斯的民事诉讼程序

1. 立案

民事案件的立案可以通过提交诉求、诉状或陈述的方式实现。法官有义务在自收到诉讼请求起5日内决定是否启动该案的诉讼程序。当事人提起民事案件的一审法院的法官要对是否受理案件并启动相应诉讼程序作出裁定。

---

〔1〕 Kaufmann-Kohler & Rigozzi Antonio, *International Commercial Arbitration*, Oxford University Press, 2015, p. 79-80.

一般来说，受理起诉以及民事案件立案的所有必要步骤都必须在原告向法院提起诉讼的当天完成。

在受理起诉时，法官必须检查原告的“适格性”以及该诉讼是否是按照特定的正当程序提起的。启动诉讼程序的条件是：原告已完成审前争议解决程序，法院对该争议事项具有管辖权，原告具有诉讼能力，法院对案件享有管理权，遵循起诉书面形式的要求，已缴纳国家税费。如果上述若干条件中有任何一项未满足，法官则可以退回起诉、拒绝受理，或者中止对诉求的处理。

2. 庭审前准备

民事案件立案之后的第二阶段是庭审前准备。此阶段旨在对案件提供及时而正确的裁定以避免烦琐的程序以及官僚主义。这一阶段主要由以下具体措施组成：第一，原告向被告移交证据副本。如果没有法院协助无法获取相应证据，则原告可以提出证据开示的动议。第二，被告可以针对原告的诉求以及实质性理由进行澄清，可以在法庭上对原告的诉求提出异议并向原告移交用以证明异议的证据。如果没有法院协助无法获取相应证据，则原告可以提出证据开示的动议。

在准备阶段，法官的具体职责包括：（1）引导诉讼程序，并向当事人解释其诉讼权利和义务；（2）审查原告或其律师的适格性。如有必要，需提交额外证据；（3）根据案件情况对被告进行审查，明确被告针对原告的诉求是否有异议，以及提出异议的依据是什么；（4）解决共同原告、共同被告以及第三方加入诉讼的问题、更换不适当被告的问题，或者共同诉讼以及独立之诉的分离问题；（5）采取措施对当事人进行调解、促成和解协议的达成，以及向当事人解释向仲裁庭申请争议解决的权利；（6）向有关人员和组织通知庭审的时间和地点；（7）召集证人；（8）委任专家进行评估；（9）确定被传唤者是以专家身份出现还是翻译者的身份出庭的事宜；（10）应当事人和诉讼参与人以及其他参与诉讼的人的请求获取那些当事人无法独立获取的证据；（11）查看案件涉及的处所；（12）处理临时措施的申请；（13）安排庭审前程序。

3. 庭审

第三个阶段是庭审。在这一阶段，法庭将会进行案件事实部分的审理，且通常以裁定的方式终结。庭审由四部分组成：准备，案件事实的审理，司法诉请，以及裁定与判决的宣告。庭审中的这四个部分彼此间存在一定独立性，但又在一定程度上相互关联。

在庭审的准备部分，法院的主要任务是审查庭审是否有必要专门在法庭上审理该案。因此，法院需要先对以下几个问题进行考察：是否有可能专门组织法庭来审理此案件；如果任何诉讼参与人在法庭开庭期间无法到场，案件的审理是否有可能进行；是否可能运用现有的证据来审理案件。

法庭审理通常在确定的时间进行，并由审判长宣布开庭以及具体审理的案件。法庭秘书则告知必须被传唤出庭的人中实际出庭了哪些人，未到场的参与人是否被告知案件审理事宜以及他们没有到场的原因。在实践中，这些程序性事项通常由审判长亲自完成。

出席的证人在询问开始前需要离开法庭。在通常情况下，会在询问开始时传唤相关证人到庭。值得注意的是，审判长会采取措施避免不同场次的证人之间进行交流。如避免已被询问过的证人与其他未被询问过的证人交流。

审判长此后会宣布法庭的组成，法庭一般由案件的检察官、当事人的律师、第三方当事人、专家证人、翻译人员、法庭秘书组成。此外，审判长还必须向上述庭审参与人说明他们有权声明己方“不适格”，也有权对其他庭审参与人的“适格性”提出异议。如果上述参与人对案件的结果存有直接或间接的利益，或者有其他合理的理由怀疑上述参与人对案件的“客观中立性”，则上述参与人不能参加庭审或其“适格性”将受到质疑。如果存在下列情况，则法官不能审理案件：（1）在先前同一个案件的审理中，作为检察官、律师、证人、专家、专业人员、翻译人员、法庭秘书参加庭审；（2）是该案的任何参加者的亲属，或他们的律师；（3）对案件的结果存有直接或间接的利益，或者存在其他影响“客观中立性”的情况。

在庭审过程中，审判长则会询问各参与者是否有动议或陈述。如果有关于证据开示或其他与案件审理相关的问题的陈述或动议，法庭则有义务听取案件其他参与者的意见。法庭将以裁决形式准予或者驳回诉讼参与人提出的陈述或动议申请。法庭必须基于充分的依据作出关于准予或者驳回诉讼参与人陈述或动议申请的裁决，并且该裁决应当即时宣告。

案件事实的审理构成庭审的第二部分。审判长宣读审理报告，并在报告中说明下列要素：原告、被告以及诉由，被告是否有书面异议以及异议的主要内容，所有可用的证据。

各方参与人在法庭上所作的一切行政性行为都必须被准确地记录下来。原告放弃诉讼的陈述、被告对于原告诉求的承认或者当事人间的和解协议的条件都必须记录在庭审笔录中并分别由原告、被告或者双方当事人签名。如果上述行政性行为是以书面形式表达并向法庭陈述，则这些陈述必须加入案件材料中并记录在案。

为了最大限度地查明事实和情况，诉讼参与人享有彼此询问的权利。但必须指出的是，在审判长确保此类问题与案件事实存在相关性之后，方可批准诉讼参与人提问。反之，未经审判长批准，诉讼参与人则不得提问。问题提出后，如若与在审案件无相关性，法官则可以驳回提问。

在听取并宣读了诉讼参与人员的解释后，法庭必须确定进一步的证据开示顺序、询问证人和专家证人的顺序。在实践中最常见的顺序是：法庭以询问证人开启证据开示环节，而每个证人将被分别询问。

审判长在披露了证人与诉讼参与人的关系之后，则请证人报告其所知悉的与案件相关的一切。证人可以以自由的形式来证明其所知悉的情况。在发表证言之后，证人可以被询问。询问的顺序通常如下：申请证人出庭的一方当事人或者该方的律师首先询问，然后参与诉讼的另一方当事人以及他们的律师可以询问。法庭主动召集的证人也应当是由原告方首先询问。法官则有权在任何时候询问证人。在询问 14 岁以下以及 14 岁至 16 岁之间的证人时，法庭必须同时传唤他们的老师到场。如有需要，他们的父母、养父母、受托人、监护人也会被传唤到场。上述人士可经审判长允许后向证人询问。

在审查了所有证据之后，审判长会请检察官发言。检察官对案件的事实情况作出一般性的结论。同时，检察官必须：（1）简要说明在审案件的公共重要性；（2）详细分析已审查的证据，并指出哪些证据可以被认定为可靠的；（3）说明哪些事实是在法庭可以确定的，哪些应当被认定为“未确定的事实”。简言之，检察官应当指明本案的审理必须适用的法律规范，并具体说明其认为基于现行规范案件应当如何裁决。

在检察官的发言结束之后，法官将询问案件当事人或者他们的律师是否需要作出补充说明。如果没有，则审判长将宣布案件的实体情况的审理完成，而案件将进入司法诉请阶段。

法庭诉讼的下一部分“司法诉请”则旨在总结证据审查的结果。诉讼参与人将就哪些是可靠证据，哪些是已确定的案件事实，哪些是未确定的案件事实，争议的内容，如何适用法律以及案件最终应当如何裁决等问题发表总结和理由。

在司法诉请阶段中，双方当事人及其代理律师需要进行陈述。在这一阶段，首先由原告及其代理律师进行陈述，随后由被告及其代理律师进行陈述。并且，双方当事人及其律师可以针对其他诉讼参与人在司法诉请阶段上的陈述和发言进行评论，但最后发表评论的权利总是归属于被告方及其代理律师。在司法诉请阶段，诉讼参与人无权使用在庭审中未经调查的案件情况以及未经法庭调查的证据。在司法诉请阶段之后，审判长将宣布庭审结束、法庭将在内庭考虑如何判决。

庭审的下一部分是作出并宣告判决。在讨论和作出判决的过程中，除作为法庭组成人员的法官以外，其余人员不允许进内庭。这种安排的目的在于为法官营造一个没有额外压力的环境，以利于其作出公正无偏私的裁决。倘若违反内庭的保密性，相应的裁决可以被无条件推翻。审判期间所有事项都采取“多数决”的表决方式。在裁断每个具体事项时，法官不得放弃投票。不同意多数决议的法官可以发表异议观点，并将该异议观点添加到案件材料中存档。

在内庭中，法官必须在对庭审中呈现的所有案件事实进行全面、完整而客观的审查基础上，对法庭采纳的证据进行分析和评估，并只能基于法律和正义理念作出裁决。

法院必须针对原告提起的诉求对案件作出最终裁决。但在某些法律规定的情况下，法院可以对原告诉求范围之外的事项进行裁判。法院有义务在庭审之后立即作出判决。但在处理特别疑难案件时，一项论证充分的判决可以最多推迟 5 天作出。但在这种情况下，判决的执行部分也必须在结束庭审的同一法庭会议上宣告。在签署判决之后，法官们将返回法庭，由审判长在法庭上宣读判决。判决的结构和内容由《民事诉讼法典》规定，一般包括介绍、叙述、判决理由以及执行四个部分。

判决的介绍部分必须包含裁决作出的时间和地点（由审理案件的法庭所在的地点确定），以及作出判决的法院名称和法庭的组成情况。判决的叙述部分必须包含诉求，以及可以用于确认诉求的事实。这一部分还必须指明被告的立场。如果被告对原告诉求持有异议，则需要简要陈述异议的理由。判决的理由部分必须包含法庭判决的事实和法律依据。同时也必须包含法院认定的案件事实、判决所依据的证据、法庭否定证据的理由，以及判决所依据的法律。在判决的执行部分，司法程序的结果将以一种简明而终局的方式呈现：对原告诉讼请求的支持、部分支持或者反对。执行部分还将阐明法院就每个具体问题所作的、就当事人的反诉申请所作出的决定，以及责任人需要采取的行动。一般来说，民事案件的审理以判决作为最终形式。但有时，案件的审理会在没有判决的情况下终结。没有判决的诉讼终结形式有两种：诉讼程序终止和不审理起诉。

上述诉讼终结形式在作出的理由和法律后果方面都有所不同。一般而言，诉讼终止发生在原告无权获得司法保护的情况下。因此，诉讼程序终止后无法就同一个案件启动第二次诉讼程序。不审理起诉发生在原告或者申请人有权获得司法保护但尚未满足起诉所要求的程序要件情况下。所以，在不审理起诉的情况下，原告或者申请人并没有失去在瑕疵消除后再次启动同一诉讼程序的权利。

4. 复核程序

法院判决可能包含错误、不公正或者非法之处。因此，大多数国家的诉讼制度都赋予当事人对判决进行“纠错”的权利，即当事人可针对判决提起上诉或复核。在世界范围内，主要有两种不同的复核程序，而具体使用哪一种复核程序则取决于法院认为该判决存在事实错误还是法律错误。

俄罗斯的复核制度的设计受到欧洲大陆法系的影响，尤其是法国法和德国法的影响。这些制度都规定了上诉程序和撤销程序。但俄罗斯复核制度独特之处在于其还设有监督程序。具体来说，俄罗斯的复核程序大致可以分为以下四类：上诉、撤销、审判监督程序以及基于新事实或新发现的事实而提起的上诉。

一审法院所作出的尚未生效的判决可以通过上诉程序进行上诉。上诉法院在重新审理案件时有权复核案件所有的细节。法院将会对所有在一审法院展示过的证据以及新证据进行重新评估。案件在上诉审法院由法官小组而不是单一的法官进行审查。上诉必须在一审法院以最终形式作出判决之日起的一个月内提起。

如果案件中的某个事项未经一审法院确定，上诉法院作无权处理。上诉法院既不复核案件的事实情况也不承认新的证据，而只会审查材料和程序是否得到正确适用。并且，上诉法院也不能对证据的可信性进行裁决。案件的当事人不能要求法院审查新的证据，而只能提交那些经过一审法院审查的证据。上诉法院只能依据一审法院作出的事实方面的认定进行审理。除此之外，上诉法院还可以撤销案件进行重新审理。

在上诉程序之后，审判监督程序则可能会被启动。审判监督程序源于俄罗斯帝国 17、18 世纪的相关立法，是俄罗斯民事诉讼程序的一个独有制度，其以监督的方式进行复核意味着允许对已生效的判决进行再次审查。

在苏联时期，向法院申请审判监督的权利只属于少数官员，如首席法官及其副手和总检察长及其副手等，案件的当事人则没有这样的权利。而在现代俄罗斯，审判监督方式的具体实施制度则与苏联时期大为不同。《宪法》和 2003 年新《民事诉讼法典》均对审判监督程序的具体制度进行了规定。除了上诉审和撤销审之外，复核程序允许对那些已经发生法律效力的以及最高法院就上诉案件作出的判决进行审查。申请审判监督程序的权利只属于案件的当事人以及权利遭到判决侵害的其他任何人。通过监督程序提起的上诉只能由最高法院的主席团、最高法院的军事会议、最高法院民事案件审判庭、军事法院的主席团以及各联邦最高法院的主席团审理。提起审判监督程序的时效为该判决发生法律效力之日起 3 个月内。

在通过审判监督方式复核案件时，法院只会基于现有的案件材料对法律问题进行审理。尽管进行审判监督审的法院可能会拒绝接受下级法院查明的案件事实，但是它也无权认定新的事实或者认定新的证据。作为一项一般规则，进行审判监督的法院只能在上诉请求的范围内检验一审法院和上诉法院是否正确适用程序以及是否正确运用实体法律。但为了维护合法性，上级法院也可超出上诉请求的范围进行审理。在不需要审查额外事实和证据的情况下，监督审法院可以作出一项新的判决。俄罗斯的审判监督程序在 2010 年进行了改革，上诉的权利被严格限制在一部分案件中。如今，审判监督程序依然是作为一种例外的规则使用，而非常态。

基于新发现的事实而提起的上诉是案件审理过程中进行法律审查的方式之一。“新发现的事实”是指那些在案件审理的过程中出现的、对于正确裁决至关重要的，而申请人或法庭不知道并且不可能知道的事实。法院的主要目的是确定“新发现事实”是否存在，并确定它对于已作出的判决是否会产生影响。

已经发生法律效力的判决、一审法院的法庭裁决以及治安法官的裁决只有在有“新发现事实”的情况下才能成为被改判的对象。并且改判将由作出原判决的法院进行。

基于新发现的事实而改判的理由如下：第一，新情况对于案件至关重要，并且申请人先前不知道并且不可能知道；第二，在一个案件中，（相关人员）伪造证据、故意提供虚假专家意见、故意提供虚假证人证言、故意翻译错误导致法院作出一项非法或无根据的决定，并且已为一项有效的法庭判决所确认；第三，在本案审理过程中，诉讼参与人或者其律师或者法官从事犯罪行为，并且已为一项有效的法庭判决所确认。在审查了申请之后，法院或者将按照申请人的申请推翻判决，或者拒绝对判决进行修改。在推翻判决的案件中，案件的实体案情将在普通程序中进行审理。

5. 判决的执行

在案件庭审中胜诉通常并不直接意味着可以从债务人处获得金钱补偿或其他救济，胜诉仅是法院判决执行程序的开始。因此，民事诉讼的最后一个部分是判决的执行。如果不能执行判决，就无法实现诉讼的最终目的。执行不仅受到诉讼法的调整，也受到1997年《关于执行与执行人员法案》这一特别法的调整。

判决的执行由法庭和专门的执行机构负责。1997年联邦执行局成立的同时，俄罗斯启动了一项大改革。执行局成立后成为司法部的一个部门。联邦执行局局长由俄罗斯联邦总统任命。成为执行人员的人，必须是21岁以上的俄罗斯公民，但并未要求其必须具有大学法学学士学位。在提交执行官任职申请之前，医务委员会将会对候选人进行一个初步评估。

判决的执行共有4个阶段：执行启动、强制执行措施的执行准备、强制执行措施的执行以及执行终结。根据法律规定，整个执行程序的期限一般为两个月。但是，目前并没有违反这一期限的制裁措施。因此，在实践中，执行程序可以持续更长时间。

启动阶段包括签发执行令、向执行局递交执行令以及法院作出开始执行的裁定。执行主要是基于判决生效之后法院随即作出的执行命令启动的。执行令是确认债权人拥有执行法院判决权利的基本文件。执行令状必须在法院判决发生法律效力的3年内作出，但是法院有权将该期限延长3个月。如果执行令中包含分期付款项目，则执行在该付款期间结束后的3年内作出即可。执行令是为了在执行地执行判决而作出的，而该执行地通常是债务人居所地或债务人财产所在地。

执行的准备阶段包括完成一些旨在推动自愿执行的行动和确定债务人及其财产所在地。执行人员会确定一个为期5天的自愿执行期。在此期限届满后，执行程序正式开始。债务人没有合理理由而拒绝自愿执行的，需要承担执行费用（执行标的7%）。此外，债务人还有可能需要支付执行行动所带来的支出以及执行人员开具的罚款。执行人员还可以向不同的国家和非国家部门和机构（如税务局、警察局以及登记处）查询债务人的资产。

强制执行措施的执行包括扣押（查封）、财产处置和分配收集款项。扣押（查封）包括了两项强制性措施的执行，即盘点资产和对处置资产的权利施加禁止令。如有需要，这一环节还有三项任意性措施可以采取，包括限制财产使用权、盘点财产以及禁止处置财产。执行人员获取到的资产将被转移并按照下列优先顺序满足债权人的诉求：一是关于赡养费以及意外和伤亡赔偿的诉求；二是由合同关系引起的雇员诉求；三是向非国家预算基金付款的诉求；四是所有其他诉求。

俄罗斯的执行程序中有若干特别措施，其中禁止出境是目前最为普遍的间接执行措施之一。与许多国家不同的是，俄罗斯并无在民事案件中对债务人采取的刑事拘留的措施。

二、俄罗斯的商事仲裁法律制度

俄罗斯的仲裁制度经历很长时间的演变以及发展。早在苏俄时期，俄罗斯就专门设立国家仲裁制度，但仅对经济类纠纷等实行国家仲裁，其程序类似普通诉讼。[1] 在俄罗斯，国家仲裁指的就是由俄罗斯仲裁法院来解决特定领域或者特定主体之间争议的一种制度。此处所言国家仲裁与外国投资者赴俄罗斯投资解决争议时用的商事仲裁是两个概念。商事仲裁制度指的是由俄罗斯境内的商事仲裁机构根据俄罗斯联邦《仲裁机构法》《国际商事仲裁法》以及现行的仲裁规则解决争议的制度，与俄罗斯仲裁法院提供的国家仲裁在本质上是不同的。

俄罗斯的商事仲裁制度主要分为国内商事仲裁、涉外商事仲裁以及外国商事仲裁（后两者统称为国际商事仲裁）。通常来说，外国投资者赴俄罗斯投资，遭遇纠纷需要解决而诉诸仲裁手段时，通常用的是国际商事仲裁。在俄罗斯，国际商事仲裁主要是由俄罗斯国内的国际工商会所属的仲裁机构裁决具有涉外因素的经济纠纷的一种仲裁制度。国际商事仲裁主要的依据和规则是 1993 年 7 月 7 日实施的俄罗斯联邦《国际商事仲裁法》，此法在 2015 年进

---

〔1〕 Kaufmann-Kohler & Rigozzi Antonio, *International Commercial Arbitration*, Oxford University Press, 2015, p. 79-80.

行了修改，新的修正案于2016年正式生效。除了上述法律之外，俄罗斯国际工商会国际商事仲裁规则也为俄罗斯国际商事仲裁制度的法律渊源之一。总体而言，俄罗斯的国际商事仲裁法律制度建立在1985年联合国国际贸易法委员会制定的《联合国国际商事仲裁示范法》的基础上。1993年颁布的《国际商事仲裁法》的文本与联合国贸法会上述示范法的文本非常接近。[1] 另外，俄罗斯也是《纽约公约》《欧洲国际商事仲裁公约》《日内瓦公约》的缔约国。但值得注意的是，虽然苏联在1960年就加入了《纽约公约》，并且是该公约的首批成员国之一，但是其对执行外国仲裁裁决的态度也具有强烈的政治色彩，直至20世纪90年代早期苏联解体，均没有任何适用《纽约公约》条款的司法实践。[2] 在实践中，适用《日内瓦公约》的情形则更为少见。

（一）俄罗斯联邦《国际商事仲裁法》的适用范围

关于该法的适用范围，即关于俄罗斯国际商事仲裁“可仲裁事项”的范围规定，是1993年旧法与2016年修改后新法之间主要的区别之一。根据1993年旧法，在当事人同意将争议提交仲裁时，该法仅适用于以下争议：发生在国际贸易和其他形式的国际经济关系中的合同争议及其他民事法律关系争议，只要一方当事人的营业地在俄罗斯境外；以及在俄罗斯联邦领土内设立的从事外国投资的企业、国际联合会与国际组织之间的争议；这些组织的参与者之间的争议；以及这些组织和俄罗斯联邦其他法律主体之间的争议。另外，俄罗斯联邦《国际商事仲裁法》的附件一《有关俄罗斯联邦工商会国际商事仲裁院的规定》对“合同争议或其他民事法律关系”进行了更具体的规定，“任何货物买卖，劳务服务，货物、劳务交换，货物、人员运输，商业代表和代理，租赁，科学技术及其他智力成果的交流，工业及其他工程建设，

---

〔1〕 A. S. Komarov, *International Commercial Arbitration in Russia as a Means of Resolving International Economic Disputes*, Review of Central and East European Law 22, 1996, p. 21-22.

〔2〕 Alexander S. Komarov, *Arbitration in Russia: Features of the International Commercial Arbitration Court at the Chamber of Commerce and Industry of the Russian Federation*, in Giditta Cordero-Moss ed., International Commercial Arbitration: Different Forms and Their Features, Cambridge University Press, 2013, p. 304.

许可证业务，投资，金融，保险”均属于“合同争议或其他民事法律关系”。尽管1993年《仲裁法》规定了相对广泛的“可仲裁事项”的范围，尽管《国际商事仲裁法》规定了较为广泛的适用范围，但在俄罗斯法律体系中，一般认为，消费者争议、劳动争议、知识产权的登记和授予争议、不动产争议、法人或其他非法人组织的设立、登记、解散、清算等争议，与国有资产有关的争议都属于不可仲裁事项。[1]

但在2016年的新《仲裁法》对“可仲裁事项”的范围作出重大突破。新法确定了过去被认为在俄罗斯不可通过仲裁解决的“法人或其他非法人组织的设立、登记、解散、清算等争议”的可仲裁性。但同时也规定了“该类争议必须约定仲裁机构进行仲裁，禁止通过临时仲裁解决该类争议”，规定了“如果该法人为俄罗斯法人，则其所涉及的该类争议的仲裁地必须位于俄罗斯境内”。此外，新法还专门罗列了“俄罗斯战略企业清单上的主体所涉的该类争议不可通过仲裁解决”等限制性要求。

此外，自2017年2月起，俄罗斯法律将公司争议也纳入“可仲裁事项”的范围，当事人可以通过签订相关仲裁协议将大部分公司争议提交至仲裁解决，但涉及以下几个事项的除外：全体股东大会的召集，涉及与有限责任公司注册资本份额交易的公证，对于国家机关、地方自治机关及其办事处的非规范性的法律行为，关于国防和国家安全战略重要性的法人，关于股权公司的股份回购以及对上市公司持股超过30%的收购，有限责任公司解除股东资格。上述几个事项仍不能被纳入“可仲裁事项”，而只能由俄罗斯联邦仲裁法院审理。[2] 同时法律还规定，涉及下列事项的公司争议需要经过特殊的程序后才可仲裁：股东对于由公司造成损失而请求赔偿的诉讼，法人无效的交易行为，公司管理部门的成立，涉及证券有关事项，对公司管理部门决定的反

〔1〕 Dmitry Lovyrev & Kirill Udovichenko, *Russia in Arbitration World: Jurisdictional Comparisons*, in Karyl Nairn and Patrick Heneghan eds., Arbitration World: International Series, Thomson Reuters, 2012, p. 675.

〔2〕 Noah Rubins, Dmitry Surikov & Alexey Yadykin, *Russian Arbitration Law Reform*, Freshfields Bruckhaus Deringer (12 June 2023), https://www.freshfields.com/49fb85/globalassets/services-page/disputes-litigation-and-arbitration/publication-pdfs/russianarbitrationlawreformnewsletter.pdf.

对。这些公司争议只有在满足以下条件时，才能提交仲裁：公司、所有股东和其他人员在这些争议中作为被告或原告，并且存在有效的仲裁协议；常设仲裁机构被指定为仲裁争议的场所；仲裁地必须在俄罗斯。[1] 俄罗斯有关公司争议可仲裁性问题的新规定，旨在提升俄罗斯的投资吸引力、提升俄罗斯仲裁机构的声誉，以及提升俄罗斯的商事仲裁整体水平。

（二）仲裁庭的组成

俄罗斯不禁止临时仲裁，也不强制当事人选择仲裁员名册内的仲裁员。根据俄罗斯联邦《国际商事仲裁法》的规定，当事人可以在仲裁协议中约定仲裁员的人数。如果当事人对仲裁员的人数没有约定，则仲裁庭由三名仲裁员组成。当事人还可以在仲裁协议中对仲裁员的产生方式进行约定。如果当事人对仲裁员的产生方式没有约定，当仲裁庭是独任仲裁庭时，由双方当事人共同选定独任仲裁员。如果双方当事人不能就独任仲裁员的人选达成一致意见，独任仲裁员由俄罗斯联邦工商总会国际商事仲裁院主席团指定。当仲裁庭是三人仲裁庭时，由双方当事人各自选定一名仲裁员，如果一方当事人在收到另一方当事人指定仲裁员的要求后 30 日内没有选定仲裁员，则由俄罗斯联邦工商总会国际商事仲裁院主席团为其指定。首席仲裁员由双方当事人各自选定的仲裁员共同指定，如果双方选定的仲裁员没有在 30 日内指定出首席仲裁员，首席仲裁员同样由俄罗斯联邦工商总会国际商事仲裁院主席团进行指定。

根据《国际商事仲裁法》的规定，仲裁员必须称职、公正、独立。而该法对仲裁员的国籍并没有特别的规定，但当事人对仲裁员国籍事项另有约定的除外。同时，该法没有对仲裁员的法律教育背景进行任何要求或者规定。但在《国际商事仲裁法》第 8 条中明确规定，独任仲裁员应当具有高等法律教育背景。而在由数名仲裁员组成仲裁庭时，首席仲裁员应当达到这一要求。

---

〔1〕 Noah Rubins, Dmitry Surikov & Alexey Yadykin, *Russian Arbitration Law Reform*, Freshfields Bruckhaus Deringer (12 June 2023), https://www.freshfields.com/49fb85/globalassets/services-page/disputes-litigation-and-arbitration/publication-pdfs/russianarbitrationlawreformnewsletter.pdf.

该法规定，当事人可以在仲裁协议中对仲裁员回避程序进行约定。如果当事人对仲裁员回避程序没有约定，则拟提出回避申请的当事人应当在知悉仲裁庭组成或了解到仲裁员存在任何应当回避的情形后的15日内以书面形式向仲裁庭提出回避申请，仲裁庭应就是否回避作出决定，若该回避申请被驳回，提出回避申请的当事人可以在收到驳回通知之日起30日内，请求俄罗斯联邦工商总会国际商事仲裁院主席团就是否回避作出终局决定。

在此方面，新《仲裁法》大致沿袭了旧法的规定，仅将俄罗斯联邦工商总会国际商事仲裁院主席团协助当事人确定仲裁员人选的权力与对当事人要求仲裁员回避的申请作出决定的权力交由仲裁法院行使。

（三）仲裁协议

在商事仲裁中，仲裁协议是排除法院管辖权、赋予仲裁庭对特定争议管辖权的依据。在通常情况下，一国法律对于仲裁协议的要求可以分为形式要求与实质要求。形式上，俄罗斯联邦《国际商事仲裁法》对仲裁协议的要求与联合国贸法会的《联合国国际商事仲裁示范法》及大多数国家法律一致，即要求仲裁协议必须是书面的。但法律对于“书面形式”的要求十分宽松，除载于当事人各方签字的文件中的仲裁协议符合“书面形式”的要求外，载于双方往来的书信、电传、电报或供协议记录的其他电讯方式中的仲裁协议也符合“书面形式”的要求。[1] 此外，如果双方当事人在一份书面合同中约定“参照”某项载有仲裁条款的文件，并且该“参照”足以使该文件中的仲裁条款构成当事人间合同的一部分，那么当事人间的该份书面合同也可被认定为包含仲裁条款。[2] 在启动仲裁程序后，如果在仲裁申请书与仲裁答辩书的交换中，一方当事人称双方当事人间订有仲裁协议，而另一方当事人对此

---

〔1〕 Dmitry Lovyrev & Kirill Udovichenko, *Russia in Arbitration World: Jurisdictional Comparisons*, in Karyl Nairn & Patrick Heneghan eds., Arbitration World: International Series, Thomson Reuters, 2012, p. 678.

〔2〕 Dmitry Lovyrev & Kirill Udovichenko, *Russia in Arbitration World: Jurisdictional Comparisons*, in Karyl Nairn & Patrick Heneghan eds., Arbitration World: International Series, Thomson Reuters, 2012, p. 678.

并不否认，则可以据此认定双方当事人间存在书面的仲裁协议。[1] 在仲裁协议的内容方面，俄罗斯法律对此并无特殊要求，仅要求必须载明当事人将现存的或可能发生的某项争议提交仲裁解决的意思表示。[2] 但需要注意的是，在俄罗斯的特定语境下，“仲裁法院”（Arbitration Court）与“仲裁庭”（Arbitration Tribunal）是两个截然不同的概念。前者并非商事仲裁机构，而是法院的一种，后者才是惯常语境下进行商事争议仲裁的场所。在 20 世纪 80 年代末的社会变革中，俄罗斯的国家仲裁制度演变成了商事法院制度，因此当今俄罗斯专门处理商事案件的法院的官方名称中仍保留了“仲裁”两字，为“仲裁法院”。“仲裁法院”与“宪法法院”及“普通法院”共同组成了俄罗斯的法院体系。因此，在俄罗斯，仲裁法院是法院，并非仲裁庭。[3] 在仲裁协议的形式与内容方面，1993 年《仲裁法》中的相关规定与 2016 年新《仲裁法》中的规定并无实质区别。

（四）临时措施

根据俄罗斯联邦《国际商事仲裁法》的规定，除非当事各方另有协议，仲裁庭经一方当事人申请，可以命令任何当事人对争议标的采取仲裁庭认为必要的临时保护措施，仲裁庭可以要求当事人任何一方提供有关此种措施的担保。此外，2002 年通过的《仲裁程序法典》明确规定了向仲裁法院申请临时措施支持仲裁程序的可能性。在实践中，2002 年以后，由于法律赋予了当事人向法院申请采取临时措施的权利，更多当事人则选择向法院申请临时措

---

〔1〕 Dmitry Lovyrev & Kirill Udovichenko, *Russia in Arbitration World: Jurisdictional Comparisons*, in Karyl Nairn & Patrick Heneghan eds., Arbitration World: International Series, Thomson Reuters, 2012, p. 678.

〔2〕 Alexander S. Komarov, *Arbitration in Russia: Features of the International Commercial Arbitration Court at the Chamber of Commerce and Industry of the Russian Federation*, in Giditta Cordero-Moss ed., International Commercial Arbitration: Different Forms and Their Features, Cambridge University Press, 2013, p. 307.

〔3〕 Alexander S. Komarov, *Arbitration in Russia: Features of the International Commercial Arbitration Court at the Chamber of Commerce and Industry of the Russian Federation*, in Giditta Cordero-Moss ed., International Commercial Arbitration: Different Forms and Their Features, Cambridge University Press, 2013, p. 307.

施。因此，向仲裁机构提出临时措施申请的数量自 2002 年开始下降。此种现象很大程度是因为当事人可以拒绝仲裁庭要求其执行临时措施的命令，且在这种情况下，仲裁庭无法强制执行，而法院则具有相应的强制执行力，因此，为保证临时措施能够得到落实，当事人往往倾向直接向法院申请临时措施，此举实则在很大程度上减损了仲裁庭的权威。〔1〕但在现阶段，俄罗斯的司法机构对仲裁实践的态度并不友好，当临时措施申请被仲裁法院驳回时，当事人会向更倾向于保护仲裁程序当事人的仲裁机构申请临时措施。〔2〕除了向仲裁机构和法院申请临时仲裁，当事人还可以向俄罗斯联邦工商总会国际商事仲裁院申请临时措施，该机构主席团有权根据当事人申请决定是否采取临时措施。实际上，俄罗斯联邦工商总会国际商事仲裁院主席团此项权力来源于俄罗斯联邦工商总会国际商事仲裁院的章程，该章程属于俄罗斯联邦《国际商事仲裁法》的附件，为该法的一部分。〔3〕在临时措施方面，1993 年《仲裁法》中的相关规定与 2016 年新《仲裁法》中的规定并无实质区别。

（五）仲裁程序

俄罗斯联邦《国际商事仲裁法》确保了当事人可以自由约定仲裁庭进行仲裁时所应遵循的程序。有关仲裁程序的相关强制性条款数量有限，这些条款旨在确保仲裁程序将按照《国际商事仲裁法》的基本原则进行。当事人通常可将争议提交特定仲裁机构，适用该机构自身的仲裁规则或提交临时仲裁

---

〔1〕Dmitry Lovyrev & Kirill Udovichenko, *Russia in Arbitration World*: *Jurisdictional Comparisons*, in Karyl Nairn & Patrick Heneghan eds., Arbitration World: International Series, Thomson Reuters, 2012, p. 680.

〔2〕Dmitry Lovyrev & Kirill Udovichenko, *Russia in Arbitration World*: *Jurisdictional Comparisons*, in Karyl Nairn & Patrick Heneghan eds., Arbitration World: International Series, Thomson Reuters, 2012, p. 680.

〔3〕Alexander S. Komarov, *Arbitration in Russia*: *Features of the International Commercial Arbitration Court at the Chamber of Commerce and Industry of the Russian Federation*, in Giditta Cordero-Moss ed., International Commercial Arbitration: Different Forms and Their Features, Cambridge University Press, 2013, p. 308.

以适用普遍接受的临时仲裁规则，如联合国贸法会仲裁规则。[1]《国际商事仲裁法》授予仲裁庭的权力包括对任何证据的可采性、相关性、实质性和重要性的决定权。如当事人无约定，仲裁庭有权就仲裁地点或仲裁程序使用的语言作出决定。

（六）仲裁裁决的撤销

俄罗斯联邦《国际商事仲裁法》规定可以申请撤销仲裁裁决，并规定了申请撤销仲裁裁决的理由。提出撤销申请的一方提交证据证明存在以下情形时可以基于程序不当撤销仲裁裁决：仲裁协议的当事人缺乏完全行为能力；根据各方当事人所同意遵守的法律或在未指明法律的情况下根据俄罗斯联邦的法律，仲裁协议无效；提出申请的当事人没有被给予指定仲裁员或仲裁程序的适当通知，或因其他原因不能陈述案情；裁决处理的争议不是提交仲裁意图裁定的事项或不在提交仲裁的范围之列，或者裁决书中内含对提交仲裁的范围以外事项的决定；如果对提交仲裁的事项所作的决定可以与对未提交仲裁的事项所作的决定互相区分，仅可以撤销含有对未提交仲裁的事项所作决定的那部分裁决；仲裁庭的组成或仲裁程序与当事人的约定不一致，除非此种约定与当事人不得贬损的国际商事仲裁法律的规定相抵触。此外，如果法院查明仲裁裁决存在以下情形，也可撤销仲裁裁决：根据俄罗斯联邦的法律，争议事项不能通过仲裁解决；仲裁裁决与俄罗斯联邦的公共政策相冲突。

（七）仲裁裁决的承认与执行

在仲裁裁决的承认与执行方面，与其他大部分国家不同的是，俄罗斯联邦《国际商事仲裁法》对所有国际仲裁裁决一视同仁，无论仲裁裁决作出地在俄罗斯联邦境内或境外。该法区分了“国际”（international）仲裁裁决和

---

〔1〕 Dmitry Lovyrev & Kirill Udovichenko, *Russia in Arbitration World: Jurisdictional Comparisons*, in Karyl Nairn & Patrick Heneghan eds., Arbitration World: International Series, Thomson Reuters, 2012, p. 680.

"非国际"（non-international）仲裁裁决，使用"外国"（foreign）裁决和"本国"（domestic）裁决的划分方式。根据俄罗斯法律，不管是"外国裁决"还是"本国裁决"，只要是国际裁决，其承认和执行就适用相同的条款。[1]根据俄罗斯联邦《国际商事仲裁法》的规定，在俄罗斯启动一个外国仲裁裁决承认与执行的申请，需要注意以下几个方面：第一，在时间上，申请承认与执行仲裁裁决的申请应当在仲裁裁决发生法律效力的 3 年内提出；第二，在管辖问题上，申请承认和执行仲裁裁决的当事人应向债务人营业地或住所地的俄罗斯联邦仲裁法院提出请求，如果地点未知，则应向债务人财产所在地的俄罗斯联邦仲裁法院提出请求；第三，在形式上，申请承认与执行仲裁裁决时，应向仲裁法院提供仲裁裁决和仲裁协议的原本或者经过有权机关认证过的副本，如果仲裁裁决和仲裁协议不是用俄语书写的，必须提供经过有权机关认证过的俄语翻译版本。倘若当事人对仲裁法院就承认与执行仲裁裁决申请作出的决定有异议，可以在该决定作出之日起 1 个月内，向有管辖权的仲裁法院提出上诉。值得注意的是，除上述上诉途径之外，俄罗斯仲裁法律制度还提供了一项独特的救济途径，即当事人在该决定生效之日起 3 个月内，还可以向俄罗斯联邦最高仲裁法院申请复审，此规定意味着下级仲裁法院有关承认与执行仲裁裁决的决定有可能在生效后被俄罗斯联邦最高法院更改。但在实践中，此种复审后更改已承认与执行的仲裁裁决的事例却鲜有发生。一般来说，只有在最高仲裁法院认为提交其审查的法院决定涉及的法律问题对建立统一的司法实践非常重要时，才会考虑改变该决定。[2]

苏联是《纽约公约》较早一批缔约国之一。但由于苏联推广计划经济模式，国际贸易几乎被国家垄断，所有的国际商事交易均由国家外贸机构缔结

---

〔1〕 Alexei Zhiltsov, *Recent Arbitration Awards and Supervisory Court Judgement*, Arbitration: The International Journal of Arbitration, Mediation and Dispute Management 75, 2009, p. 135-136.

〔2〕 Alexander S. Komarov, *Arbitration in Russia: Features of the International Commercial Arbitration Court at the Chamber of Commerce and Industry of the Russian Federation*, in Giditta Cordero-Moss ed., International Commercial Arbitration: Different Forms and Their Features, Cambridge University Press, 2013, p. 310-311.

或实施，自愿履行国际仲裁裁决是关系到苏联成员国国家荣誉的问题，因此苏联并无根据《纽约公约》执行外国仲裁裁决或非公约裁决的实例。[1] 俄罗斯联邦从1991年12月24日起继承苏联的成员国资格，且基于苏联在1960年批准《纽约公约》时所作之互惠保留，该公约在俄罗斯联邦领土内继续适用。这意味着俄罗斯仅在承认和执行另一公约缔约国领土内所作之仲裁裁决适用该公约。对于在非公约缔约国领土内作出的仲裁裁决，仅在该国给予互惠待遇的范围内适用该公约。[2]

俄罗斯联邦《国际商事仲裁法》的规定与《纽约公约》基本一致，对拒绝承认与执行仲裁裁决的理由规定基本一致。但在实践中，俄罗斯仲裁法院在对仲裁裁决的承认与执行中存在滥用公共政策的情况，仲裁法院对于公共政策的界定缺乏统一的标准。[3] 值得注意的是，在俄罗斯，越是高级别的仲裁法院，则越是对外国商事仲裁裁决承认与执行持有友好和开放的态度。[4]

总体而言，尽管俄罗斯新《仲裁法》相较于旧法，体现了若干进步，但俄罗斯商事仲裁制度最大的问题，并非存在于法律条文本身，而在于俄罗斯的司法系统（法院）未有足够的经验和专业能力来处理与商事仲裁有关的问题，例如如何审查承认与执行外国仲裁裁决的申请。因此，俄罗斯法院在处理国际仲裁方面的司法实践很不稳定，难以预测。对于投资者来说，在俄罗斯遇到争议需要解决时，仲裁机制固然具有灵活性以及便利性等特点，但还应当考虑到俄罗斯法院对于仲裁的态度，防控潜在法律风险，保护投资者自身利益。

---

[1] Dmitry Maleshin, *Overview of Russian Civil Justice*, BRICS Law Journal 3, 2016, p. 50-51.

[2] Dmitry Maleshin, *Overview of Russian Civil Justice*, BRICS Law Journal 3, 2016, p. 50-51.

[3] D. Tapola, *Enforcement of Foreign Arbitral Awards: Application of the Public Policy Rule in Russia*, Arbitration International 22, 2006, p. 154-155.

[4] D. Tapola, *Enforcement of Foreign Arbitral Awards: Application of the Public Policy Rule in Russia*, Arbitration International 22, 2006, p. 154-155.

三、对“可仲裁事项”的解读：以俄联邦最高法院确认“国有企业采购争议的可仲裁性”一案为例[1]

【案情简介】

2013年，莫斯科供暖网络建设股份公司与莫斯科工程计划国有股份公司订立工程承包合同，莫斯科供暖网络建设股份公司作为承包方，应根据发包方莫斯科工程计划国有股份公司的指示重新铺设地铁工程网。双方在合同中约定，争议由莫斯科建筑组织商事仲裁院裁决。2016年，莫斯科供暖网络建设公司向上述商事仲裁院申请仲裁，向莫斯科工程计划国有股份公司追偿520万卢布的工程款。

商事仲裁院裁决支持莫斯科供暖网络建设公司的仲裁请求，此后，莫斯科工程计划公司并没有履行仲裁裁决，所以莫斯科供暖网络建设公司向莫斯科市仲裁法院申请执行令。莫斯科市仲裁法院和州仲裁法院均认为，本争议合同不涉及公共利益，仲裁裁决应予以执行。这意味着，与国有企业产生的合同争议可由商事仲裁裁判。

莫斯科工程计划国有股份公司表示不服，于是向最高法院上诉。莫斯科工程计划国有股份公司认为，争议合同是依第223号联邦法订立，以实施对莫斯科国家地铁项目的修建，属于公共利益。此外，上诉人还在上诉书中提到，自己是完全隶属于莫斯科市政府的。也就是说，莫斯科工程计划国有股份公司证明商事仲裁院无权受理本合同争议。

俄联邦最高法院于2018年6月对本案进行了开庭审理。莫斯科工程计划国有股份公司代理人德米特里·哈勒拉莫夫认为争议合同涉及公共利益，所以商事仲裁院无权受理，理由如下：(1)争议合同依第223号联邦法订立，实现合同标的是为了满足社会需要，由司法实践可知本合同涉及公共利益；(2)合同相关的支出由财政拨款；(3)提供了莫斯科项目大纲，根据该大纲，项目一直由市政府支付。

---

[1] 案例来自信达立律师事务所整理的案例，http://www.xindalilaw.com/newsitem/278196712，2023年7月1日最后访问。

莫斯科供暖网络建设股份公司代理人尼古拉·阿列克桑德勒表示反对，并对上诉人的诚实信用提出异议，观点如下：（1）在此之前，莫斯科工程计划国有股份公司从未对商事仲裁院对本争议的受理权限提出异议；（2）本仲裁条款当初是依照原任第一副市长弗拉基米尔·烈鑫的指示添加到合同中的；（3）争议合同并非依第223号联邦法订立，阿列克桑德勒律师举证证明了该项目资金来源于别处，而非莫斯科市政府支出；（4）莫斯科市政府持有的50%以上莫斯科工程计划国有股份公司股权，是在2016年10月取得的，而争议合同订立于2013年。

莫斯科工程计划国有股份公司代理人哈勒拉莫夫补充说，这个地铁工程承包项目是公开招标的，且第一副市长烈鑫当时是建议而不是作指示。他还指出，仲裁协议是在2011年之前订立的，当时最高仲裁法院就已确认此类争议是不可仲裁的。最高法院经济争议审判委员会最终判决驳回上诉人莫斯科工程计划国有股份公司的诉讼请求。

【案例涉及的主要问题及评析】

本案例主要是对俄罗斯联邦《仲裁法》中关于“可仲裁事项”的认定。经济争议审判委员会在本案判决中对裁判理由作出了说明，国有企业采购整体上来讲属于平等主体之间的民事法律关系，因此，交易双方可自愿约定包括仲裁条款在内的交易事项，除非违反了法律的禁止性规定，但本案中并没有违法情形的存在。此外，最高法院也未发现存在确认仲裁条款效力会有违公共秩序的情形。

第七节 投资俄罗斯法律风险防控提示

一、外资的准入以及公司设立、并购方面

在外资的准入方面，俄罗斯的《外商投资法》和《战略投资法》两部主

要法律规定了俄罗斯禁止外资进入、限制外资进入以及鼓励外资进入的行业。其中，最为复杂的是限制外资进入的“战略产业”。投资者必须明确一般外国投资者、特殊外国投资者、一般战略公司以及特殊战略公司的区别，并根据各自所属门类，进入不同的申报程序。

关于俄罗斯严格的外资审查以及反垄断审查，我国企业应当充分意识到其中的法律风险，并做好相关的应对策略。中国企业在俄罗斯的投资主要集中在两个领域：第一类是能源类企业，尤其是我国的国有企业投资俄罗斯主要集中在能源领域；第二类是制造类企业，我国是世界最大的制造业基地之一，随着“一带一路”倡议的推进，中国与俄罗斯的产能合作也不断加强，制造业成为中国企业投资俄罗斯的重点领域之一。

其中，能源行业是俄罗斯反垄断监管最为严厉的行业之一，因此中国企业（尤其是国有企业）在能源企业的投资就更要谨慎，在选择投资对象和时间段上可以采取一定策略。例如，在对能源行业进行投资时，可以首选那些因为小问题而导致企业濒临破产但核心竞争力仍然强势的企业，因为这样的企业俄罗斯政府乐意外国企业对其进行投资，这样的投资可以为中国企业创造更多的收益。

其次，进入俄罗斯市场的时间点选择也是投资者需要关注的。总体而言，俄罗斯政府和民众对于外国投资的认识还不统一，经济民族主义思潮还有相当市场，甚至有相当一部分人和媒体将在俄罗斯投资的外资看成是本国企业的竞争对手，认为外资的动机仅仅是利用俄罗斯的资源，对俄罗斯经济发展没有什么好处。因此对外国企业投资本国企业，尤其是战略性企业，俄罗斯始终存在矛盾心理。近年来俄罗斯受到西方国家严厉制裁，这一点在俄乌战争以后加剧。长此以往，俄罗斯会更积极地寻找自己的“朋友圈”，助力俄罗斯经济增长，引进某些国家和地区的外资或成为一种重要手段。2002 年 6 月 22 日，俄罗斯总统普京在金砖国家工商论坛发表视频讲话称，由于西方国家试图切断经济联系，俄罗斯将把贸易转向“可靠的国际伙伴”，如巴西、印度、中国、南非等金砖国家。这一说法也可被视为俄罗斯加强“东向”战略布局的一环，或将成为中国企业投资俄罗斯，尤其是投资俄罗斯能源等原本严格把控行业的重要时机。中国企业在对俄罗斯投资时，可以分两步走。第一步是在受到反垄断和国家安全审查之前，企业可以优化自身，在行业选择时尽量避开敏感行业。企业可以选择聘请专业服务，听取律师和商务专家的意见，还可以与俄罗斯反垄断署接触，了解最新的反垄断规制和国家安全审查制度。第二步是当企业受到反垄断和国家安全审查之时，企业应当主动展开公关，与俄罗斯交易对象共同调动社会关系，引导媒体和民众的舆论，并且在采取公关的同时要注意积极配合俄罗斯反垄断署的调查。

就中国企业本身而言，应当加快国有企业混合所有制改革的步伐，打消对方对国企身份敏感性存在的警惕心理。中国与俄罗斯在石油能源行业是互补性的，俄罗斯拥有丰厚的石油资源，这是吸引中国企业对俄罗斯投资的主要行业，近年来中国国有企业对俄罗斯的投资规模不断增大。但是，我们应该吸取中石油失败的教训，严格按照2015年8月发布的《中共中央、国务院关于深化国有企业改革的指导意见》，对大型国有企业进行改革，削弱政府对国有企业的投资决策的影响，或者成立由国企参资民营资本控股的新型企业，将政府与企业分开。此举可以弱化俄罗斯反垄断署对企业的注意力，降低企业对俄投资的不确定性和风险。

在设立经营实体方面，投资者首先要选择经营实体的形式，新设投资还是并购，设立有限责任公司还是股份公司。其次，对于俄罗斯法律规定的公司设立文件、公司治理机关的设置等，均要注意。因此，中国投资者在俄设立公司时，应当特别注意前期公司章程的订立，尽量通过细化章程中权利义务的规定降低法律风险。

股东违反义务，损害公司利益，会对公司产生十分不利的影响。因此，在设立公司、订立章程阶段，必须对公司运转经营过程中因为股东之间的关系和股东自身行为可能产生的风险进行全盘考量，对股东之间的互动、共同决策、进行决议的程序进行详细的法律审查。在制定公司章程时，建议投资者重点考虑以下几点：（1）对股东无正当理由不参加股东会的行为规定罚款制度。（2）要求股东在某些条件下出售其在公司的股份，其他股东应承担收购其股份的责任。当然，应同时考虑制定确定股份收购价格的方法和股份收购的程序。(3) 如果公司存在较多的小股东，一定要谨慎考虑需要全体股东一致同意才能通过的决议事项，并尽量减少这些事项的数目，以避免公司重大事项决策受制于小股东个人决定。当然，采取哪种机制取决于公司和股东的具体情况，不可一概而论，要均衡考虑各个股东和公司之间的利益平衡，最大限度地保护公司和股东的利益。[1]

二、用工法律风险

首先，投资者应当明确俄罗斯的外籍劳工配额制度，应当严格依照法定程序，并且遵循相关行业对外籍劳工的比例限制等，为外籍劳工申请工作准证。

在实践中，尤其在办理外籍劳工手续方面，由于俄罗斯相关法律修改频率较高，且劳动移民手续复杂，有的企业自有资源或经验不足，往往求助于中介。但这种手段往往存在较大法律风险：第一，可能会有口头约定很好，但难以兑现的情况；第二，即便有书面约定，但过于笼统，工作实践中往往因工作内容和费用问题发生争执。因此，事先对中介的评估显得很有必要，应尽量选择经验丰富以及口碑较好的中介。此外，务必与中介签订书面服务合同，对双方的权利义务作详尽的书面约定，尤其应该对工作内容、费用和时限作出明确约定。对工作内容的约定应当尽量避免用概括性语言，比如办理劳动移民手续等措辞，而应当罗列，如要求中介申请劳工移民签证、办理手续等。

由于外籍劳工配额申请难度较大，在实践中有的公司为履行已签订的合同，被迫购买其他公司的“引进和使用外国劳动力许可证”，由此为本公司员工办理工作许可证。但这种做法存在的风险是，政府机关例行监督检查时，发现其他单位的工作人员为本公司提供劳动服务，会要求提供依据。为规避上述风险，两公司应当提早签署相应的提供劳动服务合同或兼职合同，作为提供给政府机关监督检查时的证据。

---

〔1〕 张振利:《浅析俄罗斯法下股东除名问题》，载德恒律师事务所网 2020 年 1 月 15 日，http：//www. dehenglaw. com. /CN/tansuocontent/0008/017651/7. aspx？ MID=0902&AID=。

由于申请外籍劳工配额手续烦琐且冗长，企业在实践中也常采取员工属地化的策略，即聘请本地劳工。本地劳工不仅具有语言优势，还熟悉当地的人文环境，但管理本地员工，尤其是协调与本地员工的劳资纠纷需要投资者特别注意。本地员工受社会环境的影响，普遍熟知劳动法，因此，投资者应当严格按照劳动法规的相关规定行事。在劳动合同的签订、更改以及终止方面，应当"做足功课"，了解俄罗斯劳工法律制度的特殊之处，如无固定期限劳动合同与有固定期限劳动合同之间的转换条件以及程序等。在劳工权益方面，应当注意特殊人群的特殊权益，如对参加过卫国战争的员工的假期的特殊规定，以及对与参加过卫国战争员工解除劳动合同的特殊规定等。最后，对劳动争议的解决应当尽量通过友好协商的方式，避免启动诉讼从而陷入冗长的程序（劳资纠纷诉讼通常要持续6~18个月）。[1] 一旦进入诉讼程序，就会给公司带来高昂的时间和金钱成本。如果公司败诉，则必须支付员工在此"被迫旷工"期间的平均工资。此外，被解聘员工有权要求公司支付精神损害赔偿金。而即使公司胜诉，员工最大的损失就是支付律师费。因此，总体而言，一旦劳资纠纷诉讼开始，公司无论如何都是最大的输家。因此，在具体的策略上，建议投资者有效利用当地人力管理资源，聘用当地有经验的人事管理人员，安排其作为我国企业人事劳务管理副职，由其负责文件准备，对外联络相关政府部门等。在录用当地人员前，全面核算劳动力成本（包括工资、保险、税费等）。

三、环境法律风险

俄罗斯对环境的保护比较严格，并且在立法和执行方面也配备一套相对完善的机制，违反环保相关法律也必将招来严重的法律责任。首先，对于投资者而言，必须注意的是，俄罗斯的环境保护法律不只有一部俄罗斯联邦《环境保护法》，该法律体系是由上至宪法、下至各具体行业的环保法律（如《森林法》）等构成的一整套环保法律体系。因此，投资者在项目启动的事前

---

〔1〕《一带一路沿线国家法律风险防范指引》系列丛书编委会编:《一带一路沿线国家法律风险防范指引（俄罗斯）》，经济科学出版社2016年版，第200页。

评估时，必须根据自身投资所属的具体行业，充分研判环保法律体系中所涉事项以及可能存在的风险，进行充分评估，而非仅停留在一部《环境保护法》上“做功课”。以投资森林行业为例，投资者除了了解《环境保护法》中的内容，还应当充分了解俄罗斯联邦《森林法》中的具体规定，如对林地的租赁期限以及在续租时原租赁者享有的优先权等。[1] 又如，俄罗斯林地租赁合同的签订必须经过由国家或地方政府主持的拍卖程序，根据拍卖结果签订租赁合同。此规定与投资者通常认识的租赁合同的签订具有很大差异，值得投资者注意。因此，总体而言，投资者应当充分关注具体投资领域的环境保护法律制度，尤其应当充分认识到法律规定中的特殊之处。

其次，在俄罗斯，任何投资项目都涉及环境评价以及生态鉴定。投资者尤其应当注意《环境保护法》第31、32、33条中关于生态认证、环境影响评价以及生态鉴定三个方面的规定。具体来说，投资者必须根据第31条的规定，进行生态认证。在俄罗斯，生态认证分为强制型和自愿型两种，投资者必须根据其投资所属行业领域的要求，确认其需要进行哪一种生态认证。如果需要进行强制型生态认证，则需要按照国家规定的法定程序严格进行。[2] 除此之外，投资者还应当遵循第32条的规定，对投资所涉项目进行环境影响评价。投资者应当注意的是，对投资项目的环境评价应当包括对环境的直接影响以及间接影响。并且，环境影响评价不能仅由项目发包方或者施工方单独进行，必须吸收第三方介入，此种情况下出具的环境影响评价报告才可获得俄罗斯法律的认可。[3] 此外，在生态鉴定方面，如前文所述，投资者应当根据所属投资具体行业的类型，确定其应当进行国家生态鉴定还是社会生态鉴定，并且按照法律规定的程序和要件进行。

最后，投资者还应当重视环境保护领域的生产生态监督。与《环境保护

---

[1] 李淳、程梦珂:《俄罗斯林业投资法律环境及风险防范》，载一带一路法律服务协作体网2018年1月3日，http://www.brlscp.com/flyy/190107171615.htm。

[2] 朱南平:《中国对俄投资人必须重视环境保护问题——〈俄罗斯环境保护法〉关键条款阐释》，载《西伯利亚研究》2013年第5期。

[3] 朱南平:《中国对俄投资人必须重视环境保护问题——〈俄罗斯环境保护法〉关键条款阐释》，载《西伯利亚研究》2013年第5期。

法》第31~33条规定的生态认证等事前措施相对应的是，俄罗斯环保法律中强调的事中和事后对环境的保护和评估。俄罗斯联邦《环境保护法》第67条规定，投资者必须在项目进行过程中，依照法定程序，向实施国家监督和市政监督执行权力机关和地方自治机关提供有关组织生产生态监督情况。此外，投资者还应当认识到，俄罗斯环保监督工作还包括社会监督环节。因此，投资者应当在日常的营商活动中重视社会监督的力量，谨慎从事营商活动。并且，俄罗斯相关法律还进一步规定，对于提交至国家权力机关和地方各自治机关的环境保护社会监督结果，项目经营者必须依照法定程序给予反馈和提供相应的处理措施。

四、争议解决机制

俄罗斯的民事诉讼体系兼具普通法系和大陆法系的特点。根据俄罗斯法律规定和相关司法实践，原则上无论某一交易是否具有涉外因素，当事方均可协议约定交易文件的管辖法律，但不得违反俄罗斯法律强制性要求。俄罗斯司法体系分为宪法法院、民事法院和仲裁法院，商事纠纷案件通常由仲裁法院管辖。

除破产、国家登记、知识产权、行政行为、私有化、国家采购、环境污染索赔等法定类型专属管辖案件外，仲裁法院审理的案件在大多数情况下亦可诉诸仲裁，但其中如法人的设立、重组、清算等争议，应当由俄罗斯常设仲裁机构，或经注册的外国仲裁机构俄罗斯分支机构，在俄罗斯境内进行仲裁。

俄罗斯是《纽约公约》的缔约国，除俄罗斯联邦《仲裁程序法典》《仲裁法》等法律明确规定的争议类型外，绝大多数具有涉外因素的商事纠纷可以由当事人协议提交境外仲裁机构或境外临时仲裁庭进行仲裁。

但在实践中，俄罗斯法院曾出于多样的原因通过“公共秩序保留”拒绝承认和执行外国仲裁裁决。作为《纽约公约》的保留原则，公共秩序的解释空间及其在实践中的适用很大程度上取决于各国法院本无可厚非，但公共秩序保留的风险在涉俄仲裁案件中相比通常理解和认知情形的差异却不容忽视。

如何在仲裁策略和程序中提早考虑俄罗斯法的公共秩序因素影响和相关风险，谨慎应对和防范，也是涉俄仲裁法律风险管理的重要一环。

俄罗斯联邦《民法典》以及相关司法解释将公共秩序明确指向具有最高强制性、通用性、特殊社会性和公众性的基本法律原则和国家经济、政治、法律体制建设的基础，明确俄罗斯强制性法律规范所直接禁止的损害国家主权或安全、伤害大多数社会团体的利益、侵害私人主体的宪法权利和自由等行为应纳入公共秩序保留的范畴。但在实践案例中，相关法院对俄罗斯法公共秩序各有不同解读，体现出公共秩序的相关内涵和边界在司法实践的运用尺度不一。

俄罗斯仲裁协会（Russian Arbitration Association）的数据显示，2008 年至 2017 年共有 472 份外国仲裁裁决在俄罗斯申请承认和执行，其中 378 项申请得到俄罗斯法院的承认与执行，除 49 件因未提供支持性材料、双方达成和解等统计干扰案件外，十年间俄罗斯法院对外国仲裁裁决的执行率约为 89%。[1] 虽然总体而言，俄罗斯法院对于外国仲裁裁决的承认和执行态度似乎相对友好，但由于取样案件中仲裁地为苏联加盟国的案件数共 325 件，占总取样的 69%，分析结论可能很难说具有足够的代表性。并且，在法院拒绝承认和执行外国仲裁裁决的 45 件案件中，将“违反公共秩序”作为主要理由的案件就高达 20 件，约占总拒绝承认和执行仲裁裁决案件的 44%，比例较高。[2]

相比而言，中国对于公共秩序保留原则在申请外国裁决执行案件中的适用却相当谨慎。根据调查研究的数据，最常见的外国仲裁裁决在中国被拒绝执行的理由包括：（1）缺乏有效的仲裁协议（24%）；（2）未按照当事人之

---

[1] 田文静:《涉俄仲裁杂谈——违反公共秩序是俄罗斯法院撤销和拒绝执行仲裁裁决的“必杀技”吗?》，载金杜律师事务所网 2020 年 3 月 10 日，https://www.kwm.com/cn/zh/insights/latest-thinking/russia-related-arbitration-is-violation-of-public-order-a-nirvana-for-russian-courts-to-revoke-or-refuse-to-execute-arbitration-awards.html。

[2] 田文静:《涉俄仲裁杂谈——违反公共秩序是俄罗斯法院撤销和拒绝执行仲裁裁决的“必杀技”吗?》，载金杜律师事务所网 2020 年 3 月 10 日，https://www.kwm.com/cn/zh/insights/latest-thinking/russia-related-arbitration-is-violation-of-public-order-a-nirvana-for-russian-courts-to-revoke-or-refuse-to-execute-arbitration-awards.html。

间的协议或仲裁地国家的法律成立仲裁庭或进行仲裁（24%）；（3）败诉方未收到任命仲裁员或进行仲裁程序的适当通知，或无法发表意见（18%）。在31例驳回执行申请的案件中，仅有1例是因为违反中国社会公共利益而被拒绝执行，占比约3%。[1]

因此，对于投资者而言，还是应当事前做好法律风险的评估，谨慎进行风险防范，避免进入争议解决的环节。因为，即便是仲裁，也存在俄罗斯法院因为“公共秩序保留”而拒绝承认与执行仲裁裁决的风险。且该现象在实践中占比较高，投资者应当尽量事前避免。

---

〔1〕 田文静：《涉俄仲裁杂谈——违反公共秩序是俄罗斯法院撤销和拒绝执行仲裁裁决的“必杀技”吗?》，载金杜律师事务所网2020年3月10日，https：//www. kwm. com/cn/zh/insights/latest-thinking/russia-related-arbitration-is-violation-of-public-order-a-nirvana-for-russian-courts-to-revoke-or-refuse-to-execute-arbitration-awards. html。

第三章　投资印度法律风险防控

印度是世界前十的经济体，人口数量超过 14 亿。近年来印度的国内生产总值连年攀升，在 2018 年，印度国内生产总值的增速已达到 7.3%，已迎来产业经济爆发的拐点，并且成为世界上国内生产总值增长速度最快的国家之一。[1] 2014 年莫迪上台出任印度总理以后，将优化印度的基础设施建设以及改善印度的投资环境作为政府工作的核心之一，也促使印度吸引更多外国投资和投资者。2014 年印度政府推行了一系列改革措施，如新建经济特区、工作许可证有效期延长至 3 年、鼓励"印度制造"、鼓励投资、鼓励创新以及推动工业走廊和智能的发展等。印度的劳动力相对年轻化。根据相关数据的统计，印度的劳动力结构发展尚处于黄金年代的中期，未来至少有 15~20 年劳动力素质红利带来的经济繁荣，这对于投资者投资印度无疑是一个重要的利好因素。[2]

据统计，中国对印投资，在 21 世纪以来发展迅速，增速明显。2003~2017 年中国对印度的直接投资呈总体上升趋势，其中中国对印度直接投资的存量从 2003 年的 96 万美元提高到 2017 年的 474，733 万美元，15 年的时间翻了 4900 多倍。[3] 中企在印度主要投资于制造业、IT 服务业、家用电器、电信、钢铁、电力和机械设备、基础设施建设等领域，相对比较集中。

莫迪政府推出"印度制造"计划以后，也同时致力于改善营商环境，推

---

〔1〕 王珍:《就像"十多年前的中国"：投资印度时机到了，中国企业卡位经济爆发点》，载第一财经网 2019 年 3 月 31 日，https：//www. yicai. com/news/100152233. html。

〔2〕 宁胜男:《莫迪政府"印度制造"——效果评析与前景展望》，载《印度洋经济体研究》2017 年第 3 期。

〔3〕 高萱:《中国与印度双向直接投资分析》，载《对外经贸》2020 年第 6 期。

行投资准入制度改革，废除外商投资许可以及实施负面清单制度等。[1] 莫迪政府还大力推行“经济外交”，吸引其他国家到印度投资。经济外交以“联西望东”为主轴，“联西”吸收发达国家和地区投资，与欧盟等建立投资便利机制；“望东”连通东亚和东南亚新兴经济体，与日本等国建立“特别战略全球合作伙伴关系”，并大力推进环孟加拉湾多领域经济技术合作倡议。[2] 2015年5月，在莫迪到访北京期间，中印两国签署了总额达100亿美元的合作协议，而同期在上海举办的“中印经贸论坛”上，中印企业又签署了高达220亿美元的经贸合作协议。[3] 这一系列的举措使流入制造业的外国直接投资有显著增长。对外商投资的吸引量持续走高。2014~2018年，伴随印度外资投资限制放宽和行政审批手续简化，外商直接投资（Foreign Direct Investment，FDI）快速增长，2015年和2016年印度连续成为获得FDI最多的国家。2014~2017年，印度吸引FDI超过2500亿美元。2018~2019财政年度，印度的FDI总量达到643.7亿美元，创历史最高。联合国相关数据显示，2019年上半年，印度吸引外资增幅超过20%，达到270亿美元。

但是，2020年年初新冠疫情开始之后，印度对外资的情绪和态度发生变化，对印投资面临新的挑战。本章将对印度外商投资法律制度以及近年的变化、在印度如何设立商业实体、劳工法律制度、税收法律制度以及商事争议的解决机制等方面进行研究和分析，供投资者参考，防控赴印投资的法律风险。

第一节　印度法律制度的历史渊源、演进及发展

在讨论近现代印度法的渊源及发展时，一个重要的因素就是英国法对印

---

[1] 王志刚、于滨铜：《莫迪经济学的政策举措、改革成效与发展困境》，载《财经问题研究》2020年第6期。

[2] 王志刚、于滨铜：《莫迪经济学的政策举措、改革成效与发展困境》，载《财经问题研究》2020年第6期。

[3] 王钰：《中印走向强强联合?》，载《进出口经理人》2015年第6期。

度法的影响。纵观近现代印度法的发展沿革历程，是一部从“殖民遗产”到“本土再造”的过程。大航海时代的欧洲通过东印度公司等建立起庞大的商业帝国，通过垄断原材料的市场和贸易，决定了殖民地人民的生活和命运。在长达百余年的殖民统治中，印度以英国法为基石，逐步形成并完善了自己的法律体系。印度法的发展和演进横跨了东印度公司统治印度直至 1857 年印度起义后的整个时期。一般来说，被殖民国家在取得独立以后，会迈入“法律本土化”的新进程。印度在 1947 年取得独立以后，也进入这一曲折的历程。在后殖民时代，印度成立了各种立法委员会，开始法律的制定工作。但是，当时制定的法律在很大程度上还是照搬英国法，与印度的现实社会和经济情况相脱节，因此对印度社会贡献甚微。独立以后的印度经济陷入停滞发展，市场活力几近丧失，由于失业率、人民生活水准等压力，自 1991 年起，印度政府大力推行市场化改革，激活私营经济，以期解决民生问题。由此，印度的法律发展也进入了在借鉴移植发达国家法律的基础上重视本土化改造的新阶段。

一、古代印度时期（公元前 1500 年～公元 1850 年）

公元前 1500 年前后，雅利安人的一个支系进入印度西北部，征服了那里的原住民。此后，雅利安人继续向东部和向南部地区进发，逐渐控制了整个印度。在这个过程中，雅利安人把自己原来的宗教带到印度，并在适应新环境的过程中对原来的宗教进行了发展，从而形成了印度教。在古代印度，宗教一直占据支配地位，政治、经济、军事、社会、文化和法律，都受到宗教的重要影响。在整个古代印度，传统印度法始终是古代印度的支配性法律体系。即便在此间受伊斯兰文化影响的势力入侵并统治印度的阶段，统治者在刑法和税法等公法领域统一推行伊斯兰法，在宗教事务和婚姻、家庭和继承等民事事务中，印度教教徒继续适用自己的法律，因而传统印度法得以一直保留下来。[1]

---

〔1〕 高鸿钧:《法律与宗教：宗教法在传统印度法中的核心地位》，载《清华法学》2019 年第 1 期。

提及古代印度时期正式的法律制度,《摩奴法典》是一个重要的法律渊源。《摩奴法典》是古代印度法制史上第一部可以被称为正规的法律典籍、最有权威的法律著作。《摩奴法典》是婆罗门祭司根据吠陀经典、累世传承和古来习俗编成的教法典籍,是伦理、宗教、法律规范的混合物,以诗歌体写成,约成于公元前2世纪至公元2世纪,阐述了吠陀的全部要义,基本内容围绕种姓制度展开。[1]《摩奴法典》涉及债法、婚姻家庭法、继承法、刑法以及诉讼制度等方面,在内容的分布上具备一定程度的现代法典的特征。但总体而言,《摩奴法典》并不是一部现代认知意义上的"法典",它具有两大特点:第一,是与宗教教义融为一体;第二,是以等级森严的种姓制度为核心。[2]

二、英国殖民时期(1850年~1947年)

随着英国对印度建立直接统治,英国的法律体系开始正式影响印度,并对整个殖民地时期乃至以后印度法律制度的构建产生深远影响,印度开始成为"普通法系"家族的一员。印度在当时大英帝国的殖民经济体系中,是重要的原材料产地,也是主要的产品销售市场,其对英国的重要性可见一斑。1857年印度民族大起义被英国镇压之后,英国改变了此前通过东印度公司管理印度的做法,而将印度置于英国的直接统治之下,并于1858年在议会通过了《印度政府法》(The Government of India Act of 1858),从而正式在印度建立起英国式的统治架构和治理体系。

殖民者在印度掠取经济利益的方式之一是进行贸易活动,为了便于进行贸易活动,殖民者需要在印度开设贸易公司。但当时公司的设立并非自由行为,需要由英国君主签发"皇家特许状"(royal charter)而授权,并无相关法律来规制公司的运作以及经营活动。这种状况一直持续到19世纪。[3] 当

[1] 何勤华:《〈摩奴法典〉:古印度法律的珍贵文献》,载《检察风云》2014年第10期。

[2] 叶秋华:《古代印度法的两大特征》,载《法制与社会发展》1999年第6期。

[3] Ron Harris, *The English East India Company and The History of Company Law*, Kluwer Legal Publisher, 2005, p.219.

时的印度本土民众集结从事商业活动受制于殖民者，只有殖民者认为合理的情况下，才签发“皇家特许状”准予成立公司。实际上，授权准予成立的公司基本上是为殖民者的利益服务。[1] 随着印度对英国的作用愈发重要，为了提升管理效率，英国殖民者认为有必要推动印度在英国法的影响下进行立法，尤其是商事法律的立法活动。自 1850 年起，印度正式开始商事法律制度的构建，制定和颁布一系列法律规制公司以及其他贸易、商业经营实体的商业行为。1850 年颁布的印度《股份公司注册法》（Act for Registration of Joint Stock Companies）标志着立法活动的正式开始。这部法案在内容上基本移植了英国 1844 年《公司法》（1844 England’s Companies Act）中的相关内容。1866 年，印度紧随英国 1862 年《公司法》的修改，在本国相关法律中引入破产、清算等制度。19 世纪中后期，英国统治者为了稳固在印度的殖民统治，大力推进法典化的进程，以消除和取代印度本土法的影响。除了《公司法》之外，这个时期最重要的法典有 1858 年《民事诉讼法》、1861 年《刑事诉讼法》、1862 年《刑法典》、1865 年《继承法》、1872 年《契约法》等。[2] 以这样一批成文法典为基础，印度在殖民地时期初步形成具有自己特色的法律体系，这是印度法律制度现代化的重要标志。[3]

从客观上看，印度法律制度现代化的进程与英国殖民者的推动不无联系，但这实质上是一个“歪打正着”的结果。英国殖民者大力推动法典编撰的目的是保护殖民者本身的利益，而非发展和完善印度的法律制度。[4] 统治者为了保障英国与印度之间的商业贸易的便利往来，将英国本国的法律制度大力推广，试图使印度完全复制英国的法律，以降低甚至消除因两地法律体系不同而带来的风险。[5] 尽管殖民地时期的法律移植主要是为殖民者利益服务

---

〔1〕 陈文婧:《印度公司法的历史演进——从殖民地遗产到本土化整合》，载《清华法学》2020 年第 1 期。

〔2〕 蒋迅:《英国统治时期的印度法制》，载《南亚研究》1987 年第 4 期。

〔3〕 蒋迅:《英国统治时期的印度法制》，载《南亚研究》1987 年第 4 期。

〔4〕 Ritu Birla, *Capitalist Subjects in Transition*, in Dipesh Chakrabarta *et al* eds., From the Colonial to the Postcolonial: India and Pakistan in Transition, Oxford University Press, 2007, p. 243.

〔5〕 Rob Mcqueen, *A Social History of Company Law: Great Britain and the Australian Colonies* (1854-1920), Ashgate Publishing, 2009, p. 8-9.

的，也未完全考虑到印度本地的社会情况，但需要承认的是英国殖民者为印度带来了相对先进的立法思想。例如，英国法中“自由市场，自由竞争”等理念影响了印度公司法律制度的后续发展。[1]

三、独立后的政府管控时代（1947 年~1991 年）

1947 年印度宣告独立，人民获得主权自由。百废待兴的印度面临着高失业率、高文盲率、人民平均寿命短等一系列社会问题。[2] 在独立初期，民众对殖民者在殖民时期推行的各种社会治理措施以及经济政策充满抵触情绪，尤其对“自由经济不干预”（laissez faire）政策感到反感。印度人民认为殖民者掠夺了印度的资源，拖垮经济，造成社会的衰败。[3] 为了解决独立后种种社会和经济问题，印度政府旋即开始了涵盖各个领域的立法活动与政策制定。

印度独立后的首任总理尼赫鲁提出了“国家所有”（state ownership）的经济政策，希望以此加强政府对生产资料以及产品的管控。[4] 但政府的其他主要领导者，如独立以后首任副总理及内务部部长萨达尔，就反对“国家所有”的做法，认为继续使用殖民地时期相对自由的经济和市场政策来发展私营经济，才能切实提高生产力水平，解决当下的社会和经济问题。[5]

在独立初期，由于主要领导者之间存在观点分歧，政府只好采用“混合经济”（mixed economy）模式，即允许私有资本参与某些领域，而政府资本则大力参与资本密集型建设项目。[6] 在这种“混合经济”模式下，由于政府资本的积极介入，印度的经济结构与殖民地时期相比发生变化，私有经济逐

---

〔1〕 陈文婧:《印度公司法的历史演进——从殖民地遗产到本土化整合》，载《清华法学》2020 年第 1 期。

〔2〕 Nirmalya Kumar, *India Unleashed*, Business Strategy Review 20, 2006, p. 7.

〔3〕 Dwijendra Tripathi & Jyoti Jumani, *The Oxford History of Indian Business*, Oxford University Press, 2007, p. 19.

〔4〕 Francine R. Frankel, *India's Political Economy*: *The Gradual Revolution* (1947-2004), Oxford University Press, 2009, p. 20.

〔5〕 Francine R. Frankel, *India's Political Economy*: *The Gradual Revolution* (1947-2004), Oxford University Press, 2009, p. 20.

〔6〕 Tirthankar Roy, *The Economic History of India* (1857-1947), Oxford University Press, 2011, p. 294.

渐衰弱。[1] 此后，政府颁布的一系列新法律也体现了政府对市场的管控逐渐加强。如印度 1952 年《工业发展与管理法》（Industries Development and Regulation Act 1952）要求私营企业在正式经营前必须申请并获得政府颁发的牌照才有营业资质。印度 1947 年《资本管控法》（Capital Issue Control Act 1947）和 1955 年《商品法》（Essential Commodities Act 1955）等还规定私有资本的市场占比份额、进出口货物总数额的设定都必须经过政府许可。在当时，许多私营企业主为了更快获得相关许可，向政府部门行贿，印度出现了大范围的权力寻租现象。[2]

印度独立初期的立法存在矛盾现象。以公司法律制度为例，独立后的首部《公司法》——印度 1956 年《公司法》仍以“自由市场”和“自由贸易”为根本理念，在立法框架和内容上基本借鉴英国法，并未根据印度当时的社会和经济状况作出调整。[3] 但与之看似矛盾的是，在制定其他商事法律时，立法者又遵从“计划经济”模式，强调政府对市场的管控，例如 1955 年《商品法》（Essential Commodities Act 1955）以及 1947 年《资本管控法》（Capital Issue Control Act 1947）等。这种看似互相矛盾的现象，实际上体现了政府在独立初期的妥协与权衡，既希望保护殖民地时期发展起来的私有经济，又期望能够加强对市场的管制，进而建立新政府的权威。[4] 到了 20 世纪 60 年代，印度开始摆脱殖民地时代法律遗产的影响，混乱且矛盾的局面逐渐消失，政府对社会各方的管制逐渐加强，殖民地时代留下的“自由市场、自由竞争”等理念基本消失。[5]

---

〔1〕 Dwijendra Tripathi & Jyoti Jumani, *The Oxford History of Indian Business*, Oxford University Press, 2007, p. 23.

〔2〕 B. R. Tomlinson, *The Economy of Modern India* (1860-1970), Cambridge University Press, 2013, p. 171.

〔3〕 Shraddha Verma & Sid J. Gray, *The Development of Company Law in India: The Case of the Companies Act* 1956, Critical Perspectives on Accounting 20, 2009, p. 121-122.

〔4〕 Umakanth Varottil, *The Evolution of Corporate Law in Post-colonial India: From Transplant to Autochthony*, American University International Law Review 31, 2016, p. 276.

〔5〕 Dwijendra Tripathi & Jyoti Jumani, *The Oxford History of Indian Business*, Oxford University Press, 2007, p. 26-27.

四、重建自由市场时期（1991 年至今）

由于独立后政府大力推行“计划经济”模式，印度经济发展缓慢。例如，当时政府严格限制外资，导致印度错过了 20 世纪 60 现代开始的世界经济全球化的第一次浪潮。1991 年，由于面临国库收支严重不平衡等问题，政府开始反思“计划经济”模式，考虑经济转型，对部分产业进行“私有化”改革。[1] 1991 年，印度国大党在第十届大选中获胜，纳拉辛哈·拉奥出任印度总理，并与当时的财政部部长曼莫汉·辛格一起，彻底改变尼赫鲁时期推行的“政府全面管控”模式，推行改革开放，采取一系列措施，试图使印度经济从半封闭半管制的政府计划体制转向市场体制。例如：政府放宽证照管制，缩小需要获得证照许可经营的行业范围；放松对外资的管制，吸引外资入股印度本土企业；允许公司自由增发资本；等等。[2]

1991 年以后自由市场政策的重新回归，也催生了这一时期印度法律制度的改革。以商事法律制度为例，为吸引更多投资，激发市场活力，立法者修改 1956 年《公司法》中的相关内容，允许公司发行不同类型的股份，删除了“准国有企业”的相关规定等。1992 年，为了进一步推进印度资本市场的开放程度，并规范其发展，印度《证券交易委员会法案》（Act of Securities and Exchange Board of India，SEBI Act）正式生效，这标志着印度最主要的负责规范公司治理以及保护投资者的监管机构——印度证券交易委员会（Securities and Exchange Board of India，SEBI）开始正式运行并且对上市公司进行有效监督。印度证券交易委员会的成立以及法案的生效，使资本市场在 20 世纪 90 年代的中后期飞速发展，众多公司通过公开发行股票获得资本并扩大发展。印度证券交易委员会对证券市场的独立监管地位以及对证券发行、转让等重要事项的监管权力也得到《公司法》的明确承认，由此也标志着印度已经逐

---

[1] Pradeep Mitra & Delfin S. Go, *Trade Liberalization*, *Fiscal Adjustment*, *and Exchange Rate Policy in India*, World Bank Policy Research Working Paper No. 2020, (December, 1998), p. 1-2, https://ssrn.com/abstract=623920 Last accessed August. 6, 2022.

[2] Nirmalya Kumar, *India Unleashed*, Business Strategy Review 20, 2006, p. 8.

渐从以“国家—政府”为唯一监管主体的“垄断”模式转向由第三方独立主体作为市场监管者的“开放”模式，初步完成了开放化市场经济体制的转型。[1]

2002年，为了对上市公司的经营和市场交易行为形成一套更规范的监管体系，印度证券交易委员会制定了《上市协议第49条》（Clause 49 of the Listing Agreement，Clause 49）。《上市协议第49条》主要规定了企业在印度股票交易所上市时在公司治理方面需要满足的条件，如公司董事会和审计委员会必须有一定数量的独立董事，董事会成员必须遵守相关行为准则，审计委员会需要履行的具体职能等。[2] 在内容方面，《上市协议第49条》在很大程度上参考了英国吉百利委员会（Cadbury Committee）所出具的报告中的公司治理措施。[3] 但在21世纪初安然丑闻（Enron scandal）爆发以后，印度证券交易委员会认为应当进一步完善公司治理，因此在内容上又借鉴了美国《萨班斯法案》（Sarbanes-Oxley Act of 2002）。例如，公司应当增强审计的独立性和透明性，防止账簿造假以及其他欺诈行为的发生；公司的首席执行官（CEO）不得在内部交易管制期（blackout period）内进行股票交易；证券交易委员会下专门设立独立监管审计师资质的机构等。[4]

与以往不同的是，在重建自由市场时期，印度立法者不仅借鉴了英国法中的相关制度，同时也移植了美国法中的一些措施。《上市协议第49条》在内容上同时借鉴了英国吉百利委员会出具的报告以及美国《萨班斯法案》中的公司治理措施。可以说，在这一时期，印度的立法受到了英国法和美国法

---

〔1〕 陈文婧:《印度公司法的历史演进——从殖民地遗产到本土化整合》，载《清华法学》2020年第1期。

〔2〕 Ruchi Kulkani & Balasundram Maniam, *Corporate Governance: Indian Perspective*, International Journal of Trade, Economics and Finance 5, 2014, p. 365.

〔3〕 U. K., Financial Reporting Council, *Report of the Committee on the Financial Aspects of Corporate Governance*, Financial Reporting Council UK (1 December 1992), https://www.frc.org.uk/getattachment/9c19ea6f-bcc7-434c-b481-f2e29c1c271a/The-Financial-Aspects-of-Corporate-Governance-(the-Cadbury-Code).pdf.

〔4〕 Neeti Sanan & Sangeeta Yadav, *Corporate Governance Reforms and Financial Disclosures: A Case of Indian Companies*, IUP Journal of Corporate Governance 10, 2011, p. 73.

的混合影响。

自由化改革带来了新千年经济的腾飞，同时也对立法水平提出了更高的要求。自2013年起，为了集中解决本土问题，印度又开始了新一轮法律制度的改革。并且，此次改革改变了以往完全依赖法律移植的方式，在具体制度设计上，更专注于解决印度社会的本土问题。如2013年《公司法》经修改后扩大了可能被认定为“关联交易”的范围，并细化“关联交易”各种要素的认定标准。印度1956年《公司法》仅禁止买卖合同、货物供应合同、服务供应合同等基本形式的关联交易，而2013年《公司法》中新增了中介机构选择等其他关联交易形式。自2013年以来的一系列法律改革中，不难发现立法者主要针对印度的现实状况进行制度设计，这也标志着印度公司法律制度的“本土化整合”日趋成熟。

第二节　印度外商投资法律制度

自1991年印度进行经济自由化改革以来，大力调整外资与外贸管理体制。[1] 扩大外商投资领域，吸引更多外商投资成为印度经济改革以后立法与政策的重点方向之一。在外资管理体制方面，1991年之前印度政府规定，只有那些拥有国外技术且该技术有利于本国经济发展的外资才被允许引进，但其持股比例不得超过40%。当时当政的拉奥政府将FDI参股最高限额从40%提高到51%，并允许13种矿产品行业和证券交易对外资开放。[2] 此后，接任的辛格政府则在航空、广播电视、能源行业放松对外资的限制，并在持股份额、税收减免上给予更多优惠。[3] 2015年莫迪政府进一步放宽对FDI的限制。在2020年新冠疫情暴发之前，印度的外商投资政策总体而言是不断扩大开放的。

---

[1] 马颖:《印度渐进式市场经济体制改革成效探析》，载《亚太经济》2016年第3期。
[2] 马颖:《印度渐进式市场经济体制改革成效探析》，载《亚太经济》2016年第3期。
[3] 马颖:《印度渐进式市场经济体制改革成效探析》，载《亚太经济》2016年第3期。

一、印度的外商投资开放准入总体政策

在外商投资立法方面，印度并无单独的外商投资法典。目前专门针对外资的法律规定主要是2020年4月临时出台的《统合外商直接投资政策（修正案）》以及印度1999年《外汇管理法》。前者修改了印度商业和工业部于2016年制定的《统合外商直接投资政策》，出台了若干对中国投资者“不友好”的规定。后者则主要涉及外汇管理，未对税收、合资企业管理等方面作出规定。

新冠疫情暴发之前，印度政府对外商直接投资领域的大力改革大大增强了印度作为外商直接投资地的吸引力。印度外商直接投资领域改革主要包括农业、银行业、电信行业等领域。（见表3-1）

表3-1 印度外商直接投资领域改革一览表

行业	改革后的相关规定
广播业	广播线路服务、新闻频道传播服务、有线电视网服务中外资可持股100%，在新闻媒体中外资最多可持股49%
银行业	外资最高可持股74%，如果不超过49%则可以通过非经政府许可途径持股，如超过49%则必须经政府许可
铁路	非经政府许可途径的，[①]在铁路开发、建设以及维护中可以由外商独资
工程	外商可独资
农业	非经政府许可途径：咖啡、橡胶、豆蔻、棕榈油树、橄榄树，此5类种植园外资可以通过非经政府许可途径独资
电信	外商可独资；如果外资份额不超过49%则可以通过非经政府许可途径持股，如果外资份额超过49%则必须经过政府许可途径[②]
保险基金业	非经政府许可途径，外资可持股26%；经政府许可途径，外资持股比例可以达到49%
医疗器械	非经政府许可途径，外商可以独资

续表

行业	改革后的相关规定
电子商务	B2B、单一品牌实物零售、食物零售，外商均可独资
零售业	外商可独资；如果外资比例不超过 49%，则可以通过非经政府许可途径持股；如果外资比例超过 49%，则必须经政府许可

①非经政府许可途径指的是目前印度政府已对外资开放大部分投资领域，外资可以不经过印度政府或者印度储备银行的审核在这些领域进行投资。

②经政府许可途径指的是印度部分领域的投资需要经过印度政府或者印度储备银行审核后才能进行，或部分领域经过印度政府或印度储备银行审核后外资持股比例可以提高。

除了政策与经济环境的改善，印度自然资源和产业的丰富和多样性也给投资者提供了广阔的投资机会。以基础设施为例，印度的公路多为泥土路，狭窄拥堵并且易受暴雨等恶劣天气的影响，交通出行受阻，这都给投资者投资印度基础设施行业提供了机会。又如，印度的人口众多，同时也是世界上拥有第二多网民人数的国家，这催生了印度互联网产业方面的高度需求。[1]再如，印度的电力和可再生能源行业潜力巨大。截至 2022 年 1 月，印度全国总装机容量达 395.07 吉瓦，电力供应仍然面临较大缺口。可再生能源发电占 37%，太阳能、风能等潜力巨大但尚未充分开发，这也给外国投资者带来了大量机会。

尽管近年来莫迪政府致力于优化印度营商环境，吸引外国投资，但这并不意味着中国投资者能享受到这轮红利。近年来，印度莫迪政府以国家安全、逃税漏税、违规汇款等为由，对在印度投资兴业的中资企业，包括小米、维沃（VIVO）、欧珀（OPPO）、华为等进行打压，部分中资企业损失惨重。[2]其他外资在印度的产业沉沙折戟的也并不少见。原因多是当地监管规则反复、

〔1〕 Thimmaya Poojary, *India - bound: Here's Why Chinese Investors won't Tighten their Purse Strings Anytime Soon*, Your Story (29 November 2018), https://yourstory.com/2018/11/china-investors-keen-india/.

〔2〕 毛克疾:《拨开印度市场重重迷雾》，载《环球》2023 年第 15 期。

税收壁垒高企、行政腐败以及司法程序冗长拖沓等。[1]

二、外商投资印度的主要路径与国家安全审查

印度将外商投资的行业分为三种：禁止外商投资的行业、限制外商投资的行业和不受限制的外商投资行业。其中，禁止外商投资的行业包括核能、赌博博彩业、风险基金、雪茄及烟草业。限制外资的行业包括电信服务业、私人银行业、多品牌零售业、航空服务业、基础设施投资、广播电视转播等。在这些限制行业里，如果外商投资超过政府规定投资比例上限，需要获得政府有关部门批准。鼓励外商投资的行业则包括电力（除核电外）、石油炼化产品销售、采矿业、金融中介服务、农产品养殖、电子产品、电脑软硬件、特别经济区开发、贸易、批发、食品加工等。外资进入印度主要有两种路径：无须向政府申请事前许可的“自动路径”和基于政府审批的“政府路径”。

（一）国家安全审查

印度的国家安全审查主要采取的是混合立法模式，即没有专门针对国家安全审查的立法，其与国家安全审查相关的立法散落在不同的与投资相关的法规当中。[2] 印度的相关法律当中没有国家安全审查的明确规定，但是大量的以威胁“国家安全”为由被拒的投资失败案例证明印度确实是存在国家安全审查的，其国家安全审查政策没被分离出来进行单独立法，主要是通过其投资准入审查政策，即主要是通过审查经由“政府路径”进入的外资而得以实现。[3] 印度工业政策和促进部（Department for Promotion of Industry and Internal Trade）每年都会发布《FDI 政策汇编》（Consolidated FDI Policy），将最新的 FDI 相关政策法规纳入其中，其中会涉及投资相关的准入政策。在

---

〔1〕 毛克疾：《拨开印度市场重重迷雾》，载《环球》2023 年第 15 期。

〔2〕 邢政君、陈波：《印度外国投资国家安全审查制度及其影响》，载《亚太经济》2019 年第 4 期。

〔3〕 邢政君、陈波：《印度外国投资国家安全审查制度及其影响》，载《亚太经济》2019 年第 4 期。

2020 年《FDI 政策汇编》[1] 中，并未特别明确何种情况下外资会被认为威胁印度国家安全。

因此，印度的国家安全审查并没有成文的制度，讨论印度的国家安全审查似乎多集中于一直未能颁布出台的印度“国家安全例外法”以及“三个触发点审查”。但由于该法在印度国内争议过大，因此一直被搁浅，没有正式颁布。

“三个触发点”分别指敏感行业、敏感地区及敏感投资者。这样的提法通常见于印度媒体的报道，但相关的政策法规当中并没有该说法以及明确的定义与说明。在 2020 年《FDI 政策汇编》当中建议进行安全审查的情况说明中列出了以下行业：广播、电信、卫星的建设与运营、私营安保机构、国防、民用航空以及含钛矿物和矿石的开采以及与采矿相关的其他经营活动。[2] 对于敏感地区，《FDI 政策汇编》和相关法律未明确提及。但 2020 年 4 月印度政府突然颁布的《统合外商直接投资政策（修正案）》规定，“对于在印度投资的非居民实体，如果该实体属于与印度接壤的国家，或者该实体的实际控制人位于该国或者系该国公民，则此实体只能在政府路径下投资”，即上述投资需要通过政府的审批。实际上，在与印度接壤的国家中，巴基斯坦、孟加拉国、阿富汗等均不具有大规模投资印度的实力。因此，此条规定被视为针对中国投资者所设。对于敏感投资者，2020 年《FDI 政策汇编》规定，若是巴基斯坦和孟加拉国的公民或是注册实体，无论投资于什么行业、部门，都需要进入政府审批渠道。[3] 印度的外商直接投资确实存在有安全风险的“黑名单”，2006 年印度政府曾考虑将中国（含港、澳、台地区）、阿富汗、

---

〔1〕 Department for Promotion of Industry and Internal Trade Ministry of Commerce and Industry Government of India, *Consolidated FDI Policy*, Department for Promotion of Industry and Internal Trade (15 October 2020), https://dpiit.gov.in/sites/default/files/FDI-PolicyCircular-2020-29October2020.pdf.

〔2〕 Department for Promotion of Industry and Internal Trade Ministry of Commerce and Industry Government of India, *Consolidated FDI Policy*, Department for Promotion of Industry and Internal Trade (15 October 2020), https://dpiit.gov.in/sites/default/files/FDI-PolicyCircular-2020-29October2020.pdf.

〔3〕 Department for Promotion of Industry and Internal Trade Ministry of Commerce and Industry Government of India, *Consolidated FDI Policy*, Department for Promotion of Industry and Internal Trade (15 October 2020), https://dpiit.gov.in/sites/default/files/FDI-PolicyCircular-2020-29October2020.pdf.

朝鲜列入“黑名单”中。且在2010年的《FDI政策汇编》当中确实曾将中国（含港、澳、台地区）列入“黑名单”当中，后于2012年将中国移出“黑名单”，将其修改为孟加拉国和巴基斯坦并维持至今。[1] 可以推测，印度认定的国别与投资者敏感性，与当时两国之间的关系有关。近年来，中印曾发生边界冲突等摩擦，不难理解印度出台名为针对接壤国家，实际针对来自中国的投资者的《统合外商直接投资政策（修正案）》，因此，中国投资者近年来投资印度，无论任何行业，均应特别谨慎，做好事前的尽职调查。

（二）自动路径

印度的外商投资审批路径分为自动路径和政府路径两种。“自动路径”又被称为“普遍许可”，指的是对于某些领域、某些特定形式的外商直接投资在满足政府事先规定的合规和申报以后，不经政府审批直接投资到特定的行业或者领域。在新冠疫情发生前，印度大部分行业和领域都已经对外资开放，并且采取的是无须政府许可便可进入的“自动路径”方式。

（三）政府路径

“政府路径”指的是对于某些限制外商直接投资进入的行业领域或者不符合“自动路径”准入条件的外商直接投资，在进入之前需要首先征得印度相关部门的许可。[2] 在审批外资项目时，并无对外明确的规则标准，根据实践经验，通常考虑以下因素：(1) 该项目是否引进新技术；(2) 该项目是否带来资本；(3) 该项目是否有助于带动农村就业；(4) 该项目是否有助于农业发展；(5) 该项目是否有助于健康和人力资源发展；(6) 该项目是否有助于提升印度的出口潜力；(7) 该项目是否有助于提升印度的基础设施建设发展水平等。

---

[1] 邢政君、陈波:《印度外国投资国家安全审查制度及其影响》，载《亚太经济》2019年第4期。

[2] “政府路径”投资的审批此前由隶属于印度财政部的“外国投资促进委员会”（FIPB）负责，目前该部门已不存在，相关职能由印度中央银行和财政部、商工部工业和内贸促进局承担。

凡因投资所涉行业种类或持股比例需要经由“政府路径”审批进入印度的，投资者会面临一些不确定因素，因为印度政府的审批标准，也受当下的国际环境的影响。新冠疫情之前，不同产业根据外资持股的比例不同需要通过不同的审批路径。（见表 3-2）

表 3-2 在新冠疫情前印度外资主要行业的准入政策

序号	行业	外资持股上限	审批路径
1	机场建设类		
	绿地项目	100%	自动路径 外资持股超过 74% 的需要经“政府路径”
	现有机场项目	100%	
2	航空运输服务业	49%	自动路径
3	酿酒业	100%	自动路径
4	资产重组公司	49%	政府路径
5	原子矿产	74%	政府路径
6	私营银行业	74%	自动路径
7	雪茄及卷烟生产	100%	政府路径
8	煤炭及褐煤采矿（用于电力项目、钢铁和水泥生产等）	100%	自动路径
9	咖啡、橡胶加工和仓储	100%	自动路径
10	建设开发项目，包括住房、商用房、度假村、教育设施、娱乐设施、城市和地区一级的基础设施、村镇建设	100%	自动路径
11	速递服务	100%	政府路径
12	国防设备生产	26%	政府路径

续表

序号	行业	外资持股上限	审批路径
13	花艺、园艺、开发种子、动物管理、养鱼业、水产业、蔬菜及蘑菇培育	100%	自动路径
14	危险化工品、氢氰酸及其衍生物、碳氯及其衍生物、碳氢化合物中的异氰酸盐（酯）等	100%	自动路径
15	工业爆炸物生产	100%	自动路径
16	保险业	26%	自动路径
17	采矿业（包括钻石、宝石、金银及其矿石的勘探和采掘）	100%	自动路径
18	石油天然气精炼	100%（私人公司）	自动路径
19	平面媒介类		
	新闻及时事类报纸、期刊的出版	26%	政府路径
	科研及专业期刊的出版	100%	政府路径
20	电力行业，包括发电（核电除外）、输电、电力配送及买卖电力等	100%	自动路径
21	茶业，含茶业种植	100%	政府路径
22	电信设备生产	100%	自动路径
23	贸易行业		
	批发贸易	100%	自动路径
	出口贸易	100%	自动路径
	单一品牌零售贸易	51%	政府路径
24	经济特区和自由贸易仓储区（含“两区”及区内企业的设立）	100%	自动路径

资料来源：商务部国际贸易经济合作研究院等:《对外投资合作国别（地区）指南：印度（2020年版）》，载中国一带一路网，https：//www. yidaiyilu. gov. cn/wcm. files/upload/CMSydylgw/202102/202102010433037. pdf，2023 年 6 月 30 日最后访问。

三、2020 年《统合外商直接投资政策（修正案）》

2020 年 4 月，印度政府突然出台了《统合外商直接投资政策（修正案）》，极大地改变了印度外商直接投资政策，也对所有的中国投资者产生直接影响。此次修改，一个重要的内容就是对“适格投资者”的要求进行修改。新规定的第 3 条指出，对于在印度投资的非居民实体，如果该实体属于与印度接壤的国家，或者该实体的实际控制人位于或者系该国公民，则此实体只能经由政府路径投资。

除上文提及的最常见的政府路径和自动路径之外，还有“部分审批”这一路径。总体而言，批发、零售、贸易、咨询以及制造等行业不需要拿到相关部门的行政许可就可在印度注册实体。对于“部分审批”路径，此类行业在注册阶段不需要申请特殊牌照，但在运营阶段则需要许可证或牌照，如建设、房地产等行业。而对于需要经过政府审批路径的行业，在企业实体注册之前就需要向印度央行、财政部以及商务部等相关部门提交申请，拿到许可证后方可开展注册业务，如电信、食品加工业等。

因此，根据印度外商直接投资的新规定，所有来自中国的投资者，无论投资任何行业，都必须经由政府路径，即在实体注册之前需要向印度央行、财政部以及商务部等相关部门提交申请，待拿到许可证后方可开展注册业务。在实践中，如果是通过政府路径进入印度的投资，通常需要 1.5~3 个月时间完成审批。因此，新规定加大了投资的时间成本，使投资程序变得烦琐。这些额外成本可能会使中小型投资商对赴印度投资望而却步，陷入观望。事实上，中小型投资商往往是大型企业的配套商，如此很难形成完整的投资产业链。

四、印度外资安全审查成中企拦路虎：以中兴、华为等通信企业投资印度受阻为例

【案情简介】

中兴通讯现已在印度投资 1000 万美元，拥有新德里附近的一家工厂，并在班加罗尔设有研发中心。中兴通讯计划在印度追加一笔总数为 2250 万美元的投

资，此举将使中兴通讯得以进入印度电信设备市场的售后服务和批发领域，从而扩大其在印度的电信业务份额。但是，印度外国投资促进会（FIPB）推迟了对该项扩展计划的批准，理由是印度政府的安全部门要求进行更多的审查。

华为在投资印度时也遇到了类似的阻挠。华为在印度市场表现不俗，在印度的营业额稳步上升。其位于新德里附近的基地拥有超过350位专业销售人员和技术支持工程师。同时，华为在孟买和班加罗尔设立了地区营销和技术支持部门。2001年以来，华为在印度已斥资近1亿美元。

从项目实施之初，华为就与当时负责审批的部门——印度外国投资促进委员会FIPB的官员们进行了数次深入的沟通。在沟通后，华为方面对通过审批充满信心。但事与愿违，从2000年起，华为已9次向FIPB提交许可申请，均遭到拒绝。〔1〕

其中，2005年华为向FIPB提交申请，希望在印度南部建立电信设备生产基地项目，但印度内阁安全委员会以影响“国家安全”为由，拒绝批准华为在印度投资建厂的要求，并敦促FIPB对华为作出拒绝批准的答复。〔2〕

【案例涉及的主要问题及评析】

中兴和华为投资印度建厂受阻的例子很好地说明了印度的国家安全审查制度。实际上，印度的这项制度最大的特点之一就是不透明以及不确定，印度政府的相关部门拥有极大的自由裁量权，投资者很难作出预判。电信设备制造行业及基础设施行业在印度被视为“敏感”行业。印度现行政策规定，从事电信设备制造的，没有外资比例限制，适用自动批准渠道。华为投资建厂的申请属于电信设备制造业，可以适用自动路径，但因安全问题被拒绝。因此，需要投资者注意的是，印度的自动路径并不意味着可以豁免外资安全审查。尽管从外资进入的两个渠道（自动路径和政府路径）来看，印度对外

〔1〕《印度对中国资金心存疑虑　招商“过滤”中国企业》，载中国经济网2006年5月8日，http：//www.ce.cn/macro/gjbd/zg/200605/08/t20060508_6897588.shtml。

〔2〕《印度对中国资金心存疑虑　招商“过滤”中国企业》，载中国经济网2006年5月8日，http：//www.ce.cn/macro/gjbd/zg/200605/08/t20060508_6897588.shtml。

资准入的规则是相对清晰明确的，但印度的国家安全审查却在一定程度上对外资造成了阻碍。与外资准入审批制度和行业政策不同，印度的国家安全审查没有成文的制度，而是采取一事一议的做法，并且未有官方公开文件，只能从媒体中零星获悉。

因此，对我国投资者而言，如何通过审批，顺利在印度投资，是需要策略考量的。投资者可以考虑在不同的阶段设立不同的经营实体，以及选择特定区域（比如经济特区内投资），以规避投资风险。印度政府允许外资在印度设立公司实体及非公司实体。公司实体包括合资公司、独资公司，作为印度公司经营业务；非公司实体有联络办事处（代表处）、分公司及项目办事处，作为外国公司在印度经营业务。在这些非公司实体中，特别值得一提的是分公司。印度政府允许从事制造业和贸易业务的外国公司在印度设立分公司，但分公司不能从事制造、加工活动，所能从事的活动仅包括代理母公司、研发、进出口、技术和财务合作、技术支持、咨询服务、信息技术和软件开发等。但是，在经济特区满足特定条件的前提下外国公司可以建立从事制造活动的分公司。

在投资印度的初始阶段，我国企业可以选择设立程序简单、经营风险相对较小的代表处、分公司等形式来试探印度市场，而不宜盲目成立合资公司或者独资公司。在对印度的市场有所了解后，可以采取合资的形式。合资公司除了具有可以利用对方的营销渠道、财政资源及社会关系等优势外，还可以淡化我国企业的外资身份，最大限度地减少国家安全审查的可能性，这对于进入印度市场来说是相当重要的。[1]

第三节　在印度设立商业实体：独资还是合资？

中国投资者在投资印度时，首先要根据想要从事的商业活动的内容和目

〔1〕 王宏军：《印度外资准入制度研究——以我国企业对印度的投资为例》，载《法商研究》2008年第5期。

的，选择一定的主体形式或法人资格，一般应该选择按照印度法律所规定纳入外资管理的名称和相应的职责范围从事商务活动。[1] 根据印度 2013 年《公司法》的规定，外国投资者可以选择以合资或者独资的方式设立私人有限责任公司，此类公司设立后视同印度本地企业。

一、在印度设立外商独资企业

中国投资者投资印度时，经常选择的一种方式是设立外商独资企业。与合资企业相比，独资企业拥有更大的决策和运营灵活性，中国的母公司可以直接对其进行控制。在战略上，也可以将在印度的独资企业实体与在其他国家的实体统一管理并形成合力，进行最优的资源配置和安排。此外，投资者青睐设立独资企业的一个重要原因是知识产权保护问题，尤其对于科技型企业更是如此。

根据印度法律，中国投资者可以设立以下几种类型的商业实体作为独资企业：分公司、联络处、项目办公室、私人有限责任公司、公众公司、有限责任合伙以及一人有限责任公司。其中，前三种商业实体不具有法人资格，在实践中最常见的还是设立私人有限责任公司作为独资企业。[2]

根据印度 2013 年《公司法》的规定，私人有限责任公司有几大必备要素：第一，股东人数应当不低于 2 人，最多不超过 200 人；第二，董事数量应当不低于 2 人，且必须有一个印度居民董事，即要满足在担任董事职务之前在印度连续居住 182 天这一要求；[3] 第三，公司章程中要载明限制股权转让的条款；第四，不得向公众发出购买公司股权的要约。

通常来说，印度本国人注册设立一家私人有限责任公司所需的时间为 3~

〔1〕 商务部国际贸易经济合作研究院等：《对外投资合作国别（地区）指南：印度（2020 年版）》，载中国一带一路网，https://www.yidaiyilu.gov.cn/wcm.files/upload/CMSydylgw/202102/202102010433037.pdf，2023 年 6 月 30 日最后访问。

〔2〕 李钦：《印度投资实务指南》，法律出版社 2017 年版，第 78~79 页。

〔3〕 虽然印度《公司法》并未限制居民董事的国籍，从理论上说非印度公民也可以担任居民董事，但受限于印度严苛的签证制度，一般来说，很难有外国人满足居民董事在担任该职务之前在印度连续居住 182 天的要求，所以实践中一般都是印度公民担任居民董事。

4 个星期。但如果是中国投资者要以私人有限责任公司的形式成立外商独资企业，则需要涉及更多审批流程，耗费较多时间。尤其是在 2020 年 4 月，印度颁布《统合外商直接投资政策（修正案）》以后，对来自中国的投资，均需要进行外商投资审批（FDI 审批），这就使流程更加复杂和冗长。

从程序上来说，中国投资者想在印度设立外商独资企业，需要经历以下步骤：首先，向公司注册处申请注册印度公司，并继续申请税号、银行开户和进出口权等资质；其次，向印度商业与工业部（商工部）提交 FDI 申请；再次，向印度公司银行账号注入注册资本金；最后，向印度中央银行报备投资，并获得股权分配。（见图 3-1）

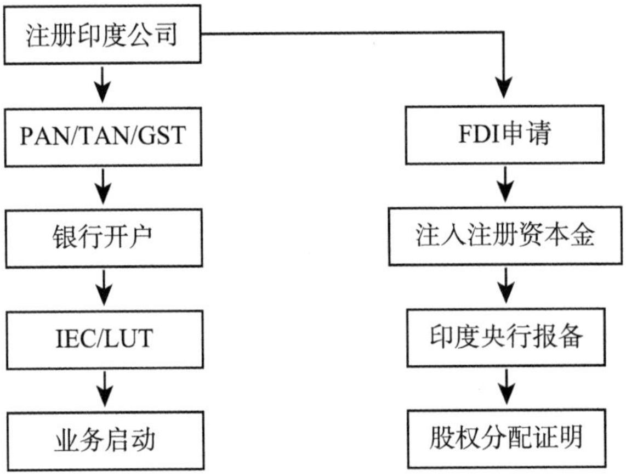

图 3-1　在印设立外商独资企业流程

根据当前的印度法律和政策，中国投资者在印度设立外商独资企业，公司注册方面并无太多法律风险需要规避，主要问题存在于 FDI 审批。2020 年 4 月《统合外商直接投资政策（修正案）》颁布后给中国投资者在印度设立外商独资企业带来了诸多不确定因素。根据印度相关媒体的报道，截至 2022 年 3 月，因受《统合外商直接投资政策（修正案）》的影响，最终仅有约 5%的中国投资获批。[1] 鉴于此，目前诸多中资企业换上"新马甲"，经由开

〔1〕 Ananth Krishnana, *Chinese Investments Returning to India with Greater Opacity*, The Hindu（05 July 2023）, https：//www. thehindu. com/news/national/chinese-investments-returning-to-india-with-greater-opacity/article67046854. ece.

曼群岛、新加坡进入印度，或者与印度公司组建合资企业进入印度。[1]

二、在印度设立合资企业

在进入外国市场时，选择合资（此处合资指的是股权合资，equity joint venture）的方式是一个利用当地资源、减少进入阻力的惯常方法。尤其是对于印度这样一个本土特色鲜明的国家，投资者更易于选择合资的方式，来降低磨合成本。中国投资者可以借用印度合资伙伴对印度社会政治、经济以及法律环境的熟悉，将一些难以处理的问题（如劳工问题）交给印度合作者，中方则主要贡献资金和技术，以这种模式实现合作共赢。[2]

在印度设立合资企业的法律程序和设立独资企业并无本质区别，所需注意的是对合资对象的选择以及合资协议的订立。通常而言，在印度成立合资企业的步骤如下：（1）选择潜在的合资方企业；（2）对潜在的合资伙伴进行尽职调查（尤其是财务和法律状况的尽职调查，是否存有债务及诉讼等）；（3）谈判以及起草、完善合资协议；（4）执行合资协议，以及其他交割步骤的执行；（5）注册成立合资公司。

（一）对合资伙伴的尽职调查

尽职调查的目的是对风险进行评价以及量化。在实践中，尽职调查的内容是一张“无法穷尽的清单”，需要针对特定的产业、投资内容等进行调整。

通常来说，需要尽职调查的信息和文件分为以下几类：（1）企业信息及重要文件，如营业执照、公司章程等；（2）董事、股东及股权信息，如董事列表、董事信息披露表、股东名册、股权转让文件等；（3）会议纪要和决议，如董事会会议纪要、股东会会议纪要；（4）公司资本，如公司资本和股本信息表、公司股本发行及转让情况；（5）知识产权，如公司已注册的商标相关

---

〔1〕 Ananth Krishnana, *Chinese Investments Returning to India with Greater Opacity*, The Hindu (05 July 2023), https://www.thehindu.com/news/national/chinese-investments-returning-to-india-with-greater-opacity/article67046854.ece.

〔2〕 实践中，中国大量企业的印度合作伙伴大多是有一定贸易或者交流合作经验和基础的印度企业。参见李钦：《印度投资实务指南》，法律出版社2017年版，第35页。

信息、公司使用的商号、公司正在使用的其他知识产权权利等；（6）公司财产，如公司所有的或者租用的不动产信息、公司所有或租用的不动产的地契或者租约等；（7）融资与借贷，如公司与其他企业的借贷或担保协议，公司抵押的资产、到期未清偿的债务等；（8）政府许可，如已经取得或正在申请的政府证照以及许可信息，到期或被撤销的证照和许可等；（9）诉讼和仲裁，如未决或者潜在的诉讼，因担保产生的诉讼或者争端信息，涉及公司子公司、公司董事等的未决诉讼和仲裁，公司在诉讼、仲裁案件中曝光的信息；（10）账目及税务，如公司年报、公司会计账簿、审计报告，公司资产负债表副本，公司所得税报表副本。[1]

上文所列尽职调查所需涉及的合作公司的信息和文件是从实践经验中大致总结的，并未穷尽尽职调查的范围。在现实的商业交易中，出于对己方商业信息的保护，在绝大多数情况下被调查方极可能将上述资料全部详尽提供给调查方，因为任何一个合作方几乎都不可能允许买家以“抄家”的形式进行尽职调查。[2]

在实践中，中国投资者进入印度市场寻找合资对象时进行尽职调查通常借助互联网及新闻媒体的途径获知一些信息，尤其是合作方的诉讼情况。除此之外，实践中还可借助第三方信用评级服务机构提供的信息为合作决策提供参考。印度信用评级服务机构（Credit Rating Information Services of India Limited，CRISIL）是印度本土历史最悠久的资信评级机构。迄今为止，CRISIL 已经为超过 6 万家企业进行了评级，其评级信息被诸多印度银行、非银行金融机构和其他企业所采用，为这些企业确定供应商、分销商以及决定是否给予贷款等提供重要信息参考。[3] 一般的印度企业为了顺利从银行和非银行金融机构获得贷款，都会对申请 CRISIL 评级持积极的态度。因此，很多时候 CRISIL 对该企业的评级就足以从一定侧面反映出该企业的信用评价、偿债能

---

〔1〕 李钦:《印度投资实务指南》，法律出版社 2017 年版，第 42~47 页。

〔2〕 李钦:《印度投资实务指南》，法律出版社 2017 年版，第 47 页。

〔3〕 具体数据也可参见 CRISIL 官网，https：//www. crisilratings. com/en/home/our－businesses/ratings. html#。

力和远期展望，投资者可以借用这些评级数据对潜在合作方作一个评估，间接作为尽职调查的重要辅助。[1]

（二）合资协议

合资协议是合资企业的根本性文件，也是规定合作双方权利义务的重要文件。合资公司成立以后的公司章程也经常是基于合资协议的内容拟定的。因此，合资双方应当重视合资协议，并在协议中详细约定各方的权利义务、合资企业的运营、终止以及争议解决方式等，切不可简单“套用”任何合资协议的模板。

对于中国投资者而言，应当根据自身情况（如持股比例、在董事会中占有的席位等）定制有利于自身权益的合资协议。合资协议本身没有模板式的条款设计，但有几点是需要注意的：第一，如果中方投资者占控股地位，应当意识到控股股东并不意味着对公司的实际控制。根据印度《公司法》的规定，对公司日常运营是由董事会负责的。因此，占据控股股东地位仅仅是第一步，还需要在公司的日常运营中体现控制权。中方投资者可以通过合资协议条款的设置，实现董事会中的多数席位、委派己方人员担任董事长、控制公司财务、控制合资公司的核心技术等方式来把握对合资企业的实际控制权。第二，如果中方投资者是非控股股东，则应当考虑在合资协议中为自己订立保障条款。例如，在协议中规定“正面投票机制”，即对于合资公司某些关键事项的决议，需要中方投赞成票才可以通过，否则不予通过。这种方式可以规避中方处于非控股地位的劣势，使其在合资公司的决议中仍然占据话语权。第三，合资协议还必须重视退出机制的设计。在实践中，双方合资通常都是基于对合资方的信赖或者认为可以形成合力以及利用对方优势来补充自身短板的考虑。一旦一方退出，另一方可能无法通过独资的形式继续推进项目。因此，可以在退出机制条款中，指明如果一方退出，可以给另一方何种补偿，或者用何种方式帮助另一方继续经营。

---

〔1〕 李钦：《印度投资实务指南》，法律出版社 2017 年版，第 49 页。

合资协议的撰写，可以主要考虑以下几方面问题:[1]（1）合资协议的签订主体（涉及履约及责任承担）；（2）股权配比及出资，包括出资方式、出资时限等；（3）合资企业的股份划分（是否有优先股和普通股的区分）；（4）股权的转让（是否有优先购买权、随售权以及领售权等）；（5）董事会及高级管理人员的控制权；（6）专利、技术秘密的保护；（7）违约责任；（8）争议解决方式。

第四节　印度劳工法律制度

劳工问题是外来投资者在印度开展投资经营面临的比较有挑战性的问题之一。印度年轻人口数量丰富，拥有庞大的劳动力市场，且劳动力价格相对较低，为投资者投资经营提供了丰富的劳动力基础。但是，印度的劳工法律制度甚为严格，涉及劳工的法律法规数量众多，内容较为复杂。除中央政府颁布的全国性法律外，还包括地方邦政府颁布的地方性法律法规。印度共制定了40余部与劳动雇佣问题相关的联邦法律和200多部邦级的劳动法律。2014年9月，印度总理莫迪推出“印度制造”计划，宣布要将印度打造成为全球制造业中心。“印度制造”计划包含莫迪政府的两大执政诉求：一为拉动制造业大规模增长，二为创造就业岗位。[2] 实际上，印度的就业形势一直不容乐观，就业率呈下降趋势。[3]

造成印度适龄劳动力闲置的原因有多种：一方面，农村劳动力缺乏重新配置的有效渠道，“靠天吃饭”的境遇长期得不到根本性改变，仅2016年印度就发生多起由旱灾、粮食歉收和债务负担导致的农民自杀案件。另一方面，

[1] 李钦:《印度投资实务指南》，法律出版社2017年版，第55页。

[2] 宁胜男:《莫迪政府“印度制造”——效果评析与前景展望》，载《印度洋经济体研究》2017年第3期。

[3] 宁胜男:《莫迪政府“印度制造”——效果评析与前景展望》，载《印度洋经济体研究》2017年第3期。

印度近70%的适龄劳动人口只接受过小学教育,[1] 而金融、软件等第三产业虽产值高速增长，但提供的岗位有限，又对劳动力知识水平与能力要求较高，无法为这些半文盲、技术水平较低的人口提供足够的就业空间。[2] 因此，莫迪政府推出的“印度制造”计划，希望通过推动制造业的发展，来雇佣富余劳动力，解决劳动力过剩的问题。

为了配合“印度制造”计划的推进，印度的劳工法律制度也进行了相应改革。在法律体系上，印度的劳工法律制度总体上是继受英国劳动法，在立法体系上非常完善。总体上，印度劳工法的价值取向是偏重劳工权益的保护：重“劳方”，轻“资方”。在本质上，印度的劳工法律制度偏向于接近发达资本主义劳工立法的水平，但在国情上，印度仍然是一个发展中国家，这就导致了法律的规定与社会的现实存在一定程度的脱节。在实际的投资案例中，本地化用工程度很高，很多高达90%以上。一方面是由于外派人员的成本较高，往往是印度本地员工成本的数倍，所以外方外派人员主要以管理层、核心技术人员以及市场开拓人员为主；另一方面是由于印度本土的低成本产业工人资源丰富，雇佣本地员工可以有效地降低经营成本。[3] 可以说，“印度制造”计划对中国投资者而言，是一个契机，但能否利用好契机，在印度投资企业的劳工制度是否合规显得尤为重要。

一、印度劳工法及主要法律法规发展概况

印度劳工法律体系庞杂，涉及众多法律法规。在这些复杂的劳工法律法规中，有部分古老的规定可以追溯到一个世纪前，与目前的实际情况有较大脱节，对一些产业的发展产生负面影响。为了促进印度经济和税收增长，莫迪政府于2019年在议会提出议案，目的是将这些数量庞大的劳动法合并成

---

〔1〕 Limda, *India's Economy*: *More than A Lick of Paint Needed*, The Economist (19 February 2015), https://www.economist.com/asia/2015/02/19/more-than-a-lick-of-paint-needed.

〔2〕 宁胜男:《莫迪政府“印度制造”——效果评析与前景展望》，载《印度洋经济体研究》2017年第3期。

〔3〕 洪青等:《中资企业印度生存报告（2016版）》，载搜狐网2016年10月9日，https://www.sohu.com/a/115665536_481741。

4~5部法典。2019年8月8日，第一部《工资法案》获得批准并颁布。此后，在2020年9月28日，《社会保障法案》《劳资关系法案》《职业安全、健康和工作条件法案》相继获得批准，并于2021年年底前生效。

（一）《工资法案》

印度2019年《工资法案》合并和修订3部关于工资和报酬支付的国家法律，即1936年《工资支付法》、1965年《奖金支付法》以及1976年《同工同酬法》。该法典统一了以往各项劳工立法中对“工资”的不同标准，统一规定工资一般由基本工资、物价津贴以及留用津贴三部分构成。该法典还明确了工人（worker）、雇员（employee）以及合同工（contract labor）的定义和范围。法案还强调同工同酬，要求雇主在工资方面给予从事相同或者类似性质工作的雇员相同的工资，并在招聘方面不设置性别歧视门槛。与1976年《同工同酬法》相比，新法案对“同酬”的范围作出了清晰的界定。新法案所指相同报酬的范围包括基本工资或薪金以及因就业或工作而以现金或实物形式支付给雇员的任何额外报酬。

（二）《社会保障法案》

印度2020年《社会保障法案》整合和修订9部国家社会保障法律，包括1948年《雇员国家保险法》、1952年《雇员公积金和杂项规定法》、1961年《产假福利法》、1972年《退休金支付法》以及1972年《酬金支付法》等。根据这部新法案的规定，在印度注册的企业并不强制适用社会保障金的规定，但为了劳动者的利益，印度中央政府可以公布和实施各种社会保障计划，包括雇员公积金计划（Employees's Provident Fund Scheme，EPF）、雇员养老金计划（Employees's Pension Scheme，EPS）和雇员储蓄保险计划（Employees' Deposit Linked Insurance Scheme，EDLI）等。由于2020年年初暴发的新冠疫情给雇佣市场造成的改变，该法案还增加了在发生流行病的情况下适用的特殊条款。例如，在发生全球性流行病、地方性流行病或全国性灾难的情况下，印度中央政府可以推迟或者减少雇主或雇员的相关缴款（如公积金和员工保险），但期限最长为 3 个月。

（三）《劳资关系法案》

印度 2020 年《劳资关系法案》合并和修订 3 部关于工业企业雇佣条件的国家法律，即 1926 年《工会法》、1946 年《工业雇佣（常规）法》以及 1947 年《劳资纠纷法》。这部法典对中型和大型企业的雇员招聘和解雇作出了新的规定，使裁员程序更为便利。在实施这一法典之前，雇员超过 100 人的企业在裁员、削减开支和关闭之前，都需要得到政府的事先批准。而新法案则允许人数在 300 人以内的公司不经过邦政府的批准就可以解雇员工。

新法案还对"罢工"行为作出了重新界定，将"大规模员工临时休假"也纳入"罢工"的范围。如果有超过 50% 的员工同时休事假，则也会被视为罢工。新法案还规定，在没有至少提前 60 天通知的情况下，员工不得举行罢工活动，而且在法庭或劳资法庭裁决期间，员工也不得举行罢工活动。而在旧法中，这些进行罢工之前的程序性要求仅适用于水、电、天然气等基础服务企业。由此可见，新法案对罢工的程序性规定更加严格。

（四）《职业安全、健康和工作条件法案》

印度 2020 年《职业安全、健康和工作条件法案》旨在整合和修订 13 部关于工作场所员工安全和工作条件的国家法律，其中主要包括 1948 年《工厂法》、1952 年《矿业法》以及 1970 年《合同工（监管和废除）法》等。新法案规定，在符合安全、假期、工作时间以及员工意愿等条件下，女性员工可以被允许在夜间工作。此外，新法案取消了企业为员工在其工作地点或附近提供临时住宿的规定，改为要求企业向员工支付通勤津贴。该法典的另一新规定是用人单位必须为超过一定年龄的员工提供一年一次的免费健康检查。

（五）《工作场所性骚扰女性法（预防、禁止和补救）》

2013 年出台的这部法案，是印度劳工法律中的一部特色法案，专门针对印度的国情以及社会实际状况而制定。投资者在雇佣女性员工时，应当尤其注意遵守本部法案。

本部法案旨在为妇女在工作场所被性骚扰提供保护，对性骚扰相关或附带事宜进行预防和补救。本法案所指的“性骚扰”行为包括下列一种或多种举止或行为：身体接触和更进一步行为，对性关系的需求或要求，带有性色彩的言论，展示色情资料或任何其他不受欢迎的身体、口头或非口头的性行为。该法案还要求，任何雇员超过10人的用人单位必须在公司内部设立投诉委员会等机制，处理来自女性雇员的性骚扰指控。此外，法案还进一步要求雇主在工作场所显眼位置展示性骚扰所要承担的刑事后果，同时清楚阐明内部投诉委员会的组成。法案还要求雇主履行相关义务，例如，在工作场所提供安全的工作环境、监督投诉委员会及时提交报告等。

二、劳工权益

印度法律规定，劳动者享有各项权益，如获得薪金、同工同酬、法定工作时长以及参加工会等。具体而言，在薪金方面，法律规定了法定最低工资额、奖金、退休金和加班费的支付；在劳动时间方面，法律对每周工作时长以及每天工作时长作出了限制性规定；在假期方面，法律规定员工享有带薪休年假的权利；在保险方面，雇主必须给员工购买劳工保险。

（一）薪金

印度2020年《工资法案》规定了政府确定最低工资的相关程序，并且法案规定中央政府在制定最低工资标准时，应当考虑到不同地区工人的最低生活标准。中央政府在2020年7月1日公布，建议最低工资为185卢比/天。法案还进一步规定，邦政府在任何情况下所确定的最低工资都不能低于中央政府确定的最低工资的标准，但如果邦政府确定的现有工资标准高于中央政府指定的标准，则不能降低其标准。此外，在最低工资标准的制定上，法案要求标准修订的间隔最长不得超过5年。法案还规定，员工的固定工资应当按月发放。雇员人数不超过1000人的单位，工资发放不得超过规定日期的7天。企业还需要根据法律规定保存各种工资发放记录，且还须根据联邦和地方邦政府法律，给雇员发放工资单。

在奖金支付方面，2020 年《工资法案》关于奖金的计算规则与 1965 年《奖金支付法》的规则基本一致，即所有月工资不超过 10000 卢比、当年工作时间至少有 30 工作日的技术、非技术、管理、监督、行政、科技岗位的雇员都有权获得奖金。奖金的具体数额由雇主决定，但最低不得低于该会计年度雇员工资的 8.33%，或 100 卢比；最高不得高于该会计年度雇员工资的 20%。此外，法案还规定雇主在确定向雇员支付奖金的门槛要求时应当获得政府的同意，对于因性骚扰而解雇的雇员，雇主可以取消其获得奖金的资格。

在加班费方面，法案规定，如果雇员在任何一天的工作时间超过正常工作日的小时数，则雇主应当按照不低于正常工资两倍的加班费标准向雇员支付加班费。但是在目前的印度劳动市场，关于加班费用的规定很少能得到真正的履行。一般来说，当雇员为了完成工作而加班时，公司和雇员会默认无须支付加班工资。但是，如果雇员就此起诉企业且胜诉，企业所支付的赔偿费将高于加班费。

在退休金支付方面，印度 2020 年《社会保障法案》规定了强制性的退休金支付方案，即任何连续工作时间为 5 年或 5 年以上的雇员，均有权在达到退休年龄时，获得雇主给付的退休金。此外，该法案还提议成立一个全国社会保障局，负责为无组织工人、零工和平台工人制定合适的社保计划。这些非正规经济从业者将被纳入人寿和残疾保险、公积金、健康以及生育福利以及技能提升等社保范围。该法规还建议成立专门的社会保障基金，为上述三类从业者提供社会保障资金。在《社会保障法案》出台之前，非正规经济从业人员并没有规范的社会保障。

（二）劳动时间

在目前的法律框架下，2020 年《职业安全、健康和工作条件法案》对雇员的劳动时间作出了具体规定。根据该法案的规定，任何场所都不得要求或允许员工每天工作超过 8 小时，加班的员工有权得到不低于正常工资两倍的加班费，并且安排加班必须事先得到员工的同意。在遵守政府规定的与安全有关的条件或其他条件下，妇女可以在晚上 7 点以后或早上 6 点以前工作。员工每周的工作时间不得超过 6 天，且每一年中员工每工作 20 天则必须放假一次。

（三）假期

关于假期的规定主要包含在《商店和商业机构法》中。具体来说，雇员的假期通常包括每周休假、国家公众假期、带薪年假、病假以及产假等。根据该法案的规定，每个雇员每周至少休息一日（通常是周日），但法律同时规定，用人单位也可以根据具体情况，安排员工在一周中的任意一天休假。

在印度的全国性节日，如共和国日（1 月 26 日）以及独立日（8 月 15 日）等，雇员均可以休假。此外，每个雇员也都有权享受邦政府规定的其他假期。如果雇员被要求在假期工作，则有权获得双倍工资并要求补假。除了公共假期外，法律还规定了所有雇员在工作一段时间后均有权享受通常为 15 天的带薪年假，并在离职时可以兑现还未休完的带薪年假。

根据印度法律的规定，所有行业的男性从业者都享有 15 天的陪产假。对于女性雇员而言，生育头两个子女的带薪产假均为 26 周，领养母亲以及利用代孕生育子女的母亲的带薪产假为 12 周，如果流产或终止妊娠则享有 6 周的带薪假期。此外，法律还规定产妇产假结束后拥有一段时间的“在家工作”的权利。

（四）保险

除了养老金、退休金等社会保险，根据印度法律的要求，雇主还应当在雇员因工伤残或死亡的情况下支付赔偿金，并且为雇员购买医疗保险。

三、劳动合同

与中国不同的是，印度的劳动法并不强制要求雇员与雇主签订书面劳动合同，但出于维持雇佣关系的稳定性、强化劳动管理、劳动者保障自身权益以及双方处理争议的便利的考虑，在实践中雇主大多会与雇员订立书面劳动合同。

（一）雇佣合同的常见条款

通常来说，雇主与雇员签订雇佣合同，必须包括以下常见条款：关于工作地点以及职位的描述；工作的开始日期、期限（固定期限或无固定期限）和类型（兼职或全职）；试用期以及试用期待遇；休假权利；工资详细信息以及其他福利；终止雇佣的条款；限制性条款；适用法律以及争议解决条款。

值得注意的是，雇佣合同的条款是可以变更的，但雇主必须提前21天向雇员发出书面通知。如果在此期间，雇员对条款有异议需要在劳资法庭上提出变更质疑，则在法庭解决争议之前，这些变更都会被中止。

（二）试用期

印度法律允许雇主为雇员设定试用期，如果在试用期内认为雇员不合格，雇主有权终止合同。虽然根据《工业就业法》的规定，试用期通常为3个月，但由于该法立法滞后，适用的对象有限，目前在实践中，试用期通常为3~6个月。

在试用期内，雇主有权在无任何通知的情况下终止对该试用期雇员的雇佣。通过试用期的雇员则自动成为永久雇员，除非雇主提出与雇员签订固定期限劳动合同。

（三）职业限制条款

职业限制条款也称“竞业禁止”条款，通常指的是公司为了保护自己的商业利益，对雇员的离职作出的限制。职业限制条款通常有三种类型：竞业禁止条款、禁止招揽条款以及花园假期条款。竞业禁止条款要求离职的雇员在一定期限内不得从事任何可能与雇主业务相竞争的活动。在实践中，这种条款一般是约束离职的企业初创人员或者高级管理人员，较少用来限制离职的普通员工。禁止招揽条款目的是防止雇员在离职后，基于之前的业务关系，将原工作单位的客户或者供应商带离，造成原单位资源和利益受损的行为。花园假期条款（garden leave）指的是雇员在向雇主申请离职后，雇主即安排专门的离职假期，让雇员离开工作岗位，但仍视为出勤，直至离职手续完成为止。雇主设立花园假期的目的，在于保护公司核心资源和机密，使雇员在离职前的一段时间停止接触核心业务，以保护用人单位的重要资源。

实际上，根据印度《合同法》第 27 条的规定，竞业禁止条款以及禁止招揽条款是被明确认定无效的。从印度法院一直以来的判例来看，这两类条款也由于违反公序良俗，难以得到法院的支持。在实践中，仅有使用花园假期条款得到法院认可的案例，雇主可以通过设置花园假期条款，来变相实现对离职雇员的“竞业禁止”。但是，值得注意的是，花园假期条款具体内容的设计，也是至关重要的，若不合理，也可能被法院认定为无效。以孟买高等法院的 V. F. S. Global Services Ltd. v. Mr. Suprit Roy 案为例，雇主 V. F. S 公司在花园假期条款中与雇员约定，该雇员离职并解除合同之后，雇主将给予其 3 个月工资的补偿，同时要求该雇员进行一段期限的竞业限制（所谓的“假期”），也就是合同解除后的禁止性约定（post-contractual restrictions）。后来雇员没有遵守该约定，雇主要求前员工赔偿 5000 万卢比，并诉至孟买高等法院。雇主的律师团队认为，雇主给付 3 个月工资，并且要求雇员遵守一定时间的竞业禁止限制，其本质上相当于更新了之前的合同，但最终雇主的请求没有得到法院的支持。在实践中，比较合理的方式是在员工的聘用协议期限内引入花园假期条款，可以约定将雇员在离职前向雇主提出申请的通知期延长。将雇员提出申请之日作为花园假期的起始日，将离职手续办妥之日视为花园假期的终止日。

此外，值得注意的是，印度的法律和判例虽然禁止竞业禁止条款以及禁止招揽条款的适用，但并不禁止雇主要求雇员在离职后不得利用因职务获取的机密信息以及进行知识产权侵权等。所以对于雇主而言，可以和员工签署相应的文书，约定对于公司的商业秘密以及相关知识产权的管理制度和禁止性规定。

（四）劳动合同的解除

根据印度法律的规定，劳动合同的终止一般包括如下几种情况：固定期限劳动合同期满，雇员主动辞职，雇员退休，企业因业务转移、重组或倒闭而进行裁员，雇主主动解雇员工。根据印度劳动法的相关规定，如果雇主要与连续工作 1 年以上的雇员解除劳动合同，必须提早 1～3 个月将解雇事由通知雇员，并提供等价于 15 天工资的补偿金。但如果由于雇员个人的不当行为而被解雇，则雇主不需要提前通知以及提供补偿金。

此外，雇员的自愿离职也可以导致劳动合同的解除。根据印度法律的规定，如果雇员自愿离职，雇主必须接受。在这种情况下，雇主必须支付下列款项作为遣散费：所有应计未付的工资、应计带薪休假的工资以及其他合同中规定的酬金（如浮动工资、绩效奖金等。如果员工每工作满 1 年，雇主必须支付 15 天的工资，最高额不超过 30 万卢比）。但是，如果雇员在职时期对雇主的财产造成损害，雇主则不需要支付上述遣散费。

在印度劳工雇佣市场上，大多数企业会要求雇员离职前签订离职协议，协议的内容包括工作内容成果的交接、补偿金的支付、后续争议解决等内容。尽管印度法律不强制雇员和雇主签订离职协议，但为了消除后续争议的产生，在实践中绝大多数雇主与离职的雇员会签订离职协议，这也是值得外国投资者在印度雇佣劳动力时注意的。

四、工会

与其他发展中国家相比，印度是非政府组织大国，其非政府组织活动十分活跃，并在社会生活中扮演着重要角色。[1] 印度政府没有专门的监管机构，完全依靠一系列法律法规对这些非政府组织的运作进行调整、监督和管理。以工会为例，印度是 1919 年成立的国际劳工组织的创始成员国，工会

---

〔1〕 商务部国际贸易经济合作研究院等：《对外投资合作国别（地区）指南：印度（2020 年版）》，载中国一带一路网，https：//www.yidaiyilu.gov.cn/wcm.files/upload/CMSydylgw/202102/202102010433037.pdf，2023 年 6 月 30 日最后访问。

的发展在印度历史悠久。在立法方面，殖民地时期，印度就颁布了 1926 年《工会法》，为组织集结工会以及开展工会活动提供合法性保障。[1] 目前，调整、监督和管理印度工会的主要法律包括:《宪法》《工会法》《工业争议法》等。[2]

（一）印度工会的主要职能

根据目前《工会法》的规定，任何企业的工人阶层都有成立工会的权利，任何 9 人或以上的团体均可申请注册成立工会。工会一经登记注册成立，则工会就有权代表工人就薪资、待遇等问题与雇主谈判。但是自 1991 年印度进行经济自由化改革之后，除了代表员工就薪资待遇等问题与雇主谈判，工会的职能有了扩充，变得复杂多样。[3] 第一，工会与工人开始合作接收病态企业以自救。1985 年，印度政府颁布《病态工业公司（特别条例）法》，允许工人或工会为了复兴而接收病态的或关闭的企业。但是，工人或工会接管病态企业的行为受到了政府的阻挠，在这样的背景下，工会继续领导工人一同接管病态企业以自救。[4] 第二，自 21 世纪初经济全球化开始，印度的跨国公司和私营企业发展迅速。在当时，这些企业为了追求效益，取消了工人的罢工权。因此，工会开始组织和领导工人争取罢工权，并促使政府制定法律条例，防止雇主对劳工权益的侵犯。[5] 第三，工会还被工人视为一种“代表正义”的机构，工人希望工会能够通过斗争帮助他们获得应该享有的社会地位，能够体面地工作，即追求和捍卫尊严与正义。[6] 第四，为工人争取更好

---

〔1〕 张淑兰:《全球化背景下的印度工会》，载《南亚研究》2011 年第 1 期。

〔2〕 除了国家层面的立法，印度许多邦也出台了关于工会法的实施细则。例如，1971 年《马哈拉施特拉邦承认公会和防止不公平劳动行为法》（The Maharashtra Recognition of Trade Unions and Prevention of Unfair Labour Practices Act，1971）、1998 年《西孟邦工会实施细则》（West Bengal Trade Unions Rules，1998）以及 2010 年《喀拉拉邦承认工会法》（Kerala Recognition of Trade Unions Act，2010）等。

〔3〕 张淑兰:《全球化背景下的印度工会》，载《南亚研究》2011 年第 1 期。

〔4〕 张淑兰:《全球化与印度的工人》，载《当代世界社会主义问题》2008 年第 4 期。

〔5〕 张淑兰:《全球化背景下的印度工会》，载《南亚研究》2011 年第 1 期。

〔6〕 张淑兰:《全球化背景下的印度工会》，载《南亚研究》2011 年第 1 期。

的社会保障和医疗服务水平。

（二）工会的集体性谈判

对投资者而言，最值得注意的问题之一就是如何应对印度工会的集体性谈判。投资者作为“资方”代表，需要全方位了解工会的集体性谈判遵循的主要路径以及几种应对处理方式。

通常来说，工会代表首先征询工会成员的意见后准备一份谈判要求章程（charter of demands），这份章程通常包含工人对工资、工作环境、福利等要求。其次，工会代表将该章程提交给雇主，要求开展谈判。在正式开展谈判前，双方会搜集相关数据、法规，准备谈判策略。在正式谈判开始后，如果谈判不顺利，工会决定罢工，则需要在罢工开始之日提前 6 周给雇主和相关部门发出罢工通知。负责劳动调解的政府官员在收到罢工通知后，会介入调查，并视情况成立调解委员会，促成双方达成和解（settlement）或调解（mediation）。经过政府调解官员的介入，可能会达成和解协议或者因未达成和解协议需要进一步诉至劳动法院（labor court）。需要注意的是，即便工会不满调解结果，也必须在调解官员的调解程序结束 7 日以后，员工才可以罢工。如果发生进一步诉至劳动法院的情况，则工人只有在诉讼程序正式结束 2 个月后才可以进行罢工。

总之，工会的集体性谈判是相对复杂和漫长的过程，可能会持续几个月甚至几年。在国有企业的工会集体性谈判中，也出现过若干时间跨度长达几年的例子。投资者对此应当做好充分应对准备，应当尽量避免工会发起集体性谈判，做好调研，满足属地化经营的要求。

（三）工会的登记

印度法律并未强制要求工会成立时即进行登记，因此工会也可以在实际成立一年后再进行登记。但需要注意的是，工会登记并不等于得到雇主的承认，从而获得开展集体性谈判的地位。目前，印度的全国性法律没有规定什么情况下工会可以获得雇主的承认，但某些邦一级的立法有相关规定。在实践中，大多数邦立法认为工会成员赞成投票占大多数时，雇主应该承认工会开展集体性谈判的地位，但是喀拉拉邦的立法则规定只要获得10%以上的成员赞成投票时，雇主就应该承认。[1] 在更多情况下，工会地位能否获得雇主的承认，还是取决于和雇主的谈判。法律界一直强烈建议中央应该立法明确雇主承认工会的规则，《工会法（2019年修正案）》草案增加了承认工会的相关条文，但该草案已被议会否决。

（四）印度工会的两个维度

对于中国投资者而言，应当意识到印度工会是相当强势的存在。因此，中国投资者不应当对工会存有刻板印象以及侥幸心理，认为工会在劳资关系中的作用无足轻重，而应当主动应对和处理好和印度工会的关系，为投资营商活动做好充分的铺垫。实际上，印度的工会覆盖的职能较广，有权与雇主进行集体性谈判，要求提高工资、改善工作环境、提高福利等，如果谈判未能得到满意的结果，工会可以组织罢工，而罢工对雇主可能会带来巨大的经济损失。从过往的经验看，印度的不同行业都曾经出现过大规模的罢工行动，2019年1月更是出现了号称全世界最大规模的印度2019年大罢工，罢工人数高达1.5亿人。参与罢工的人员来自银行、运输、钢铁、电力、汽车、其他制造业等多个行业，由十几个全国和地方性工会组织，本次罢工向中央政府提出了12个诉求，主要是反对莫迪政府不保护工人的劳动法规，反对运输行业国企的私有化，要求最低工资提高到每月18000卢比等。[2]

印度工会的强势地位和罢工风险使许多投资者对在印度营商如何处理劳资关系充满疑虑。实际上，投资者可以从积极的维度来看待印度工会：如果公司雇佣的印度当地员工数量大，管理层通常会和工会每隔一段时间就薪酬等问题进行谈判，之后将待遇固定下来，政府也会协助劳资双方确认这些沟

---

〔1〕 K. R. Shyam Sundar, *Official Data on Trade Unions*: *Some Comments*, Economic and Political Weekly 34, 1999, p. 2839 -2841.

〔2〕 Jamie Woodcock, *India General Strike* 2019, Notes from Below (10 January 2019), https://notesfrombelow.org/article/india-general-strike-2019.

通成果。倘若日后员工不遵守双方沟通谈判的约定，那么工会会对此负起责任。此外，正是由于工会的存在，以及工会行为对员工的代表力和约束力，在很多情况下，资方可以直接与工会沟通，节约沟通成本，促进谈判的达成以及事项的解决。

五、外国劳工在印度工作签证的申请与属地化用工

在实践中，不少中国企业在印度设立经营实体之后都希望派驻中国籍员工对印度业务进行管理。因此，如何为中国籍员工申请在印度的工作签证是一个值得注意的问题，投资者不可“想当然”地认为中国籍员工在印工作签证的取得是一个理所当然的事情。实际上，由于印度本身有大量富余劳动力，因此印度政府的初衷是希望外国投资者在印度投资设立经营实体从而雇佣大量本地劳工，解决印度社会的就业问题。因此，外籍人士工作签证的申请难度较大。根据印度相关法律的规定，仅有投资者能证明该岗位无法由印度人胜任，且必须要派遣中国籍员工时，才予以签发工作签证。在新冠疫情之后，印度大量劳工失业，因此外籍员工签证难申请的问题会进一步加重。此前，很多中国企业以商务签证形式派驻员工在印度从事经营活动，这一做法是非法的，也导致中国企业派驻的员工在很多方面没有法律保护，如无社保、不能以个人名义租房等，也给企业运营带来风险。[1]

针对外籍劳工难以获得签证这一问题，属地化经营是一个可行的策略。实际上，在“一带一路”倡议和中国企业“走出去”战略实施以来，很多中国投资者在海外投资经营中逐渐意识到属地化经营的重要性和可行性，并在此方面积累了大量经验。[2] 在印度的投资经营中，投资者尤其应当采取属地化策略，顺应印度当地的政策需求，利用好印度的本地人才和人力资本，才是企业的长久发展之道。首先，对于可以用印度本地员工替代的普通岗位，应当尽量雇佣本地劳工。其次，在管理团队上，也不应当局限于“自己人”，而应当构建起一支包含印度管理人员的管理团队，并在比例和数量上达到一

---

〔1〕 李钦：《印度投资实务指南》，法律出版社 2017 年版，第 192 页。

〔2〕 苏伟洪：《海外项目属地化用工风险的规避》，载《施工企业管理》2019 年第 7 期。

定要求，做到“以印度智慧管理印度员工”。作为中方投资者，在外籍劳工的管理上，主要关注以下几点：首先，把好印度籍员工入口关，严格根据印度劳动合同的各项条款要求拟定合同；其次，完善并加强外籍员工日常管理的长效机制，建立和实行与当地员工的定期沟通机制，及时化解矛盾，避免罢工事件的发生；最后，针对印度员工的特点，做好文化融合。印度的底层劳工受教育程度低，流动性大，宗教影响深厚，投资者应当建立好文化融合的纽带，借助印度籍管理者的优势，做好文化融合。例如，在当地重大的民族和宗教节日，可以送上节日礼物，组织联欢，实施人文关怀。[1]

六、印度劳工的竞业禁止义务：以阿米特案为例

【案情简介】

2018 年，阿米特·库马尔先生入职一家位于印度孟买的电子制造公司印度移动，担任工厂经理一职。根据与印度移动的劳动合同，阿米特·库马尔先生有权提前 2 个月发出通知，终止劳动关系。劳动合同还包括一项关于竞业禁止的规定，内容如下：“在任职期间以及劳动关系终止后的两年内（即使有终止原因），阿米特·库马尔不得直接或间接拥有、受雇于或代表任何从事与印度移动及其分支机构或关联公司具有相似性质或有竞争性业务关系的公司。”

2019 年 12 月，阿米特提交了辞职信，并终止了与印度移动的劳动关系。2020 年 3 月，印度移动的人力资源经理发现阿米特加入了印度移动的竞争对手之一，并任职工厂经理。原工作单位认为，阿米特的行为违反竞业禁止条款，应该对原公司进行赔偿。但法院却认为，劳动合同中的竞业禁止条款范围过于广泛，且约定内容不合理。

【案例涉及的主要内容及评析】

根据印度《合同法》第 27 条的规定，任一方被限制从事任何形式的合法

---

[1] 苏伟洪：《海外项目属地化用工风险的规避》，载《施工企业管理》2019 年第 7 期。

职业、贸易或业务的任何协议，在一定情形下都是无效的。但是，出售企业商誉的一方可以与买方约定，在特定的当地限额内，不从事类似的业务，但前提是法院认为此限额合理，并将综合考虑其企业性质。

印度《宪法》第 19（g）条明确规定每个公民有权从事任何职业、贸易或商业活动。这不是一项绝对的权利，为了公众的利益，可以对这项权利进行合理的限制。

鉴于这项基本权利和对上述《合同法》第 27 条的狭义解释，印度法院一直抵触对竞业限制条款进行维护，并根据每个案件的事实和情况，将此类条款的解释限定在一定范围内，以确保公序良俗得以恰当适用。

虽然竞业禁止条款在员工受雇期间对员工有约束力是一个基本的法律立场，但这种限制在劳动合同终止后对员工是否有效仍具争议性，一般会提交法院进行裁决。外国投资者在与印度员工签订劳动合同时应谨记这一要点。

第五节　印度税收法律制度

长期以来，印度税制复杂、税负较高，中央和地方、各邦之间税制各异，国内市场被分割成碎片，全国统一市场难以形成。具体来说，印度是联邦制国家，除了中央税（central sales. tax，CST）外，各邦还有形式各异的地方税（local sales. tax，LST），企业在运营过程中经常会遇到重复计税的问题，这就导致了印度企业的综合税负较高，本地注册的私营公司总体税率平均达 30%，分公司甚至高达 43%。[1] 为配合“印度制造”计划的实施，莫迪政府也对印度的税收制度作出了相应改革。2016 年 8 月，印度议会上院通过了《商品与服务税法案》，邦内和邦际消费税将被统一的商品服务税替代，印度从 2017 年进入全国统一税制时代，有效避免重复征税，并将大幅降低印度境

〔1〕 梅冠群:《莫迪执政后印度经济发展战略选择及我国应对之策》，载《南亚研究季刊》2017 年第 2 期。

内企业的税负负担。此次税改被称为印度独立以来最大规模的税收制度改革。[1] 但即便如此，印度的税收法律制度依然繁复庞杂，税务稽查严格，处罚措施严厉，需要投资者尤为注意，在投资营商的同时聘请专业人士，做好税务合规。

一、印度税收法律制度概况及近年发展

印度的税收征收严格遵循税收法定主义。印度 1949 年《宪法》第 265 条规定："没有议会的授权，行政上不能课税。"印度中央和地方各邦税种的征收都必须由《宪法》授权。印度税收的主要管理机关是印度税务局（India Revenue Service，IRS），其下属的中央直接税务局管理所得税、财富税等直接税相关事宜；印度消费税和海关中央委员会（Central Board of Excise and Customs，CBEC）则主要负责管理印度的海关、中央消费税以及服务税等间接税的事宜。邦政府主要征收商品与服务税、印花税、邦消费税、娱乐博彩税以及土地收入税等。

（一）印度税收种类及主要法律

印度的税收征收权主要集中在联邦中央政府和各邦之间，地方市一级政府负责少量的税种征收。印度联邦中央、邦以及地方政府尽管都有各自管理的税种，但税收收入主要集中在联邦。中央和地方各邦的征税权有明确的划分，中央政府征收的税种包括直接税和间接税两大类。直接税主要由企业所得税、个人所得税和财富税等组成，间接税主要包括商品与服务税以及关税等。（见表 3-3）

---

〔1〕 章华龙：《印度启动独立以来最大规模税改》，载新华网，http：//www.xinhuanet.com/world/2017-07/02/c_ 129645435.htm。

表 3-3　印度直接税和间接税的种类及税率

分类	税种 taxes	税率 tax rate
直接税	企业所得税 corporate incometax	外资/合资公司 30%，分公司 40%
	长期资本所得税 long term capital gains tax	20%
	短期资本所得税 short term capital gains tax	15%
	个人所得税 individual income tax	0～30%
	红利分配税 dividend distribution tax	15%
间接税	商品与服务税 GST	分四档：5%、12%、18%以及 28%
	关税 customs duty	依照具体产品
	服务税 service tax	15%
	消费税 excise tax	12. 5%
	入境税 octroi entry tax	1%～5%

印度 1961 年《所得税法》在印度税收法律体系中占核心地位，构成直接税收成文法的主体。此外，印度关税以及 2017 年改革实施的商品与服务税构成了间接税成文法的主体。加上各邦的地方税，形成了目前的印度税收法律体系。由于印度是英美法系国家，印度的税收法律制度除了成文法，还受到判例法的制约。此处的判例法一般是印度高级法院判决所确立的、对以后税收案件裁判具有约束力或影响力的法律原则或规则。

（二）近年来印度税收法律制度的改革：2017 年印度《商品与服务税法案》

自 20 世纪 50 年代印度开始征收中央消费税以来，印度税制一直以间接税为主体税种。多年来，中央和邦，以及邦与邦之间在税源上的无序竞争形成的税制格局，造成了印度现行税收体制税种多、遵从难、效率低等弊端。[1] 由于税制实际征管状况混乱，征税并没有给印度带来较高的财政税收。国际评级机构惠誉国际（Fitch）发布的相关数据显示，2016 年印度政府财政收入占 GDP 比重为 21.4%，低于主权评级为 BBB 国家的中位数 29.9%。[2] 世界银行相关数据显示，与传统分税制国家（如美国、加拿大）和于 2015 年 4 月开始进行商品与服务税（GST）改革的马来西亚相比，印度税负较高，但征管困难，税收占 GDP 比重并不高。[3]

由世界银行和普华永道联合公布的《2017 纳税报告》（Paying Taxes 2017）显示，印度在"纳税便利度"排名上在报告中调查研究的 190 个经济体中排名第 172 位。[4] 2017 年税收改革之前的印度仅流转税就包括关税、增值税等多达 17 种不同邦税和联邦税，在商品生产和销售过程中还含有多达 23 种的附加税。[5] 繁杂的税制增加了企业的交易成本以及政府的行政成本。莫迪上台执政以后，就开始力推税制改革，以缓解公共财政压力以及国内经济增速放缓等压力。由于印度税制是以印度《宪法》为基础建立起来的，根据印度《宪法》规定，没有议会授权，行政不能课税。因此，莫迪提出旨在为实施商品服务税制度扫清障碍的《宪法修正案》。[6] 2015 年 6 月《宪法修正案》在下议院通过。2016 年 8 月 3 日印度议会上院批准了《宪法修正案》，议会修改了印度《宪法》的部分条款，使历史上不能由各邦政府征收的商品与服务税改为中央与地方的共享税种，解决了以往商品与服务税的违宪问题。[7]

---

[1] 白彦锋、岳童：《印度商品服务税改革及其影响》，载《国际税收》2018 年第 9 期。

[2] 毛克疾：《印度税改一个月，核心在于加强中央财政汲取能力》，载 21 世纪经济报道网 2017 年 8 月 1 日，https://m.21jingji.com/article/20170801/ab81b793ff93dcf90565eb8a8d7fdeb1.html。

[3] 白彦锋、岳童：《印度商品服务税改革及其影响》，载《国际税收》2018 年第 9 期。

[4] World Bank Group and PWC, *Paying Taxes* 2017, PWC Official Webpage (30 June 2023), https://www.pwc.com/gx/en/paying-taxes/pdf/pwc-paying-taxes-2017-post-filing-key-findings.pdf.

[5] 毛克疾：《印度税改一个月，核心在于加强中央财政汲取能力》，载 21 世纪经济报道网 2017 年 8 月 1 日，https://m.21jingji.com/article/20170801/ab81b793ff93dcf90565eb8a8d7fdeb1.html。

[6] 王宇：《印度建立全国统一的商品消费税》，载《金融纵横》2017 年第 7 期。

[7] 王宇：《印度建立全国统一的商品消费税》，载《金融纵横》2017 年第 7 期。

2017 年 7 月 1 日，印度《商品与服务税法案》正式实施，被称为印度自 1947 年独立以来最大规模的税制改革。统一的商品与服务税最重要的特点在于“统一”，即用一个税种取代此前实行的 17 个税种（其中属于中央税的有 8 种，邦级税的有 9 种），并定下四档税率——5%、12%、18% 和 28%。相同的产品、服务无论在国内何地都要接受同样的税率。商品与服务税主要由联邦商品与服务税（central goods and services tax，CGST）及邦商品与服务税（state goods and services tax，SGST）两部分组成。具体而言，在联邦政府层面，商品与服务税主要包括中央消费税、附加消费税、服务税、附加关税（通常被称为反倾销税）以及特殊附加关税；在邦政府层面，商品与服务税主要包括邦增值税/销售税归类、筵席税、中央销售税（由中央征收并由邦收集）、入市税、入境税、购买税、奢侈品税及博彩税。

2017 年的商品与服务税改革是印度税制历史上的一大进步，对印度国内以及国际市场都产生重要影响。首先，统一商品与服务税的推行可以降低地区间的交易成本，减少地区内部的重复征税，可以促进全国统一市场的形成。印度拥有 28 个邦、6 个联邦属地及 1 个首都辖区，在传统税收体制下，每一个邦就像一个国家，国内市场被严重分割，国内贸易被严重阻隔，各邦、各市场之间交易成本极高。[1] 其次，统一商品与服务税的推行还可以促进企业重新布局，以期更好地发展。在旧的税制体系下，许多企业出于被重复征税的考虑，只在一个地方设址运营。在税改以后，企业则可以完全从自身经营战略出发，重新布局，在必要的情况下多址运营，而不用担心被重复征税。再次，统一商品与服务税推行以后，也间接统一了商品税与服务税两套体系。在传统税制下，仅由中央征收服务税，这就需要区分应税对象是商品还是服务。但在实践中，行业界限的模糊，转让定价操作的方便，使区分商品和服务课税的效率很低。[2] 2017 年的税制改革则消除了实践中的这一困境。最后，统一商品与服务税，改革以往复杂税制，也间接提升对外

---

〔1〕 王宇：《印度建立全国统一的商品消费税》，载《金融纵横》2017 年第 7 期。

〔2〕 杨志勇：《印度商品和服务税（GST）开征的意义、挑战及未来趋势》，载《国际税收》2017 年第 8 期。

国投资者的吸引力。

2017 年的商品与服务税改革相较于传统支离破碎的税制而言，已是一大进步，但也存在诸多问题。与其他国家的增值税相比，印度的商品与服务税的征收仍比较复杂，其区分为联邦商品与服务税和邦商品与服务税两种，当商品跨邦销售时，还要由联邦政府征收综合商品与服务税（integrated goods and services tax，IGST），而后再根据规则分配给地方政府。[1] 此外，目前实行的商品与服务税的税率分为四档（5%、12%、18%和 28%），而根据增值税的要求来看，税率档次越少，则越有利于商品与服务税经济效率的发挥。[2] 最后，由于 2017 年的税改没有事先进行试点，此后若干年过渡期的征收管理较为混乱，增加了税务成本的不确定性。印度作为一个人口大国，有着巨大的消费群体，但税改也面临着各邦巨大的制度差异和税收征管实践上的区别，改革后也面临更多的困难。如果税收征管措施和税制理念无法实现现代化，无法跟随税制改革的步伐，就难以发挥税改对经济的良性影响。

二、企业所得税

企业所得税是海外投资者投资印度时所要了解和研究的第一大税收种类。调整和规制企业所得税的主要法律是印度 1961 年《所得税法》。根据该法的规定，印度或外国公司都有义务缴纳企业所得税。居民公司对其全球收入缴税，而非居民（外国）公司只对其在印度的收入或在印度产生或被视为应计的收入缴税。

（一）居民公司身份的判定

在 2015 年以前，外国公司只有在相应财政年度内，其事务的控制和管理完全在印度境内时才被视为居民公司，部分或者全部由印度境外控制和管理的公司则被视为非居民公司。但 2015 年的《金融法》对此进行了修订，根据

---

〔1〕 刘小雪：《印度实行 GST：不是一劳永逸的改革》，载《经济》2019 年第 6 期。

〔2〕 杨志勇：《印度商品和服务税（GST）开征的意义、挑战及未来趋势》，载《国际税收》2017 年第 8 期。

现行法律，当该公司是一家在印度注册的公司，或当该公司在过去一年中的有效管理地在印度时，即可被认定为居民公司。其中，有效管理地指的是作出关键管理和商业决策的地方，特别是对公司整体业务的开展有决定性的特定决策。该有效管理地规则于 2017 年 4 月 1 日开始生效。

相应地，根据印度《所得税法》第 6 条的规定，达不到居民公司标准的则为非居民公司。外国公司在印度的分公司则通常被视为外国公司的延伸，因此在征税时会被认定为非居民公司。但是，外国公司在印度设立的子公司则被视为居民公司。

（二）征收范围

除非有特定豁免，居民公司应当就其在全球范围内的所有收益在印度缴税。应税所得的范围通常包括：（1）经营利润或收益。（2）财产收入，包括自用、出租居住房及商业用房。如果该财产用于公司的业务经营，则不属于这个范畴。（3）资本利得。（4）其他来源的收入，包括彩票奖金、证券利息等。相应地，征收对象的免税所得则通常包括：（1）合伙企业的股份权益；（2）长期资本利得；（3）境外劳务所得；（4）政府债券收入；（5）救济基金收入。

对于非居民公司而言，仅就其来源于印度的所得在印度缴纳企业所得税。

（三）企业所得税税率

印度企业所得税税率分类与适用条件较为复杂，对不同行业和不同规模的企业存在不同规定。2019 年，印度政府颁布了 2019 年《税法（修订）条例》，对 1961 年《所得税法》和 2019 年《金融（第 2 号）法案》进行了若干修订。在该条例公布前，本地居民公司应当按照 25%或 30%的基本税率缴税，此外还需要缴纳所得税税额 7%或 12%的附加税，以及所得税税额和附加税税额总和 4%的健康和教育附加税，因此，在旧规定下，居民企业的实际税率为 27. 82%~34. 94%。以在 2016 年成立的居民公司为例，公司适用 25%的企业所得税率。对于总收入超过 1 亿卢比的公司，适用 12%的附加税。加上

4%的健康和教育附加税后，综合税率为 29.12%。

为了促进投资和经济增长，印度于 2019 年颁布了《税法（修订）条例》，根据该条例第 115 条 BAA 款，从 2019~2020 财政年度开始，居民公司可选择按照 22%的税率缴纳企业所得税，加上 10%的附加税与 4%的健康和教育税后，实际的税率为 25.17%。此外，为了呼应莫迪政府提出的"印度制造"计划，该条例还规定，在满足一定条件的情况下，在 2019 年 10 月 1 日或之后注册成立，且在 2023 年 3 月 31 日或之前开始生产并首次投资制造业的新设当地制造业公司，可选择适用更低的 15%的税率，在加入 10%的附加税和 4%的健康和教育附加税后，实际税率为 17.16%。根据该条例第 115 条 BAB 款，上述条件包括：（1）新设的公司不得以现有公司拆分/重组的形式成立；（2）不可使用下列资产，已在印度使用过的价值超过机器与设备总价值 20%的机器或设备；（3）不享受任何特定税务激励；（4）在提交第一份纳税申报表时行使申请适用该较低税率的选择权。此外，印度还有一项"替代性最低税"（MAT）制度，该制度的目的是使适用税收优惠政策而免去缴税义务的公司履行最低的税收社会责任。该条例将替代性最低税税率从 18.5%下调至 15%，即如果印度居民公司应纳税额低于其账面利润的 15%，则应当按照账面利润的 15%来缴纳替代性最低税。

对于非居民公司及其分支机构，企业所得税的税率通常为 40%。此外，根据《所得税法》的规定，非居民公司还需要缴纳附加税。对于应税收入超过 1000 万卢比的，附加税税额为所得税税额的 2%。对于应税收入超过 1 亿卢比的，附加税税额则为所得税税额的 5%。除了附加税之外，非居民公司还需要缴纳所得税税额和附加税税额总和的 3%作为教育附加税。

（四）企业所得税的税收优惠

印度有几类园区，可为外国投资企业提供税收优惠。第一种是出口加工区和自由贸易区。在此地区的企业有两种情况可以在 5 年内免缴企业所得税，一种是企业的全部产品出口，另一种是外国企业。第二种是落后地区。在印度的落后地区，如东北部各邦，如果外国投资企业是合资企业，可以在 10 年内减征 25%的企业所得税。第三种是经济特区。截至 2020 年，印度共有 173 个经济特区。在 2020 年 4 月 1 日之前，根据印度 2006 年《经济特区法》的规定，在特殊经济区域投资的企业，前 5 年可享受 100%的免税政策，第 6~10 年可享受 50%的免税政策，第 11~15 年可享受 50%的再投资收益的免税政策。[1]

但是，值得投资者注意的是，尽管印度的经济特区提供的企业所得税优惠政策"看上去很美"，但在实践中存在诸多问题，未必利好投资者。首先，印度的经济特区虽然数量多但是面积较小。印度《经济特区法》实施后，由于设立经济特区门槛低，经济特区"泛滥"，难以集中人力、物力和财力改善基础设施，也使经济特区普遍趋于"袖珍型"。[2] 其次，虽然印度各经济特区推出各种扩大开放、吸引外资的措施，但印度政府又常以国家安全审查为由，将外资挡在部分行业之外。最后，印度经济特区的管理存在问题，优惠政策缺乏稳定性。即便是《经济特区法》明文规定的优惠政策，也面临执行上的不确定性。[3] 在实践中，根据原来一些经济特区的优惠政策规定，在印度经济特区的企业可免缴账面利润的替代性最低税（MAT），开发商则可免缴股息分配税，但由于很多公司滥用该项优惠来套利，后来此类优惠措施被取消。2011~2012 年，经济特区中的各个企业和开发商的最低替代税豁免权被撤回，开发商的股息分配税豁免也被终止。最低替代税按 20%的账面利润征收，而股息分配税按分配给股东的股息的 20%征收。税收政策的可预测性是形成有益投资环境的必要条件，因此撤销直接征税的优惠政策让经济特区计划倒退，并影响了经济特区的发展前景。[4] 因此，投资者在关注印度经济

〔1〕 商务部国际贸易经济合作研究院等:《对外投资合作国别（地区）指南：印度（2020 年版）》，载中国一带一路网，https：//www. yidaiyilu. gov. cn/wcm. files/upload/CMSydylgw/202102/202102010433037. pdf，2023 年 6 月 30 日最后访问。

〔2〕 陶一桃主编:《中国经济特区发展报告（2018）》，社会科学文献出版社 2019 年版，第 381 页。

〔3〕 陶一桃主编:《中国经济特区发展报告（2018）》，社会科学文献出版社 2019 年版，第 382 页。

〔4〕 陶一桃主编:《中国经济特区发展报告（2018）》，社会科学文献出版社 2019 年版，第 383 页。

特区所给出的企业所得税优惠税率时，切不可忽略背后的各种政策和实践风险。

三、商品与服务税（GST）

2017年7月1日，印度开始实施自独立以来最大的税制改革——商品与服务税改革。在改革推出前，作为亚太地区税收体系最为复杂的国家之一，印度的税收体系将课税立法权限和征收权限设立在中央政府和地方邦政府两级。[1] 其中，中央政府有权征收的税种包括直接税（如公司所得税和个人所得税等）和间接税（如中央消费税、关税和服务税等），地方邦政府主要征收的是增值税/销售税、入市税、印花税、娱乐博彩税和土地税等。因各个邦之间的税制不同，跨邦交易还需要交纳某些特殊的跨邦税费。这一系列复杂的税制极大地加重了企业的交易成本。[2] 在2017年税改之后，商品与服务税分为四个子税，即中央商品与服务税（CGST）、邦商品与服务税（SGST）、综合商品与服务税（IGST）以及中央直辖区商品与服务税（UTGST）。其中，中央直辖区商品与服务税相当于邦商品与服务税，属于地方政府一级税收。邦商品与服务税必须经过各邦的立法机构批准，目前印度的28个邦以及德里和普杜里中央直辖区已批准执行邦商品与服务税。除此之外，没有立法机构的其余5个中央直辖区执行中央直辖区商品与服务税法。

（一）商品与服务税的总体改革重点

印度商品与服务税改革在前期的法律准备中罗列了覆盖范围、组织准备和过渡措施三个重点。就覆盖范围而言，商品与服务税覆盖几乎所有的货物和劳务，饮用酒精、饮料除外。对于石油和电力产品，在商品与服务税委员会提出征税建议之前，暂不征收商品与服务税。就组织准备而言，印度政府组建商品与服务税委员会，制定商品与服务税的税制要素并由议会审议。就过渡措施而言，效仿邦增值税改革的做法，建立适当的利益补偿机制，弥补

〔1〕 樊桂东：《透视印度GST税改》，载《中国外汇》2017年第16期。
〔2〕 樊桂东：《透视印度GST税改》，载《中国外汇》2017年第16期。

改革可能造成的收入损失，将弥补期限从3年延长至不短于5年（其中前3年弥补税收损失的100%，后两年分别弥补75%和50%）。[1]

（二）征税对象和范围

商品与服务税改革以后，原则上所有商品与服务都纳入征收范围。目前，征税的商品种类有1000余种，免税商品有100余项，征税的劳务服务和免税劳务服务则各有数十项。但是有两项例外：一是饮用白酒不纳入商品与服务税的征收范围。简言之，饮用白酒仍然按照原制度征税，即征收邦增值税（或邦销售税）和酒消费税。二是原油、高速柴油、汽油、航空燃油和天然气五种石油产品以及电力、能源产品不纳入GST征收范围。

（三）"双轨制"征税人

商品与服务税改革以后实行的是"双轨制"分级征收的模式，中央和邦政府作为征税人同时征收各自的商品与服务税。所谓"双轨制"指的是对邦内提供的商品与服务，由中央政府和邦政府分别征收中央商品与服务税和邦商品与服务税，中央直辖区征收中央直辖区商品与服务税。对于跨邦交易，则由中央征收综合商品与服务税，原由中央和邦政府征收的其他相关流转税被取消。（见表3-4）

表3-4　改革前后中央与邦政府征税种类对比

<table>
<tr><th>征收层级</th><th>应税项目</th><th>改革前流转税</th><th>改革后GST</th></tr>
<tr><td rowspan="3">中央政府</td><td>邦际商品提供</td><td>中央销售税</td><td rowspan="3">综合商品与服务税（IGST）</td></tr>
<tr><td>邦际商品与服务提供</td><td>服务税</td></tr>
<tr><td>商品进口</td><td>附加关税、
特别附加关税</td></tr>
<tr><td rowspan="2">中央政府</td><td>国内生产的商品提供</td><td>中央消费税及附加税</td><td rowspan="2">中央商品与服务税（CGST）</td></tr>
<tr><td>邦内劳务服务提供</td><td>服务税及附加税</td></tr>
</table>

[1] 唐滔、李依珊：《印度货物劳务税改革情况介绍》，载《金融发展评论》2017年第11期。

续表

<table>
<tr><th>征收层级</th><th>应税项目</th><th>改革前流转税</th><th>改革后 GST</th></tr>
<tr><td rowspan="3">邦级政府</td><td>邦内商品提供</td><td>邦增值税</td><td rowspan="3">邦商品与服务税（SGST）</td></tr>
<tr><td>邦内劳务服务提供</td><td>无</td></tr>
<tr><td>邦内特定商品与服务的提供</td><td>邦和地方政府征收的其他流转税</td></tr>
</table>

（四）统一税率

商品与服务税有 4 层税率结构，分别是为 5%、12%、18%和 28%，每档税率为中央商品与服务税与邦商品与服务税的合计税率，即两者各征收 50%。绝大多数商品的税率都在 18%以下。印度的商品与服务具体征收税率标准纷繁复杂，难以穷尽。总体而言，基本日常用品课征税率最低，豪华轿车、香烟等奢侈品课征税率最高，表 3-5 试举若干示例归纳说明。[1]

表 3-5　常见税率及对应商品和服务范围

<table>
<tr><th>税率</th><th>对应的商品</th><th>对应的服务</th></tr>
<tr><td>5%</td><td>煤炭、茶和咖啡、药品与药物、食用油、印度甜食、1000 卢比以下的服装、500 卢比以下的鞋类、砂糖/液体砂糖（贴有标签/预包装出售）、销售给石油销售公司或石油加工厂用于与汽油混合的乙醇等</td><td>货物运输、铁路服务（不包括卧铺）、经济舱航空旅行、出租车服务、在印刷媒体上刊登广告、小型餐饮等</td></tr>
<tr><td>12%</td><td>水果汁、蔬菜汁、含牛奶的饮料、生物燃料、肥料、黄油、手机、1000 卢比以上的服装、卷笔刀等</td><td rowspan="2">工程合同、商务舱航空旅行、电信服务、IT 服务、金融服务、餐厅服务、1000 至 5000 卢比的旅馆酒店服务、品牌服装加工适用 12%～18%的税率</td></tr>
<tr><td>18%</td><td>资本商品、发油、肥皂、牙膏、饼干、冰淇淋、矿泉水、500 卢比以上的鞋类等</td></tr>
</table>

[1] 唐滔、李依珊:《印度货物劳务税改革情况介绍》，载《金融发展评论》2017 年第 11 期。

续表

税率	对应的商品	对应的服务
28%	大型家电、机动车（同时需缴纳附加补偿税：中排量轿车补偿税税率为45%、大排量轿车补偿税税率为48%、运动型多用途车补偿税税率为50%、豪华汽车补偿税税率为5%）	电影放映、博彩、赌博、高于5000卢比的旅馆酒店服务
免税	粮食、谷物、牛奶、粗糖、砂糖/液体砂糖（散装出售）、鸡蛋、新鲜水果、蔬菜、食盐、供应洗衣厂的废煤等	教育、保健、低于1000卢比的旅馆酒店服务

（五）商品与服务税改革对中资企业的影响

根据中国工商银行印度孟买分行在2016年10月发布的《中资企业印度生存报告（2016）》的调查，目前已在印度注册的中资企业有400多家，覆盖基础设施和建筑行业、制造业、产品销售和贸易行业、电信运营业、石油石化、软件信息以及医疗医药等行业。[1] 以基础设施和建筑行业为例，税改在税金计算、物流运输速度、项目成本等方面产生一系列的影响。[2]

第一，税改之后，税种减少，税金计算大幅简化。由于工程建筑施工企业的业务面较广，基本涉及印度全部的间接税种，包括消费税、增值税、中央销售税、服务税、施工合同税等。在新税制实施之后，绝大多数间接税都被商品与服务税取代，因此无论是在项目投标阶段计算报价时，还是在项目执行过程中的采购、服务和分包等环节，税金的计算都将大大简化。[3] 企业在采购材料和设备时只需要考虑材料或设备的市场价格以及物流成本，无须再考虑各种间接税对最终采购成本的影响。

第二，物流运输速度和效率将得到大大提升。由于行业特点，基础设施

---

〔1〕洪青等:《中资企业印度生存报告（2016版）》，载搜狐网2016年10月9日，https://www.sohu.com/a/115665536_481741。

〔2〕樊桂东:《透视印度GST税改》，载《中国外汇》2017年第16期。

〔3〕樊桂东:《透视印度GST税改》，载《中国外汇》2017年第16期。

和建筑行业需要大量采购原料、设备以及配件等。因此，物流运输能否顺利及时极大影响这些行业的发展。在税改以前，由于各邦的税制繁复不一，企业需要花费大量时间和精力履行纳税程序，很难准确安排物流运输，容易因此影响后续工期。税改之后，商品与服务税得以统一，物流运输速度得到提升，利好依赖本地采购原材料的工程类企业。[1]

第三，工程的总体成本需要企业重新核算。税改之后，施工企业大量使用的水泥等原材料的总体价格因税率下调而下降。但需要注意的是，由于基础设施和建筑工程企业在税改之前大部分的施工合同执行的是5%或14.5%的增值税以及15%的服务税税率，而在税改之后，施工合同基本执行的是12%与18%的GST税率，相对而言施工合同的税负成本有所提高，可能会导致项目成本增加。[2]

四、中印“反双重征税协定”

税收是一种主权性行为，主权国家在行使征税权的时候，因其对居民身份地、收入来源地以及国内税法的规定常与其他国家相冲突，从而产生国际双重征税或者双重不征税的问题。[3] 因此，在国际经济活动中当发生两种税收管辖权重叠时，主权国家经常通过订立反双重征税协定的方式来避免和减轻因税务管辖权冲突而导致的双重征税问题。中国与印度就在1994年7月在新德里签订了《中华人民共和国政府和印度共和国政府关于对所得避免双重征税和防止偷漏税的协定》（以下简称《征税协定》）。2018年11月26日，中印在旧协议合作的基础上，在新德里签署《关于修订1994年7月18日在新德里签署的〈中华人民共和国政府和印度共和国政府关于对所得避免双重征税和防止偷漏税的协定〉及议定书的议定书》（以下简称《征税议定书》）。《征税议定书》纳入了经济合作与发展组织（Organisation for Economic Co-operation

---

〔1〕 樊桂东:《透视印度GST税改》，载《中国外汇》2017年第16期。

〔2〕 樊桂东:《透视印度GST税改》，载《中国外汇》2017年第16期。

〔3〕 徐海燕:《国际税法变革中的多边主义：兼评OECD/G20的BEPS一揽子方案》，载《经贸法律评论》2019年第4期。

and Development，OECD）税基侵蚀与利润转移（Base Erosion and Profit Shifting，BEPS）行动计划的相关成果，包括第 2 项行动计划《消除混合错配安排的影响》，第 6 项行动计划《防止税收协定优惠的不当授予》和第 7 项行动计划《防止人为规避构成常设机构》。《征税议定书》于 2019 年 6 月 5 日正式生效。〔1〕

《征税协定》和《征税议定书》对于处理中国企业投资印度的税务筹划、税务负担、利润汇回等都有着重要的影响。其对负有纳税义务的“居民”、常设机构以及不动产所得、营业利润、关联企业、股息、利息、特许权和技术使用费、独立及非独立个人劳务、董事费、退休金及其他所得、消除双重征税的方法等都作了详细的界定和解释。主要内容包括以下几个部分：

（一）人的范围

《征税议定书》增加了对税收透明实体的规定，以响应 BEPS 第 2 项行动计划的要求：对于在缔约国任何一方成立且按照缔约国任何一方的税法视为完全透明的实体或安排，其取得或通过其取得的所得应视为缔约国一方居民取得的所得，但仅以该缔约国一方在税收上将该所得作为其居民取得的所得处理为限。在中国成立的合伙企业不是中国企业所得税的纳税主体，而是由其合伙人为纳税人。根据该议定书，若印度税收居民是中国合伙企业的一个合伙人，并且该印度合伙人就其从合伙企业取得的所得在印度应缴纳所得税，则该印度合伙人可以享受中印税收协定的优惠。

（二）居民

按照原来的中印税收协定的规定，若某企业同时构成中国和印度双方的税收居民，应按其总机构所在地认定为一方的居民企业。《征税议定书》修改了这项规则以响应 BEPS 第 6 项行动计划的要求，规定对于除个人以外的双重居民，两国的主管当局应通过其实际管理机构所在地、注册地或成立地以及

---

〔1〕 该协定的具体内容，参见国家税务总局网，http：//www. chinatax. gov. cn/chinatax/n810341/n810760/c4527212/content. html，最后访问日期：2014 年 1 月 13 日。

其他相关因素，努力通过协商确定该企业应被视为中国居民还是印度居民。如双方主管当局未能就该企业居民身份达成一致意见，该企业不能享受中印税收协定的任何税收优惠或减免。

（三）常设机构

常设机构的认定是税收中一项非常重要的概念，也是在税务实践中最易引发争议和纠纷的问题之一。通常来说，常设机构主要用于确定缔约国一方对缔约国另一方企业利润的征税权。其背后的逻辑是常设机构所归属的企业因为深入参与了来源国的经济活动，因此来源国拥有对其征税的权利。常设机构范围确定的宽窄，直接关系居民国与来源国之间税收分配的多寡。在实践中，各税收协定以及每个国家税务稽查与司法机构对“常设机构”的定义和理解存在一定程度上的区别，这也导致了实践中税收风险和争议的发生。

根据《经济合作与发展组织关于对所得和财产避免双重征税协定》（以下简称 OECD 税收协定范本），通常来说，对“常设机构”的定义是，“企业进行全部或部分营业的固定营业场所”。因此常设机构必须首先是一个营业场所，它通常有三个特性，即固定性、持续性和经营性。〔1〕

第一，“营业场所一语包括企业用于从事营业活动的任何房屋场地、设施和设备，而不管该房屋场地、设施或设备是否完全用于这个目的”。它有三层含义。一是营业场所不要求有完整性，市场中的一个摊位、大厦中的某个房间都可以构成营业场所；二是企业必须对此场所拥有支配能力；三是构成营业场所的必须是用于营业活动的、重要的有形物体，轻便的、可携带的机器、设备、工具不构成营业场所。

第二，理解营业场所的固定性要把握以下两点：一是固定的场所不必真的固定于某一点不动，但必须有固定的活动中心场所；二是如果场所不固定，

〔1〕 *OECD approves updates to Model Tax Convention, Transfer Pricing Guidelines and Report on Attribution of Profits to Permanent Establishments*, OECD（10 July 2023），https：//www. oecd. org/tax/transfer－pricing/oecdapprovesupdatestomodeltaxconventiontransferpricingguidelinesan dreportonattributionofprofitstopermanentestablishments. htm.

即使营业活动持续时间够长，也不存在构成常设机构的问题。因此固定性是构成常设机构的前提。在判断常设机构的固定性时，要综合考虑三个要素：是否有固定中心，是否有明确边界，以及是否有商业或地理上的一致性。

第三，判断营业场所的持续性时，既要考虑设立营业场所的目的，也要考虑其实际存续的时间。如果一个营业场所的设立是以长期使用为目的，即使由于企业活动的特殊性质或其他原因而提前清算，其实际存在的时间很短，仍应被视为常设机构；如果一个营业场所的设立是为了短期目的，事实上也是如此，那么就不构成常设机构。但如果其实际存在超过了临时性质的期限，则可构成固定场所并可追溯性地构成常设机构。

第四，营业场所还需要具备经营性才可被视为常设机构，准备性、辅助性的营业场所不应被视为常设机构。如果固定基地或场所不仅为总机构服务，而且与其他机构有业务往来，或固定场所的业务性质与总机构的业务性质一致，且其业务为总机构业务的重要组成部分，则不能认为该固定场所的活动是准备性或辅助性的。

除了上述一般类型的常设机构以外，OECD 税收协定范本还规定了几种特殊的常设机构形式，分别是工程型常设机构、劳务型常设机构和代理型常设机构。

第一种是工程型常设机构。OECD 税收协定范本第 5 条第 3 款规定："'常设机构'一语包括建筑工地，建筑或安装工程，但仅以该工地或工程连续 12 个月以上的为限。"联合国相关规定则将 12 个月的时间门槛调低至 6 个月，还将"装配"和"与建筑工地、建筑、装配或安装工程或与之有关的监督管理活动"也都作为判定构成常设机构的可能条件，以更多地照顾发展中国家的利益。

第二种是劳务型常设机构。根据 OECD 税收协定范本，劳务型常设机构通常指的是"企业通过雇员或雇佣的其他人员为上述目的提供的服务，包括咨询劳务，但这种性质的活动以在该国内（为同一工程或有关工程）在任何 12 个月中连续或累计为期 6 个月以上的为限"。

第三种是代理型常设机构。根据 OECD 税收协定范本，代理型常设机构指的是代理人具有以被代理人名义与第三人签订合同的权利，并经常行使这种权利，则代理人应构成被代理人在来源国的常设机构。值得注意的是，“以被代理人的名义签订合同的权利”并非仅仅限于严格以企业的名义签订合同，它还包括那些虽然不是以企业的名义签订合同，但其所签合同仍对该企业具有约束力的代理活动。当然，这里所指的合同是对企业的经营活动至关重要的合同，而不是仅与企业内部运作有关的管理性合同。如为企业雇佣人员协助代理人工作而与该雇员签订的合同，就不能认为该代理人构成企业的常设机构。[1]

此外，代理人必须“经常”行使签订合同的权利这一要件，反映了OECD税收协定范本第5条的基本原则：如果要认定某企业在某缔约国设有常设机构，并因此在该国负有纳税义务，那么该企业就不能仅在该国短暂地存在。认定代理人是否经常行使签订合同的权利，应该根据相关活动的程度和频率。而这种程度和频率取决于合同和企业营业的性质，因此很难为每个行业规定一个被认为是“习惯”或“经常”签订合同的频率标准。只要是“重复地而不仅仅在单独情况下”使用此项权利，即可认为符合使之成为常设机构的条件。

与上述情形形成对比的是，独立代理人的活动并不会构成被代理企业的常设机构。判断一位代理人是否为独立代理人，关键要看他是否在法律上和经济上独立于被代理企业。代理人的独立性体现在以下几个方面：代理人具有商务活动的自由度，不受被代理企业的指导和控制；商务活动的风险由代理人自己承担，而不是由被代理企业承担；代理人并不仅仅为一家企业开展活动；代理人具备独立从事商务活动的专门知识或技术，不需要依赖企业的帮助。独立代理人在代表企业进行活动时，一般按照常规进行自身业务活动，不从事其他经济上归属于被代理企业的活动。

除了OECD对常设机构的通常性规定，此次《征税议定书》还采纳了BEPS第7项行动计划的一些建议，从以下几方面加强了对常设机构的规定：

---

〔1〕《税收协定条款解读之三——常设机构》，载国家税务总局网2015年6月29日，http://www.chinatax.gov.cn/chinatax/n810219/n810744/n1671176/n1671186/c1705805/content.html。

第一，对于建筑工程型常设机构增加了关于防止合同拆分的反滥用条款。某一方企业可能在一个或多个时间段在另一方的某个建筑工地，建筑、安装或装配工程场所（“建筑工程场所”）开展活动，累计不超过183天。但若该企业的一个或多个紧密关联企业在其他时间段也在该另一方的同一建筑工程场所开展相关活动，这些紧密关联企业开展活动的时间段均应汇总计入该企业在另一方建筑工程场所开展活动的总时间。第二，新《征税议定书》对代理型常设机构的定义更严格。根据原来中印税收协定的规定，一个人代表一方企业在另一方进行活动，如果该人有权以该企业的名义签订合同并经常行使这种权利，则该企业会被视为在另一方构成常设机构。此次新《征税议定书》扩展了代理型常设机构的范围，新增以下两种构成代理型常设机构的情况：第一种是不仅仅是“订立合同”，如果该人经常性地在合同订立过程中“发挥主要作用”（而该企业不对合同作实质性修改），且相关合同属于以下情形之一：（1）合同以该企业的名义订立；（2）合同虽不以该企业的名义订立，但涉及该企业拥有或有权使用的财产的所有权转让或使用权授予；（3）合同虽不以该企业的名义订立，但涉及该企业提供服务。其中，第二种是经常在另一方保存货物或商品的库存，并代表该企业定期从该库存中交付货物或商品。

新《征税议定书》对独立代理人的定义更为严格。《征税议定书》收紧了独立代理人的定义，规定“专门或者几乎专门代表一个或多个与其紧密关联的企业进行活动”的人不属于独立代理人。同时还定义了“紧密关联的企业”需直接或间接控制权超过50%。这扩大了常设机构的认定范围，值得投资者注意。

《征税议定书》给中印税收协定带来的最重大的变化之一是加强了对常设机构的判定标准。跨境开展业务的企业需要审视现有的商业模式，重新评估常设机构的风险。常见问题可归纳为以下几个方面：

1. 常设机构的定义以及一般常设机构的种类

常设机构是指企业进行全部或部分营业的固定营业场所。特别包括管理场所，分支机构，办事处，工厂，作业场所，矿场、油井或气井、采石场或其他开采自然资源的场所，与为其他人提供储存设施的人有关的仓库，从事农业、林业、种植业或者有关活动的农场、种植园或其他场所，以及用于勘探、开发自然资源的装置或设施，但仅以其使用期超过183天为限。

2. 建筑工程型常设机构的认定

通常的建筑工程型常设机构包括建筑工地，建筑、安装或装配工程进行场所，或者与其有关的监督管理活动进行场所。但仅以该工地、工程或活动持续超过183天的为限。确定是否超过上述规定提及的183天期限的方式如下：(1) 如果缔约国一方企业在一个或多个时间段在缔约国另一方的建筑工地，建筑、安装或装配工程场所开展活动，时间累计是否超过183天；(2) 该企业的一个或多个紧密关联企业在其他时间段在该缔约国另一方的同一个建筑工地，建筑、装配或安装工程场所开展相关活动，每个时间段都超过30天，上述其他时间段均应计入该企业在该建筑工地，建筑、装配或安装工程场所开展活动的时间，累计是否超过183天。需要注意的是，在计算建筑工程常设机构的持续时间时，仅考虑就同一建筑工地，建筑、安装或装配工程场所或与其有关的监督管理活动所持续的时间。

同时，《征税议定书》增加了关于防止合同分拆的反滥用条款，规定如企业的一个或多个紧密关联企业在其他时间段在该缔约国另一方的同一建筑工地，建筑、装配或安装工程场所开展相关活动，每个时间段都超过了30天，则上述其他时间段均应计入该企业在该建筑工地，建筑、装配或安装工程场所开展活动的时间。

3. 劳务型常设机构的认定

缔约国一方企业通过雇员或者其他人员，在缔约国另一方企业提供除了特许权使用费和技术服务费之外的劳务，但仅以该性质的活动在该缔约国另一方企业在有关纳税年度开始或结束的任何12个月内连续或累计超过183天为限。在此种情况下，缔约国另一方的机构则可以被认定为常设机构。

需要注意的是，根据《征税议定书》的相关规定，在确定提供劳务的时间时，仅需要考虑“为同一项目或相关联的项目”所提供劳务的时间，并规定时间门槛为“在有关纳税年度开始或结束的任何12个月内连续或累计超过183天”。

4. 代理型常设机构

如果一人在缔约国一方代表缔约国另一方企业从事活动，并且存在以下情况之一时，则可以被认定为代理型常设机构：第一，经常订立合同，或对于按照惯例订立的合同，经常在订立合同过程中发挥主要作用，该企业不对合同进行实质性修改。并且该合同以企业的名义订立，或涉及该企业拥有或有权使用的财产的所有权转让或授予，或规定由该企业提供服务。

第二，经常在首先提及的缔约国一方保存货物或商品的库存，并代表该企业定期从该库存中交付货物或商品，对于该人为该企业从事的任何活动，应认为该企业在该缔约国一方设有常设机构。

5. 不被认定为常设机构的情形

当一个机构主要发挥以下功能时，则不被认定为常设机构：（1）专为储存或者陈列本企业货物或者商品的目的而使用的设施；（2）专为储存或者陈列的目的而保存本企业货物或者商品的库存；（3）专为由另一企业加工的目的而保存本企业货物或者商品的库存；（4）专为本企业采购货物或者商品，或者搜集信息目的所设的固定营业场所；（5）专为本企业进行其他准备性或辅助性活动的目的所设的固定营业场所。

五、税收协定中的“常设机构”如何解读：中兴通讯印度案

实践中，中国企业由于“常设机构”问题在印度遇到税务纠纷诉讼并不鲜见，比较典型的一个案例就是中兴通讯印度案例。

【案情简介】

2016 年 5 月 30 日印度所得税上诉法院的德里法庭对印度税务局诉中兴通讯一案作出了裁决。该案件的上诉方是印度税务局在新德里的国际税部门负责人（以下简称印度税务局），应诉方是中国公司中兴通讯股份有限公司（以下简称中兴通讯）。此前中兴通讯与印度税务局就 2004~2005 财务年度以及 2008~2009 财务年度的纳税问题发生争议，并互相提起了诉讼。德里法庭对这两个案件并案作出裁决。

【案例涉及的主要问题及评析】

本案的争议焦点之一就是对“常设机构”的解读。中兴通讯作为一家中国税务居民公司在相关年度向印度的电信运营商供应电信设备并向印度的顾客供应手机。中兴通讯认为，根据中印1994年签订的《征税协定》第5条的常设机构条款，中兴通讯并未在印度构成常设机构，因此不需要向印度税务局根据《所得税法案》第135节进行税务申报。但是印度税务局在2009年10月6日对中兴通讯的印度子公司ZTE Telecom India Private Limited（以下简称中兴印度）办公室进行了调查，并取得了相关书面文件，以及若干高管的声明文件，认为中兴通讯与印度有业务联系，而且通过在印度设立的常设机构开展了业务，取得了应税所得。2009年10月23日印度税务局要求中兴通讯就应归属于印度常设机构的所得进行税务申报。中兴通讯随后进行了税务申报，但是申报所得为零，并且在附注中声明未在印度构成常设机构，因此不需要在印度纳税。此后中兴通讯在2009年12月29日和31日又递交了详细的说明信，进一步阐明这一立场。

印度税务局则从多个角度出发，认为中兴通讯在印度构成常设机构：第一，子公司中兴印度构成中兴通讯的固定场所常设机构；第二，中兴通讯的印度联络处构成中兴通讯的固定场所常设机构；第三，子公司中兴印度构成中兴通讯的非独立代理型常设机构；第四，子公司中兴印度构成中兴通讯的安装工程型常设机构。

中兴通讯随后向所得税上诉专员［Commissioner of Income Tax（Appeals），以下简称CIT（A）］提出异议。CIT（A）基本上支持了印度税务局的观点，认为中兴通讯在印度构成常设机构，应当在印度纳税，但是要求税务机关不得加收利息。关于各种类型的常设机构，CIT（A）的观点是：

第一，中兴印度构成固定基地常设机构。中兴通讯直接向印度客户销售设备，印度子公司中兴印度负责设备安装以及相关代理。此前印度税务局对中兴印度进行调查时了解到，中兴通讯的员工会出差到印度，同印度子公司的员工一起与印度的顾客商谈合同。中兴通讯员工在印度开展的活动包括协助中兴印度员工准备投标文件，与印度顾客会面、提供投标支持、产品支持、售后支持等。中兴通讯员工在中兴印度的古尔冈、班加罗尔和孟买三个办公室开展以上活动，因此，以上地点可以被视为中兴通讯在印度的固定基地常设机构所在地。

第二，中兴印度构成代理型常设机构。中兴印度作为非独立代理人，有权代表中兴通讯签订合同并经常行使这一权利，构成中兴通讯的代理型常设机构。首先中兴印度只为其母公司中兴通讯安装其在印度销售的通信设备，并不为其他设备供应商提供此类服务。由于中兴印度的行为全部或者几乎全部为中兴通讯进行，因此它不能被视作独立型的代理人。此外，从技术的角度讲，中兴印度整体上依赖于中兴通讯，因为中兴通讯的员工一直应其要求向其提供技术服务。如果缺少了中兴通讯的支持，中兴印度无法独立运作，因此它不是独立代理人。其次，高管的声明文件表明中兴通讯的工作人员和中兴印度的工作人员共同组队与顾客商谈合同并签署合同。中兴印度的工作人员代表中兴通讯与顾客商谈价格。中兴印度的工作人员负责制作供应设备的投标文件，中兴通讯人员在制作投标文件过程中只提供协助。基于以上信息，可以得出结论：中兴印度代表中兴通讯在印度不仅开展了准备性工作，还进行了合同和价格谈判以及答复顾客询问。很明显中兴印度经常代表中兴通讯商谈以及签订合同。虽然中兴通讯最后出面正式签署合同，但是这也只是在经过中兴印度运作、合同签署的条件已经成熟之后例行公事而已，不能改变合同实质上是由中兴印度签署的事实。

第三，印度税务局认为中兴通讯在印度存在安装工程型常设机构，但是CIT（A）没有支持这种看法。但由于安装是由中兴印度实施的，安装环节的利润已经由中兴印度在印度纳税，即使能够确认中兴通讯在印度构成常设机构，也无法将更多的利润归属到印度。

德里法庭对中兴印度是否构成常设机构的看法与CIT（A）观点相同。

上述案件对投资者具有启示性意义。对于在境外销售设备，尤其是同时开展工程施工的中国企业，往往会与项目所在地税务机关就常设机构是否存在以及和设备采购利润的归属发生争议，本案极具有代表性。对于常设机构的相关税务风险，中国企业一方面要依据项目所在国相关税法，依托OECD

相关协定注释等国际法积极进行争议解决，另一方面要加强税务风险管理。在各种常设机构类型中，代理型常设机构是最薄弱，也是最容易引发争议的环节。中企一定熟悉中印新《征税议定书》对常设机构的认定作出的修改，要注意境内公司与境外子公司的职责划分，制定严格的管理制度，防止被项目所在地税务机关认定为当地子公司替境内母公司谈签合同，从而陷入被动。

六、印度的税收稽查风险：以沃达丰案为例

尽管在2019年印度修改法律，降低企业所得税的税率。但公司实际税负是否减轻则需要结合印度的税收稽查风险来综合考虑。在实践中，印度税务局执法权力大，对中资企业执法也非常严格。近年来备受关注的沃达丰境外间接转让股权案（沃达丰案）就是一个很好的例证。

【案情简介】

2007年，香港国际和记电信有限公司（以下简称HTIL）与沃达丰集团的荷兰控股子公司沃达丰国际控股集团（以下简称VIH）达成一项股权转让协议，由HTIL以110.8亿美元将其位于开曼群岛的全资子公司CGP全部股权转让给VIH。由于CGP持有多个毛里求斯子公司的股权，而毛里求斯这些公司共持有印度和记爱莎电信公司（以下简称HEL）67%的股权。因此，交易的结果是，VIH取得了HEL 67%的股权。[1]

在此次交易中，印度税务局认为，HTIL转让CGP股权，实际上是转让了印度HEL的股权，并认为CGP只是一个导管公司，它介入交易是为了逃避该交易在印度缴纳资本利得税。因此，2007年9月，印度税务局根据1961年《所得税法》第201节第1条，认为印度税务局对该交易有来源地税收管辖权。此后，根据《所得税法》第195节、第163节，印度税务局发出通知向VIH追缴其代扣代缴的税款26亿美元。[2] 但VIH则对印度税务局的做法不

---

〔1〕 王宗涛等:《印度沃达丰境外间接转让股权案判决书》，载熊伟主编:《税法解释与判例评注》第3卷，法律出版社2012年版，第176页。

〔2〕 王宗涛等:《印度沃达丰境外间接转让股权案判决书》，载熊伟主编:《税法解释与判例评注》第3卷，法律出版社2012年版，第177页。

服，遂向孟买高等法院提起诉讼。2008 年 12 月，孟买高等法院驳回 VIH 的诉讼请求，VIH 继续向印度最高法院上诉。2009 年 1 月，印度最高法院驳回 VIH 的诉讼请求，同时将案件发回印度税务局，要求其调查决定是否有权对此笔交易征税。2010 年 5 月，印度税务局作出有权对此笔交易征税的决定，并要求 VIH 补缴应代扣代缴的税款。VIH 对印度税务局的征税决定不服，遂向孟买高等法院提起诉讼。同年 9 月 8 日，孟买高等法院维持了印度税务局的决定，判决 VIH 败诉。随后，VIH 继续向印度最高法院上诉。2012 年 1 月 20 日，印度最高法院对本案作出了有利于 VIH 的最终裁决。印度最高法院认为，非居民通过转让外国公司（特殊目的机构，special purpose vehicle，SPV）股权间接转让印度资产给另一非居民的，在印度不负有纳税义务。[1]

【案例涉及的主要内容及评析】

2012 年印度政府提出《个人所得税法》的修改提案，明确对类似于本案的非居民间接转让股权交易行为，即便交易方为税务登记及经营注册地在印度境外的企业或经济实体，只要其所持有的资产或资本直接或间接来源于印度，且其资产或资本属于股息红利性质，那么该项资产或资本应被视作来源于印度的收入，并按照印度新《个人所得税法》的规定缴纳资本利得税。更出乎意料的是，此后，印度财政部部长宣布，该《个人所得税法》修改方案还规定了回溯期，对 6 年内（或 50 年内）发生的案件进行回溯重审。[2] 因此，该提案有可能推翻印度最高法院对沃达丰案的判决。

2014 年，VIH 对印度提起了仲裁，并指出印度《个人所得税法》草案中溯及既往的条款明显有违法治精神，也背离国际法对于跨境投资者的法律保护，是一种“草率而具有惩罚性质”的制度。[3] 但印度政府的官员却坚持认为，类似于沃达丰案中的交易就是一种避税交易，其应在印度纳税，此次的

---

[1] 王文婷:《沃达丰税案中的税权配置研究》，载《科学·经济·社会》2017 年第 1 期。

[2] 王宗涛等:《印度沃达丰境外间接转让股权案判决书》，载熊伟主编:《税法解释与判例评注》第 3 卷，法律出版社 2012 年版，第 178~179 页。

[3] 王宗涛等:《印度沃达丰境外间接转让股权案判决书》，载熊伟主编:《税法解释与判例评注》第 3 卷，法律出版社 2012 年版，第 178~179 页。

法案回溯规定合法有效。仲裁庭在判决中表示，印度政府的要求违反了“公平待遇”，它必须停止向VIH征收税费。

沃达丰案的拉锯过程，充分显示了在印度营商的税收风险。即便存在法院的终审判决，但政府仍有可能以修改法律并规定回溯期，来间接推翻法院判决。

因此，印度企业所得税税率降低，在理论上利好投资者。但中央或者各邦的税务局为了弥补财政赤字，有可能加大税收稽查力度，中国投资者也应当做好人力与财力的准备应对税收稽查。此外，依据印度的宪政架构，印度各邦保有绝对的财政权、警察权和税务稽查权。尽管莫迪政府上台后，成功推动了商品与服务税统一改革，但地方税务征收的传统习惯并没有得到彻底改变。地方议会仍然会行使地方立法权，变相增设其他名目的税种，这都值得投资者注意，不可因为企业所得税税率降低以及统一商品与服务税等表面上改善营商环境、利好投资者的政策，就掉以轻心。

第六节　印度的商事争议解决机制

理论上，与其他国家一样，投资者在印度可以通过司法（诉讼）途径以及仲裁途径来解决商事活动中发生的争议。由于印度的司法程序极其冗长，案件积压非常严重，颇受诟病。尽管在不少国家都存在司法效率低下等问题，但印度司法程序的漫长几乎是超过普通投资者想象的。根据相关统计，截至2019年11月，根据印度最高法院年度报告，最高法院有59,867宗案件待审，各高等法院有447.5万宗案件待审，在地区法院和下级法院一级，未决案件的数量达到了3140万件。最高法院的处置率一直保持在55%~59%，高等法院为28%，下级法院为40%。每年有2000万件新案件提交，这一积压可能需要长达320年的时间才能解决。[1] 此外，印度人还有“好讼”的特点，即便司法效率低下，审理期限极其冗长，但印度人还是愿意耗费时间等待判决结

---

〔1〕 徐晶:《印度：“奇葩法律”令人咋舌》，载《法人》2020年第10期。

果。印度的人口数量与我国相近，但法院在审的案件数量却是我国的数倍，法院负担的巨大压力，也极大地拖垮了印度的社会治理效率，削弱了印度的综合竞争力。[1] 鉴于时间成本、金钱成本等，本书并不建议投资者在遇到纠纷时诉诸诉讼，更建议采取仲裁方式解决纠纷。下文将简要介绍印度的司法体系，并详细介绍更适合投资者的仲裁制度。

一、印度司法体系简介

印度是一个联邦制国家，但印度宪法规定了统一的司法体系。其中，印度最高法院位于司法体系的最顶端，印度各邦的高等法院则位于体系的中间位置，居于下层的是各区域法院。

（一）印度最高法院

印度最高法院是印度上诉案件的最高审理机关。对于印度中央政府和地方各邦、地方诸邦之间的纠纷，印度最高法院是唯一享有审判权力的机关。印度《宪法》也赋予了印度最高法院针对基本人权的保障和实施领域有广泛的管辖权，例如，制发人身保护令、履行责任令、禁止令、权利调查令、移审令等。印度最高法院还享有宪法和法律的解释权，具有宪法司法审查权，有权判定政府作出的行为以及法令是否违宪。对于其认定的违反宪法的法律，印度最高法院有权驳回。

在人员构成上，印度最高法院由首席大法官和陪席大法官组成。印度首席大法官的任命是由总统提名，议会两个议院过半数票通过。弹劾首席大法官则需要总统签发的弹劾命令并且在议会两个议院 2/3 多数票通过。根据法律规定，成为印度最高法院大法官的条件为：（1）须为印度公民；（2）在一家高等法院或多家高等法院连续任职法官不少于 5 年，或作为律师在一家高等法院或多家高等法院持续拥有出庭资格不少于 10 年，或被总统认可为杰出法律专家。高等法院的法官可以被任命为最高法院临时法官，退休的最高法

---

〔1〕 韩波：《民事诉讼率：中国与印度的初步比较》，载《法学评论》2012 年第 2 期。

院和高等法院法官亦可被任命为最高法院临时法官。

在印度最高法院，并非所有律师都有出庭资格。根据 2013 年印度《最高法院规则》的规定，只有 3 类诉讼代理人有印度最高法院的出庭资格：第一类为高级诉讼代理人。《最高法院规则》规定，若首席大法官和陪席法官一致认为一名诉讼代理人具有高超的职业素养或丰富的法律经验和知识，在征得其本人同意后，可选拔其为高级诉讼代理人。此外，退休的高等法院首席法官和陪席法官若重返律师业，也会被授予高级诉讼代理人资格。为此，最高法院专门建立了高级诉讼代理人遴选委员会负责制定遴选标准。不过，最高法院法官退休后不被允许重为律师。

第二类为在册诉讼代理人。一名诉讼代理人必须通过最高法院组织的相关考试，方能登记成为在册诉讼代理人，进而才能代理当事人在最高法院起诉和应诉。该考试由最高法院下设的考试委员会组织，考试委员会主任由首席大法官任命。考试规则明确，一名诉讼代理人必须在获得诉讼代理人资格满 4 年后接受一名具有 10 年以上在册诉讼代理人经验的在册诉讼代理人连续 1 年的培训，方有资格参加在册诉讼代理人考试。

第三类是在册诉讼代理专门延聘的普通诉讼代理人。他们可接受在册诉讼代理人的委托代理当事人在最高法院出庭。虽然印度未采取英国律师的二元制结构，但建立了较为客观公正的诉讼代理人分级制度。这种律师分级制度得以确保出席最高法院庭审的诉讼代理人，一定是律师中最为优秀的群体。

（二）印度高等法院

印度各邦的高等法院在印度的法院体系中居于最高法院之下，每个高等法院有一名首席法官以及几名陪席法官。由于情况不同，印度各高等法院法官的人数差别很大。高等法院法官的任职资格是：必须在印度国内担任法官至少满 10 年或作为律师在高等法院拥有出庭资格至少 10 年。高等法院所有的法官、非常任法官、代理法官的退休年龄为 62 岁，此前不得免职，除非本人辞职或因行为失检及不适任而被总统依宪法程序免职。但总统可以在征询最高法院首席法官意见后，将高等法院的法官从某个高等法院调职到另一高等法院。

通常来说，高等法院在地方邦一级设立，但并非每个邦都有高等法院，也存在几个邦共用一个高等法院的情形。[1] 例如，海得拉巴高等法院管辖安得拉邦以及特伦甘纳邦，孟买高等法院管辖果阿邦和马哈拉施特拉邦等。[2] 在印度，高等法院既可以作为下级法院的上诉审法院，也可以作为一些重要案件的一审法院。根据印度《宪法》第226条，印度高等法院有权对与基本人权相关的案件进行审理。各高等法院有权向其管辖范围内的任何人发出指示、命令或令状，包括属于人身保护令、禁令、执行基本权利以及用于执行基本权利的任何其他目的的令状。各高等法院对其管辖范围内的所有法院均有监督权，有权要求这些法院制定和发布一般规则，规定他们的做法和程序。

（三）印度区法院

印度的区法院是印度邦政府在其本邦各个地区所设立的法院，区法院的设立取决于该地区的人口数量、案件数量等。区法院在高等法院的行政管辖之下，区法院所作的判决决定也在高等法院的上诉管辖范围内。印度区法院对其本区内的除却高等法院所管辖的刑事、民事事项享有初审管辖权。

对于民事争议，通常是由地区民事法庭管辖。对于刑事案件，地区的刑事法院有权判处各种刑罚（包含死刑），而地区刑事法院下面的附属法院则可以判处10年以上有期徒刑以及死刑以外的其他刑罚。

区法院的法官通常是由该邦邦长以及高等法院首席法官商讨后得出提名进行任命。成为区法院法官的最低资格为：通过印度律师委员会考试，并且执业满7年或7年以上的律师，可以被任命为区法院法官。

在最基层，印度还有“地方司法官”管辖一些轻微的刑事案件以及判处包括短期有期徒刑和罚金在内的较轻刑事处罚。

---

〔1〕 李钦：《印度投资实务指南》，法律出版社2017年版，第254页。

〔2〕 李钦：《印度投资实务指南》，法律出版社2017年版，第254页。

（四）专门法庭

除了审理民事和刑事案件的法院之外，基于法律的授权，印度还设有一系列专门法庭，如国家公司法庭、环境法庭、所得税上诉法庭以及知识产权上诉法庭等。这些专门法庭的法官一般是由具有专业背景的专家组成。专门法庭的审理程序相比一般法院而言更为灵活，其目的是追求更快速、便捷以及合理的判决。[1] 与其他处理民事、刑事案件的法院不同，印度专门法庭通常有针对自身特点而制定的程序规定。以国家公司法庭为例，印度 2013 年《公司法》第 424 条第 1 款明确规定，国家公司法庭和国家公司上诉法庭的审判原则是基于“自然公正”，可以不严格遵循一般法院的烦琐程序。[2] 对于此类专门法庭作出的裁决的上诉，根据具体的案情，印度高等法院和最高法院享有管辖权。

二、印度司法体系的弊病：效率低下

在印度，低效的法院体系一直受到各方诟病。印度法院基础设施严重匮乏，基层法院除了法官数量不足，也缺乏办公硬件。此外，印度司法效率低下还有几个重要原因：其一，印度的司法程序并未对法官的审理期限进行严格限制。尤其对于民商事案件而言，由于印度的普通民商事诉讼法未对法庭的审理期限作出合理限制，印度法院案件积压严重，平均诉讼时间约 8 年。[3] 诉讼本身即存在不确定性，而长达 8 年的诉讼时间使诉讼面临更高的风险，因此绝大多数陷入纠纷的潜在当事人对在印度诉讼缺乏信心。

其二，印度法院的假期繁多，除了法定节假日与周末不开庭之外，每年的 5 月到 6 月还有一个月的不开庭日期。在此期间，法院关闭，除非紧急事项，否则不进行法庭审理。以 2017 年为例，据统计，全年将近 140 天法院不开庭。而某些地方法院（如马德拉斯高等法院）每年享有近 160 天的休庭期。

---

〔1〕 李钦、马碧玉：《印度公司法精要》，法律出版社 2019 年版，第 227 页。

〔2〕 李钦、马碧玉：《印度公司法精要》，法律出版社 2019 年版，第 228 页。

〔3〕 刘丹丹：《印度司法环境及强制整顿程序》，载《进出口经理人》2011 年第 12 期。

除了上述两个原因之外，印度司法效率低下还有一个重要原因在于印度的法官人数不足。根据统计，印度每百万人仅配有约 20 名法官。对于一般的发展中国家而言，每百万人通常配有的法官数量是 35~40 名。[1] 在审判过程中，法官享有绝对裁量权，而在审判的各个环节里，法庭工作人员、检察官和警察等工作人员经常滥权索贿，加剧了司法效率的低下问题。[2] 因此，印度的首席大法官已多次呼吁增加印度法官人数以及增加法院基础设施建设的力度。

对于中国投资者而言，在与印度合作伙伴拟定协议时，经常只注重商业条款，而忽略了争议解决条款的重要性。是否要将潜在的争议通过诉讼方式解决，以及如何选择法院实际上是至关重要的。选择在印度的法院解决争议必然有其缺陷，由于司法效率低下以及司法腐败等问题的存在，通过印度的法院解决争议必然是一场“持久战”。因此，很多中国企业直观地认为如果要通过诉讼解决争议，也应当在合同中约定通过中国的法院解决争议，而非选择印度的法院。但实际上，约定通过中国的法院进行诉讼来解决争议并非万全之策。因为，如果中国的法院判决印方败诉，需要执行印度境内的印方财产。印度法院的效率低下，经由印度法院来执行中国法院的判决，很可能面临难以执行的困境。

印度目前的司法制度与民主社会的程序和规范仍处在磨合过程中，建立一套成熟高效的司法体系还有很长的路要走。对于投资者来说，在印度进行项目选择、合同订立等商事活动中，有必要结合众多因素综合考虑今后应当如何进行争端解决，比如该选择哪个地方法院进行诉讼、是否需要规避印度司法制度而选择国外仲裁等问题。只有知己知彼、长远规划，拟定对自己最有利的争端解决条款，才可能在未来争议发生时，以最小的代价解决争议。

三、印度的商事仲裁法律体系

印度是 1958 年《纽约公约》的缔约国，并于 2012 年正式宣布，我国作

---

〔1〕 刘丹丹:《印度司法环境及强制整顿程序》，载《进出口经理人》2011 年第 12 期。

〔2〕 李曼:《我眼中的印度司法》，载《人民法院报》2012 年 12 月 7 日，第 8 版。

出的仲裁裁决将在印度得到执行，这对中国投资者在印度投资的相关争议解决，无疑是利好消息。实际上，印度的仲裁制度已将近百年发展，首部与仲裁相关的法律是1940年印度尚未脱离英国殖民时颁布的《仲裁法》。在印度脱离殖民统治，并在20世纪90年代开始进入经济自由化改革以后，印度于1996年颁布了《仲裁和调解法》，取代了殖民地时期的《仲裁法》，为印度现行司法体系提供了富有成效的争端解决机制，缓解了部分案件过度拖延、积压的情况。[1] 1996年《仲裁法》颁布之后，曾有两次对于该法进行修订的动议。第一次是由印度国家法律委员会在其第176号报告中提出，然而印度议会认为该修改建议可能会进一步导致司法对于仲裁程序进行更多干预，故最终未通过该次修订，同时，议会还要求法务部门重新考虑《仲裁法》的修正案。[2] 2010年，印度法务部发布了关于修订1996年《仲裁法》的咨询报告，并经由印度国家法律委员会于2014年正式提出了对《仲裁法》的修改建议。[3] 2015年10月，印度总统签署并颁布印度2015年《仲裁和调解法（修正案）条例》，2015年12月，印度国家议会正式通过了该修正案。此修正案在内容上颇具亮点，针对印度商事仲裁长期存在的一些问题（如仲裁效率低下等）作出回应，为印度商事仲裁制度的发展揭开新的篇章。下文将针对印度仲裁法律制度中的若干重点要素进行逐项分析和解读。

（一）可仲裁事项

印度法律对于“可仲裁事项”的规定大致包括以下几个方面：能够通过仲裁解决的争议，由仲裁协议所涵盖的争议，以及当事人提交仲裁的争议。根据印度最高法院的阐释，原则上但凡可以通过民事法院解决的争议均可提交仲裁。但与刑事犯罪相关的权利、责任争议，与离婚、法定分居、恢复夫妻同居权、孩子监护相关的婚姻事项，监护事项，破产、清算事项，遗嘱事

---

〔1〕 Prathiba M. Singh & Devashish Krishan, *The Indian* 1996 *Arbitration Act*: *Solutions for a Current Dilemma*, Journal of International Arbitration 41, 2001, p. 49-50.

〔2〕 Armaan Patka, *Indian Arbitration Law*, Indian Journal of Arbitration Law 4, 2016, p. 702.

〔3〕 Armaan Patka, *Indian Arbitration Law*, Indian Journal of Arbitration Law 4, 2016, p. 702.

项（遗嘱认证、遗产管理证书、继承证明）等事项均不可通过仲裁进行裁决。在可仲裁事项这一方面，2015 年《仲裁和调解法（修正案）条例》与 1996 年《仲裁法》的规定并不存在根本性的不同。

（二）仲裁员的委任

关于仲裁员的委任问题，1996 年《仲裁法》的规定基本与《联合国国际贸易法委员会国际商事仲裁示范法》的规定基本一致，即当事人可以自由约定仲裁员的人数（总数应为奇数）、国籍、资格以及委任程序。具体来说，仲裁协议可约定仲裁庭由 3 名仲裁员组成，当事人分别指定 1 名仲裁员，由被指定的 2 名仲裁员指定第 3 名仲裁员担任首席仲裁员。若一方当事人未能在 30 天内指定仲裁员，或 2 名被指定的仲裁员未能在 30 天内指定第 3 名仲裁员，当事人可请求印度大法官指定仲裁员。印度大法官可授权任何个人或机构指定仲裁员。一些高等法院可授权地方法院指定仲裁员。

在国际商事仲裁案件中，根据 1996 年《仲裁法》，首席法官或由其授权的机构或个人在指定独任仲裁员或首席仲裁员时，可考虑指定与双方当事人国籍不同的人担任仲裁员。并且，首席法官或由其授权的机构或个人指定仲裁员的决定不容上诉。

2015 年《仲裁和调解法（修正案）条例》对仲裁员的委任问题作出了补充，规定应由印度最高法院或高等法院，或由上述法院授权的机构或个人对仲裁员的资格、能力以及可能影响仲裁员独立性或公正性的事项进行审查。[1] 其中，在国际商事仲裁案件中，由最高法院及其授权的机构或个人指定仲裁员和审查仲裁员资格；而在其他仲裁案件中，则由高等法院及其授权的机构或个人指定仲裁员和审查仲裁员资格。[2]

（三）仲裁员的回避

1996 年《仲裁法》规定了仲裁员的书面披露义务，要求仲裁员自其被委

---

〔1〕 Armaan Patka, *Indian Arbitration Law*, Indian Journal of Arbitration Law 4, 2016, p. 708.

〔2〕 Armaan Patka, *Indian Arbitration Law*, Indian Journal of Arbitration Law 4, 2016, p. 708.

任后（乃至整个仲裁程序过程中）及时向当事人书面披露可能影响其审理案件的公正性和独立性的事实。当仲裁员公正性或独立性受到质疑或仲裁员不具备当事人约定的资格时，仲裁员可以被申请回避。当事人在指定仲裁员时，明知仲裁员具有回避的情形而未据此申请回避的，事后不能再以同种回避事由申请该仲裁员回避。

在此方面，2015 年《仲裁和调解法（修正案）条例》作出了进一步阐释。根据新法的规定，仲裁员应当披露的情节包括：与一方当事人或主要争议存在或曾经存在任何直接或间接的、可能影响仲裁员审理案件的公正性和独立性的联系或利害关系，无论这些联系或利害关系是财政上的、商业上的、职业上的或其他方面；可能影响仲裁员投入充足时间参与仲裁的情形，尤其是当这些情形可能导致仲裁员无法在 12 个月内完成仲裁工作时。

（四）对指定仲裁员的异议

1996 年《仲裁法》与 2015 年《仲裁和调解法（修正案）条例》均规定，在何种情况下可对仲裁员提出异议，且新法并未对此方面进行实质性的修改。法律规定的可对仲裁员提出异议的情况仅包括：存在对仲裁员的独立或公正引发合理怀疑的情况或仲裁员不具备当事人所认定的资质。除此之外，当事人不能基于任何理由对仲裁员提出异议。

（五）普通仲裁程序

根据 1996 年《仲裁法》的规定，除非另有约定，仲裁程序自被申请人收到申请人要求将争议提交仲裁的通知后开始。当事人可自由约定仲裁程序、仲裁语言、仲裁地点以及仲裁庭的审理方式（书面或开庭）等。并且法律规定，未能达成上述约定的，仲裁庭有权以其认为合适的方式仲裁，有权决定证据的可采性、关联性和证明力，有权决定仲裁地点、仲裁语言以及是否进行开庭审理（此时，如一方当事人请求开庭审理，仲裁庭应开庭审理，当事人约定不应开庭审理的除外）。此外，仲裁法对当事人申请、答辩、专家委任制度的具体规定亦与《联合国国际贸易法委员会国际商事仲裁示范法》大致相同。[1]

在此方面，2015 年《仲裁和调解法（修正案）条例》在保留上述规定的基础上作出了补充。新法允许答辩人针对申请人提出仲裁反请求，如反请求未超出仲裁协议范围，仲裁庭应当进行审理并作出裁决。应一方当事人请求，仲裁庭进行开庭审理时，仲裁庭应尽可能举行听审，以便当事人举证和进行口头辩论。在听审过程中，除非当事人有充分理由，否则，仲裁庭不应许可任何要求暂停仲裁的请求，并且，仲裁庭有权对缺乏充分理由的申请方作出罚款处罚。

（六）简易仲裁程序

简易程序是 2015 年《仲裁和调解法（修正案）条例》中新增的程序，体现了印度立法者致力于提高仲裁效率的决心。新法允许当事人在任何阶段（仲裁庭组成前或组成后）达成书面协议，通过简易程序解决争议。简易程序以书面审理为原则、开庭审理为例外：仅在双方当事人一致要求下或仲裁庭认为必要时，方对特定问题进行听审。如果举行开庭审理，仲裁庭也可以摒弃一些技术上的程序（包括但不限于正式的意见陈述及交叉询问证人等），同时采用一些旨在实现高效审理案件的庭审程序。简易程序还要求仲裁庭在组成后 6 个月内作出裁决，如仲裁员未能在规定的时间内作出裁决，应承担与普通程序相同的法律后果。

（七）临时措施

根据 1996 年《仲裁法》的规定，在仲裁程序开始前或进行中，或者裁决作出后法院判决前，一方当事人可以申请法院为未成年人或精神病人指定监护人或向法院申请临时保护措施。当事人可向法院申请的临时保护措施包括：保全、临时保管或变卖仲裁协议中的标的物；暂管仲裁的争议标的金额；对仲裁案的任何财产或物件进行扣留，保存或检验，并对可能产生问题的财物

---

〔1〕 Prathiba M. Singh & Devashish Krishan, *The Indian* 1996 *Arbitration Act*: *Solutions for a Current Dilemma*, Journal of International Arbitration 41, 2001, p. 56.

采取同样措施，并且为上述目的可以授权任何人进入当事人的任何土地或房屋，授权任何人采集样本、进行为收集证据或信息所必要的检验和试验；临时禁令或指派破产管理人；以及其他法院认为合适和方便的临时措施。此外，1996 年《仲裁法》还赋予当事人向仲裁庭临时申请保护措施的权利。根据旧法规定，除非当事人另有约定，经一方当事人申请，仲裁庭可以要求当事人采取任何其所认为必要的临时保护措施或要求当事人提供适当担保。

在临时措施方面，2015 年《仲裁和调解法（修正案）条例》在保留旧法规定的基础上，作出了进一步阐释。新法明确了仲裁庭可以采取法院所能采取的临时保护措施。并且，新法要求当事人在法院作出临时措施裁定后 90 日内或法院确定的延长期限内启动仲裁。此外，新法还明确法院与仲裁庭关于临时措施的分工："一旦仲裁庭组成，法院就不应当再受理当事人的临时措施的申请，除非法院认为存在阻碍当事人通过仲裁庭实现救济的情形。"此项规定使法院和仲裁庭的权力分工更加有序，有利于防止法院和仲裁庭互相推诿，提高仲裁效率。

（八）仲裁期限

1996 年《仲裁法》并未规定仲裁庭必须在特定的期限内作出裁决。基于印度政府着力提高仲裁效率、打造高标准商事仲裁体系的考虑，2015 年《仲裁和调解法（修正案）条例》要求仲裁庭在限定的时间内作出裁决，并规定了一系列配套措施。[1] 新法规定，仲裁裁决原则上应在仲裁庭开始仲裁后 12 个月内作出，经双方当事人同意，上述期限最多可延长 6 个月。超过 18 个月的仲裁期限的延长，须由当事人向法院提出申请，法院认为当事人理由充分的，可以延长期限。

新法对仲裁期限的补充规定致力于提高仲裁庭的仲裁效率：如果仲裁员在仲裁庭开始仲裁后 6 个月内作出裁决，则仲裁庭有权获得当事人所额外给付的费用；如果仲裁庭未在开始仲裁后 12 个月内或当事人规定的延长期限内

---

〔1〕 Armaan Patka, *Indian Arbitration Law*, Indian Journal of Arbitration Law 4, 2016, p. 710.

作出裁决，仲裁员应被终止职务，法院延长仲裁期限的除外。在法院延长期限的情况下，倘若法院认为仲裁拖延可归因于仲裁庭，法院可裁定减少仲裁员薪酬，但所裁减的薪酬不应超过每月5%的数额。法院在延长上述期限的同时，可指定其他仲裁员替代原仲裁员，替代仲裁员应在原仲裁员已取得的工作进展和已收集的证据或其他资料的基础上继续仲裁。

（九）仲裁费用

2015年《仲裁和调解法（修正案）条例》的一大亮点也是关于仲裁费用的修改。根据1996年旧法的规定，除非当事人另有约定，仲裁费用应由仲裁庭裁决作出。仲裁庭应确定支付仲裁费用的一方当事人、仲裁费用总额、费用的确定方法及其支付方式。上述费用包括：仲裁员和证人的费用和开支，法定支出，管理仲裁员的机构的行政支出，其他与仲裁程序或裁决相关的费用开支。如裁决无特别指明，则应当支付仲裁费用的一方应按18%的年利率支付其所拖欠的仲裁费用利息（从裁决作出之日起计算至实际支付之日）。但旧法中的规定存在仲裁费用不合理、忽略当事人履行能力等诸多问题，导致仲裁费用往往得不到切实执行。

为解决上述问题，同时与其他新规定相协调，2015年《仲裁和调解法（修正案）条例》对此部分进行了重要修正和补充。在此方面，新法主要作出了六个方面的修正和补充：其一，新法赋予了法院确定仲裁费用的权力，并将法院在仲裁中的开支纳入仲裁费用范围。其二，新法将18%的年利率调整为高于印度储备银行同期基准利率2%的利率，并强调仲裁庭或法院在确定仲裁费用时应考虑费用支付一方的实际履行能力、支付时间以及支付总额。其三，新法明确了应当支付仲裁费用的一方为仲裁败诉方。其四，新法要求法院或仲裁庭在确定仲裁费用时考虑以下情形：各方当事人的综合表现，一方当事人的请求是否得到部分支持，是否因当事人提出不必要的反请求而造成仲裁拖延，是否存在一方当事人拒绝另一方当事人提供的合理解决争议的方案的情形。其五，新法赋予了法院和仲裁庭在决定仲裁费用方面更大的权力：法院或仲裁庭可以要求一方当事人支付的费用包括另一方当事人支出的部分费用，某一特定期间内的费用支出，仲裁程序开始之前发生的费用支出，仲裁中因采取特定措施而产生的相关费用，与仲裁程序特定部分相关的费用，以及某一特定期间内的利息。其六，新法允许当事人约定由一方当事人支付部分或全部仲裁费用，但该协议需要在争议发生后订立方为有效。

（十）限制“公共政策”的范围

“违反公共政策”经常被作为1996年《仲裁法》不予执行仲裁裁决的抗辩事由或者撤销仲裁裁决的事由。但实际上，旧法并未对公共政策的内容进行界定，印度法院也因在撤销或不予执行仲裁裁决的司法审查中过于宽泛地解释“公共政策”而遭到批评。针对此问题，2015年《仲裁和调解法（修正案）条例》对于公共政策进行了明确的界定，当且仅当以下三种情况存在时，才视为“违反公共政策”：仲裁裁决在欺诈或腐败的情况下作出，仲裁裁决存在明显违反印度法律基本原则和政策的情况，仲裁裁决与基本的道德或正义标准相冲突。

但值得注意的是，2015年新法仍存在需要法院解读并进行自由裁量的余地，例如，如何解释“明显违反印度法律基本原则和政策的情况”。实际上，在新法颁布之前，印度法院就存在相关案例对此进行解读。例如，在2003年的Oil and Natural Gas Corporation Limited v. Saw Pipes Limited案中，最高法院认为：表面违反印度法律规定的裁决不能被认定为符合公共利益且有可能损害司法行政，因此，必须废除公然违法的裁决。在解读“印度法律基本原则和政策”的相关概念时，最高法院认为仲裁裁决如果存在如下情形则将被废除：违反印度法律的基本政策，损害印度利益，有悖正义或道德，公然违法。

2014年，最高法院在Oil & Natural Gas Corporation Ltd. v. Western Geco International Ltd.案中首次定义了“印度法律的基本政策”，尽管该定义并未穷尽“印度法律的基本政策”的全部含义。最高法院注意到，以前未曾对“印度法律的基本政策”作出过详细说明。在本案中，最高法院认为“印度法律的基本政策”包含以下三个原则：其一，不受上级法院命令的影响；其二，非武断的司法方法；其三，自然正义原则。此种对“印度法律的基本政策”

的解读方式也被其他若干案子采纳，如 Renusagar Power Co. Ltd. v. General Electric Co. 案、Saw Pipes 案、McDermott International 案，以及 Western Geco International Ltd. 案等。

四、对“可仲裁事项的解读”：以戈登案为例

对于可仲裁事项，印度德里高院在 MS. Golden Tobie Private Limited v. MS. Golden Tobacco Limited 合同纠纷一案（戈登案）中，进一步明确了哪些涉及商标的案件可以进行仲裁。

【案情简介】

案件双方于 2019 年 8 月 16 日签订了独家供应协议，2020 年 2 月 12 日签订了商标独占许可协议，2020 年 8 月 29 日又签订了补充协议。协议规定，原告在国内和国际市场上分销被告的品牌，且原告不可转让其独家销售、供应许可。2021 年 2 月 13 日，由于原告未按协议约定及时付款，被告单方解除了上述商标独占许可协议与补充协议。原告随即将被告诉至法院要求继续履行合同，被告则要求根据双方签署的仲裁协议进行仲裁。

针对被告的仲裁请求，原告依据印度最高法院于 2021 年年初针对 Vidya Drolia and Ors v. Durga Trading Corporation 合同纠纷一案作出的判决，主张由于案件涉及商标纠纷，对国家主权职能具有普遍性影响，故不可以进行仲裁。

法院对双方引用的判决进行了讨论，最终确定，本案争议实质上是合同纠纷，不涉及国家主权职能的行使，故可以仲裁。此后，法院将上述事项提交仲裁。

【案例涉及的主要问题及评析】

2021 年年初，印度最高法院针对 Vidya Drolia and Ors. v. Durga Trading Corporation 合同纠纷一案作出判决，在判决中明确判断案件是否可以仲裁需要遵循以下原则：是否为物权纠纷；是否影响第三方权利，是否具有普遍适用的效力而需要集中审判；是否为依法应当由行政机关处理，涉及国家主权职

能行使；争议标的物是否根据强制性法规明确或通过必要的暗示为不可仲裁。

随后，印度最高法院在其发布的一系列声明中又具体列举了一些不可仲裁的事项，其中就包括授予和颁发专利以及商标注册。最高法院认为："涉及授予和颁发专利以及商标注册的案件是属于主权或政府职能范围内的排他性事项，具有普遍适用的效力，因此它们是不可仲裁的。"

在该系列声明发布后，在后续的诸多涉及商标的案件中，一方当事人经常基于前述判例而主张案件不可仲裁。比如，在 HeroElectric Vehicles Pvt. Ltd. & Anr. v. LectroE-Mobility Pvt. Ltd. & Anr 违约案件中，原告也主张由于案件涉及商标权利而无法仲裁。

第七节 投资印度法律风险防控提示

一、外资准入方面

2020 年 4 月《统合外商直接投资政策（修正案）》颁布以后，由于中印两国的关系变化，印度对来自中国的投资持警惕态度，迄今为止还未有公开信息披露哪些来自中国的 FDI 审批申请已获通过。尤其在印度大规模暴发新冠疫情，并且疫情无法得到有效控制不断反复的情况下，印度在其投资法律和投资条约制度中的"国家中心主义"趋势，反映出对国家利益保护的偏向性和对投资者权益保障的严重不足。[1] 因此，总体而言，无论是设立独资还是合资企业，现阶段最大的一个法律风险就在于印度政府对 FDI 审批申请的态度很大程度上受中印两国政治关系的影响。[2] 来自中国的 FDI 审批是否能

---

〔1〕 杨翠柏、张雪娇:《印度外国直接投资法律制度的变化与中国应对》，载《南亚研究季刊》2021 年第 2 期。

〔2〕 关于近年来，尤其是新冠疫情之后印度政府对中国直接投资印度的态度变化和现状，可参见杨翠柏、张雪娇:《印度外国直接投资法律制度的变化与中国应对》，载《南亚研究季刊》2021 年第 2 期；李来孺:《印度对华外资政策调整及中国的应对策略》，载《印度洋经济体研究》2022 年第 2 期；瞿霞:《印度 PN3 禁令对中国投资印度的影响分析及应对之策》，载搜狐网，https://www.sohu.com/a/752175657_120942243，2024 年 1 月 15 日最后访问。

获得印度政府相关部门的批准，是需要观望的。

此外，印度的外资安全审查制度也是中国投资者进入印度的一道“拦路虎”。尽管印度并未有关于国家安全审查的单独立法，但可以对几乎所有来自外国的投资（无论是通过政府审批路径还是自动路径），均进行外资安全审查。并且，对审查的标准、审查的结果以及形成结果的原因，均没有官方公开的文件。因此，对中国投资者在印度的投资前景造成极大的不确定性。

在应对策略方面，我国投资者可以选择在印度的经济特区投资，以尽可能削减因外资安全审查的不透明和不确定性所带来的负面影响。印度对外资提供诸多激励措施，这些措施主要集中于经济特区，这使印度政府将激励措施以较为简化的方式集中于一个特定的区域。经济特区有三类激励措施吸引企业来投资：第一类是通过将经济特区定性为自由贸易特区来提供国内税收、关税及金融方面的激励措施；第二类是改进了企业投资印度时所面临的审批及管理制度；第三类是经济特区有可靠的基础设施，而这些基础设施在其他地区几乎是没有的。所有这些激励措施对国外和国内投资者都平等适用。

经济特区为投资者带来如下便利：第一，某些行业的企业无外资持股上限；第二，投资都适用自动批准渠道，这一渠道授权印度储备银行在两周内自动批准投资项目；第三，企业进口货物不需要许可证，经济特区中的海关审查程序被降至最低，以消除货物供应方面的拖延。因此，选择在经济特区内设立投资企业，对我国投资者而言，在目前印度的政策环境下，能够最大限度地降低因审批等事宜带来的不确定性。

近年来，由于国际形势的复杂，贸易保护主义的抬头，也给中国企业投资印度带来更多的不明朗因素。因此，在实践策略上，我国企业可以先在与印度有良好投资合作关系的国家设立公司，然后再以该公司的名义借道投资。根据这一策略，我国企业首选的投资地应该是毛里求斯。毛里求斯是近年来印度外资的主要来源国，与印度签订了避免双重征税协定。毛里求斯超过一半的人口具有印度血统，这使毛里求斯可以成为那些打算在印度投资的企业的跳板，这些企业往往先在毛里求斯成立一个控股公司，而毛里求斯给予这些外资公司零税率的待遇。[1]

在毛里求斯的外资公司要想享受毛里求斯与印度之间税收协定所带来的便利，必须先获得税收居民地位的证明。毛里求斯对外国投资的公司的税收居民地位制定了较为具体的标准：（1）外资公司必须有两个经毛里求斯外企管理机构批准的董事；（2）外资公司在毛里求斯开立账户；（3）外资公司必须符合毛里求斯关于公司的程序性规定。毛里求斯和印度之间税收协定的适用对象并不因公司设立的目的而改变，即使外国投资者在毛里求斯设立公司是以“借道”为目的，也一样可以享受协定所带来的便利。[2] 我国企业借道毛里求斯投资印度，除可以享受毛里求斯的税收待遇外，更为重要的是可以借用毛里求斯与印度之间良好的投资通道，顺利进入印度投资。[3] 除借道毛里求斯外，我国企业还可以借道斯里兰卡、塞浦路斯以及新加坡等国。[4] 这些国家都与印度有良好的投资合作关系，且都与印度签订了避免双重征税的协定。[5]

二、公司设立和运营方面

设立企业，无论是设立外商独资企业还是并购企业，均需要遵守一定的程序，做好时间准备，才能最大效率地推进注册设立等事宜。在印度从事公司方面的法律业务，首先应当注意到，印度的公司法律制度在很大程度上承

---

〔1〕 Roshan Saha & Soumya Bhowmick, *Foreign Direct Investments in India States*, Official Webpage of Observer Research Foundation（ORF）（15 June 2023）, https：//www. orfonline. org/wp-content/uploads/2020/09/ORF_ Monograph_ FDI-States_ New. pdf.

〔2〕 Fred M. Greguras & S. R. Gopalan, *An Update on Structuring Venture Capital and Other Investments in India*, Homepage of Fenwick & West LLP（15 June 2023）, https：//assets. fenwick. com/legacy/FenwickDocuments/Investments_ in_ India. pdf.

〔3〕 王宏军:《印度外资准入制度研究——以我国企业对印度的投资为例》，载《法商研究》2008 年第 5 期。

〔4〕 Roshan Saha & Soumya Bhowmick, *Foreign Direct Investments in India States*, Official Webpage of Observer Research Foundation（ORF）（15 June 2023）, https：//www. orfonline. org/wp-content/uploads/2020/09/ORF_ Monograph_ FDI-States_ New. pdf.

〔5〕 Roshan Saha & Soumya Bhowmick, *Foreign Direct Investments in India States*, Official Webpage of Observer Research Foundation（ORF）（15 June 2023）, https：//www. orfonline. org/wp-content/uploads/2020/09/ORF_ Monograph_ FDI-States_ New. pdf.

袭了英国公司法。但印度的社会与经济环境又是一个发展中国家，加之多元的民族、文化以及宗教构成，导致了印度公司法的独特性与复杂性。除了最新的2013年印度《公司法》之外，还有诸如2014年《公司法实施细则》以及印度公司事务部（Ministry of Corporate Affairs）不定期发布的一些解释和通告等配套性文件。其次，印度作为普通法系国家，也倚重判例。因此，中国投资者仅从印度法律文本了解印度公司法以及公司运营相关方面的制度，是远远不够的。例如，有些投资者认为，因为其对印度的投资以美元计算，则可以将印度公司的股本划分成等额股份之后以美元标价。这个问题在印度《公司法》及相关的配套解释文本中是没有明确指明的。实际上，印度的公司必须用卢比来标价股份，不可以用其他货币标价，这一点需要参考印度储备银行（印度央行）2016年发布的《统合外资政策》，里面直接规定了公司股份这些有价证券必须以卢比标价。[1]

在设立合资企业时，投资者对合作对象的尽职调查应慎之又慎，尤其是对方的诉讼情况和财务资信记录，后者可以借助印度本地的独立第三方机构——印度信用评级服务机构进行。在设立合资企业时，还应当重视合资协议的订立，无论中方是否处于控股地位，都应当在合资协议中通过“正面投票机制”等条款的设计，为己方争取主动地位。

在并购中，投资者还应当重视保密协议的草拟和签署。保密协议是海外并购交易中非常重要的法律文件，因为在并购交易中，磋商双方不当的信息披露行为可能会导致重大的商业风险，所以在并购交易中，公司不仅需要和目标企业签订保密协议，通常还需要和其聘用的、辅助交易完成的各种外部中介以及专业人士等签订相应的保密协议。尤其需要我国投资者注意的是，应避免将保密协议作为一个标准的格式合同而忽略对其的审查，因为在实践中，因保密协议而起的纠纷也大量存在。在草拟保密协议时，本书提醒投资者应当谨慎考虑以下事项：第一，签订保密协议时要审查对方的签订主体，避免追究责任承担人时无法找到可追索权利的实体。因为在实践中，有可能

---

〔1〕 李钦:《印度投资实务指南》，法律出版社2017年版，第114页。

存在信息接收方为了规避责任承担而采用空壳公司来签订保密协议。第二，划定保密信息的范围，即何种信息构成保密协议项下所规定的需要保密的信息。例如，是否包括口头信息？第三，在多大的范围内披露信息不违反保密协议？例如，作为收购方的企业将信息披露给员工、法律顾问、财务顾问以及关联公司等使用，是否算作违反保密协议？第四，保密协议的终止条款，即信息披露方是否有权随时终止保密协议？第五，保密协议终止之后如何安排各方义务？信息接收方是否需要将信息返还或者销毁？如何证明已销毁？以及何时销毁？等等。以上是并购时与交易方拟定保密协议的一些重要问题。需要强调的是，投资者切不能把保密协议视作一个无须审查的“通用条款”或“格式条款”，需要慎重将其视作一个并购过程中的重要文件来拟定并控制风险，才能保证后续的并购流程顺利推进。

最后，在并购印度企业时，投资者应当转变思维，不可“想当然”地套用并购欧美企业的经验。在并购一些欧美企业时，黄金降落伞条款（golden parachute）、征集投票权（proxy right）等都是比较常见的法律安排。但在收购印度企业时，实践中诸如“黄金降落伞”这样的条款并不多见。主要原因在于印度家族企业居多，股权较为集中，不像欧美大多数企业都有非常分明的所有权和管理权分离的架构。而在印度大量的家族企业中，并没有聘任职业经理人的通常做法，管理者（如公司董事）一般都是企业的所有者，即不少印度企业的所有权和经营权是混同的。“黄金降落伞”这类的法律条款安排是为了激励在管理权和经营权分离的情况下没有企业所有权的职业经理人的一种措施，因此在并购印度的企业时，并不多见。上述例子也是为了重点说明，在并购印度企业的案例中，投资者切不可简单用“格式合同”或者“格式条款”来草拟并购过程中所涉及的法律文件。

三、用工法律风险

第一，投资者应当明确印度的劳动法是继受英国的相关制度，从立法上而言非常完善，与印象中的发展中国家劳动法有所不同。印度的劳动法相当注重劳工权益的保护，甚至忽视雇主利益。这与印度的社会发展现状是割裂的，相当于用“发达国家的劳动法来管理发展中国家的劳动力”，立法与实践的脱节导致了大量具体问题的产生，投资者应当在雇佣和使用印度劳工的每一个环节中，都要警惕这一点。第二，印度工会的集体维权也是投资者需要面临的重大挑战。印度的工会历史悠久，几乎覆盖各行各业，投资者应当善用工会的“聚合优势”，以及其对员工的约束力和信服力，做好与工会之间就薪酬等问题的沟通，让工会间接帮助管理员工。第三，投资者应当善用属地化经营策略，大量吸纳印度员工，尤其是吸纳资深优质的印度籍管理者加入企业的运营管理中来，以“印度智慧管理印度人”。第四，印度的工作签证申请也是一个值得注意的事项。相比其他国家在印度的工作签证，中国人申请工作签证需要更多材料，且工作签证耗费的流程较长，在不补充提交材料的情况下，一般需要 3 个月。因此，在实践中，很多中国企业以商务签证的形式派驻员工在印度从事经贸活动，但这种做法不符合法律规定。并且，这也导致了被派驻的员工在很多方面不受法律保护。实际上，印度工作签证的配额并非与投资规模挂钩，投资者不应存在侥幸以及“为了省事”的心理规避法律规定，而应当尽早将为员工申请工作签证的时间和金钱成本也核算进商业成本，并且尽早办理。

四、税收法律风险

关于税务问题，投资者常存在一个认识上的误区，即认为税务优惠与公司未来的运营和利润直接相关，较高的税负必然影响收益率，而低税率以及配套的税收优惠则能大幅度降低企业成本。但实际上，一个国家或地区的税制结构以及税收风险也是不容忽视的。即便有再多的税收优惠，都有可能因为一个国家或地区的税制结构复杂等因素而抬高企业的运营风险和成本。

印度的税制结构复杂，是投资者不可忽视的一个风险。尽管近年来，印度降低企业所得税，推出了商品与服务税（GST）改革，但这些表面上利好投资者的政策在实践中是否带来实际的便利仍是存疑的，沃达丰案等充分揭示了印度的税收法律制度的风险。即便在政策理论上为投资者提供便利，但中央或者各邦的税务局为了弥补财政赤字，可能加大税收稽查力度，尤其是针对中资企业。因此，投资者切不可被表面的现象迷惑，放松警惕，应当做好合规工作，应对税收风险。

此外，投资者还应当研究和了解中印之间的反双重征税协定，来处理中国企业投资印度的税务筹划，避免陷入被动。尤其是应当加强对“常设机构”的了解和研究，不可盲目根据OECD的规范指引来解读常设机构，而应该结合曾经发生过的税务稽查案例，来了解印度税务部门以及司法机关解读“常设机构”的逻辑和思路。

总体而言，在印度投资，除了对其税收法律制度做足功课了解，还应当认识到印度的税务稽查部门在执法中是相当强势的，有可能变相增加税收风险。印度是联邦制国家，与中国这一拥有强大税务征收管理系统的单一制国家不同，印度中央财政极度缺乏资金，除了个别大规模的外商绿地投资项目之外，通常不会对外商给出较大的税收优惠，甚至还出现过如沃达丰案中印度立法者修改法律并加以回溯期的做法，增大了投资者的税务风险。此外，地方议会也有可能行使地方立法权，变相增设税种名目，以达到增加地方财政收入的目的。这些执法和司法机构的强势特点，是投资者事前应当谨慎评估的。

五、争议解决机制

鉴于仲裁“一裁终局”，且仲裁程序整体相对宽松，而印度的诉讼程序冗长、低效，且在短时间内难以改善，本书建议投资者选择仲裁作为解决商事争议的首要途径。尽管印度是《纽约公约》的缔约国，但值得注意的是，在印度执行外国仲裁机构作出的仲裁裁决的成本极高。实践中，以中国投资者为例，通常选择中国内地或香港特别行政区、新加坡或者印度本土进行仲裁。但根据印度相关法律制度的规定，申请执行外国仲裁机构作出的仲裁裁决，需要到涉及该争议的印方所在地的印度法院提起，并仅能聘请印度律师，在时间以及经济成本上，都相当高。因此，在实践中，当事人即使获得了有利于己方的仲裁裁决，也会由于执行成本过高而放弃。因此，建议投资者加强事前防范，以及将仲裁列入商事争议解决的首要途径，做好预案，充分预估好印度司法环境的特殊性导致的较高的争议解决成本，并将此列入投资成本预算。

实际上，最好的争议解决方式就是避免争议的发生，尤其是在印度司法效率低下的大背景下。投资者做好前期的尽职调查，尽力获取投资计划所需要的全部信息，对印度合作伙伴的资信状况进行全面调查，采取风险控制措施，要求提供适当的担保等，就能在一定程度上降低后期摩擦和争议的发生。在与当地合作伙伴进行磋商时，就应当将争议解决条款嵌入相关的法律文件中，以实现对自身利益的最大保护。在实践中，很多中国投资者在境外投资中，对合资协议等重要文件，仅仅重视商务条款，而忽视争议解决条款的订立，或者使用“模板”合同或“格式条款”来作为与印方合作的法律文本，这种做法有可能在后期带来极大的法律风险。此外，一旦发生争议，投资协议等法律文本均是重要的证据，如对具体的权利义务没有根据自身的情况作细化规定，而套用“模板”或“格式条款”，也会给后期的争议解决带来困难，让己方陷入被动。因此，本书建议投资者对印度重要的法律文书、政府证照、重要合同等都需要保存副本，并且可以定期将与商业活动关系较为密切的文书副本寄回国内以备留存。

第四章　投资南非法律风险防控

南非是非洲第二大经济体，也是中国在非洲推进“一带一路”建设的重要支点国家。中国和南非作为世界上具有重要影响力的新兴发展中大国，同为金砖国家和二十国集团（G20）成员国，均将发展彼此关系作为各自对外关系的战略支点和优先方向。自 1998 年建交以来，中南政治外交互动频繁，2010 年两国建立全面战略伙伴关系。

2015 年，南非以创始成员国的身份加入亚洲基础设施投资银行，并在同年 12 月签署了共建“一带一路”倡议的谅解备忘录。同时，两国合作机制的不断完善也为双边经贸合作发挥关键作用。中南两国不仅建立了副元首级别的中南国家双边委员会及其下辖的经贸、科技、文化等多个双边联委会，而且成立了旨在促进两国项目合作的中南联合工作组，而中非合作论坛机制更是成为协商战略合作、确定重大投资及合作项目的重要平台。“一带一路”倡议下的强力政策支持以及合作机制的推动作用令双方经贸合作迅速发展。目前，中国已成为南非最大的贸易伙伴以及主要投资国之一，南非也成为中国在非洲最大的贸易伙伴。2019 年，非洲自贸区进入实施阶段加速带动中国在南非的基础设施开发和投资项目的推进，两国合作进入战略性对接新阶段。

南非经济发展基础较好，区位优势突出，资源禀赋优越，市场规范，法制健全，而中国在资金技术、市场、企业、人才和发展经验等方面具有相对优势，两国合作互补性强，利益契合点多，投资合作总体呈现上升趋势。尽管中国对南非投资流量受非洲政经局势以及南非对外投资政策影响呈现一定波动，但总体保持稳定。中国对南非直接投资存量从 2013 年的 44 亿美元快速增长至2021年的52亿美元。[1]

目前，南非已成为中国在非洲投资规模最大的国家之一。在南非投资的大中型企业已经超过300家，投资领域包括矿业、农业、制造业、基础设施、能源等传统领域，也涉及金融、通信、海洋经济等新兴行业，基本实现了领域全覆盖。在工业领域，海信集团和中非发展基金共同投资3000万美元在开普敦市设立产业园，可年产电视机和电冰箱各40万台；北汽南非汽车有限公司投资2.26亿美元在伊丽莎白港建立组装厂，年产量将达5万辆，创造约2500个就业机会；中车公司与南非国有运输集团签订了价值约9亿美元总计232台的内燃机车订单，是我国轨道交通装备整车出口领域的最大单笔订单。[2]

近年来，为了振兴经济，增加就业率，南非政府推出若干举措。2010年10月，南非政府提出“新增长路线”（new growth path，NGP）发展战略，旨在提高经济增速、创造就业和实现经济社会均衡发展，核心思想为创造就业。南非计划优先在基础设施建设、农业、矿业、绿色经济、制造业、旅游和高端服务业等6个重点领域挖掘潜力，创造500万个就业岗位，将失业率从24%降至15%。[3]（见表4-1）

表4-1 南非“新增长路线”主要内容

主要领域	主要内容
基础设施建设	扩大交通、能源、水利、电信和住房建设等领域的投资。建设所需的原材料和设备主要由南非国内企业供应，拉动本土企业的发展
农业	提高农业产出和农产品加工能力，围绕农业基础设施建设、农产品市场营销、财政金融支持、农村服务等环节，实施农业经济结构调整，加快农村土地改革速度，扶持商业性农村产业规模发展，积极稳妥地规范农业产业有序竞争

〔1〕 中华人民共和国商务部、国家统计局、国家外汇管理局编：《2021年度中国对外直接投资统计公报》，中国商务出版社2022年版，第57页。

〔2〕 郑青亭：《经济阴云笼罩下的南非看向中国 2018年经贸合作将迎新机遇》，载21世纪经济报道网2017年12月30日，https：//m.21jingji.com/article/20171230/9caa5ca5e403838ee501da5d090aa489.html。

〔3〕 中国国际贸易促进委员会：《企业对外投资国别（地区）营商环境指南（南非2020）》，载中国国际贸易促进委员会网，https：//www.ccpit.org/image/1/edacf09a158a40458bc79f519b3b1b82.pdf，2023年7月11日最后访问。

续表

主要领域	主要内容
矿业	改善矿业相关基础设施，提高矿产开采效率，着重发展矿石深加工，拉长矿业生产链条，尤其在选矿阶段注意就业创造；在可预见的将来，采选矿领域争取建立与私营矿业部门形成竞争关系的强大的国有矿业公司
绿色经济	发展新兴绿色经济，推进实施涵盖太阳能、风能和生物燃料在内的综合资源计划，提升清洁生产和环境保护水平
制造业	在现有基础之上，通过技术创新、技能开发、科学管理来降低投入成本，改善南非工业化效能
旅游和高端服务业	制定相关计划和策略，发展旅游业、服务业中吸纳就业能力强的岗位

资料来源：*The New Growth Path*，Homepage of South African Government（10 July 2023），https：//www. gov. za/about-government/government-programmes/new-growth-path。

2012 年 8 月，南非政府公布了《2030 年国家发展规划》（National Development Plan：Vision for 2030，NDP 2030），提出发展劳动密集型制造业；增加政府支出，加大在公路、铁路、港口、电力等基础设施领域投资；进一步明确产权制度，放宽资源产业投资限制；扩大资源性产品出口等。[1] 南非政府计划通过实施《2030 年国家发展规划》，到 2030 年将基尼系数从 0. 7 降至 0. 6，使贫困人口全部脱贫。[2]

但数年过去，南非政府的这些计划并未达到预期的推进效果，经济表现不如预期。这也为中国投资者提供了投资机遇，以助力南非政府计划的实现。此外，近年来南非大力进行营商环境改革，在完善投资相关法律、简化审批程序以及鼓励中小企业创新发展等方面作出改革和突破。南非还于 2016 年颁

---

〔1〕 *National Development Plan* 2030，Homepage of South African Government（10 July 2023），https：//www. gov. za/issues/national-development-plan-2030.

〔2〕 *National Development Plan*：*Vision* 2030，Homepage of National Planning Commission of South Africa（10 July 2023），https：//www. nationalplanningcommission. org. za/National_ Development_ Plan.

布《特别经济区法案》，将原先的工业开发区转化为特别经济区，并提供税收优惠、便利通关手续以及建筑津贴等吸引投资者。

在巨大的契机之外，投资南非还需要防控法律风险。由于法律传统的巨大差别，众多投资者在赴别国投资时，往往易于忽略所在国的投资法律风险，从而蒙受巨大损失，这一点在非洲国家尤其值得注意。投资南非需要特别警惕法律风险，原因如下：第一，南非在17世纪和19世纪相继被荷兰和英国殖民者统治。荷兰殖民者殖民期间，在南非大力植入荷兰—罗马法，并建成大量司法机构，使荷兰—罗马法成为南非法律的一种重要法律渊源。而后，英国殖民者在殖民时期并未推翻荷兰—罗马法，而是在此基础上植入大量普通法内容，形成了南非法律的“二元混合”特点。[1] 第二，南非复杂曲折的被殖民史，使南非黑人与白人长期处于“二元割裂”的状态，1994年之前占南非总人口不到10%的白人拥有全国近95%的财富，贫富差距巨大。1994年南非新政府成立，南非由种族隔离走向民主政治，黑人政治地位提升的同时，也要求社会经济地位的改变。为此，南非新政府提出“重建与发展计划”，旨在通过政策援助消除经济上的种族鸿沟，推动国民经济整体持续发展，《广义黑人经济振兴法案》就在此背景下诞生。[2] 第三，南非矿业历史悠久，法律制度完善，南非矿业本土化的立法与评估体系对矿业所有权、矿山社区发展、当地采购、住房和生活条件、人力资源开发和就业平等六大方面提出了更高的要求，投资者应当做好充分的法律风险评估和防范准备。[3]

下文将针对投资南非关键环节所涉的相关法律制度，尤其是实践中易产生法律风险的特殊方面，作出分析，供投资者参考，防控法律风险。

---

〔1〕 洪永红：《关于非洲的法系问题》，载《文史博览》2005年第12期。

〔2〕 Jawanza Kunjufu, *Black Economics: Solutions for Economic and Community Empowerment*, African American Images, 2002, p. 15-16.

〔3〕 张小虎、赵倩：《论南非矿业本土化的立法规制与风险防范》，载《中国国土资源经济》2021年第2期。

第一节　南非法律制度的历史渊源、演进及发展

受长期而复杂的殖民以及其他历史、文化因素影响，南非是一个典型的混合法系的国家，其法律体系是由若干种独特的法律传统互相混合而成，如荷兰—罗马法、英国法、本土习惯法以及制定法。[1] 其中，罗马法体系承袭自荷兰，普通法体系来自英国，都是历史上不同殖民时期的法律遗产，而习惯法则来自非洲本土人（班图人），这些不同的法律制度、文化以及传统交互影响，造就了南非特有的混合法系的特征。因此，理解南非的法律制度，就必须结合它的历史、文化以及不同法律渊源之间的互相影响所造成的独特性。下文将以时间为轴线，对南非各个时期不同的法律文化传统的历史发展进行论述。

一、殖民前的本土法（1652 年以前）

南非殖民前社会指的是 1652 年荷兰殖民者进驻南非大陆以前的时期。在殖民者进入南非前，南非的居民主要以原住民为主，以家庭血缘族亲为单位组成氏族。族群里存在简单的劳动分工，共同开辟和耕种土地。当族群面对矛盾纠纷时，一般交由酋长通过管理族群事务的族群理事会处理，酋长听取各方意见来解决纠纷。[2] 酋长拥有有限权力，且没有暴力机构可依赖，其权力的实施往往依靠族群理事会成员的合作，包括男性亲属和平民。[3]

17 世纪中期荷兰殖民者入侵南非以前，南非原住民的原始生活方式基本如上所述，并在这种生产生活方式的基础上，产生了一些古老的、包含非洲原始宗教成分的、口耳相传的习惯法。[4] 例如：成人仪式在土著居民中十分

---

〔1〕夏新华：《冲突与调适：南非混合法形成的历史考察》，载《河北法学》2002 年第 3 期。

〔2〕［美］凯文·希林顿：《非洲史》，赵俊译，东方出版中心 2012 年版，第 70 页。

〔3〕［美］凯文·希林顿：《非洲史》，赵俊译，东方出版中心 2012 年版，第 70 页。

〔4〕夏新华、刘星：《南部非洲混合法域的形成与发展》，载《环球法律评论》2010 年第 6 期。

受重视，它是社会、文化和宗教生活中一个极为重要的部分。[1] 男女的成人仪式有所区别。少女的成年仪式要在部落首领的主持下进行一个多月。其间，她们不能吃某些食物，还要学会成年妇女应懂得和掌握的知识。男子在成年仪式期间，则要在灌木丛生的地方独自生活一个月。这些仪式的主要作用是表现原始社会中传统的无上势力与价值；深深地将此等势力与价值印在每代人的心目中，并且极其有效地传延了部落的风俗信仰，以使传统不失、团体固结。[2]

殖民前期的南非社会，主要的“法律”就是这种族群部落间原始色彩浓厚的习惯法，主要对劳动关系以及婚姻家庭关系进行管理和规范。即便早期的习惯法在内容上十分粗糙，包含一些落后的习俗，并非现代意义上人们认为的文明开化、有助于社会生活和生产发展的法律制度，但在南非 1993 年颁布的《临时宪法》走上种族平等之路以后，这种原始的、口耳相传的、与部落习俗相关的习惯法与荷兰—罗马法以及英国普通法一起被宪法确认为南非的正式法律渊源。

二、荷兰殖民统治时期（1652 年~1806 年）

17 世纪，荷兰东印度公司是参与印度洋贸易的占支配地位的欧洲机构，荷兰人在放眼全球贸易的过程中注意到了南非。1652 年，荷兰东印度公司在开普设立了一个前哨基地，作为往返印度船只的中途补给基地，此举成为荷兰殖民南非的正式起点。由此，荷兰人对南非的殖民统治逐渐拉开序幕。同时，盛行于荷兰的荷兰—罗马法也植入开普。在开普殖民地，法律渊源主要有两类：一是正式的成文立法；二是其他法律渊源，主要有尼德兰各行省的公共著述家的著作、法院的判决、若干习惯以及罗马法与圣经典籍等。[3] 1783 年，东印度公司在开普殖民地建立了一个高级法院，院址设在开普敦。

---

〔1〕［加纳］A. 阿杜·博亨主编：《非洲通史：殖民统治下的非洲 1880—1935 年》（第 7 卷），中国对外翻译出版公司 1991 年版，第 418 页。

〔2〕何勤华、洪永红主编：《非洲法律发达史》，法律出版社 2006 年版，第 135 页。

〔3〕夏新华：《非洲法律文化专论》，中国社会科学出版社 2008 年版，第 89 页。

以后，在斯泰伦博希和斯韦伦丹等地又设立了一些地方法院。这些司法机构的设立对荷兰—罗马法在南非的普及起到了巨大作用。这样，在传统习惯法的基础上，荷兰—罗马法成了另一种法律渊源。

荷兰—罗马法对南非法律制度的影响深远，一直存续至今。例如：南非宪法对法院体系的规定在很大程度上借鉴了大陆法系国家宪法。[1] 南非的私法规范和体系深受罗马法的影响，具有浓厚的大陆法系色彩。[2] 例如：在调整夫妻财产关系的问题上，南非民法移植了荷兰—罗马法中“夫妻财产得由夫妻共同共有”的法律原则。[3]

三、英国殖民统治时期（1806年~1910年）

1795年，英国出兵占领好望角。1815年维也纳会议最终确认英国对荷属开普殖民地的所有权，荷兰殖民统治者至此结束对开普地区长期的统治。英国占领开普殖民地以后，就开始施行英国的管理模式，并且大量移植英国的实体法和程序法。在此期间，英裔白人在政治以及经济上都占据绝对的主导地位，与属于荷兰后裔的白人——布尔人产生矛盾，冲突不断。

在英国殖民时期，南非法律体系的发展显示出矛盾状态。一方面，在殖民初期，英国殖民者为了不加剧和布尔人的矛盾，并没有在整个地区强制推行英国普通法，而宣称荷兰—罗马法继续有效。然而此时的荷兰—罗马法已经不能完全适应社会的需要。不仅立法机关经常引用英国的法律条文和法律解释，并适用相关的英国程序法，最高法院的法官和英国法的一些拥护者大多在英国接受过训练，他们都倾向于维持他们所熟知的英国法律。[4]

1820年以后，南非法律制度开始正式“英国化”的进程。1823年，比格

---

[1] 贺鉴：《大陆法系对英语非洲国家宪法的影响——以法、德两国宪法对南非宪法的影响为例》，载《湖南科技大学学报（社会科学版）》2010年第2期。

[2] 张静：《论南非物权自由原则的实践和启示——兼议物权编物权法定原则之缓和》，载《交大法学》2018年第2期。

[3] 刘音：《南非涉外夫妻财产关系的法律适用——兼论〈涉外民事关系法律适用法〉第24条》，载《环球法律评论》2015年第4期。

[4] 夏新华、刘星：《南部非洲混合法域的形成与发展》，载《环球法律评论》2010年第6期。

与克勒布罗克受英国政府委派对开普法律英国化的必要性进行调查。1827年以后，英国政府则根据二人调查的建议制定了《司法宪章》，正式开始以英国制定法取代开普荷兰—罗马法。[1] 于是，英国的流通票据法、海商法、保险与合伙领域的制定法被南非几乎照搬采用，尤其是有关契约的法律，主要来自对英国法的继受。同时，在1827年至1834年，南非采取了英国法院的陪审团制度、英国刑事诉讼法和证据法。当荷兰—罗马法不够明确、不合适或陈旧过时的时候，南非法院的法官们便倾向于求助英国的判例法。[2] 19世纪后半叶，由于英国当时在世界政治和经济的地位达到巅峰，加之荷兰—罗马法与社会发展的不相适性，英国法对南非法的影响力也随之达到顶峰。[3]

值得注意的是，英国法是十分巧妙而成功地被移入南非的，且英国殖民者从未采用直接强迫的方式强行推行英国普通法，更从未公开声称要废除荷兰—罗马法。英国法的这种“渗入式”的做法使许多南非人觉得英国统治者始终都遵循着当地荷兰—罗马法的原则，法律系统趋向英国化的改变只是对社会需求的回应，而非统治权威强加其意志的武断的结果。[4]

1909年英国议会通过的《南非法》对南非自治政权的组建作了规定，同时也为南非种族隔离的立法化和制度化奠定了基础。大不列颠的四个南非殖民地，即开普、德兰士瓦、奥兰治自由邦和纳塔尔依《南非法》在1910年合并为南非联邦。从此，法律英国化的进程随之放慢，被遗弃的荷兰—罗马法重新受到重视。南非法律状况开始走向混合法。[5]

四、南非种族隔离时期（1910年~1993年）

1910年南非联邦的成立是南非种族主义统治制度正式建立的标志。南非联邦是英国的一个自治领地，它的政治制度依旧遵循“英国宪法的原则”，英

---

〔1〕 夏新华:《非洲法律文化专论》，中国社会科学出版社2008年版，第92页。

〔2〕 夏新华:《冲突与调适：南非混合法形成的历史考察》，载《河北法学》2002年第3期。

〔3〕 Hilda Kuper & Leo Kuper, *African Law: Adaptation and Development*, University of California Press, 1965, p. 197.

〔4〕 夏新华:《冲突与调适：南非混合法形成的历史考察》，载《河北法学》2002年第3期。

〔5〕 夏新华:《冲突与调适：南非混合法形成的历史考察》，载《河北法学》2002年第3期。

国总督是最高行政长官，立法的批准权在英国议会。实际上，英国政府对南非的行政干预权力直至 1996 年南非脱离英联邦，才彻底结束。[1] 在这一时期，虽然英国人和布尔人的矛盾依旧存在，但种族之间的矛盾成为当时社会的首要矛盾。1909 年的《南非法》奠定了白人至上的种族主义基础，是一部具有强烈种族色彩的宪法，该法倾向保护白人权益，而忽略黑人权益的保障。

在法律领域，法制英国化的进程逐渐开始缓慢，而荷兰—罗马法重新受到重视。[2] 以具体的审判为例，虽然在实体法的内容上依然趋向于获得英国殖民当局和枢密院审判委员会的认同，但在具体的程序法实务中，南非法院则倾向于重视荷兰—罗马法的传统原则，并在适用上使之尽可能适应当下的社会发展情况。[3] 南非法院一方面加紧改造源于大陆法系的荷兰—罗马法以适应社会发展的需要，另一方面则加紧模仿英国判例法的模式，在具体的案件审理中大量援引和运用司法判例。[4] 将两种法系结合在一起混合使用的状态，进一步促进了南非“混合法系”的发展。在种族隔离时期，南非的“混合法”表现为在原有的土著习惯法、荷兰—罗马法以及英国法的基础上，融入南非特有的种族主义法制。这种带有种族主义色彩的“混合法”与南非 1994 年废除种族隔离制度以后的“混合法”有本质区别。[5]

种族隔离时期，南非通过了大量种族歧视色彩浓厚的法律。1910～1948 年就有 49 项种族主义法律被议会通过。其中 1913 年的《土著土地法》和 1936 年的《土著管理与土地法》两部法律被认为是种族隔离制度的核心支柱法律。1948 年以马兰为首的南非国民党政府上台，更加强化了种族主义立法。据不完全统计，南非国民党执政后共通过了 300 余项种族主义法律，仅 1948～1960 年就有 53 项。[6] 南非白人政权推行种族主义政策，激化了白人与非白人之间的紧张关系，引发了黑人的长期反抗斗争并最终取得了胜利。

---

〔1〕 杨立华主编:《南非》，社会科学文献出版社 2010 年版，第 76 页。
〔2〕 夏新华:《非洲法律文化专论》，中国社会科学出版社 2008 年版，第 52 页。
〔3〕 夏新华:《非洲法律文化专论》，中国社会科学出版社 2008 年版，第 93 页。
〔4〕 夏新华:《非洲法律文化专论》，中国社会科学出版社 2008 年版，第 95 页。
〔5〕 夏新华:《非洲法律文化专论》，中国社会科学出版社 2008 年版，第 98 页。
〔6〕 夏新华:《冲突与调适：南非混合法形成的历史考察》，载《河北法学》2002 年第 3 期。

五、新南非时期（1994 年至今）

1994 年南非多种族大选后，各种族开始真正享有平等的地位和政治权力。1996 年 5 月，《南非共和国宪法》正式颁布，该法规定："所有南非公民，不分种族、性别、宗教信仰和社会地位，法律面前一律平等。"在法律方面，新南非所做的一项重要工作就是在全国范围内废除一切种族主义法律，开始法律制度的新变革。

为了弥补长期以来黑人遭受的不平等待遇，在新南非时期出台了一系列倾斜保护黑人权益的法律，例如《广义黑人经济振兴法案》等。该法案通过政策倾斜，鼓励黑人发展中小型企业，积极参与国家大型企业的发展，并对各企业黑人持股比例、参与管理程度和接受技能培训等设定硬性目标，以期全面提高黑人融入经济的程度。[1] 但是，新南非基于倾斜保护黑人权益的许多做法，也被认为"矫枉过正"，反而阻碍了南非经济的发展与社会的进步。可以说，长期的殖民史以及种族隔离时期严重的种族歧视等做法，伤害了南非社会与经济的健康发展。从种族隔离时期极具种族歧视色彩的诸多立法，再到新南非成立后倾斜保护黑人权益的种种制度，其实都存在问题，均在一定程度上阻碍了南非的发展和社会进步。如何既兼顾种族之间的平衡权益保护，又不对社会发展造成阻碍，是南非立法者将长期面临的挑战。

第二节 南非的外商投资法律体系

仅就外资相关的法律与政策而言，南非经济开放，鼓励外商投资，并有多项投资优惠政策。南非政府对本国企业和外资企业投资农业、制造业和商业服务等领域，在税收减免、补贴、低息贷款等方面给予同等优惠待遇，并出台多种具体优惠政策。2018 年，新上任的总统拉马福萨宣布了未来五年吸引 1000 亿美元外资的计划。总体而言，南非的外商投资法律体系有五个重要

---

[1] 朱伟东：《南非〈投资促进与保护法案〉评析》，载《西亚非洲》2014 年第 2 期。

特点：第一，南非投资立法的基本目标是吸引外资。促进本国经济发展、创造和扩大就业机会、提高人民生活水平、保护和改善环境、鼓励地区平衡发展、促进科学技术发展和推动出口等，是南非投资立法的基本目标。[1] 第二，南非的投资政策优惠明显，南非政府根据产业发展计划，推出了 11 项投资优惠政策，以促进本国产业发展以及吸引外国投资。例如，制造业投资计划（Manufacturing Investment Program，MIP），是为鼓励本地和外国资本新建或扩建项目，进行生产性资产投资（投资设立工厂、购买机器设备、购买和租用土地和建筑物以及商用车辆），南非贸易与工业部（贸工部）将给予进行该项投资的企业投资成本的 10%~30%，但不超过 3000 万兰特的税收减免。第三，南非对于本国投资者与外国投资者并无太明显的差别待遇。在行业限制投资方面对于本国和外国投资者几乎一视同仁，仅在银行业、电信业、博彩业、保险业以及航空服务业等几个领域对外国投资者有所限制。[2] 总体而言，南非对外资开放的领域范围较广，限制较少。第四，区域与国际投资合作较强。南非积极参与推进非洲大陆自贸区的建设，在边境推行“一站式”通行管理体系，积极加速南非和周边国家人员与货物往来的效率，推进非洲贸易与投资的一体化建设。除此之外，南非与德国、英国、美国和日本等国家都是长期友好往来的传统经贸合作伙伴。南非与美国在 1999 年就签署了贸易投资框架协议，2000 年南非与欧盟开始实施自由贸易协定。[3] 南非与中国也有良好的经贸投资往来关系，并缔结了若干双边经贸条约。第五，尽管南非的立法对外商投资的行业限制、持股比例限制等均持开放和鼓励态度，但投资环境总体趋紧。政府出台或调整了多项法规，将外商优惠政策与本地化和黑人持股比例挂钩。外资保护、工作签证等政策趋紧，工会组织程度高，罢工频繁，为外商投资带来许多困扰。

---

〔1〕 肖海英、陆仁茂:《南非投资法律的历史和特点探析》，载《文史博览（理论）》2011 年第 3 期。

〔2〕 苏挈:《金砖国家外资准入实质条件研究》，西南政法大学 2014 年硕士学位论文，第 15~16 页。

〔3〕 肖海英、陆仁茂:《南非投资法律的历史和特点探析》，载《文史博览（理论）》2011 年第 3 期。

一、南非外商投资法律框架

南非并未制定统一的投资法典，但南非针对外国投资的法律法规却相当完善。从法律渊源看，南非投资法律制度由国内法和国际法两部分组成。

（一）国内法渊源

南非投资法律体系的国内法渊源包括制定法、司法判例和基本法律原则三部分。

第一部分重要渊源是制定法。尽管南非是一个不成文法国家，但为了修正一些无法满足社会发展需求的普通法规定以及补充普通法中存在的空白，南非议会通过了大量成文法。[1] 如今，这些制定法已成为南非的重要法律渊源，涉及领域广泛。其中，制定法中与投资相关的法律主要包括:《征收法》《货币与外汇法》《公司法案》《广义黑人经济振兴法案》《特别经济区法》《竞争法》等。

第二部分重要渊源是司法判例。19世纪英国殖民者在开普殖民地实施《司法宪章》后，遵循先例制度就开始进入南非，意味着南非下级法院需要遵循上级法院的判例，同时各级法院应当遵循本法院先前所作的判例。除了婚姻家庭和物权方面受荷兰—罗马法长远影响之外，在其他部门法领域以及在法院结构、法官地位、先例制度和法律职业者的活动等方面，普通法则占据主导地位。[2] 此外，由于英国在殖民南非时期在世界政治和经济方面的强大的实力以及经贸立法的发达，南非在经贸以及投资方面的立法深受英国法的影响。[3] 目前，南非有种类繁多且数量巨大的具有约束力的判例。

第三部分是法律基本原则。南非法院在判决案件时，如果在法条和案例中无法得到确定的指引，则会参照法律基础中的一些基本原则。例如，“公正

---

〔1〕 朱伟东:《南非共和国国际私法研究——一个混合法系国家的视角》，法律出版社2006年版，第27页。

〔2〕 夏新华、刘星:《南部非洲混合法域的形成与发展》，载《环球法律评论》2010年第6期。

〔3〕 肖海英:《南非投资法律研究》，湘潭大学2007年硕士学位论文，第30页。

和便利”（justice and convenience）原则、“自然公正”（nature equity）原则、[1]“理性”（reason）原则、“道义”（morality）原则，以及“社会效用”（social utility）原则等，[2] 这些原则在本质上具有相似之处，仅是在法院判决引用时被冠以不同称谓。[3]

（二）国际法渊源

南非投资立法的国际法渊源主要包括三个部分：多边条约、双边条约以及联合国大会的规范性决议和国际惯例。

第一部分是多边条约。南非注重和发展与周边国家以及世界其他国家之间的经贸投资发展关系，签订了一系列协定和条约。作为非洲大陆经济最发达的国家之一，南非一直是非洲区域经济一体化的积极倡议者和推动者。早在 1969 年，南非就与博茨瓦纳、莱索托、斯威士兰和纳米比亚四国一起签署协议，成立了南部非洲关税同盟（Southern African Customs Union，SACU）。1992 年，南非与安哥拉、博茨瓦纳、津巴布韦、莱索托等 15 个国家共同签署协议，建立南部非洲发展共同体（Southern African Development Community，SADC），打破关税壁垒，促进相互贸易和投资，实行人员、商品与服务的自由往来，逐步统一关税和货币，推动地区经济一体化。以上两个组织与投资相关的协议都是南非现行投资法的重要法律渊源。在国际条约层面，南非是世界贸易组织（World Trade Organization，WTO）、国际投资争端解决中心（International Centre for Settlement of Investment Disputes，ICSID）、多边投资担保机构（Multilateral Investment Guarantee Agency，MIGA）等国际组织的成员，这些国际组织的协议也均在南非的投资立法中有不同程度的体现。

第二部分是双边条约。南非与欧盟、美国都是重要的经贸伙伴，与日本、巴西以及俄罗斯等国家也存在长期友好的双边经贸关系。南非先后与 40 个国

---

〔1〕 Manjeet Sahu, *Principle of Natural Justice in South Africa*, SSRN（19 April 2016），https：//papers. ssrn. com/sol3/papers. cfm? abstract_ id = 2765896.

〔2〕 George Wille, *Principles of South African Law*, Juta & Co. Ltd.，1961，p. 48.

〔3〕 肖海英：《南非投资法律研究》，湘潭大学 2007 年硕士学位论文，第 31 页。

家签订了双边投资协定以及双边鼓励和保护投资协定，这些协定均已成为南非投资法的重要渊源。[1] 其中，南非与我国也有密切的经贸往来，南非是我国在非洲的第一大贸易伙伴，我国与南非已缔结若干重要双边经贸协定。（见表 4-2）

表 4-2　中南双方签署的主要经贸协定（备忘录）

签订时间	协定名称
1997 年 12 月	《中华人民共和国政府和南非共和国政府关于相互鼓励和保护投资协定》
1999 年 2 月	《中华人民共和国政府和南非共和国政府关于成立经济和贸易联合委员会的协定》
1999 年 3 月	《中华人民共和国政府和南非共和国政府科学和技术合作协定》
2000 年 4 月	《中华人民共和国与南非共和国关于伙伴关系的比勒陀利亚宣言》
2000 年 4 月	《中华人民共和国政府和南非共和国政府关于动物检疫及动物卫生的合作协定》
2000 年 4 月	《中华人民共和国政府和南非共和国政府海运协定》
2000 年 4 月	《中华人民共和国政府和南非共和国政府关于对所得避免双重征税和防止偷漏税的协定》
2001 年 12 月	《中华人民共和国和南非共和国引渡条约》
2006 年 6 月	《中华人民共和国和南非共和国关于深化战略伙伴关系的合作纲要》
2007 年 9 月	《中华人民共和国政府和南非共和国政府关于在矿产和能源领域开展合作的协议》
2010 年 8 月	《中华人民共和国政府与南非共和国政府运输合作谅解备忘录》
2010 年 8 月	《中华人民共和国政府与南非共和国政府关于能源领域合作的谅解备忘录》
2015 年 12 月	《中华人民共和国政府与南非共和国政府关于共同推进“丝绸之路经济带”和“21 世纪海上丝绸之路”建设的谅解备忘录》
2015 年 12 月	《中华人民共和国政府与南非共和国政府关于公共卫生和医学科学谅解备忘录》

〔1〕 双边经贸条约可参见南非贸易与工业部网，http：//www. thedtic. gov. za/？ s=bilateral+trade+agreement，2021 年 9 月 2 日最后访问。

续表

签订时间	协定名称
2015 年 12 月	《中国科技部与南非科技部关于科技园合作的谅解备忘录》
2015 年 12 月	《中国海关总署与南非税务署合作备忘录》
2015 年 12 月	《中国商务部与南非经济发展部关于反垄断合作的谅解备忘录》
2016 年 11 月	《关于开展产能合作的框架协议》

资料来源：中国国际贸易促进委员会：《企业对外投资国别（地区）营商环境指南：南非（2020）》，载中国国际贸易促进委员会网，https：//www. ccpit. org/image/1/9b633db0a1b044ff91daef10616c72a1. pdf，2023 年 7 月 11 日最后访问。

第三部分是联合国大会的规范性决议和国际惯例。联合国大会在 20 世纪 70 年代先后通过了一系列与国家投资相关的重要决议。例如，1962 年通过的《关于自然资源之永久主权宣言》（United Nations Declaration on Permanent Sovereignty over Natural Resources）、1974 年通过的《建立新的国际经济秩序行动纲领》（Declaration for the Establishment of a New International Economic Order）和《各国经济权利和义务宪章》（Charter of Economic Rights and Duties of States）等文件不仅确立了新的国际经济秩序的基本原则，而且特别规定了国家对本国自然资源的永久主权、国家有权管制本国境内的外国投资、实行国有化等，确立或创立了用于进行国际性投资的重要国际准则。[1]

二、对外国投资者的待遇

2015 年，南非出台了《投资促进与保护法案》，该法案于 2018 年正式生效。旨在保护外国投资者利益，给予其与本国投资者相同权利，享受国民待遇，取代《双边投资条约草案》。但是，该法案并非完全利好投资者，征收与补偿，以及投资争议解决等方面的规定有很大变化，值得投资者警惕。本部分将结合南非的产业政策以及该部法案的内容具体分析南非法律与政策给外国投资者带来的利与弊。

---

〔1〕《一带一路沿线国家法律风险防范指引》系列丛书编委会编：《一带一路沿线国家法律风险防范指引（南非）》，经济科学出版社 2017 年版，第 54 页。

（一）南非政府对投资的优惠政策

除了银行业、电信业、博彩业、保险业以及航空服务业等少数几个领域对外资有所限制，大致上，南非在行业准入、持股比例以及审批等方面对内外资一视同仁。以银行业为例，外资在南非可以持有银行100%的股权，但如果要持有银行15%以上的股权则需要经过政府相关部门的批准，且持有越多股权，就需要越高层级的政府部门进行批准。在电信业，外国投资者不能在事实上对电信行业的公司形成控制或者持有超过20%的股权。在博彩业，如果外国投资者要对博彩业公司进行控制或者取得5%以上的利润，则需要得到省级行政相关部门的许可。在保险业，持有25%以上保险业公司股权需要经过政府相关部门的批准，且该保险公司应当将经营中心地设在南非。在航空业，只有南非居民和南非合资公司才能被允许持有行业许可，且合资公司的1/3的股权应当由南非居民持有。〔1〕

南非对投资者的优惠主要体现在三个具体方面：优惠政策安排、行业鼓励政策以及地区优惠政策。

第一，在优惠政策安排方面，为了促进本国产业发展以及吸引外国投资，南非政府近年来出台了10项优惠政策安排。(见表4-3)〔2〕

表4-3　南非外商投资优惠政策主要内容

优惠政策安排	申请条件	具体优惠措施
中小企业发展计划(small and medium enterprise development program，SMEDP)	面向投资制造业、高附加值农业项目、农产品加工业、水产业、生物技术行业、旅游业、信息通信技术行业、废物回收和文化产业等行业的投资者	根据固定资产投资，连续3年按照一定比例获得现金补贴，但第3年要获得此项补贴，企业工资成本必须占制造成本的30%以上。享受此项政策的每个项目，其固定资产投资额最高为1亿兰特。超过1亿兰特部分，不予补贴。企业享受现金补贴不需要纳税

〔1〕肖海英:《南非投资法律研究》，湘潭大学2007年硕士学位论文，第30页。

〔2〕表格内容综合整理自中国国际贸易促进委员会:《企业对外投资国别（地区）营商环境指南：南非（2020）》，第35~36页，以及商务部国际贸易经济合作研究院:《对外投资合作国别（地区）指南：南非，(2020年）》，第62~63页。

续表

优惠政策安排	申请条件	具体优惠措施
技能支持计划（skills support program，SSP）	凡在南非经营的当地和外国公司，其职工技术培训费用可获得部分补贴。室内外培训费、培训材料费、培训设施建设费、与制定培训计划有关的费用、课程设计费、师资培训费等均可申请补贴。对新聘用职工的技能培训提供现金补贴，培训补贴只用于新建项目或现有项目的扩建工程，且培训计划必须事先获得批准	1. 技能培训现金补贴。项目投产后3年内发生的新聘用职工的培训费用，政府将给予50%补贴，但补贴总额不超过公司工资总额30%。 2. 职工学习补贴。每个项目最高补贴300万兰特。 3. 对与技能培训有关资本进行补贴，根据机器、设备和设施的价值而定，每个项目最高补贴600万兰特
外国投资补贴（foreign investment grant，FIG）	外国投资者（南部非洲关税同盟和南部非洲发展共同体除外）持股50%以上公司	对实际运输费用和机器设备价值15%且每个项目最多不超过1000万兰特的现金补贴
产业政策项目计划（industrial policy projects）	1. 资助创新工艺流程或者使用新技术，提高能源使用效率的清洁生产技术，提高环境保护水平的项目。 2. 建立业务联系，从中小企业、微型企业获得商品和服务的项目。 3. 创造直接就业的项目。 4. 促进技能发展或者位于经济发展区的项目	提供总额200亿兰特的资金，减免大型项目所得税

续表

优惠政策安排	申请条件	具体优惠措施
汽车投资计划（automotive investment scheme，AIS）	1. 年产5万辆汽车或证明能在3年内年产量达5万辆汽车的小汽车生产商。 2. 汽车制造商全年生产总营业额的25%本地化或给本地汽车上下游产业带来不少于1000万兰特的本地化产值	对总投资的25%给予现金返还，对当地汽车产业发展作出突出贡献的还能额外返还5%～10%
资本项目可行性计划（capital projects feasibility program，CPSP）	1. 对当地经济发展产生积极影响，例如创造就业机会、提升当地员工技能水平等。 2. 可行性研究所涉及的全部专业服务中，至少有10%的服务分包给南非黑人所经营的公司	对南非以外项目分担最高50%可行性研究费用，南非境内项目为55%，补贴最高不超过800万兰特（不含税）
关键基础设施项目（critical infrastructure program，CIP）	申请者必须是在南非注册的合法实体（公司、私人投资者、合作经营企业）	提升私人投资和促进特定公共领域投资以便为私人投资者创造更好投资环境，适格申请者可以在经济受益标准得分的基础上，由政府对其基础设施建设总支出给予10%～30%的补贴，单个项目补贴最高不超过3000万兰特
就业基金（jobs fund）	有经济发展潜力或可以持续创造就业的企业、非政府组织、政府部门和地方政府	为适格申请者提供财政支持

续表

优惠政策安排	申请条件	具体优惠措施
制造业投资计划（manufacturing investment program，MIP）	本地和外国资本新建或扩建项目	对此类项目因进行生产性资产投资，如工厂、机器设备、购买和租用土地和建筑物、商用车辆所付出的成本提供 10%～30%，但总额不超过 3000 万兰特的补贴
商业服务激励计划（manufacturing investment program，MIP）	投资商业服务领域，通过向离岸客户提供商业服务，以创造就业机会的本国或外国投资者	适格申请者每创造一个离岸工作，3 年内最高补贴 11.2 万兰特。如果创造就业达到 400 人或 800 人，还可以申请额外的补助

第二，在行业鼓励政策方面，为刺激南非经济增长，实现重点领域的经济突破，南非贸工部以及工业发展公司对包括食品、化工、媒体以及矿产在内的若干个行业提供贷款利率支持，以吸引更多外商投资，提高产业竞争力，促进创业和相关产业发展。（见表 4-4）

表 4-4　南非鼓励外商投资的行业

行业	适用范围
食品、饮料和农产品加工业	园艺、初级农业、食品加工、农产品加工、饮料加工、渔业和水产养殖业、新建或扩建食品和饮料加工业
化工、纺织和相关行业	基本化学品，陶瓷、混凝土和石材产品，化妆品和洗涤剂，精细和专用化学品，玻璃、橡胶制品、塑料制品行业
媒体和电影业	电影、广播、印刷、后期制作、出版、广告和音乐产业
纺织和服装业	天然和合成纤维生产，纺纱、针织、织造、印染、无纺布制造，工业用途纺织产品、家纺产品生产，成衣制造，皮革制作和加工产业
采矿和选矿业	南非和非洲矿业、选矿项目，财政支持新发现的矿山开采及相关活动，协助因历史原因失去矿权的人获得矿权，发展南非珠宝加工和增加选矿附加值
林业和造纸业	纸浆和造纸、家具、锯木和板材生产、可再生能源产业
医疗	医疗设备制造业，医疗监督和管理业、医疗行业、保健服务业等

续表

行业	适用范围
金属、交通运输和机械产品	钢铁和有色金属配件、工厂、机械设备、汽车配件、船、飞机、火车等交通工具
高技术产业	信息、电信和电子产业

资料来源：中国国际贸易促进委员会：《企业对外投资国别（地区）营商环境指南：南非（2020）》，载中国国际贸易促进委员会网，https：//www. ccpit. org/image/1/9b633db0a1b044ff91daef10616c72a1. pdf，2023 年 7 月 11 日最后访问。

第三，在地区优惠政策方面，南非设有工业开发区和经济特区，以吸引国内外投资，带动经济增长和增加就业机会。2000 年，为促进制造业和服务业的发展，南非政府开始实施工业开发区政策，设立了 8 个国家级工业开发区，为投资者提供便利的通关手续和税收优惠。[1] 为进一步强化工业开发区的各种效能，南非政府于 2016 年 2 月颁布《经济特区法案》，将 8 个国家级工业开发区经由政府部门批准后转型升级为经济特区，目前南非共有 10 个经济特区。相比于工业开发区，经济特区在诸多方面体现了更多优势：首先，《经济特区法案》规定的经济特区的种类更为多样化，有利于不同地区、不同行业的协调发展。[2] 具体包括自由港（free port）、自由贸易区（free trade zone）、工业开发区（industrial development zone）和行业发展区（sector development zone）。其次，《经济特区法案》的起草过程得到公众的广泛参与，其内容获得普遍支持，有利于实施。最后，《经济特区法案》为经济特区的发展规定了多种鼓励措施，有利于吸引国内外投资进入经济特区。[3] 例如，经

〔1〕 *Special Economic Zones are Key Instruments to Industrialize the Country*, Homepage of the Department of Trade Industry and Competition of South Africa（2 September 2021），http：//www. thedtic. gov. za/special-economic-zones-are-key-instruments-to-industrialise-the-country/？hilite=industry+zone.

〔2〕 朱伟东：《南非〈经济特区法案〉述评》，载舒运国、张忠祥主编：《非洲经济评论（2014）》，上海三联书店 2014 年版，第 156 页。

〔3〕 *South Africa's Special Economic Zones*, The Department Trade Industry and Competition（20 July 2023），http：//www. thedtic. gov. za/sectors-and-services-2/industrial-development/special-economic-zones/？hilite=free+trade+zone.

济特区设立经济特区基金和开发性融资机构以促进融资。

总体而言，南非经济特区的激励政策主要来源于三个层次：一是贸工部的一揽子增强投资吸引力的激励政策，二是相关地区对当地经济特区内企业的额外激励，三是个别经济区对其区内企业的额外激励。[1] 具体包括以下几大类优惠和激励措施：

一是就业税收激励。对经济特区内年收入2万至6万兰特的18岁到29岁年轻雇员（经济特区对区内工作人员尚无年龄限制）现收现付税进行为期24个月、每人0~1000兰特/月的税收减免。[2]

二是建筑津贴。对经济特区内企业用于固定资产投资的资本允许以每年10%的资产折旧率折旧，为期10年。[3]

三是增值税和关税减免。经济特区内海关管制区企业可享受进口退税和豁免增值税以及快速清关服务。[4]

四是企业所得税优惠。经济特区内企业的所得税由28%降至15%。[5]

（二）投资南非的隐形壁垒：以南非《投资促进与保护法案》（Protection of Investment Act，2015）为例

仅从外资准入、持股限制等方面来看，南非对内外资并无明显差别待遇。甚至在行业扶持、具体优惠政策以及经济特区激励优惠等方面，有利于吸引

---

〔1〕 商务部国际贸易经济合作研究院：《对外投资合作国别（地区）指南：南非（2020年版）》，载中国一带一路网，https：//www. yidaiyilu. gov. cn/wcm. files/upload/CMSydylgw/202102/202102050422036. pdf，2023年6月30日最后访问。

〔2〕 *Employment Tax Incentive*（*ETI*），South African Revenue Service（20 July 2023），https：//www. sars. gov. za/types-of-tax/pay-as-you-earn/employment-tax-incentive-eti/.

〔3〕 *South Africa's Special Economic Zones*，The Department Trade Industry and Competition（20 July 2023），http：//www. thedtic. gov. za/sectors-and-services-2/industrial-development/special-economic-zones/? hilite=free+trade+zone.

〔4〕 *South Africa's Special Economic Zones*，The Department Trade Industry and Competition（20 July 2023），http：//www. thedtic. gov. za/sectors-and-services-2/industrial-development/special-economic-zones/? hilite=free+trade+zone.

〔5〕 *South Africa's Special Economic Zones*，The Department Trade Industry and Competition（20 July 2023），http：//www. thedtic. gov. za/sectors-and-services-2/industrial-development/special-economic-zones/? hilite=free+trade+zone.

外国投资者进驻南非。但是，在南非投资不得忽视隐性壁垒。在这方面，南非的《投资促进与保护法案》是一个典型的例子。该法案的出台，旨在将外资和内资纳入同一管理框架，并取代《双边投资条约》（BITs）。

实际上，《投资促进与保护法案》强调内外资统一待遇的背后，有复杂的历史和社会原因。1994 年，南非种族隔离制度被废除以后，政府致力于提升黑人的社会地位，鼓励黑人参与和融入社会经济活动，缩小黑人与白人之间的贫富差距。《广义黑人经济振兴法案》就在此背景下诞生，该法案通过政策倾斜，鼓励黑人发展中小型企业，积极参与国家大型企业的发展，并对各企业黑人持股比例、参与管理程度和接受技能培训等设定硬性目标，以期全面提高黑人融入经济的程度。[1] 此后颁布的《南非矿业和石油资源开发法》等也对公司黑人持股比例以及所占管理层的数量等提出要求，若公司不遵守此类规定，则会受到南非政府的处罚。对此，一些外国公司就认为，南非的这些法律规定与南非与其公司所属母国签订的双边投资协定内容相悖，损害了投资利益，对南非政府提起国际仲裁。例如，一家由意大利人在南非境内设立的矿石公司对南非政府提起国际仲裁程序，理由是南非政府根据《南非矿业和石油资源开发法》所实施的行为对其投资造成损害，从而违反了意大利和南非签署的双边投资保护协定。[2] 因此，为了避免双边投资协定对落实南非提升黑人社会经济地位的相关政策造成不利影响，南非政府开始起草《投资促进与保护法案（草案）》，并开始终止部分已签订的双边投资协定以及停止新协定的磋商和签订。

“内外资同等待遇”（国民待遇）主要体现在《投资促进与保护法案》第 8 条第 1 款，该款规定了南非将给予外国投资者不低于它在相同条件下（in like circumstances）给予本国投资者的待遇。[3] 《投资促进与保护法案》第 8 条第 2 款即对“相同条件”作出了阐释，“相同条件”是指需要在个案的基础

---

〔1〕 朱伟东：《南非〈投资促进与保护法案〉评析》，载《西亚非洲》2014 年第 2 期。

〔2〕 朱伟东：《南非〈投资促进与保护法案〉评析》，载《西亚非洲》2014 年第 2 期。

〔3〕《法案》原文可参见南非贸工部网，https：//www. gov. za/sites/default/files/gcis_ document/201512/39514act22of2015protectionofinvestmentact. pdf，2021 年 9 月 15 日最后访问。

上，对一项外资的所有条件包括下列因素进行全面考察：外资对南非的影响，包括所有投资的累积性影响；外资所进入的行业；涉及外资的任何措施的目的；外资对当地就业的影响；外资对当地民众以及社群的影响；外资对环境的直接和间接影响等。[1] 实际上，《投资促进与保护法案》对于"国民待遇"的解读体现了对外国投资者的保护要让位于南非国内公共政策和公共利益的立法倾向。[2]

《投资促进与保护法案》一个最大变化是不允许投资者将有关投资争议提交国际仲裁解决。根据《投资促进与保护法案》第13条，外国投资者可将有关投资争议提交给南非贸工部，并由其指派调解员对争议进行调解，也可以将争议提交南非国内仲裁或者司法机构以寻求解决。在穷尽上述手段仍不能解决争议时，可以将此争议作为"东道国—母国"投资争端仲裁解决，而不能作为"投资者—东道国"之间的国际仲裁解决。而在通常的情况下，"投资者—东道国"仲裁是被视为一个重要的解决投资者和东道国之间投资争议的途径，借由此类仲裁，投资者可以规避开东道国的司法和行政机关，借助第三方力量，得到公平公正的裁决。[3] 因此，《投资促进与保护法案》的这一规定将投资者利益保护让位于国内自主监管权的维护，间接质疑了国际投资体系对于其监管自主权的干涉。[4] 因此，南非将传统常见的"投资者—东道国"仲裁剔除出法律框架，是中国投资者必须评估的法律风险。

三、投资南非的本土化法律风险：以皮耶罗·弗雷斯蒂投资案为例

【案情简介】

2006年1月，皮耶罗·弗雷斯蒂等人以南非为被申请方将一项投资纠纷

---

〔1〕 朱伟东：《南非〈投资促进与保护法案〉评析》，载《西亚非洲》2014年第2期。

〔2〕 张荣芳、叶子：《外资法的选择：南非改革〈投资保护法案〉》，载《北京科技大学学报（社会科学版）》2020年第2期。

〔3〕 Sean Woolfrey, *South Africa Overhauls its Investment Treaty Regime*, Madhyam Briefing Paper (December 2013), https://www.madhyam.org.in/wp-content/uploads/2014/07/South-Africa-Overhauls-its-Investment-Treaty-Regime.pdf.

〔4〕 Leibold A. M., *The Friction Between Investor Protection and Human Rights: Lessons from Foresti V. South Africa*, Houston Journal of International Law 38, 2016, p. 218.

仲裁请求书提交到国际投资争端解决中心。该中心确定受理此项请求后，于2007年12月在伦敦第一次开庭。

该投资纠纷产生的原因归结于南非在2004年开始实施的《矿产和石油资源开发法》。该法规定，在南非的所有矿业公司必须在2014年以前将公司26%的股份转让给南非当地黑人，并增加黑人在公司管理层中的人数。如果南非境内的公司不遵守这些规定，南非政府就会对它们采取相应的处罚措施。本案申请方皮耶罗等人认为该法案的出台违反了其母国同南非签订的双边投资保护协定，对其在南非境内的投资造成了损害。

本案中，申请方主张《矿产和石油资源开发法》的生效执行使其之前所享有的矿业权利被剥夺，分别违反了《意大利双边投资协定》第5条与《卢森堡双边投资协定》第5条，因而构成征收。且南非作为东道国并没有给予“立即、足额、有效的补偿”（《意大利双边投资协定》标准）或者“及时、充分、有效的补偿”（《卢森堡双边投资协定》标准）。另外，申请方还主张《矿业宪章》所规定的要求，特别是转移26%的股权给“历史上处于弱势地位的南非人”的要求违反了《意大利双边投资协定》第2条第2款以及《卢森堡双边投资协定》第3条第1款所规定的公平与平等待遇原则。而本案被申请方南非则否认了申请方的全部主张。

2009年11月，申请方提出撤销仲裁申请。被申请方于2009年提交了对申请方撤销仲裁的回应，并针对本案仲裁费用的承担向国际投资争端解决中心提交缺席裁决的申请。最终，该中心接受了被申请方关于诉讼费用的仲裁申请，并作出如下裁决：由申请方支付40万欧元的仲裁费用，以及驳回申请方仲裁请求事项。

第一，针对被申请方是否构成“征收”。申请方诉称被申请方在以下两方面违反了《意大利双边投资协定》第5条与《卢森堡双边投资协定》第5条有关禁止征收的规定：（1）由于《矿产和石油资源开发法》于2004年5月1日生效，申请方所宣称的推定性的旧秩序采矿权的终止，在事实上剥夺了申请方的矿业权利。同时，被申请方允许申请方享有“将他们的‘旧秩序矿业权利’转换成大大缩水的‘新秩序矿业权利’的诉讼权利”。申请方认为，这项诉讼权利可以将其视为对征收的一种程序性的补偿方式。(2)《矿产和石油资源开发法》的生效与2004年8月13日生效的《矿业宪章》相结合，导致了对申请方的强制性股权的剥离要求。这一剥离股本的计划构成对其在公司所占股份的直接或间接或部分征收，或类似措施。另外，申请方认为，被申请方对其在公司所享有的股份进行征收是违法的，因其未按照规定补偿，未按相关法律程序进行征收，歧视性征收。

被申请方辩称：(1) 假设被申请方的行为构成征收，其行为也是合法的，并未违背两个双边投资协定的相关规定。因为被申请方的行为完全基于公共利益的需求，且申请方已经在其文档里承认了这一点。至于征收补偿，被申请方认为其已经为申请方提供了一个可以决定是否需要补偿的有效机制。申请方所有的企业故意拒绝采用南非有效的国内诉讼程序，因此其所遭受的任何损失是自己造成的。关于征收的程序问题，被申请方认为其程序与两个双边投资协定的规定相同。另外，被申请方的行为不管对外国投资者还是国内投资者都同等适用，因此并不存在歧视性，即使有，也是在申请方所能接受的范围内。(2) 被申请方认为其没有对申请方的旧秩序矿业权利或者其公司股份进行直接或间接征收。被申请方认为直接征收作为一种实践要求是对投资者所享有的所有权有实质意义的法律权利进行全面剥夺，在本案中根本没有出现全面剥夺或者转移所有权的情况，因为矿业公司已经保留住了相同的核心权利。同时，被申请方认为也不存在间接征收的情况。本案中，政府所考虑要采取的行为其实只是追求合法的公共监管目的的一种合理的、相称的手段。被申请方认为，申请方在公司所享有的股份不管在事实上还是原则上都没有被直接征收。

第二，关于撤销仲裁申请。申请方宣称：尽管他们所遭受的损失并没有得到充分的救济，但他们仍要寻求撤销仲裁，因为根据2008年12月12日矿产与能源部与公司所签订的协议，被申请方同意在申请方无须出售26%的股份给“历史上处于弱势地位的南非人”的情况下给予申请方所在公司新秩序矿业权利。作为交换，根据对冲协议，矿业公司被要求根据《矿业宪章》进行以下两方面的努力：一是作出21%的选矿抵销，二是给矿业公司的员工提供5%的员工持股方案。

被申请方并不认同申请方撤销仲裁的行为：仲裁程序继续进行。被申请方在提交的回应中坚称，申请方寻求无偏见地撤销仲裁，却留给自己在以后的日子里提起相同请求的机会，并放任所有的仲裁费不管，因此被申请方不可能在此情况下同意撤销仲裁。

【案例所涉及的主要问题及评析】

新时期的南非，随着种族隔离政策的废除，相继出台了一系列有利于黑人经济发展的政策。面对法律和政策的变化，中国赴南非投资者应当通过对过往案例的研究，制定有针对性的策略，以求维护自己的合法利益，保证投资回报。

首先，投资者应当理解并适用黑人经济振兴政策。黑人经济振兴政策是南非政府针对历史上因种族隔离造成的遗留问题于1994年出台的经济政策，旨在解决黑人经济地位过低、在企业中股权太少等问题。该政策在各企业的黑人持股比例、参与管理程度和接受技能培训等方面设定硬性目标，以期全面提高黑人融入经济的程度。中国投资者在赴南非投资时，应当详细了解《广义黑人经济振兴法案》的各项细则，研究该法案在实际执行过程中的情况和相关案例，严格按照法律和政策要求对企业进行调整。在寻求黑人合作伙伴时，不能抱着侥幸心理，不经过审慎筛选用人，而应当寻求素质过硬、能力较强的黑人进行合作。

其次，中国投资者应当关注并及时应对政策变化。每一年，南非政府都会在其网站上公布未来几年的产业政策行动计划，中国赴南非投资者应当关注相关政策信息，从产业计划中分析政府在未来几年的产业政策走向，从而决定是否对其在南非的投资进行产业布局调整。对在政策变化较大的产业所进行的投资，应当及时对政策进行解读，根据政策要求改变现有结构，减少投资损失。

最后，投资者应当积极采取多元化的纠纷解决方式。中国赴南非投资者，在投资决策的制定过程中，应当向熟悉南非投资法的专业机构或个人进行法律咨询。在投资过程中，可以考虑聘请南非本地律师处理企业法律事务。在面对投资纠纷时，要主动运用司法途径维护自身合法权益。同时，投资者还应当注重运用多元化纠纷解决途径，在司法救济过程中，积极采取协商、调解等纠纷解决手段。在用尽当地救济之后，也可以将纠纷提交至国际仲裁机构，一方面能够得到相对更公平的裁决，另一方面也能够给对方施压，促成调解协议的达成。[1]

第三节 在南非投资

外国投资者在南非设立经营实体，有两部分法律程序需要履行：一是各种与外资进入南非设立企业有关的审批，二是主要依据《公司法》的公司设立登记程序。通常来说，设立经营实体的法律风险主要存在于前者，即外资进入南非有关的审批，如国家安全审查、反垄断审查等。下文将针对外资进入南非设立经营实体的具体过程和步骤，分析其中的法律风险，并对投资者提出建议。

一、依南非《公司法案》设立企业的一般流程

（一）南非公司法律制度的渊源和发展

南非公司法律制度的主要渊源是2008年《公司法案》（Companies Act 71 of 2008）。南非现行的公司法基础和架构深受英国法的影响，是19世纪英国殖民者在南非留下的重要法律遗产。南非公司立法历史悠久，最早可溯源至1861年开普殖民地的《股份有限责任公司法案》（Stock Companies Limited Liabilities Act No. 23 of 1861）以及当时其他殖民区的公司法律制度，这些法律几乎照搬自英国法。独立以后，南非第一部国家层面的公司法是1926年

---

〔1〕 本案例根据［喀麦隆］大树、［喀麦隆］刘阳、［南非］周金波、［南非］克瑞斯：《南部非洲国际经济法经典判例研究——兼析中南经济合作中的贸易、投资及劳工权益保护问题》，中国法制出版社2014年版，第105~110页内容整理。

《联合公司法案》(Union Companies Act of 1926)，在内容上也是当时英国法的“翻版”，并未体现南非的太多本土特色。此后的 1973 年《公司法案》(Companies Act No. 61 of 1973)，在内容与原则上也基本与英国法雷同。[1]

南非 1984 年《闭锁公司法案》(Close Corporations Act, No. 69 of 1984) 的颁布，标志着南非公司法律制度开始逐渐脱离英国的影响，关注南非的本土现实问题。[2] 进入 21 世纪以来，随着国际环境以及南非本土情况的剧烈变化，1973 年《公司法案》与社会经济情况的不适配逐渐体现。全球化的出现，国际资本的流动，科学技术的发展，都对公司法的革新提出了新的要求，非洲法律也被动地融入法律全球化进程之中，与其他国家和地区的立法产生一定程度的“趋同”。[3] 除此之外，南非 1994 年废除种族隔离，大力提升黑人的社会经济地位，鼓励黑人积极参与经济活动，出台了南非《广义黑人经济振兴法案》，并在 1996 年出台了新宪法等，都使公司法的根本性改革变得十分必要且迫切。在旧的公司法律框架下，公司的设立、注册等需要经历冗繁的程序，如填报大量申请表，以及所有股东都必须在公司成立之前在公司章程上签名，显然满足不了由社会经济发展而必然导致的商事组织大量增加的需求。[4] 南非 2008 年《公司法案》就在此背景和立法意图下诞生。

(二) 在南非设立公司的形式

根据现行南非《公司法案》的规定，在南非投资设立的公司分为非营利性公司和营利性公司。营利性公司又分为：股份公开公司/上市公司 (public

---

[1] Minah Tong, *Review of Company Law in South Africa: Should South Africa Follow the British Example in Corporate Governance Matters This Time?*, unpublished LLM dissertation, University of Natal, Durban (2003).

[2] Charles Manga Fombad, *Mixed Systems in Southern Africa: Divergences and Convergences*, in Tulane European and Civil Law Forum 25, 2010, p. 10.

[3] 夏新华、甘正气:《法律全球化背景下非洲法的发展趋向》，载《华东政法学院学报》2005 年第 5 期。

[4] *South African Company Law for the 21st Century Guidelines for Corporate Law Reform*, South African Government (23 June 2004), https://www.gov.za/sites/default/files/gcis_document/201409/26493gen1183a.pdf.

companies)、私人公司（private companies)、国有公司（state-owned companies)、个人责任公司（personal liability companies）和外部公司（external companies）5种类型。[1] 根据南非《公司法案》的规定，无论注册公司是由外国投资者还是由南非公民拥有，在法律上均同等对待。公司一旦注册成立，均无有效期限制。外国投资者在南非设立的投资营商实体通常选择私人公司或者股份公开公司，其中绝大多数外国投资者会选择成立更易于管理和运营的私人公司。[2]

私人公司在其公司章程中，必须注明股份交易的限制。私人公司必须有1名以上的董事及股东，私人公司的成员数量没有限制。由于较强的人合性质，私人公司不得向公众发行股票，其股权转移仅限于成员内部。[3] 私人公司不需要每年向公司注册处提交财务报表，也无须向公众发布。总体而言，南非私人公司与我国的有限责任公司有较多相似之处。

股份公开公司必须有董事2名以上，公司成员1人以上，无人数上限。公司一旦达到在约翰内斯堡股票交易所上市的条件，即可申请上市。上市公司可以向公众出售股票。股东人数不受限制，对股票的转让也没有限制。公司每年必须向公司注册处提交年度财务报表，以便公众监督。

私人公司和股份公开公司都必须有效组成并注册登记，必须在南非有一个注册的办公地点，有规章制度，有经注册会计师和审计师做的年度会计报表和审计报表。如果会计师记录是保存在南非境外，公司必须知晓这些财务状况，以便准备财务报告。[4]

---

〔1〕 外部公司指的是外国公司的分支机构，不具有法人资格。

〔2〕 Ian Jacobsberg, Jackie Peart & Doctor Cithi, Andersen, *Establishing a Business in South Africa*, Thomson Reuters Practical Law（1 July 2021）, https://uk.practicallaw.thomsonreuters.com/2-571-1367?transitionType=Default&contextData=（sc.Default）&firstPage=true.

〔3〕 商务部国际贸易经济合作研究院:《对外投资合作国别（地区）指南：南非（2020年版）》，载中国一带一路网，https://www.yidaiyilu.gov.cn/wcm.files/upload/CMSydylgw/202102/202102050422036.pdf，2023年6月30日最后访问。

〔4〕 商务部国际贸易经济合作研究院:《对外投资合作国别（地区）指南：南非（2020年版）》，载中国一带一路网，https://www.yidaiyilu.gov.cn/wcm.files/upload/CMSydylgw/202102/202102050422036.pdf，2023年6月30日最后访问。

（三）公司注册程序

南非贸工部下设的企业和知识产权委员会（the companies and intellectual property commission，CIPC）是南非境内企业注册设立的主管机构，负责受理企业注册设立的申请。注册公司的主要流程材料包括：公司名称（company name）、公司注册通知（the notice of incorporation）以及公司注册备忘录（memorandum of incorporation，MOI）。

在注册公司时，申请者要在 CoR9. 1 表上写明需要注册的公司名称，可按优先次序最多填写 4 个可供选择的公司备用名称，以便在第一个名称不可用时，为注册机构提供其他选择。注册费用为书面申请 75 兰特，电子申请 50 兰特。被批准后的公司名称将被保留 6 个月，经申请可延长该保留期限 2 个月，也可以申请转让该公司名称。公司注册通知 CoR14. 1 表主要内容包括公司类型、注册成立日期、财政年度、注册地址、董事人数以及公司名称。填表费用根据公司类型分为 175 兰特和 475 兰特两档。[1] 公司注册备忘录 CoR15. 1A-E（不同的公司类型选择各自适合的表格）是管理公司最重要的文件，巩固了之前关于备忘录和条款（memorandum and articles）的规定。根据 2008 年《公司法案》第 15 条的规定，为保护公司股东的利益，公司注册备忘录必须包含发起人详细情况、董事和替补董事的数量、股本总额和备忘录的详细条款。此外，只要不违背公司法，公司注册备忘录可以规定其他内容。（见表 4-5）

表 4-5 南非公司注册表格

文件	目的	收费
CoR 9. 1	申请公司名称	纸质 75 兰特，电子 50 兰特
CoR 14. 1	公司注册通知	根据公司类型不同收费 175 兰特或 475 兰特

[1] 商务部国际贸易经济合作研究院：《对外投资合作国别（地区）指南：南非（2020 年版）》，载中国一带一路网，https://www.yidaiyilu.gov.cn/wcm.files/upload/CMSydylgw/202102/202102050422036.pdf，2023 年 6 月 30 日最后访问。

续表

文件	目的	收费
CoR 15. 1A	公司注册备忘录（私人公司）	根据公司类型不同收费 175 兰特或 475 兰特
CoR 15. 1C	公司注册备忘录（营利性公司）	根据公司类型不同收费 175 兰特或 475 兰特
CoR 17	设立外国公司分支机构	400 兰特
CoR 20. 1	设立外部公司	400 兰特

（四）设立外国公司的分支机构（external companies）

投资者也可以选择在南非设立外部公司，即不具有法人资格的外国公司的分支机构，在南非开展业务。根据《公司法案》的规定，成立一家分公司需要按照“外部公司”登记注册。要求在南非建立业务点后 20 天内办理注册手续。根据 2008 年《公司法案》第 23 条，经注册的分公司必须在南非拥有办公地点，并指定一名当地审计师，负责审计南非分公司每年的财务报表，以及根据其国内母公司要求准备报表的复印件。

外国公司成立分支机构需要填写 CoR17 表，费用 400 兰特。注册时需要向南非企业和知识产权委员会提交以下材料：注册成立公司的申请表，经公证的公司条款和备忘录的复印件以及南非官方语言的译文，注明要注册公司的通信地址和办公地址，在南非要雇佣的审计师的姓名、地址和其同意服务的证书，总公司上一年度的财务报表复印件，注册公司雇佣当地经理和秘书的情况及其同意在公司工作的证明，注明在南非代表总公司接受服务的人员名称和住址。

二、以并购方式投资南非

根据南非《公司法案》第 113 条，外国公司可以对南非企业进行并购。对在约翰内斯堡上市的南非企业收购，须符合特定的接管规则。外资并购南非当地企业，触发的监管风险主要有三种：反垄断审查、并购监管以及外汇管制。[1]

（一）反垄断审查

南非对并购企业反垄断审查的主要法律依据是南非1998年《竞争法案》，反垄断主管机关为南非竞争委员会。该委员会要求公司在满足下列三个条件时，必须主动向竞争委员会申报进行反垄断审查：在南非境内发生的并购（或对南非产生实质影响的并购）；[2] 相关交易构成“并购”的效果，即通过收购或新设的方式取得控制权；[3] 达到或超过法定的反垄断审查触发条件（通常是大型和中型并购）。（见表4-6）[4]

表4-6 南非对于大、中、小型并购的门槛划分

反垄断审查触发的条件		金额（单位：亿兰特）
大型并购	收购方与目标公司的合并年度营业额，或资产价值（以较高者为准）	66.0
	目标公司的年度营业额或资产价值	1.9
中型并购	收购方与目标公司的合并年度营业额，或资产价值（以较高者为准）	5.6
	目标公司的年度营业额或资产价值	0.8
小型并购	收购方与目标公司的合并年度营业额，或资产价值（以较高者为准）	小于5.6
	目标公司的年度营业额或资产价值	小于0.8

资料来源：Guideline on small merger notification，Homepage of Competition Commission of South Africa（1 August 2023），https://www.compcom.co.za/wp-content/uploads/2019/02/Small-Merger-Notification.pdf。

---

[1] 《中国企业在几个主要投资地的法律框架概述（四）——非洲》，载嘉源律师事务所2014年12月15日，http://www.jiayuan-law.com/cn/news_content.aspx?Lan=CN&MenuID=00000000000000000008&Key ID=00000000000000001342&Type=00000000000000000081。

[2] 南非1998年《竞争法案》第12条“对并购的定义”。

[3] 南非1998年《竞争法案》第12条“对并购的定义”。

[4] 具体条件参见南非竞争委员会网，https://www.compcom.co.za/file-a-merger/，2023年7月10日最后访问。

值得注意的是，根据《竞争法案》第 1 条，表 4-6 中的“收购方”应采取扩大解释，指的是收购方公司以及其所属集团公司（如果存在），而对“目标公司”则采取限缩解释，并不涉及目标公司所属的集团，而仅指从事具体业务的最小单位的经营实体。

对于表 4-6 中的大、中型并购，投资者应在交易实施前申报并获批，对于小型并购，通常无须申报，但在特定情况下竞争委员会有权要求申报。[1] 在投资者申报交易后，竞争委员会将对该交易进行审查。从审查时限来看，南非对大型并购无法定期限限制，对中型收购或类似规模的交易的审查期限为 3~5 个月。根据南非《竞争法案》第 59 条，若某项交易满足了上述主动申报条件，但投资者没有向竞争委员会申报，竞争委员会有权对该企业进行处罚，如处以相应的罚款、要求并购方出售其收购的股份或资产、宣布并购协议无效等。

根据南非《竞争法案》第 12A 条，竞争委员会在进行反垄断审查时，通常考虑下列几个因素以判定该并购是否会造成经营者集中从而破坏市场的自由竞争：该并购是否会将目前的竞争对手挤出相关市场，市场的产品多样性以及创新性，市场的集中程度，该并购的完成是否会影响相关市场今后的准入等。

根据《竞争法案》第 16~17 条，并购相关方如果不服竞争委员会的决定，可以上诉至竞争法庭；对于竞争法庭的决定，如果不服，可以上诉至南非竞争上诉法院（Competition Appeal Court）；对于竞争上诉法院的决定，如果还不服，可以上诉至南非最高上诉法院或者南非宪法法院（针对宪法相关事项）。

（二）并购监管

南非政府对并购交易进行监管的目的是保护小股东利益。在南非负责并购监管的政府机构为竞争委员会下属的并购部门（The Mergers and Acquisi-

---

〔1〕 *Guideline on small merger notification*, Competition Commission（1 August 2023），https：//www. compcom. co. za/wp-content/uploads/2019/02/Small-Merger-Notification. pdf.

tions Division)。在具体操作中，并购监管的适用对象涉及股份公开公司、国有公司、私人公司等各种类型的公司。当这些公司的章程说明其交易需要受并购部门的监管，或其10%或以上的股份在过去24个月内发生过转让时，并购部门将对交易进行审查。但某些并购交易也可以申请豁免审查，例如，过去24个月内发生的股份转让系发生在关联方之间，或并购不涉及小股东的利益。[1]

（三）外汇管制

南非是外汇管制国家，外汇管制通过南非储备银行（The South African Reserve Bank，SARB）及其指定的银行机构实行。外汇管制可能会对并购的交易结构和实际、未来融资的投入、利润的分配以及将利润汇出带来影响。根据1961年《外汇管制条例》第10条，非居民可自由向南非投资，但资本移出受限制。外国投资者通过股权并购南非本地企业时，在购买壳公司或当地公司获得股权凭证（share certificate）后，应当向南非储备银行提交申请，在股权凭证上盖章确认非居民（non-resident）的身份，以方便将来能往国外汇出股息等收益。

此外，南非的外汇管制还涉及并购协议的审查。当交易各方签署股权收购协议后，应将该协议提交至南非储备银行或其授权的当地银行进行审查。审查方式和内容主要是监管者从目标公司审计师处得到确认函，以此来评估股权转让价款是否公平合理。经审查批准后，南非储备银行将在股权收购协议上盖章。需要投资者注意的是，对并购协议的审查和反垄断审查是相互独立的，不互为条件的。在实践中，为了节省时间，并购协议的审批和反垄断审查通常可以同时申请，并同时启动。

三、BEE 法案

BEE 法案，即《广义黑人经济振兴法案》（Broad-Based Black Economic

---

〔1〕 Xolani Nyali and Shakti Wood, *The Merger Control Review*: *South Africa*, The Law Reviews (5 August 2022), https://thelawreviews.co.uk/title/the-merger-control-review/south-africa.

Empowerment)，是南非本土化立法（local content requirement）的标志性法案之一。[1] 在17世纪和19世纪，南非受到荷兰和英国殖民者的两次殖民统治，历史上的种族隔离制度使占人口大多数的黑人和人口占比数较小的白人在社会经济和政治地位中处于严重的不平等状态。仅以土地制度为例，殖民地时期，殖民者大量掠夺并占有土地，致使大量以农业生产为生的南非黑人农民沦为廉价劳动力的提供者。在农业方面，南非形成了高度发达的白人商业农场和黑人聚居地上极其不发达的小农经济的二元结构，黑人以服务于白人的农场、矿业和日常生活为业得以维持生计。[2] 种族隔离之前，南非的社会经济体系按种族划分，是殖民主义与种族主义融合的畸形产物。[3]

南非在20世纪90年代进行了社会、政治、经济以及法律制度上的空前改革，目的就是消除种族压迫，改变黑人与白人长期的不平等地位。长期的种族歧视和种族隔离政策造成了南非黑白二元型经济，即发达先进的“白人经济”与落后的“黑人经济”并存。在曼德拉执政以后，南非1996年《宪法》明确指出南非所有公民享有平等的权利和自由，并进一步指出要提升历史上处于不公平地位、受到不公平对待的南非人的地位，使其受到公平对待。《宪法》所指“历史上受到不公平对待的南非人”即是后来BEE法案中“黑人经济振兴”的主体。[4]

（一）BEE 法案产生的历史背景和发展

曼德拉时期实施“黑人经济振兴”有其深刻的历史背景，它以南非反种族隔离抗争为基础，扶持“历史上受到不公平对待的南非人”，是南非解决历史遗留问题的策略方针，也是南非实行“民族民主革命”的内在要求，更是南非经济结构调整的现实需要。[5]

---

〔1〕 朱伟东:《多样化的南非本土化立法》，载《中国投资》2018年第20期。

〔2〕 蒋晖:《土地、种族与殖民治理——南非种族隔离土地法的演变》，载《开放时代》2021年第6期。

〔3〕 黄玉沛:《曼德拉时期南非“黑人经济振兴”评析》，载《史学集刊》2016年第5期。

〔4〕 黄玉沛:《曼德拉时期南非“黑人经济振兴”评析》，载《史学集刊》2016年第5期。

〔5〕 黄玉沛:《曼德拉时期南非“黑人经济振兴”评析》，载《史学集刊》2016年第5期。

1994 年，非洲人国民大会（非国大）上台执政以后，为了缩小黑人与白人之间的贫富差距，提升黑人的生活水平和社会经济地位，开始推行狭义的《黑人经济振兴法案》（Narrow-Based Black Economic Empowerment，狭义 BEE 法案，即现在《广义黑人经济振兴法案》的前身）。该法案通过政策倾斜，鼓励黑人参与社会经济活动，参与企业的发展，并在黑人持股比例、参与管理程度与接收技能培训等方面设立硬性指标，并要求企业遵守。[1]但在 21 世纪之前，狭义 BEE 法案在实践中没有取得广泛提升黑人社会经济地位的效果，加之南非在 20 世纪末由于受到亚洲金融危机的波及影响，股票市场大幅下跌，导致早期 BEE 法案的失败。21 世纪伊始，南非政府决定在吸取经验教训的基础上，优化黑人经济振兴政策，并在 2004 年正式颁布了《广义黑人经济振兴法案》，即现行的 BEE 法案。现行的 BEE 法案核心要素是通过公司所有权、控制权转移，人力资源发展和雇员平等，以及通过非直接的采购政策来保证黑人能够从政府和私人采购中获得利益，从而让更多的黑人参与到南非发达经济实体中来。[2] 实际上，BEE 法案并不强制要求每一个企业遵守它所罗列的具体要求，但是实施法案所列政策的企业将从中获益，例如，有优先权获取国家或政府的资助。[3] BEE 法案由南非贸工部负责实施，南非政府还于 2009 年成立专门的监督委员会来监督该法案的落实。

（二）BEE 法案的评级体系

2004 年正式颁布的广义 BEE 法案仅是一个框架性法案，不含具体实施细则。此后，为更好地执行广义 BEE 法案，南非贸工部于 2007 年公布了针对企业的《广义黑人经济振兴法案评级实施细则》（以下简称《振兴法案实施细则》）。具体的评级工作由政府授权的评级机构来进行，南非的黑人经济振兴

---

[1] 李俊杰、张嘉斐：《〈广义南非黑人经济振兴法〉实施效果分析》，载《世界民族》2014 年第 2 期。

[2] 郭建军：《南非“黑人经济振兴法案”及其对中国的启示》，载《人民论坛》2015 年第 20 期。

[3] 郭建军：《南非“黑人经济振兴法案”及其对中国的启示》，载《人民论坛》2015 年第 20 期。

评级协会（Association of B-BBEE Verification Agencies，ABVA）是 BEE 评级机构协会组织，所有经过该组织认证的测评机构将是合格的机构，其出具的 BEE 评级具有效力。

根据《振兴法案实施细则》第 8.1 条，企业的 BEE 等级共划分为 9 个，其中第 9 等级完全不符合 BEE 法案的要求。该条进一步规定，BEE 评级机构根据公司所有权、管理控制、技能发展、企业和供应商发展以及当地社会和经济发展 5 个方面对企业进行全方位评估，然后根据该 5 个方面的综合得分，给企业进行 BEE 定级。根据《振兴法案实施细则》第 7.4 条，“企业和供应商发展”这一项评估内容具体指的是，被评估企业在采购时，选择的企业或供应商本身的 BEE 评级越高，则被评估企业的这项得分就越高。换言之，BEE 法案鼓励企业选择 BEE 评级高的上游企业作为供应商，以提升该类供应商的经济效益，从而间接提升黑人的社会经济地位。《振兴法案实施细则》第 7.5 条规定，“当地社会和经济发展”这一项评估内容具体指的是，企业是否为当地黑人的社会经济地位提升作出贡献，如提高黑人就业率等。《振兴法案实施细则》第 8.1 条规定了该 5 项评分指标在评估中的具体占比为：股权转让 25%、管理控制 15%、技能发展 20%、企业和供应商发展 35%以及社会经济发展 5%。在 BEE 评级体系中，持股比例、接受技能培训和带动企业及供应商发展列为“优先考虑因素”，企业在这三项因素上均不能达标的，将被自动降低一级。此外，《振兴法案实施细则》第 4.1、4.2 条还对 BEE 评级的豁免作出规定：小型企业以及当年新开办企业无须适用 BEE 法案，直接享受第 4 等级企业待遇。（见表 4-7）

表 4-7　BEE 评级的豁免企业

企业类型	年度总收入	BEE 的适用
豁免小型企业	1000 万兰特或以下	视为第 4 等级
新成立企业	与年收入无关	成立后的 1 年内按照豁免小型企业的规则类推

除了 BEE 法案本身和《振兴法案实施细则》之外，为了配合黑人经济振

兴理念在具体行业中的落实，南非政府还推出了一系列从属于 BEE 法案的法令。2000 年《工业法令》（Industry Charter 2000），要求政策受益人群在 10 年内控制工业实体 25%的权益；《矿业法令》（Mining Charter），要求在 10 年内政策受益人群控制矿业 26%的权益。2003 年，南非政府针对金融业规定的比例为 25%，并在管理层也达到相同的数量比例。[1] 此后，农业、旅游业、建筑业和信息通信业等行业的 BEE 章程陆续公布实施。当前，已有超过 20 个行业均出台了 BEE 章程。

（三）中资企业对 BEE 法案的应对

BEE 法案和各行业的 BEE 评级可以说是南非本土化立法和本地化营商的一个重要体现。不难发现，"黑人经济振兴"不仅存在于 BEE 法案中，还渗透至各行各业的行业章程中。可以说，BEE 政策是我国在南非投资经常遇到的壁垒。2013 年，中兴通讯与南非电信运营商 MTN 合作，在南非推出无线路由器 MC801A。中兴通讯的全资子公司（中兴香港）的全资子公司中兴南非拟增资扩股引进新股东。根据 BEE 法案以及南非电信业 BEE 章程的要求，在南非从事通信行业的企业，其黑人股东在该企业中必须至少持有 30%的股权。此次增资，目的在于满足南非的 BEE 要求，对企业中黑人持股比例、参与管理程度和接受技能培训等设定硬性目标，以期全面提高黑人的经济地位。因此，中兴南非在拟进行的增资扩股过程中，其全资母公司中兴香港放弃其作为原股东在增资扩股时的有限购买权，同时，中兴南非不得不引进非本公司关联方的黑人股东，以约 1.166 亿兰特的价格认购 30%的股权。交易完成后，中兴香港持有中兴南非 70%的股权，拟引进的黑人股东持有中兴南非 30%的股权。[2]

中国投资者在赴南非投资营商时，无论是参与工程建设项目招标，还是

---

[1] 李俊杰、张嘉斐:《〈广义南非黑人经济振兴法〉实施效果分析》，载《世界民族》2014 年第 2 期。

[2] 严翠:《中兴通讯南非公司拟引入黑人股东》，载中国证券网 2013 年 9 月 13 日，https://www.cnstock.com/v_company/scp_ggjd/tjd_bbdj/201309/2739395.htm。

收购南非目标公司或者资产，均应当重视 BEE 合规问题。以收购为例，能够规避 BEE 合规风险的合适方式是收购已有 BEE 评分的公司，或是找到符合 BEE 政策要求的当地投资者共同进行投资。这种方式能够避免投资者为了获取 BEE 评级的硬性要求，而在没有充分尽职调查的情况下，仓促拉进黑人合作伙伴，这种做法将会大大增加未来的企业运营风险。

四、做好南非本土化立法的法律风险防范：以投资南非矿业为例

与“黑人经济振兴”一样，南非的矿业以及矿业开采相关方面的立法，是南非本土化立法的一个重要体现。与 BEE 法案一样，南非矿业本土化立法也是出于一定的社会、政治和经济发展考虑，通过立法或制定政策实施本土化，即提升黑人的社会地位和经济活动的参与程度。种族隔离结束以后，南非政府在推出“黑人经济振兴”政策的同时，也试图在各行各业落实具体的黑人经济振兴措施，帮助黑人提升社会和经济地位，其中，采矿业就是一个典型例子。

南非矿产资源丰富，在被殖民时期，白人殖民者往往拥有矿区矿产的所有权，该项产业不允许黑人进入。[1] 黑人仅以提供廉价劳动力的形式，在矿区从事采矿工作，服务于白人，并不从采矿产业中获取任何利益，而仅获得最低廉的劳动回报以维持生计。可以说，殖民地时期的南非矿区，是白人压迫奴役当地黑人的一个鲜活例子。[2] 在种族隔离制度被废除以后，南非新政府上台执政大力推行“黑人经济振兴”政策，以改变黑人长期以来受压迫和社会经济地位不平等的情况。相应地，在矿业领域落实“黑人经济振兴”政策，推行本土化立法，也是对该政策的重要呼应。可以说，殖民和种族隔离是南非矿业本土化立法的历史原因，新南非的平权与黑人经济运动是矿业本

---

〔1〕 李俊杰、张嘉斐：《〈广义南非黑人经济振兴法〉实施效果分析》，载《世界民族》2014 年第 2 期。

〔2〕 蒋晖：《土地、种族与殖民治理——南非种族隔离土地法的演变》，载《开放时代》2021 年第 6 期。

土化立法的现实动力。[1]

中国企业对南非的直接投资主要分布在矿产开发、制造业、基础设施、农产品加工与开发、金融5个领域，因此采矿业是中国企业投资南非的重点领域之一。[2] 我国自然资源丰富，但在如铜矿、铁矿、锰矿和铬矿等几种重要矿产领域开始出现供应缺口，与其他国家开展产能合作，在海外开发矿产资源成了我国近年来的一个选择。[3] 20世纪90年代以来，我国加快了在非洲开发矿产资源的脚步。早在1996年，中国钢铁工贸集团公司就投资4000万元，占股60%，与南非合资建立亚南金属有限公司，在南非进行铬矿冶炼。南非已成为我国对非洲矿业投资的第二大国，五矿集团、中投集团、酒泉钢铁等大型国有企业都积极参与南非的铂金、铬矿等的开发。[4] 中国企业在投资南非矿业时，面临的一大难题就是南非矿业相关法律和政策本土化色彩浓厚，政策环境不够清晰，投资难度较大。[5]

（一）南非矿业本土化相关立法之《矿产和石油资源开发法》

BEE法案可以说是南非所有行业本土化立法的“一般法”。因BEE法案要求提高黑人在企业和经营活动中的参与度，自21世纪以来，南非矿产资源开发部门先后制定了含有本土化立法成分的《矿产和石油资源开发法》以及《矿业宪章》两部重要法律法规，对矿权的申请、获得、转让等都予以详细规定。此外，这两部法律法规还大力支持和鼓励黑人加入矿产资源行业，并将黑人参与、所有权结构、管理构建等因素作为本土化立法的考量因素。[6] 其中，《矿业宪章》被视为《矿产和石油资源开发法》的具体本土化实施细则。

---

〔1〕 张小虎、赵倩：《论南非矿业本土化的立法规制与风险防范》，载《中国国土资源经济》2021年第2期。

〔2〕 郝宇彪、尹元：《中国企业对南非直接投资的风险识别与管控》，载《区域经济评论》2019年第6期。

〔3〕 张华：《中国对非洲矿业投资现状、问题及对策》，载《中国国土资源经济》2012年第5期。

〔4〕 张华：《中国对非洲矿业投资现状、问题及对策》，载《中国国土资源经济》2012年第5期。

〔5〕 王健：《南非矿业投资环境分析》，载《中国矿业》2013年第7期。

〔6〕 张小虎、赵倩：《论南非矿业本土化的立法规制与风险防范》，载《中国国土资源经济》2021年第2期。

根据《矿产和石油资源开发法》的规定，南非的所有矿权归国家所有，实行采矿许可证制度。南非矿业的主管部门是国家能源矿业部（Department of Mineral Resource and Energy，DMRE），代表国家实施对矿产所有权以及各项相关权利的管理。具体来说，国家能源矿业部负责《矿产和石油资源开发法》和《矿业宪章》等与采矿有关的法律和政策的实施和监督，以及矿产和石油资源的开发与管理。其具体职能是规范探矿权、采矿权、采矿许可证的管理，并遵守《矿产和石油资源开发法》和《矿业宪章》，保障矿业本土化立法的有效实施。[1]

《矿产和石油资源开发法》的一个重要内容就是矿权的申请。《矿产和石油资源开发法》第9条规定了矿权的申请顺序，即探矿权和采矿权的申请按照“先到先得”的原则，但会给予“历史上受到不公平对待”的弱势群体申请优先权。此条规定可被视作BEE法案在《矿产和石油资源开发法》上的体现，即黑人在申请矿权时享有优先权。此外，《矿产和石油资源开发法》还规定，外国投资者如果要获得矿业权，必须保证其投资实体有26%以上的权益由南非黑人持有。此外，《矿产和石油资源开发法》还注重采矿中的环境保护。根据《矿产和石油资源开发法》第39条，申请采矿权、探矿权和采矿许可证的，申请人必须提交环境评价和管理方案，且仅当该方案得到批准时，才可进行采矿。

（二）南非矿业本土化相关立法之《矿业宪章》

《矿业宪章》也是投资者投资南非矿业时必须熟悉和研究的。《矿业宪章》有很强的本土化特点，是黑人经济振兴政策在采矿业的具体落实。2004年，南非国家能源矿业部在《矿产和石油资源开发法》和《广义黑人经济振兴法案》的基础上，颁布《矿业宪章》，2010年国家能源矿业部根据新的目标重新进行修改，并颁布了2010年版《矿业宪章》。但两部宪章在内容上并未做好过渡和统合，在适用性、条款解读等方面存在诸多矛盾之处，实践中

---

[1] 张小虎、赵倩:《论南非矿业本土化的立法规制与风险防范》，载《中国国土资源经济》2021年第2期。

导致混乱。然而在此情况下，国家能源矿业部又一次起草并于2016年4月发布了新一版《矿业宪章》修正案草案。2017年6月，国家能源矿业部部长又在毫无征兆的情况下发布了2017年版《矿业宪章》，并宣布即日生效。这4版《矿业宪章》在所有权、采购、本地加工、雇员比例、人力资源培训计划、地方经济振兴、员工住房条件等方面的标准逐步提高。

总体而言，4版宪章都具有本土化特色，并在本土化程度上逐步提高。例如，本土化特色体现在矿业所有权制度上，具体涉及现有矿业权人、矿业权待申请人和矿业权新申请人三个方面。具体而言，对于现有矿业权人，依照2010年《矿业宪章》的规定，已符合26%BEE股权的采矿权持有人，在采矿期内继续有效。对于矿业权待申请人，2017年《矿业宪章》生效前提交申请待批准的，应按照2010年《矿业宪章》的要求进行处理，但前提是必须符合26%BEE股权要求。同时，该采矿权人必须在该采矿权生效之日起的5年内将BEE股权增至30%。对于矿业权的新申请人，则必须向黑人转让至少30%的BEE股份。[1]

又如，《矿业宪章》的本土化立法还体现在就业权益上，要确保历史上的弱势群体有效参与决策。《矿业宪章》要求在企业内部将所有岗位根据职级和职务划分，并确保每个职级和职务中都必须包含一定比例的弱势群体。在管理层，执行董事中必须有至少50%的历史上的弱势群体，包括20%的妇女。在核心和关键技能方面，矿企必须通过培训提高员工技能，确保掌握核心和关键技能的员工中至少有60%的历史弱势群体。[2] 在实践中，此项规定颇受诟病。目前，很多矿山的黑人用工比例已经达到95%以上，但是绝大多数黑人从事的是低级体力劳动。这主要是由于实际劳动力市场中，黑人普遍受教育程度不高，职能技能水平不高，高素质劳动者匮乏。改变这一现状，需要经过数年的积累，不可能一蹴而就。而《矿业宪章》对就业权益的规定，则

---

〔1〕 张小虎、赵倩：《论南非矿业本土化的立法规制与风险防范》，载《中国国土资源经济》2021年第2期。

〔2〕 张小虎、赵倩：《论南非矿业本土化的立法规制与风险防范》，载《中国国土资源经济》2021年第2期。

没有考虑到当前劳动力市场是否有足够的符合资质要求的黑人，只是一味提高各层级黑人的比例，尤其是黑人妇女的比例。虽然体现了公平性，却不具有可执行性。硬性推行用工结构，必然导致没有相应资质的黑人仓促上岗，使已经不高的劳动生产率进一步降低，本已脆弱的南非矿业进一步失去全球竞争力。

再如，在采购方面，《矿业宪章》提出了极高的本土化要求。具体来说，《矿业宪章》要求矿业企业在货物采购时，必须有 21%（按货物价值计算）采购自历史弱势群体所拥有和控制的公司，5%（按货物价值计算）采购自妇女和青年控制的公司，44 %（按货物价值计算）采购自其他符合 BEE 的公司。矿业企业在采购服务时，有 50%（按服务价值折现计算）必须采购自历史弱势群体拥有和控制的公司，15%（按服务价值折现计算）采购自女性拥有和控制的公司，5%（按服务价值折现计算）采购自青年拥有的公司，10%（按服务价值折现计算）采购自其他符合 BEE 的公司。此外，还必须注意的是本土化优先采购的对象必须是年营业额少于 5000 万兰特的历史弱势群体拥有或控制的公司。[1] 实际上，《矿业宪章》规定的采购要求容易使投资者陷入困境：投资者可能为了满足《矿业宪章》对本土化的要求，而无法在货物或服务质量上作出最优选择。

通过上述对南非矿业法律制度的分析，不难发现，无论是《矿业和石油资源开发法》还是《矿业宪章》，都是在采矿行业对《广义黑人经济振兴法案》中各项本土化原则和制度的具体落实。投资者投资南非采矿业，这些本土化规定势必会增加合规成本，甚至增加经营成本。根据南非的相关法律，投资者只有达到法律规定的本土化要求，获得 BEE 资质，才可获得探矿采矿权。投资者投资南非矿业时一定要谨慎选择 BEE 合作伙伴，在投资前先对潜在合作伙伴的 BEE 主体资格、公司内部股权、重大债务、对外担保、公司治理结构、公司董事与高管任职、重大诉讼、仲裁、行政处罚等方面进行调查询问，以确保其符合 BEE 主体资格，且不存在重大债务或诉讼等影响未来

〔1〕 张小虎、赵倩:《论南非矿业本土化的立法规制与风险防范》，载《中国国土资源经济》2021 年第 2 期。

BEE 项目公司运营的障碍和问题。在南非本土化立法要素中，所有权、矿山社区发展、人力资源开发、采购和供应商与企业发展等存在多数重合之处，实践中很多附加效应十分明显。例如，投资矿山社区的某当地矿企，合作开发当地矿山，加入该合作公司使投资者满足 BEE 主体资格，同时被加入的当地公司在转让股份所有权方面也符合本土化要求，这一系列的本土化资质都将惠及合作公司。[1] 因此，选择合适的 BEE 合作伙伴，是投资南非矿业风险防范的重要应对手段。

五、在南非投资采矿业的法律风险：以豪登省矿产开发部部长诉拯救瓦尔河环境组织案为例

【案情简介】

在本案中，豪登省矿产开发部部长代表政府发放了采矿许可证，瓦尔河附近可进行露天采矿，但是拯救瓦尔河环境组织为保护瓦尔河流域生态环境，对此表示反对。但其作为一个环保非政府组织，在通过高等法院审查并获得许可证之前，他们未被允许成为环境公益诉讼的原告。但是，作为代表环境公益的组织，他们有权知悉开发活动的环境许可授权，初审法院却以《矿业法令》第 9 条拒绝采纳“听取双方之词”原则为理由，驳回该环保非政府组织的诉求。但是，本案在上诉至最高上诉法院后，法院认定政府在授予环境许可证时，拯救瓦尔河环境组织作为环境公共利益的代表，有权获取相关环境信息与行政决策信息，这是程序公正的基本要求。

根据《宪法》第 33 条第 1 款，程序公正是行政决策制定和行政执法的基础，最高位阶的宪法原则被《促进行政公正法》吸纳。因此，《促进行政公正法》第 3 条第 1 款规定：“对某人权利或立法预期造成显著不利影响的行政行为，必须具备程序公正。”最终，本案因政府机关在行政执法与决策过程中未遵守“程序公正”原则而被判无效，该行政许可必须被撤销。

---

〔1〕 张小虎、赵倩：《论南非矿业本土化的立法规制与风险防范》，载《中国国土资源经济》2021 年第 2 期。

【案例所涉及的主要问题及评析】

受英国普通法的影响，南非司法制度继受了程序公正理论。普通法在法律程序上的“听取双方之词”原则要求在行政执法、保障权利的过程中必须听取对方之词。于是，在“豪登省矿产开发部部长诉拯救瓦尔河环境组织”一案中，“程序公正”得到了具体的阐明。这种“程序公正”，体现为政府就已掌握信息向民众公开的义务，尤其是主管部门环境审批过程中获取的企业环境保护信息。因为，根据《宪法》第 32 条第 1 款，每一个人都拥有获取国家持有的信息的权利，以及为了实现或保障任何权利而取得他人所持有的信息的权利。结合《宪法》第 24 条环境权的保护可以推出：首先，每个人皆有权生活在无害于其健康与幸福的环境中，同时，每个人又皆有权获取国家持有的信息，这些信息是关于环境是否无害于公民的健康与幸福的。其次，为实现或保障公民的基本权利，进而有权获取他人所持有的信息，那么，为了促进和保障公民的环境权，每一位南非公民都有权了解他人、公司、企业或国家等所持有的环境信息。据此，国家为了实现和保障每一位公民的环境权，赋予公民获取环境信息的权利，这些信息也反映出公民的环境权利是否遭到侵犯。此外，《国家环境管理法》第 31 条也根据《宪法》的相关规定，对环境信息取得与揭露者保护进行了细化规定，公民可以获得与本法实施有关的环境信息的知情权。

对于中国投资者而言，赴南非投资时，应当充分注意以下几个方面：

第一，搜集企业的环境信息并真实客观地提交给环境主管部门。南非政府异常重视环境与自然资源的保护，按照南非的宪法和环境基本法，企业需要依法披露本项目的环境信息，一方面确保项目不会造成环境污染、不至危害公民的宪法环境权，另一方面也是国家环境主管部门开展环境管理计划，以及项目通过环境评估、获得相关环境许可的重要依据。中国企业投资南非矿业可能带来一定的环境影响，因此为了降低环境违法风险、避免环境侵权或违法行为，企业必须积极搜集、整理本项目的环境信息，同时合理地向南非环境主管部门或个人，甚至是环保非政府组织提供真实、客观的企业环境信息。

第二，依法公开企业环境信息的同时应注意维护企业的投资权益。基于中国企业投资矿产行业的环境影响属性，在项目审批、项目运营和项目结束后均有披露企业环境信息的义务，企业必须根据相关法律合理公开项目的环境信息，但也必须注意维护企业的商业秘密或投资权益。根据《国家环境管理法》第31条第1款，在合理保护个人隐私、商业秘密或信息公开将对国家安全和公共秩序造成消极影响等情形下，企业可以不进行信息公开。[1]

第四节　南非劳工法律制度

南非劳动人口数量庞大，劳动力市场广阔。与非洲其他大部分国家一样，我国在南非的用工也基本上以本地劳动力为主。目前，我国企业在非洲的用工基本实现"本地化"，即本地雇佣的劳工占到全部用工数量的85%左右。[2] 对于投资者而言，投资南非需要透彻研究南非当地的劳工法律制度，不可小觑潜在的劳动法律风险，应提前做好风险防控。

许多投资者对非洲的劳工法律制度存在刻板印象，常与非洲欠发达的经济和社会发展水平联系在一起，"想当然"地认为非洲的诸多法律制度也是欠发达的。事实恰恰相反，由于非洲绝大多数国家都有过被殖民史，殖民者在非洲国家留下了丰厚的法律遗产，极大地影响了非洲国家的立法。非洲大陆的国家除了传统的宗教法、习惯法，还深受外来法律制度的影响。20世纪60年代，非洲大陆国家相继独立以后，仍基本保留了殖民者留下的法律制度，与各自本国的习惯法融合，经历不断发展演化，形成四大法系：大陆法系（曾经为法国、葡萄牙、西班牙殖民地）、普通法系（曾经为英属殖民地）、混合法系（兼具大陆法系和普通法系）以及伊斯兰法系（兼具大陆法系和伊斯兰教法）。南非被认为是"混合法系"，同时继受了荷兰—罗马法和英国法

[1] 本案例根据《一带一路沿线国家法律风险防范指引》系列丛书编委会编：《一带一路沿线国家法律风险防范指引（南非）》，经济科学出版社2017年版，第200~203页内容整理。

[2] 洪永红、黄星永：《"一带一路"倡议下中企对非投资劳动法律风险及应对》，载《湘潭大学学报（哲学社会科学版）》2019年第3期。

的特点，发展出一套独特的法律制度。[1] 南非的劳动法的立法和发展也受到了普通法、制定法以及习惯法等的多重影响，法律体系复杂，法律制度精细而完备，具有劳工保护体系严密、劳工标准高、工会地位强势以及解雇程序烦琐冗长等特点。[2] 在南非是否能处理好劳工关系，是中国投资者投资南非是否成功的关键因素之一。下文将对南非劳工法律制度的整体框架、具体制度以及需要规避的风险作详细的研究和分析。

一、南非劳工法律制度的总体原则和框架

如上文所述，南非劳动法受到英国法和荷兰—罗马法的交互影响，这两大法系的原则和特征在南非法律的发展中共同发挥作用，使南非法律具有典型的“混合法”特色。南非劳动法中有关劳动雇佣合同的概念以及订立合同时当事人地位平等并且缔约自由这一原则性理念最初就来源于荷兰—罗马法。直到 19 世纪中期工业革命的浪潮席卷南非之前，荷兰—罗马法对南非法院的裁判理念的影响远超过英国法的影响。只有当荷兰—罗马法对相关问题的规定和阐释不明确时，南非法院才会考虑采用英国法。并且，此处的“采用”并非直接援引英国法的规定，而是南非法院试图通过将英国法纳入荷兰—罗马法的基本原则中以寻求证明采纳英国法的规则的合法性。而如果荷兰—罗马法中的相关原则兼具清楚明了和公平，特定英国法的规则就不会被南非法院采用。[3]

（一）新南非政府的劳动立法原则：保护劳工尤其是黑人劳工

19 世纪中期以后，工业革命的浪潮席卷南非。殖民者在南非发现了丰富的矿产资源并决定开发，采矿业蓬勃发展，催生了对劳动力，尤其是技术型劳动力的大量需求。当时南非从英国和欧洲其他国家引进大量技术工人，以

---

〔1〕 夏新华、刘星：《南部非洲混合法域的形成与发展》，载《环球法律评论》2010 年第 6 期。

〔2〕 洪永红、黄星永：《“一带一路”倡议下中企对非投资劳动法律风险及应对》，载《湘潭大学学报（哲学社会科学版）》2019 年第 3 期。

〔3〕 肖海英、饶琼：《新南非劳动法的特点探析》，载《文史博览（理论）》2015 年第 7 期。

配合采矿业的发展。这时南非的劳动关系立法主要参照英国普通法中关于劳动雇佣合同关系的规定，其目的仍是维护英国殖民者的利益及对黑人劳工的管制和剥削。[1] 英国殖民统治者规定劳动领域的任何雇佣关系、劳工的工作条件、工资待遇等纠纷处理均适用英国普通法。例如，普通法的默示条款主要针对雇员，即雇员对雇主的合法指示具有顺从义务、忠诚义务、注意义务，以及合理效率或能力的义务。而雇主应当承担接受雇员服务的义务、为雇员提供合理、健康和安全的工作条件的义务，以及给予雇员酬劳的义务等。[2]

1910 年南非自由邦建立以后，劳动立法逐渐增多，制定法也成为劳动雇佣关系处理的重要法律依据。[3] 但是，从 1910 年南非自由邦建立，到 1994 年种族隔离制度废除，这中间的 80 多年，黑人与白人的社会地位严重失衡，黑人提供大量廉价劳动服务于白人的产业。因此，这期间几乎所有的制定法，都是为了剥削黑人、巩固白人的社会经济地位而订立的，具有强烈的种族主义色彩。主要包括南非联邦成立之前就已在四个殖民地存在的劳工法，如《主仆法》和《通行证法》、1911 年的《土著劳工管理法》和《矿山和工厂法》、1913 年的《土著人土地法》等，以巩固和继续维持这种不平等的劳动关系。[4]

正是由于 1994 年南非新政府成立之前，南非的劳工关系，尤其是黑人在劳工关系中所处的极度不平等地位，进一步催生了新南非政府在劳工关系立法中倾向于劳工保护，间接弥补劳动者，尤其是黑人劳动者在种族隔离时期受到的严重剥削。总体而言，1994 年种族隔离制度结束以来，南非政府本着建立平等的、没有性别歧视和种族偏见的新型劳动社会关系的原则，制定了大量的劳动法律。

---

[1] 肖海英:《新南非劳动关系的形成及其法律保护》，载夏新华主编:《法律文化研究：非洲法律文化专题》第 11 辑，社会科学文献出版社 2018 年版。

[2] 肖海英、饶琼:《新南非劳动法的特点探析》，载《文史博览（理论）》2015 年第 7 期。

[3] 肖海英、饶琼:《新南非劳动法的特点探析》，载《文史博览（理论）》2015 年第 7 期。

[4] 肖海英:《新南非劳动关系的形成及其法律保护》，载夏新华主编:《法律文化研究：非洲法律文化专题》第 11 辑，社会科学文献出版社 2018 年版，第 267 页。

（二）新南非政府的劳工立法

新南非政府的劳工法的主要目的是确立和保护劳工权，建立平等的劳工关系。立法者对劳动关系、工作条件、社会保障等内容通过《宪法》以及多部单行法律及行政法规加以规范。首先，南非新政府成立以后，制定了新的《宪法》，并在《宪法》中从人权层面为劳工关系以及劳工权益的保护提供宪法保障。其次，在1994年废除种族隔离以后，南非政府还相继出台了《劳工关系法》《基本雇佣条件法》《就业平等法》《职业技能发展法》《失业保险贡献法》《促进平等、预防不公平歧视法》等几部重要法律法规，使《宪法》规定的劳工权利具体化。此外，南非新政府还积极加入国际劳工组织（International Labour Organization，ILO），成为组织批准生效的若干公约的缔约国，间接提升南非国内的劳工保护水平，改善营商环境，振兴南非经济。[1]

二、劳工权益

新南非劳动法的主要目的之一是确立和保障劳工权益。劳工权益保障的框架体系如下：首先，南非《宪法》确立劳工权益为基本人权；其次，规定个别劳工权法律制度，针对劳工保护的基本制度立法，如工资支付制度、工时制度以及劳动条件等；再次，针对组织工会的权利和工会的具体权能的保障进行立法；最后，针对劳动争议如何处理进行立法。

（一）南非《宪法》规定的劳工权利

南非《宪法》第二章是权利法案。《宪法》第9、13、23、28条规定了南非公民依法享有并受到宪法保障的各种权利，具体包括4个方面的劳工基本权利：结社自由和集体谈判权、禁止强迫劳工权、废除童工、消除就业和职业中的歧视。

《宪法》是1994年南非新政府上台执政、废除种族隔离政策以后出台的，

---

〔1〕 Eric Taylor, *The History of Foreign Investment and Labor Law in South Africa and the Impact on Investment of the Labor Relations Act* 66 *of* 1995，Transnational Law 9，1996，p. 613.

其重要的立法目的之一是巩固黑人为权利斗争得到的成果，为保障黑人平等的社会经济地位提供立法保障。此外，《宪法》还致力于消除殖民地时期和种族隔离时期对黑人长期的种族歧视所带来的负面后果，在立法上实际更倾向保护黑人以弥补其长期以来遭受的“不公平对待”，而非仅仅保障黑人与白人各方面享有平等权益。[1]

但是随着新南非社会的发展，《宪法》强调劳工权益保护，提升黑人社会经济地位的立法意图逐渐成为经济发展的阻滞，造成劳动立法的“先进性”与社会经济发展的“效率性”不够匹配。在《宪法》的基调指引下，新南非后续的劳动立法都相当强调劳工权益的保护，而忽略了社会经济发展效率，影响了南非的投资营商环境。总体而言，在南非《宪法》的指引下，南非劳动立法极其重视劳工权益的保护，增加了投资方的合规成本。

（二）工资与报酬制度

在工资支付方面，南非鼓励周薪制。根据《基本雇佣条件法》的规定，雇主如果采用月薪制，则月工资是周工资的 4.3 倍。因此，投资者必须注意到，这与中国的惯常做法不同，如果坚持月薪制，则会增加资方成本。[2] 在雇员报酬支付的形式和期限方面，该法第 21 条规定，雇主必须用南非法定货币支付工资，通过支付现金、支票以及直接存入雇员指定账户等方式。任何工资的发放必须在工作场所或雇员统一的地点进行。为了提高工资构成的透明度，该法第 33 条第 1 款对工资的必要信息作了强制性规定，要求雇主列明以下具体内容：雇主的名称和地址、雇员的姓名和工种、支付周期以及实发工资。此外，为保护雇员的合法收入不受非法扣减，法律要求雇主非因法定事由不得扣减雇员薪水，即使是因雇员的过失给雇主造成损失而须扣减的，雇主也必须证明其损失与扣减行为的因果关系，并且须经过正当程序并给予

---

〔1〕《世界各国宪法》编辑委员会编译：《世界各国宪法：非洲卷》，中国检察出版社 2012 年版，第 676 页。

〔2〕洪永红、黄星永：《“一带一路”倡议下中企对非投资劳动法律风险及应对》，载《湘潭大学学报（哲学社会科学版）》2019 年第 3 期。

雇员申辩机会。法律还对雇主有权进行的工资扣减的额度进行了严格规定，即扣减的薪水不得超过因雇员的过错造成的损失额且该金额不得超过当月应付月工资的1/4。此规定可以体现出南非的劳工立法是极其偏向劳动者的，相当于投资者要自己承担因雇员的过失造成的经济损失，这无疑增大了雇主的潜在经济风险和成本负担。

（三）工时制度

南非《基本雇佣条件法》第二章对工时制度的适用范围、工作时间、工作日、正常工时、加班、周压缩工时制、平均工时数、用餐时间、周日工资、晚班工资等都有具体详细的规定。

第一，关于该法适用范围的说明。《基本雇佣条件法》第6条规定的工作时间不适用于高级管理人员、从事流动性销售的雇员以及月工作时间少于24小时的雇员。第二，关于工作时间的规定。根据该法第9条，雇主不得要求或者允许雇员每周工作超过45小时；每周工作5天或者少于5天的雇员，每天不得工作超过9小时；每周工作超过5天的雇员，每天工作不得超过8小时。第三，关于超时工作的规定。根据该法第10条，除非另有协议约定，雇主不得要求雇员超时工作。但协议也不得约定员工每天超时工作超过3小时，或每周超时工作累计超过10小时。对于超时工作，雇主必须支付与日常工资等额或1.5倍于日常工资的报酬给雇员。第四，关于集中工作周的规定。根据该法第11条，雇主和雇员可以签订书面协议，约定雇员可以在一天之内集中工作12小时（这12小时包含雇员的餐饮和工间休息时间）。但是，该协议不得要求或允许雇员每周工作超过45小时，或每周的加班时间多于10小时，或每周工作多于5天。第五，关于平均工作时间的规定。根据该法第12条，每4个月可以根据集体协议，就雇员的超时和日常工作时间进行一次平均计算。雇主不得要求或者允许受集体协议约束的雇员的日常工作时间超过协议的时间。第六，关于餐饮休息时间的规定。根据该法第14条，雇主必须给予连续工作5小时以上的雇员，至少1小时的餐饮时间。在餐饮休息时间内，雇主可以要求该雇员完成那些紧急且不能由其他雇员代替完成的工作。雇员可以由此要求雇主支付相应报酬。第七，关于每日和每周休息时间的规定。根据该法第 15 条，雇员在工作结束和重新开始工作之间必须有至少连续 12 小时的休息时间。雇员还有权享有包括星期日在内的至少连续 36 小时的每周休息时间。第八，关于星期日工作报酬的规定。根据该法第 16 条，如果雇员的日常工作日就是星期日，雇主则必须支付给他每小时 1.5 倍的工资；如果该员工的日常工作时间不是星期日，偶尔在星期日工作，则雇主必须支付双倍工资。第九，关于夜间工作的规定。根据该法第 17 条，“夜间工作”指的是当天晚上 6 点以后，到第二天早上 6 点之前的工作。夜间工作具有严格的条件限制：首先，南非劳动法原则上并不鼓励夜间工作，只有在雇主与雇员达成相关协议之后才能实施。其次，雇员在晚班工作后，必须得到晚班补贴或减少工作时间。最后，在晚班上下班时，雇主应当提供较为方便的交通工具和其他便利条件以配合雇员的特殊工作时间。第十，关于公众假期的规定。根据该法第 18 条，除非雇员与雇主之间签订另外的协议，否则雇主不得要求雇员在公众假期工作。如果某公众假期恰好是雇员的日常工作日，则雇主依据具体情况的不同，需要支付给雇员日常基本工资的两倍或者日常工资额加上雇员在该日工作所赚到的总额之和。

（四）休假制度

南非《基本雇佣条件法》第三章对休假制度的适用范围、病假、带薪年假、产假、家庭责任假等具体方面都作出了规定。

第一，关于年度带薪休假的规定。根据该法第 20 条，在每个自然年度，雇员享有连续 21 天带薪年假。第二，关于病假的规定。根据该法第 22～23 条，雇员休病假，以 3 年为一周期。在这一周期里，雇员有权休带薪病假的时间相当于其为雇主工作 6 个星期的时间。例如，每周为雇主工作 5 天的雇员可在 3 年期间休 30 天带薪病假。对按规定休带薪病假的雇员，雇主要支付雇员平时的工资。在雇主同意增加雇员带薪病假的情况下，可支付低于此额的工资。如雇员连续 2 天缺勤，雇主在支付雇员病假期间工资之前，有权要求雇员出示医生的诊断书，以证明雇员缺勤是因为患病或受伤。如雇员在 8

周的工作期间有两次缺勤，雇主也可以要求雇员提供医生出具的诊断书。第三，关于产假的规定。根据该法第 25 条，雇员可享受 4 个月的产假，并可在预产期前 4 个星期开始休假。雇员可自愿选择提早结束产假，但在生产后 6 周内不能工作，除有医生出具的证明，以证明雇员可以工作。雇员应当在休产假前至少 4 个星期告知雇主开始休产假和开始上班的时间。第四，关于家庭责任假的规定。根据该法第 27 条，家庭责任假的适用对象是雇佣时间超过 4 个月，且每周至少工作 4 天的雇员。雇员有权在每个年度里，遇到孩子出生或生病，或配偶、生活伴侣、父母、养父母、祖父母、子女、养子女、孙子女或兄弟姐妹死亡时，有权主动申请要求 3 天的带薪休假。

从南非劳动法中关于劳工各项权益的规定来看，南非劳工享有比较充分的权益保障。实际上，在新南非成立之前，1983 年的《基本雇佣条件法》对工作时间、休假以及工资支付等劳工权益保护力度都远小于如今。例如，旧法第 2 条规定保安的每周工作时间不得超过 60 小时，其他的雇员每周最多工作时间不超过 46 小时，且每周最多工作时间可以在有需要的情况下延长。旧法案对夜间工作、周日工作报酬等都没有专门规定，在工时制度方面对劳动者的权益保障不如新法全面。对于休假制度，旧法在年假、病假等方面的规定也不如新法完善。例如，旧法仅规定保安的带薪年假为 21 天，而其他雇员的带薪年假仅为 14 天，相较新法规定所有员工均享有连续 21 天带薪年假则显得严苛。总体而言，南非劳工法律制度对劳工权益的保护是随着新南非的建立而逐渐发展和完善起来的。[1]

三、工会

19 世纪中期，伴随着工业化的浪潮，南非的采矿业急速发展，从欧洲引进一大批技术工人。这批技术工人的到来，也带来了工会这一先进的理念和制度。[2] 工会最初是为工人争取提高工资和待遇的组织，后来逐渐发展壮大，对南非

---

〔1〕 肖海英：《南非劳动法研究：历史、制度及个案评析》，中国社会科学出版社 2020 年版，第 129~130 页。

〔2〕 肖海英：《新南非劳动关系的形成及其法律保护》，载夏新华主编：《法律文化研究：非洲法律文化专题》第 11 辑，社会科学文献出版社 2018 年版，第 266~267 页。

的反种族歧视、新南非的法制建设作出了巨大贡献。[1] 南非的工会拥有比世界其他国家工会更多的权利，工会通过罢工促使雇主与其解决劳资纠纷、提高劳动待遇以及改善劳动条件等诉求是由来已久的。[2] 1994 年以来，《劳工关系法案》《基本雇佣条件法》《就业平等法》《职业技能发展法》等的出台，在雇员权利、就业条件、雇员技能发展等方面作出了明确的规定，并在很多方面加强了工会和雇员的地位。[3]

（一）工会对劳资关系的影响

南非的工会覆盖面广、力量强大。南非工会的强大势力导致就业数量的下降。[4] 由于工会势力强大，工资集体谈判效应增强，南非实际工资增速高于劳动生产率的增速，二者之间的错配导致大范围就业机会丧失。此外，工会组织的频繁罢工影响了劳资关系，冲击劳动关系，给南非经济造成损失。仅在 2010 年一年，南非全国因罢工损失的工作日就达 1460 万天次。[5] 大量的罢工也是影响中资企业在南非营商的一大因素。(见表 4-8)[6]

表 4-8 中国企业与南非工会之间的关系

企业类型	企业名称	南非员工行业工会参与率	谈判内容	谈不拢后工会采取的行动	其他行业工会罢工的影响
生产型企业	海信南非发展有限公司	29%	工资	罢工	港口工人、汽车司机和市政工人罢工对企业经营有影响
	厦华南非分公司	超过 80%	工资	罢工	港口工人、出租车司机和加油站员工罢工对企业生产有影响

[1] 《一带一路沿线国家法律风险防范指引》系列丛书编委会编:《一带一路沿线国家法律风险防范指引（南非）》，经济科学出版社 2017 年版，第 254 页。

[2] 黄星永、洪永红:《新南非劳动权制度的嬗变及中资企业的应对》，载《湘潭大学学报（哲学社会科学版）》2019 年第 1 期。

[3] 黄梅波、任培强:《南非劳动力市场对中国企业投资的影响》，载《西亚非洲》2013 年第 4 期。

[4] 黄梅波、任培强:《南非劳动力市场对中国企业投资的影响》，载《西亚非洲》2013 年第 4 期。

[5] 黄梅波、任培强:《南非劳动力市场对中国企业投资的影响》，载《西亚非洲》2013 年第 4 期。

[6] 黄梅波、任培强:《南非劳动力市场对中国企业投资的影响》，载《西亚非洲》2013 年第 4 期。

续表

企业类型	企业名称	南非员工行业工会参与率	谈判内容	谈不拢后工会采取的行动	其他行业工会罢工的影响
生产型企业	一汽南非车辆有限公司	超过 80%	工资、福利	罢工	物流工人罢工对企业生产有影响
	中钢萨曼可铬业有限公司	70%	工资、福利	罢工	铁路和港口工人罢工对企业生产有影响
	酒钢集团南非基萨公司	超过 70%	工资、福利	罢工、消极怠工	运输行业罢工对企业经营有影响
	A 矿业公司	超过 80%	工资、福利	罢工	港口工人、卡车司机罢工影响锰矿石运输
非生产型企业	C 汽车玻璃经销商	60%	工资、养老保险	罢工	运油司机、加油站工人和港口工人罢工对企业经营有影响
	中远非洲有限公司	略高于 50%	工资、福利	罢工	港口、公路和铁路的工人、市政人员罢工对企业影响非常大

（二）工会强势地位的不适配性

南非工会组织的完备确实为保障劳工权益起到了一定作用，建立了劳工集体维权机制，但“矫枉过正”，严重制约经济发展。首先，工会的强势地位与南非的社会环境不匹配。南非工会的理念多来自欧美发达国家，属于“第一世界的工会制度”，但南非的社会环境却与欧美相去甚远，导致强势的工会地位和职能“水土不服”。其次，工会的强势地位也与南非政府的社会经济发展战略不匹配。新南非建立以来，政府陆续制定了若干社会经济发展计划，如 1995 年《南非发展和促进推动小企业国家战略白皮书》（The White Paper on National Strategy for the Development and Promotion of Small Business in South Africa）、2003 年《扩大公共就业项目》（The Expanded Public Works Program）以及 2010 年《产业政策行动计划》（The Industrial Policy Action

Plan）等，都旨在推动南非的就业以及经济发展，但新南非劳动法的“保护型立法”以及工会的强势地位导致频繁罢工等，造成了经济政策与法律制度的鸿沟，使新南非政府的这些计划难以实现。

四、劳动争议的解决

妥善处理劳资纠纷，也是投资营商能够取得成功的关键因素之一。南非劳动争议解决制度的发展也是一部黑人劳动者劳动权益保护的发展史。在殖民地时期，黑人仅是廉价劳动力的提供者，无任何劳工权益而言。20世纪初期，南非劳工条件恶劣，劳工罢工流血事件频发，加之国际社会的谴责和施压，当时的南非政府迫于压力，制定了相关法律改善劳动关系和解决劳资纠纷。[1] 如1924年《劳资争议调解法》和1932年《土著劳动合同法》等。1924年《劳资争议调解法》是南非历史上关于劳资争议解决的第一次正式立法，并于1937年和1956年两次进行修正。1956年《劳资争议调解法》规定，设立劳资争议裁判所来解决部分劳动争议。[2] 但是，这些法律中的大部分条款是限制黑人自由的歧视性条款，旨在剥夺黑人的劳动权益和维护白人统治者的利益。[3] 尽管法律规定了黑人可以通过联络员和工厂委员会和雇主进行集体谈判，但实际上黑人的这一权益并未得到落实。基于种种原因，在20世纪70年代，南非爆发了多次全国性的大罢工，极大地影响了社会的正常生活秩序。直至1995年，种族隔离结束以后，南非才制定了1995年《劳工关系法》，积极提倡和支持劳工权益的平等保护，并专章规定了劳动争议处理的机构和程序。现今，南非劳动争议的解决主要有四种途径：调解、调解和仲裁相结合、仲裁以及司法判决。

---

〔1〕 肖海英：《论南非的劳动争议处理机制》，载《中国人力资源开发》2015年第1期。

〔2〕 肖海英：《南非劳动法研究：历史、制度及个案评析》，中国社会科学出版社2020年版，第92页。

〔3〕 肖海英：《南非劳动法研究：历史、制度及个案评析》，中国社会科学出版社2020年版，第92页。

（一）调解、调停和仲裁委员会

南非调解、调停和仲裁委员会是依据《劳工关系法》设置的独立机构。该委员会是一个独立的第三方机构，不受任何政党、组织以及个人的干涉。根据《劳工关系法》规定，调解、调停和仲裁委员会委员应以化解纠纷为目的选择适当的程序，这种程序包括调解纠纷、调查事实或可通过仲裁裁决的形式给当事方提出建议。在调解纠纷范围上，调解、调停和仲裁委员会主要受理五类争议：一是涉及不当行为，因丧失工作能力解雇，解雇金支付不公平的行为；二是涉及罢工，自动不公平辞退行为；三是涉及组织权利、集体协议；四是涉及《就业平等法》中的歧视行为；五是涉及就业基本条件的争议。[1]

调解通常是指争议的双方寻求外部的第三方解决纠纷的一个方式，但调解中的独立第三方对双方当事人提出的调解建议不具有约束力，当事双方可选择自愿遵守与否。调解是在公正的基础上以不公开的方式进行，包括调停、实况调查和以咨询仲裁裁定形式提供建议。而仲裁指的是争议双方当事人在自愿基础上达成协议，将纠纷提交至非司法机构的独立第三方审理，但该第三方对争议作出的裁决对当事双方具有拘束力，这是调解和仲裁的本质区别。调解和仲裁相结合则是为了加快限定范围情形下的争议处理程序，例如试用期内解雇雇员或试用期内不公正的劳动规则。[2] 在南非，绝大多数劳工争议都是通过调解、调停和仲裁委员会解决的，较少进入司法程序。

（二）司法程序

南非设有专门的劳动争议解决法庭和劳工上诉法院，对依据《劳工关系法》产生的案件具有专属司法管辖权。南非劳动法庭有权管辖雇佣或其他劳动关系引起的纠纷、政府雇员因政府的解雇行为的合宪性或任何受到来自政府威胁的行政行为或管理行为而产生的纠纷、因涉嫌违反其他法律行为诉诸

---

〔1〕 洪泉寿、刘怡：《南非劳动争议调解制度》，载《人民法院报》2020年5月8日，第8版。

〔2〕 肖海英：《论南非的劳动争议处理机制》，载《中国人力资源开发》2015年第1期。

劳工部部长的案件等。劳动法庭不受理以下案件：纠纷还未经过劳资双方协商的案件；正在处理中，程序还未完全执行完的纠纷等。[1]

（三）举证责任

南非劳资争议解决程序的一大特点是举证责任倒置，雇主几乎承担所有举证责任，涉案的劳工所承担的举证责任非常小，需要承担的举证成本非常低，这也与新南非建立以后极力保护劳工权益的立法倾向有关。[2] 这种低成本的权利实施模式给劳工滥用诉权提供了激励，增加了雇主解决纠纷的难度。以解雇引起的劳资纠纷为例：首先，雇主要证明雇员是否存在违反管理规定或者不服从雇主的工作安排等情形；其次，还要证明员工是否存在身体上或精神上的疾病或伤害，以及是否因为这些疾病和伤害不能完成岗位工作的情形；最后，如果上述两项不能证明，法律还要求雇主说明是否存在经济性裁员的情形，凡是因"法律未列明的事项"的解雇行为，雇主都须负有法律责任去解释其解雇行为是否公正合理合法，否则，该解雇行为一旦将被裁定为非法解雇，雇主将承担极为不利的法律后果。[3] 严格的举证责任在一定程度上影响了南非企业的正常经营。

五、开除员工的先行义务：以约堡华人商店案为例

【案情简介】

在约堡某华人商城开店的甲女士于半年前经人介绍，雇用了一名黑人劳工（以下简称乙）帮忙看店以及做搬运等杂务。这名工人并非南非当地人，而是来自非洲其他国家。双方一开始商定每月工资800兰特，每星期发放一次。甲女士为谨慎起见，每次在该工人领完薪水后，都让他签一张单据留底。

---

〔1〕《一带一路沿线国家法律风险防范指引》系列丛书编委会编：《一带一路沿线国家法律风险防范指引（南非）》，经济科学出版社2017年版，第260页。

〔2〕黄星永、洪永红：《新南非劳动权制度的嬗变及中资企业的应对》，载《湘潭大学学报（哲学社会科学版）》2019年第1期。

〔3〕黄星永、洪永红：《新南非劳动权制度的嬗变及中资企业的应对》，载《湘潭大学学报（哲学社会科学版）》2019年第1期。

乙在甲女士店里工作了一段时间后，慢慢变得没有以前勤快，开始迟到、早退，后来甚至出现了偷窃店里的商品、消极怠工等行为。甲女士发现后，最先只是对乙进行口头警告，希望他能有所改进。但乙将不当行为收敛了一段时间后，又在不知不觉间故态复萌。如此反复，甲女士终于无法忍受，决定将乙开除。乙随即转向南非劳工仲裁调解委员会（Commission for Conciliation，Mediation and Arbitration，CCMA）寻求帮助。不久，甲女士就接到了CCMA发来的传真，要求她支付给乙等同3个月工资金额的钱，作为非法开除佣工的赔偿。

【案例涉及的主要问题及评析】

实际上，根据南非相关劳动法的规定，甲女士开除乙的行为过程欠妥，具体原因如下：

首先，尽管甲女士能够列举出乙在工作时的种种不当行为，但不能提供实实在在的证据证明乙违反了劳动纪律，应该以开除处理。其次，在开除乙时，甲女士没有按照南非劳工法对雇工进行辞退的规定程序进行操作，比如在辞退之前，没有事先出示警告信等书面通知。最后，甲女士在雇佣乙的整个过程当中，存在许多不合规范之处，具体有：第一，对相关工作时间，包括上下班时间、休息时间等没有具体明文规定。因此在认定乙迟到早退等行为时，缺乏书面依据；第二，对员工的奖惩措施、管理制度等没有明确的书面规定；第三，对员工的工资内容没有具体明确的定义。

中国投资者在聘请劳工时，一定要注意纠正以下两个典型误区：首先，认为雇用南非当地人成本高，而雇用外国工人相对便宜；其次，认为外国工人因为人地生疏，比较“省事”。但事实上，南非劳工法明文规定，不管是本地还是外国公民，只要在南非工作，不论雇主是谁，都同样受到劳工法的保护。

一些雇主因疏于管理，既不与工人签合同，也不确认员工身份，有时就会雇到一些在南非没有合法居留权的外籍工人。但是，南非劳工权益保障组织，如CCMA，不会因为身份等问题影响裁决。他们认为检查身份是移民局的责任，而只要认定员工的利益受到雇主侵害，CCMA就会采取相应措施。

此外，如果聘用了身份不合法的员工，雇主要承担直接责任。一经发现，雇主会面临2万兰特的罚款。

第五节 南非的争议解决机制

和绝大多数国家一样，南非传统的争议解决机制主要包括诉讼和仲裁两种。相比于诉讼，仲裁作为一种更为便捷、灵活的争议解决方式，受到争议双方当事人的青睐。下文将对南非的民商事诉讼法律体系和商事仲裁法律框架进行分析和研究。

一、南非的民商事法律体系

南非的法律在早期深受荷兰—罗马法的影响。到19世纪初，在民事诉讼法律制度方面，荷兰—罗马法的影响已逐渐被英国法取代。[1] 此外，1996年南非《宪法》确立的宪法至上的宪政体制也要求南非民事诉讼法体系下的任何具体规定都必须符合宪法精神。

（一）南非民事诉讼法的法律渊源

南非并无独立的民事诉讼法典，而是由若干法律渊源构成。这些法律渊源包括：（1）1996年南非《宪法》；（2）南非高级法院2013年第10号法案；（3）地方法院1944年第32号法案；（4）小额诉讼法院1984年第61号法案；（5）法庭规则；（6）实践指导；[2]（7）普通法以及判例法。

（二）南非的法院系统

根据南非《宪法》第166条，南非的法院系统，具体由以下法院组成：

---

〔1〕 Hennie Erasmus, *The Interaction of Substantive and Procedural Law: The Southern African Experience in Historical and Comparative Perspective*, Stellenbosch Law Review 1, 1990, p. 348.

〔2〕 这些规则包括，宪法法院规则、最高上诉法院规则、针对高等法院不同审判庭的统一法庭规则及地方法院规则。

（1）宪法法院；（2）最高上诉法院；（3）高等法院；（4）地方法院；（5）根据《议会法案》建立或由《议会法案》认可的特别法院。

现行南非法律框架下所指的南非宪法法院诞生于1995年，其设立是为了与南非1994年正式生效的《临时宪法》相呼应，为南非后种族隔离时期的宪制打下基础。[1] 南非宪法法院是一切涉及解释、保护和实施宪法的问题的最高级法院。它对宪法问题以及与宪法问题决议案有关的问题作出判决，是一切涉及宪法问题、争议的最终上诉机关。

上述第2项下所指的最高上诉法院是与宪法法院享有同等地位的最高级法院。但宪法法院专门受理宪法问题，最高上诉法院则受理除宪法问题以外的任何上诉案件。就程序上而言，南非最高上诉法院只处理来自高等法院的上诉案件。

上述第3项下所指的高等法院则负责其所在司法辖区内的上诉案件以及符合一定条件的案件的初审。例如，争议金额超过10万兰特的民商事案件、严重的刑事犯罪等可以在高等法院初审。目前，南非拥有14个高等法院，分别负责不同的司法辖区，包括：东开普省穆萨萨高等法院、东开普省比绍高等法院、南豪登省约翰内斯堡高等法院、北豪登省比勒陀利亚高等法院、西开普省开普敦高等法院等。

上述第4项下所指的地方法院则受理绝大多数普通民商事以及刑事案件的初审法院，在司法地位层级上低于高等法院。南非在全国范围内划分了许多基层的治安区，若干治安区组成一个地区，在其中的一个或一个以上地区则设立相应的地方法院，负责辖区内大多数民商事以及刑事案件的初审。

上述第5项下所指的特别法院也是南非法院系统的重要组成部分。南非几种主要的特别法院包括：海事法院、劳动法院、劳动上诉法院、处理土地争议的法院以及竞争上诉法院等。除此之外，还包括衡平法院、选举法院、儿童法院以及处理赡养、抚养等问题的法院等。

第一是海事法院。根据《海事管辖规则》第2条第1款，南非高等法院

---

[1] 李宏基：《转型时期南非宪法法院的策略与底线》，载《华东政法大学学报》2020年第5期。

的各审判庭，均有权对任何海事诉请进行审理及判决。这些与海事有关的诉请包括：海事打捞，因在岸上发现的船只、船货、货物所提起的相关诉请。并且，在第二种情况下，无论该诉请提起地、争议船只的登记地、船只所有权人的居住地、住所或国籍，南非高等法院的各审判庭，均对此类案件有管辖权。

第二是劳动法院。根据《劳工关系法》第 151 条，劳动法院是为了彰显公平公正精神而设立的专门法院。劳动法院拥有与高等法院同等的权力。一般来说，劳动法庭主要处理因雇佣或其他劳动关系而引起的争议。

第三是劳动上诉法院。根据《劳工关系法》第 167 条，劳动上诉法院是为了彰显公平公正精神而设立的专门法院。劳动上诉法院拥有与最高上诉法院同等的权力。劳动上诉法院是审理因不服劳动法院的裁判而提起上诉的终审法院。

第四是处理土地争议的法院。土地赔偿争议法院是根据《土地赔偿法案》第 22 条依法设立的专门法院。当土地争议案件属于土地赔偿争议法院管辖时，该法院所作出的判决或裁定，具有和高等法院同样的效力。除高等法院有权管辖的情况外，土地赔偿争议法院有权对以下的争议事项作出判决：根据《土地赔偿法案》的相关条款，决定是否能够获得土地赔偿的权利；当私人主体拥有或控制的土地依照《土地赔偿法案》相关条款被征用或征收时，批准相应的赔偿方案；决定自然人是否有权取得《土地赔偿法案》第 3 条规定的土地的所有权；确定当事人因对土地权的处置而获得的赔偿或任何对价是否公正合理。

第五是竞争上诉法院。竞争上诉法院是根据《竞争法案》第 36 条依法设立的与高等法院处于类似地位层级的特别法院。竞争上诉法院主要承担的职责是审查竞争裁判庭作出的裁决，或处理因不服竞争裁判庭的裁判而提起的上诉。

（三）南非的民事诉讼基本原则和程序

南非民事诉讼程序秉承两大原则。一是“两造兼听”（audi alteram partem）原则。即在整个诉讼过程中，当事人均享有同等机会，向对方当事人以及法庭陈述己方的案件事实。这同时意味着，一方当事人有权知晓另一方当事人对案件的陈述及相关证据材料，以防诉讼过程中，一方当事人因对方当事人突然提出的新事实或新证据而自乱阵脚。双方当事人对案件享有掌控权。即是否将一个案件提交法院审理、是否决定应诉、决定调解的范围等问题均由当事人双方自由决定。当事人也有权自己决定将向法院提交何种证据材料。在通常情况下，案件必须公开审理。

二是口头辩论原则。即在案件审理的过程中，当事人及其证人将提供言词证据。法官在审判案件时不得主导诉讼进程，并且应当保障公平公正、不偏私地进行裁判。法官有义务在一定期间内作出合法明确的判决，并陈述相应理由。

在高等法院，一宗典型的诉讼始于立案以及法院传票的送达。当事人自行采取各种步骤向法院提起诉讼并且为案件的审判准备必要的材料。在该阶段，法官仅对是否给予当事人临时救济措施作出考量。在审判过程中，当事人仍然起主导作用。具体体现为：由当事人决定哪些证据将在法庭上出示，由当事人主导询问证人的程序。在该阶段，法官将审查诉讼程序是否合法，再最终给予判决。

审前阶段，以当事人之间交换诉状及履行特定程序为主要特征。特定程序包括为正式庭审做准备而进行的证据开示。审判阶段则由几个连续的法庭程序构成。其中的标志性程序是由当事人直接对证据进行口头陈述。在这一过程中，当事人将向法庭呈出所有的证据材料以陈述该方事实。法官将基于所有的证据材料作出判决。[1] 整个诉讼程序由代表各方当事人利益的出庭律师主导。法官的作用，仅是确保律师们在遵循“游戏规则”的情况下进行诉讼。当各方当事人结束事实陈述后，他们将依次向法官陈述各方论据。当事人向法庭陈述论据的目的包括两方面：其一，引导法官形成有利于己方事实的判断；其二，引导法官根据相关法律原则，作出为司法机关所认可的意见。

---

〔1〕 Wouter le R. de Vos & Daniel E. van Loggerenberg, *Activism of the Judge in South Africa*, Journal of South African Law 4, 1991, p. 598.

在陈述论据阶段，出庭律师起着重要作用。法官不能就庭上提出的论据发起疑问，也不能提示当事人疏忽了哪些问题。律师们常常会估测法官是否会作出有利于己方的判决。实际上，“法院在整个诉讼过程中的主要职责是确保由当事人提出或主张的法律问题在法庭上明确解决”。[1] 但是，法庭没有权限也没有责任，根据其自己认为的事实作出相应的法律判断。事实的陈述是属于当事人的“特权”。

律师进行总结陈词后，法庭有可能下达暂时性的口头判决。但在实践中，法官一般暂不作出判决，而是通过一定时间对案件进行通盘考量后，下达书面判决。判决必须以一定的形式记录下来。实践中，法官对一个案件作出的判决必须基于对事实以及法律的双重考量。

在上诉中，通常先由一方当事人提出动议，上诉程序始于动议的送达。在动议中，必须包含当事人的书面证词。动议通知通常必须载明以下内容：(1) 由高等法院的哪个庭受理该上诉请求；(2) 上诉的当事人；(3) 上诉人的请求（如请求哪些救济）；(4) 被上诉人应当作出回应以及提交应诉状的时间期限。

上诉人提交的证词所载的事实，必须简明扼要，并且按时间顺序排列，且所载的事实，不应包括有争议的事实。具体事实的陈述，应当包括以下内容：(1) 上诉人享有上诉权利，即上诉人的出庭资格；(2) 法院有管辖权；(3) 双方当事人所依据的诉讼程序；(4) 上诉请求的相关证据。在上诉申请中，被上诉人的应诉文件中，通常应当包括应诉通知书和答辩书。

上诉人可以对被上诉人提交的应诉文件进行回复。通常而言，上诉人所有的主张都应当写在书面证词中。上诉人不得将对被上诉人的回复中提出的补充事实写进原来的证词中。

上诉人的上诉书面证词、被上诉人的应诉状以及上诉人针对此应诉状的回复，是上诉程序中常见的三类书面文件。然而，法院在其自由裁判范围内，可以允许当事人提交进一步的书面证词，补充的书面证词带来的相关事实信

---

[1] Lawrence G. Baxter, *Civil Litigation and Jura Novit Curia*, South African Law Journal 96, 1979, p. 536.

息等可能改变法院对案件的判决思路。上述补充证词仅在少数情况下才可使用，例如，上诉人的回复证词中提及了新的事实。

尽管按照惯例，书面证据应当在听证程序开始之前就提交，但实际上，代理人在听证程序中会以口头方式叙述载于宣誓书中基于事实所提出的法律论据。

二、南非的商事仲裁法律体系

作为可替代性纠纷解决机制，仲裁因其灵活性和便利性时常成为争议双方当事人解决商事争议时的优先选择。就仲裁法律制度而言，南非《仲裁法案》是其仲裁立法的主要渊源，该法自 1965 年 4 月 5 日颁行以来，已经历三次修订，但其仅适用于南非国内，是不具有涉外因素的仲裁程序。在加入 1958 年《纽约公约》后，为了在国内履行《纽约公约》中承认和执行外国仲裁裁决的义务，南非于 1977 年制定了《承认和执行外国仲裁裁决法》，以国内立法的形式将《纽约公约》的主要条款转化为国内法。2017 年 12 月 20 日，经南非总统签署，南非《国际仲裁法》正式颁行，这部立法专门适用于国际仲裁，其将《联合国国际贸易法委员会国际商事仲裁示范法》的主要内容纳入其中，并废止了 1977 年《承认和执行外国仲裁裁决法》，由此开启了南非国际仲裁立法的新时代。就立法目标而言，南非《国际仲裁法》旨在从四个方面推进仲裁在南非的发展：其一，便利当事人使用仲裁方式解决国际商事争议；其二，将上述示范法适用于国际商事案件；其三，为符合条件的外国仲裁裁决在南非法院的承认与执行提供法律依据；其四，在尊重南非本国宪法的前提下，促使南非在国内有效履行其根据《纽约公约》所承担的国际义务。

就历史意义而言，2017 年修订的南非《国际仲裁法》将南非的仲裁立法一举提升至国际前沿水平，不仅有利于优化其营商与投资环境，也可借此改善此前因南非废除双边投资协定等行动给外国投资者留下的不良印象。[1] 总

---

〔1〕 张梦媛:《南非〈2017 年国际仲裁法〉简介》，载邓瑞平主编：《金砖国家法律报告》第 3 卷，厦门大学出版社 2019 年版，第 521~522 页。

体而言，新法采用了国际示范法的高标准，对国际仲裁程序影响深远，也对南非成为世界认可的国际仲裁中心有巨大的推进作用。对于选择在南非仲裁的中方当事人而言，尤其需要深入了解南非《国际仲裁法》，这为在南非开展跨国经营业务的中国公司提供了有效的争议解决方式。下文将就南非仲裁法律制度中的仲裁协议、仲裁员、仲裁地、仲裁程序、仲裁裁决以及外国仲裁裁决的承认与执行等方面作具体的分析和研究。

（一）仲裁协议

就仲裁协议而言，南非《国际仲裁法》对该法所称的“仲裁协议”进行了援引式规定，即援引《联合国国际贸易法委员会国际商事仲裁示范法》第7条所定义的仲裁协议。具言之，南非《国际仲裁法》对仲裁庭可管辖的仲裁事项范围作出了宽泛界定，除涉及人身关系及婚姻纠纷的事项不可仲裁外，对于法律所规定的现在正发生或将来可能发生的国际商事纠纷，当事人都可约定通过仲裁方式解决，除非南非国内立法明确有关事项不具有可仲裁性或涉案仲裁协议违反公共政策。南非《国际仲裁法》第1条第3款还专门针对商事争议的“国际性”确立了认定标准：其一，在订立仲裁协议时，仲裁协议的各方当事人的营业地分处于不同国家。其二，下列任何地点之一位于当事人营业地之外：根据仲裁协议确立的仲裁地，商事关系的绝大部分义务的履行地，与争议标的物有最密切联系的地点。其三，当事人明确约定仲裁协议所涉事项与不止一个国家有关。

任何具备合同法上缔约能力的主体均可签订仲裁协议。作为通行规则，公司、受监护人协助的未成年人、已成年的自然人都具备缔约能力。如果某一自然人在订立合同之时患有精神疾病或因其他原因无法理解其所订立的合同内容，则当事人无从形成合意，此类主体也无法签订有效的仲裁协议。

仲裁庭的管辖权受到两个方面限制：其一，法律对争议事项可仲裁性的限定；其二，当事人在仲裁协议中的约定。根据南非《仲裁法》第2条，婚姻事项以及涉及人的身份能力问题的事项不能成为仲裁的标的。根据1998年南非《短期保险法》相关条款，保险单中要求有关争议只能通过仲裁方式解决的约定是无效的，而长期的保险政策则不受制于此类限制，可以通过仲裁方式解决有关争议。与此同时，如何对当事人订立的仲裁条款予以解释，也关系到仲裁范围的宽窄。如果当事人拟定的仲裁条款在措辞方面足够宽泛，则不妨碍仲裁员对协议的变更问题进行仲裁。所谓合同的变更，是合同法上的一项原则，如果缔约双方在缔约当时的真正意图并没有正确地反映在合同条款中，则该项原则允许合同的一方当事人变更合同的内容，从而使主观解释优先于合同条款。但是，需要明确的是，仲裁员并不能代替当事人订立合同中的仲裁条款，仲裁员的解释也不可以僭越当事人订立仲裁条款的真实意思。

在各方当事人对仲裁协议的有效性或其适用范围存在争议时，南非《国际仲裁法》吸收了《联合国国际贸易法委员会国际商事仲裁示范法》第 16 条的规则。该条第 1 款规定，仲裁庭可以对其自身的管辖权包括对仲裁协议的存在或效力的任何异议作出裁定。为此目的，构成合同一部分的仲裁条款应被视为独立于其他合同条款以外的一项协议，仲裁庭作出的关于主合同无效的决定，不应在法律上导致仲裁条款的无效。由此，在南非进行的国际仲裁程序遵循仲裁协议独立性原则及仲裁庭自裁管辖权原则。[1]

如前所述，南非的国内仲裁与国际仲裁程序分别受到南非《仲裁法》与南非《国际仲裁法》两部不同立法的约束。在国内仲裁中，并不适用仲裁协议独立性原则及仲裁庭自裁管辖权原则，这意味着：如果订有仲裁协议的主合同是无效的，则仲裁协议本身也当然地随之无效且无法执行；如果当事人双方对主合同或仲裁协议本身是否有效存在争议，因这已超出仲裁庭的管辖权，因此仲裁庭无权对合同有效性争议作出裁断，除非双方当事人另有相反约定。不过，如果当事人争议的事项是载明仲裁协议的主合同的签署或撤销问题，则并不能导致仲裁协议当然无效。在国内仲裁中，南非法院除有权对仲裁协议的有效性进行审查外，还可以在仲裁程序的各个环节予以介入。例

〔1〕 Patrick M. M. Lane & R. Lee Harding, *National Report for South Africa* (2018), in Jan Paulsson & Lise Bosman eds., ICCA International Handbook on Commercial Arbitration, Kluwer Law International, 2018, p. 11.

如，南非《仲裁法》第12条规定，在当事人未选定仲裁员时由相关法院任命仲裁员，第13条授权法院在特定情形下终止或撤销对仲裁员的任命，第20条授权法院可在“案件陈述”（statement of case）程序中发表意见，第21条规定法院有权命令一方当事人提供担保或进行文件披露，以及对位于南非境外的证人进行盘问，第32条明确法院有权将裁决发回仲裁庭重新仲裁以便对裁决予以重新考虑或作出新的裁决，第33条则从仲裁司法监督的角度允许法院在符合特定条件时撤销仲裁裁决。相比而言，南非的国内仲裁受到法院的高度干预和介入，而国际仲裁尽可能弱化法院的介入，将程序事项的决定权留给当事人意思自治或仲裁庭的自由裁量权，从而保障国际仲裁程序的灵活性、自治性，维护国际争议解决结果的中立性、客观性及公正性。[1]

（二）仲裁员

仲裁员是在确保公正性和独立性的基础上，以当事人提交的证据和认定的事实为根据，对当事人之间的纠纷居中作出裁决的裁判者。从解决争议的角度分析，仲裁员的角色类似于法官，但其性质从根本上有别于法官，因为仲裁员的职业权限源自当事人仲裁协议的约定而非国家立法的授予。仲裁员作为仲裁案件的审理者，其自身的业务水平、行为规范、职业道德、法律技能、独立性及公正性直接决定着案件的审理质量。南非仲裁立法对仲裁庭的组成人数、仲裁员的任命方法、担任仲裁员的资格要件、仲裁员的披露义务及回避程序等依次作出了详尽的规范。其中，国际仲裁与国内仲裁存在较大差异：前者以《联合国国际贸易法委员会国际商事仲裁示范法》为参照，符合国际主流实践；而国内仲裁，则更多体现出法院的监督与制约色彩。

1. 仲裁员的资格

南非《仲裁法》与南非《国际仲裁法》均没有明确规定任职条件，也没有要求仲裁员具备特定的法律工作经验，但这并不意味着任何主体都能被指定为仲裁员。具言之，仲裁协议的当事人可以在选择仲裁时对仲裁员的资格、

---

〔1〕 David Butler, *A New Domestic Arbitration Act for South Africa: What Happens after the Adoption of the Uncitral Model Law for International Arbitration*, Stellenbosch Law Review 9, 1998, p. 8.

国籍、能力等作出特别的约定。关于南非的在任法官能否担任仲裁员，实践中存在较大争议。但对于退休法官担任仲裁员则不存在质疑，且实践中较为常见。无论何人被选任为仲裁员，也无论在国内仲裁抑或国际仲裁中，仲裁员都应当确保其独立性与公正性，这是自然公正原则与正当程序原则在仲裁领域的具体要求。首先，自然公正要求仲裁员必须公正，意即“不偏私”、不能有“利益冲突”，亦可理解为“任何人不得担任自己的法官”；其次，必须防止对裁决结果有“个人利益”或与其中一方当事人有关系的主体被委任为仲裁员。[1]

如果仲裁员与当事人、当事人的代理人、仲裁机构或其他仲裁员存在任何可能影响独立性或公正性的情形，必须予以披露。在国际仲裁中，根据南非《国际仲裁法》附表 1 第 12 条第 1 款，仲裁员的信息披露义务贯穿于整个仲裁程序始终。在仲裁员已经按规定披露有关信息后，如果当事人并未提出异议或要求仲裁员终止职责，则视为当事人放弃了异议权，且不得就已经披露的事实在后续的程序中对裁决提出撤销或不予执行的请求。而在国内仲裁中，根据南非《仲裁法》第 13 条第 1 款，已经接受指定的仲裁员不得自行请辞并撤出仲裁程序，也不得自行决定保留其任命，除非各方当事人一致同意解除对该仲裁员的任命，或者有管辖权的法院撤销了对该仲裁员的任命。

2. 仲裁庭组成人数

根据南非《国际仲裁法》附表 1 第 10 条第 1 款、南非《仲裁法》第 9 条，当事人可以自由约定仲裁庭的组成人数，如果当事人未能对此作出明确约定，则默认为采用一名仲裁员进行独任仲裁。根据南非《仲裁法》第 19 条，在多名仲裁员组成的合议制仲裁庭中，首席仲裁员在仲裁程序的推进过程中居于主导地位，由仲裁秘书配合首席仲裁员开展有关工作。就实体权力而言，首席仲裁员与其他仲裁员并无本质不同，即在听取各方证据的基础上，适用有关法律裁判案件并作出有约束力的裁决。但就程序事项而言，首席仲裁员享有更高的决定权。根据《联合国国际贸易法委员会国际商事仲裁示范

---

〔1〕 杨良宜、莫世杰、杨大明:《仲裁法：从 1996 年英国仲裁法到国际商务仲裁》，法律出版社 2006 年版，第 561 页。

法》第29条，首席仲裁员对特定事项享有单独决定权，但这种单独决定权的行使受到一定限制：一方面，首席仲裁员的单独决定权仅限于程序性问题，且不会对争议的实质问题造成影响；另一方面，首席仲裁员的单独决定权并非法律或仲裁规则的直接授予，而是由当事人或仲裁庭事先授权。[1]

3. 对仲裁员的异议

根据南非《国际仲裁法》附表1第12条第2款，在国际仲裁中，只有存在引起对仲裁员的公正性或独立性产生正当怀疑的情况或仲裁员不具备当事人约定的资格时，才可以申请仲裁员回避，且回避申请必须在当事人知道有关回避事由之日起15天内以书面方式提出。而根据南非《仲裁法》第13条第2款，在国内仲裁中，南非法院可以应一方的申请，根据适当的理由（good cause）撤销对仲裁员的任命或解除仲裁员的职务。所谓适当的理由，包括对仲裁员的偏见、仲裁员未能公正行事或仲裁员与案件审理结果具有利益关系且并未向当事人披露。如果当事人的回避申请遭到拒绝，其有权在收到拒绝回避通知之日起30日内向南非高等法院上诉。

（三）仲裁地

仲裁地及其功能是当事人选择仲裁时不能忽视的一项重要因素，选择合适的仲裁地，不仅关系到仲裁协议的有效性、仲裁庭的管辖权、仲裁程序的准据法、裁决的国籍，而且直接影响着一国法院对仲裁的司法监督。在界定仲裁地时，有必要区分法律意义上和地理意义上的仲裁地。根据南非《国际仲裁法》附表1第20条第1款，当事人有权达成合意自由约定仲裁地，如当事人未约定仲裁地，则由仲裁庭决定仲裁地，仲裁庭在确定仲裁地时需要照顾到案件的各方面情况，包括当事人的便利。[2]

---

〔1〕 上海市律师协会国际贸易业务研究委员会主编：《国际商事仲裁律师实务》，法律出版社2018年版，第107页。

〔2〕 颜杰雄：《国际商事仲裁中的仲裁地问题研究》，载黄进、肖永平、刘仁山主编：《中国国际私法与比较法年刊》第15卷，北京大学出版社2013年版，第579页。

（四）仲裁程序

1. 进行仲裁程序的一般原则

就仲裁程序而言，依据南非《国际仲裁法》附表 1 第 19 条，当事人有权自由决定仲裁程序，在不违反本法规定的前提下，仲裁庭可以以其认为适当的方式进行仲裁。就南非国内仲裁而言，依据南非《仲裁法》第 14 条及第 15 条，仲裁员有权对程序事项进行管理，要求当事人进行文件披露、交换仲裁申请书或答辩状、检验财产或货物、委任特派员，并将程序安排告知各方当事人。庭审的具体方式主要包括开庭审理与书面审理两种。实践中，并非每起案件均需要进行开庭审理，只要双方当事人一致同意，可免予开庭，由仲裁员在书面材料的基础上进行审理。在开庭审理时，很多仲裁庭在组庭后会首先组织当事人召开一次会议，这种会议被称为“首次会议”（first session）或“预先会议”（preliminary meeting）。在这次会议中，仲裁庭会与双方当事人进行沟通，拟定出一份庭审章程（agenda）或审理范围书（terms of reference），将双方要商讨的议题和已经达成初步一致意见的问题均列举出来，以此明确仲裁庭需要审理的争点范围，并设定开展程序的具体步骤和时间安排，从而保障仲裁程序高效、有序推进。此类会议的召开，对从整体上提升仲裁效率、保障程序公正具有实质意义，仲裁庭通过与当事人商议，可以预先根据案件性质和审理任务量身定制一套完整的程序。值得一提的是，在商事仲裁中，除非双方当事人另有相反约定，原则上仲裁程序的进行、仲裁中涉及的一切文件材料、证据以及仲裁庭所作出的裁决都应遵守保密性。

2. 证据的使用及其认定

证据是仲裁程序中认定案件事实进而处理当事人争议的主要依据，证据的获取、使用与认定，对裁决结果具有重要意义。根据南非《国际仲裁法》附表 1 第 19 条第 2 款，在国际仲裁中，仲裁庭在证据规则的适用方面拥有较大的自由裁量权，即只要不违反当事人之间的仲裁协议，仲裁庭可以按照其认为适当的方式确定证据的真实性、关联性、合法性，并且判定证据是否具备可采性及其证明力的大小。相比之下，在国内仲裁中，除非当事人有明示或默示的特别约定，原则上仲裁庭应当遵循南非法院在民事诉讼程序中所适用的证据法和证据规则。但是，即便在国内仲裁裁决的司法审查中，南非法院也并不会仅仅因为仲裁庭没有严格遵守诉讼中所适用的证据规则而撤销仲裁裁决，除非仲裁庭的裁决违背了自然公正原则。具言之，南非法院在仲裁司法审查实践中所确立的自然公正原则涵盖三个方面：其一，平等地听取双方的陈述和申辩；其二，任何人不得担任涉及自己利益案件的仲裁员；其三，正义必须以看得见的方式实现。[1]

南非仲裁中常见的证据主要是以文件形式呈现的书面证据和证人证言。根据南非《仲裁法》第 14 条第 1 款 b 项，除非当事人在仲裁协议中另有不同约定，原则上仲裁员可以要求证人在宣誓之后提供口头证词，也可以要求当事人提供书籍、文件或其他物证，还可以聘请专家提供专家意见。为了使仲裁程序的进行能够更加高效，南非《仲裁法》规定当事人可以约定仲裁程序中使用的证据和仲裁庭裁决的争点仅限于证人在宣誓书中提交的事项。在裁决作出之前，为了防止一方当事人将对己方不利的证据销毁或隐匿，以至于另一方当事人将无法获得公正的裁决，南非《仲裁法》确立了证据保全制度和文件披露制度。根据南非《仲裁法》第 14 条第 1 款，仲裁庭有权要求任何一方当事人提交宣誓书并披露特定文件，或者要求当事人在口头宣誓的基础上接受质询，还可以要求当事人提供其所持有或控制的任何涉案货物或财物以供检查。

3. 临时措施

在仲裁过程中，仲裁庭或法院在特定情形下有必要发布证据保全、财产保全、行为保全以及通过其他方式在仲裁程序结束之前保持现状的裁定，即临时措施（interim measures）、中间措施（interlocutory measures）或称保全措施（measures of protection）。[2] 如前文所言，南非《国际仲裁法》纳入了

---

〔1〕 Patrick M. M. Lane, R. Lee Harding, *National Report for South Africa* (2018), in Jan Paulsson & Lise Bosman eds., ICCA International Handbook on Commercial Arbitration, Kluwer Law International, 2018, p. 19.

〔2〕 杜新丽:《国际商事仲裁中间措施发布决定权的归属趋向》，载黄进、肖永平、刘仁山主编：《中国国际私法与比较法年刊》第 15 卷，北京大学出版社 2013 年版，第 497 页。

《联合国国际贸易法委员会国际商事仲裁示范法》，后者在2006年修订时增设第17条，明文规定法院有权发布临时措施，这类措施包括但不限于：在售货物的保全与临时扣押，争议金额的担保，任命清算人，确保仲裁裁决的执行不受一方当事人隐匿财产的消极影响，临时禁令等。不过，南非《国际仲裁法》与《联合国国际贸易法委员会国际商事仲裁示范法》略有不同的是，南非法院只有在仲裁庭尚未组成且情况紧急时方可发布临时措施，由于紧急情况的存在，不容许当事人向之后组建的仲裁庭申请临时命令，所以不得不由法院对仲裁前临时措施申请作出决定。对国内仲裁而言，南非《仲裁法》第21条第1款a项规定，法院可以命令当事人提供费用担保（security for costs），以保障在申请人败诉时费用裁决得以执行。仲裁案件往往涉及高昂的仲裁费用，作为一项特殊的临时措施，费用担保对于防范仲裁申请人滥诉、保障被申请人得到仲裁费用补偿具有实践意义。南非国内仲裁中的费用担保制度，与我国国内法院诉讼中的费用担保制度并无本质不同。例如，某一外籍申请人对一名南非居民提出仲裁索赔请求时，法院可命令该申请人提供费用担保。[1]

（五）仲裁裁决

所谓仲裁裁决，是指在仲裁过程中，或审理终结后，仲裁庭根据认定的证据、查明的案件事实，依法对当事人提出的仲裁请求或反请求及与之有关的事项作出的具有法律效力的书面处理决定。仲裁裁决是仲裁庭对当事人提交的争议经审理后作出的权威性判断和认定。[2] 在南非仲裁立法中，仲裁庭有权发布中间裁决（interim award）、部分裁决（partial award）、合意裁决（consented award）、最终裁决（final award）等不同类型的仲裁裁决。除此之外，南非《国际仲裁法》附表1第30条明确允许当事人在仲裁程序进行过程中进行和解，并由仲裁庭按照和解协议中达成的一致意见作出合意裁决，这

〔1〕 相关案例可参见 Griddey NO v. JC Barnard & Partners 2007（5） SA 525（CC）；Lappeman Diamond Cutting Works（Pty）Ltd. v. MIB Group（Pty）Ltd.（No. 1） 1997（4） SA 908（W）。

〔2〕 陈韵竹编著:《仲裁纠纷案例与实务》，清华大学出版社 2015 年版，第 85 页。

也被称为和解裁决。

无论是在国际仲裁抑或国内仲裁中，如果仲裁庭由 3 名仲裁员组成，则多数仲裁员的意见将决定裁决的内容。在国际仲裁中，经过各方当事人授权或经过仲裁庭其他组成人员的同意，首席仲裁员有权独立就程序事项作出决定，但裁决的实体内容仍然由多数意见决定。在国际仲裁中，南非《国际仲裁法》并没有规定作出仲裁裁决的时限。在国内仲裁中，除非当事人另有不同约定，原则上应根据南非《仲裁法》确定审限。该法第 23 条规定，仲裁庭有义务在当事人达成审理范围书之日或被任何一方当事人要求按照书面通知发布裁决之日起 4 个月内作出裁决，如果这两个日期不一致，以较早的时间为准。

关于仲裁裁决的格式，国际仲裁要求裁决书必须以书面方式拟定，由仲裁庭的多数成员签署，且裁决中必须述明裁决理由、裁决日期及裁决作出地。在国内仲裁中，裁决书也必须以书面方式起草，且必须由仲裁庭的全部成员签字。根据南非《仲裁法》第 24 条，如果少数仲裁员拒绝在裁决书上签字，并不能导致裁决书丧失法律效力，但必须在裁决书中记录其未签字的事实及其拒绝签署的原因。

就仲裁庭作出裁决时所适用的准据法而言，国际仲裁与国内仲裁有所不同。对国内仲裁而言，仲裁庭原则上必须根据现行有效的南非国内法规则进行裁决。作为例外，南非《证据法》第 1 条授权仲裁庭对易于查明且具有足够确定性的外国法进行司法认证，一旦查明该外国法，并且确认该外国法是调整争议实体事项的准据法，则仲裁庭将依据该外国法裁决。[1] 对于国际仲裁，当事人意思自治原则是受到各国公认的确定争议实体事项准据法的基本原则。具言之，根据南非《国际仲裁法》附表 1 第 28 条，当事人在订立合同时，具有选择可适用法律的自由，如果当事人之间缺乏明示的法律选择，则仲裁员可以依据冲突规则确定准据法。只有在争议各方当事人明确授权的前提下，仲裁员才可以依据公允及善良原则进行友好仲裁（amiable composition）。在当事人没有就案件适用的准据法达成一致意见时，通行的实践是以

〔1〕 相关案例可参见 Harnischfeger Corporation v. Appleton，1993（4）SA 479（W）。

仲裁地国家的法律作为决定争议实体问题的准据法。

根据南非《国际仲裁法》附表1第33条，仲裁员有权自行或者依当事人的申请对裁决进行解释或修改，还有权作出补充裁决。如果当事人在收到裁决书后发现确有必要修改、解释或补充，必须在30天内提出申请。南非《仲裁法》第30条也规定，对于裁决书中的笔误、计算错误或印刷错误，仲裁庭可以自行决定更正。不过，在国内仲裁中，仲裁庭无权对裁决中不清晰、有模糊的措辞进行解释，但当事人可以根据南非《仲裁法》第32条的规定向法院申请发回重新仲裁。

（六）外国仲裁裁决的承认与执行

国际商事仲裁案件的胜诉方通常期盼败诉方能够毫不迟延地自主履行裁决，毕竟获得一份具有约束力的、可执行的裁决是当事人选择仲裁的正当期望。但在实践中，总有部分败诉方拒绝履行裁决，于是，胜诉方便只得求诸国内法院申请强制执行仲裁裁决。[1] 当某一仲裁裁决是由外国仲裁机构在南非境外作出，但败诉方的住所地或其财产所在地在南非时，即涉及外国仲裁裁决的承认与执行问题。如前文所述，南非早在1976年就加入了《纽约公约》，并于1977年颁布了《承认和执行外国仲裁裁决法》，以便在国内执行《纽约公约》。据研究，南非法院承认与执行的第一份外国仲裁裁决是在英国伦敦作出的裁决。[2]

现如今，2017年颁布的南非《国际仲裁法》已经取代了1977年法案，成为南非法院审理承认与执行外国裁决案件的主要根据。根据新法，当事人在南非法院申请承认与执行外国裁决时，需要提供仲裁裁决及据以作出仲裁裁决的仲裁协议的原件，当裁决书或仲裁协议不是以南非官方语言起草时，还要经过翻译及认证；在前述材料无原件时，经认证的复印件亦可使用。关于

---

〔1〕 Nigel Blackaby et al., *Redfern and Hunter on International Arbitration*, Oxford University Press, 2015, p. 624-625.

〔2〕 朱伟东:《南非共和国国际私法研究——一个混合法系国家的视角》，法律出版社2006年版，第368页。

仲裁协议的执行，应适用《联合国国际贸易法委员会国际商事仲裁示范法》第8条。该条规定，就仲裁协议的标的向法院提起诉讼时，如果一方当事人在不迟于就争议实体提出第一次申述时要求仲裁，则法院应当让当事各方交付仲裁，除非法院认定仲裁协议无效、不能实行或无法履行；当前述有关仲裁协议效力的诉讼已经提起时，仍然可以开始或继续进行仲裁程序，并可作出裁决，同时等待法院对该问题的判决。

根据南非《国际仲裁法》第18条，南非法院仅在两类情况下拒绝承认与执行外国裁决：第一，根据南非法律，仲裁协议约定的争议事项不具有可仲裁性，或者对该裁决的承认与执行违背南非的公共政策。第二，被申请执行人提供证据证明存在下述情形之一的：（1）仲裁协议的当事人根据适用于该当事人的法律不具有行为能力；（2）仲裁协议根据当事人约定的法律或者在当事人无约定时根据裁决作出地法律被认定为无效协议；（3）当事人未得到指定仲裁员或进行仲裁程序的适当通知以至于未能陈述申辩意见；（4）裁决处理了仲裁协议约定以外的事项或者对当事人提交仲裁的争议以外的事项作出裁断；（5）仲裁庭的组成或仲裁程序与仲裁协议不符，如果仲裁协议没有规定此类事项则与仲裁地法律不符；（6）裁决尚未对当事人产生拘束力，或者已经被仲裁地或准据法所属国的有权机关撤销或中止执行。南非《国际仲裁法》附表1第36条第1款将对公共政策的违背列为拒绝执行外国裁决的事由之一，该条第3款对此作了进一步的廓清，有两类情形明显属于违背公共政策：第一类是仲裁庭违反了与作出裁决有关的公平裁判义务，且不公平裁判行为已经或将要对拒绝承认与执行的一方当事人导致实质不公正；第二类是裁决是通过欺诈或腐败行为所获得的。

普遍认为，南非的仲裁成文法并没有废止或取代原有的南非普通法。受英国法律传统影响，南非法院对承认与执行外国裁决案件还可根据普通法进行。南非《仲裁法》及南非《国际仲裁法》仅适用于以书面方式订立的仲裁协议，如果仲裁协议以口头方式达成，则只能适用南非普通法裁判。[1] 根据

---

〔1〕 David Butler, *Attitude of South African Courts Towards Arbitration*, in Emilia Onyema. ed, Rethinking the Role of African National Courts in Arbitration, Kluwer Law International, 2018, p. 195.

南非普通法，如果外国仲裁裁决不具有终局性，或缺乏有效的仲裁协议，或仲裁程序违背自然公正原则，或裁决是通过欺诈方式取得的，或裁决的承认和执行违背南非的公共政策，则南非法院将拒绝承认和执行该裁决。[1]

三、仲裁与和解、调解之间的效力关系：以 Tanzania v. Steyn and Others 案为例

【案情简介】

2019 年 9 月 4 日，在 Tanzania v. Steyn and Others 一案中，南非高等法院确认，一旦仲裁裁决被法院制作成法院命令或者裁定后，该裁决即不复存在，并且这意味着当事人对《和解契据》存在之前的主张、裁决或者裁定构成弃权。当事人在那之后行使权利的依据则是法院命令或者裁定，而不再是仲裁裁决，因此不能在南非申请承认和执行原裁决。

本申请案的第一被申请人之前向法院提出单方申请，申请扣押本案申请人坦桑尼亚政府财产以进行裁决的确认，或者请求法院依照南非《国际仲裁法》承认和执行该裁决。申请人的飞机由此被扣押。

坦桑尼亚政府作为申请人要求法院重审该问题并撤销该单方命令，主要有三个依据：首先，本案中不存在《国际仲裁法》认可的仲裁裁决；其次，就本仲裁裁决而言，申请人根据 1981 年第 87 号《外国豁免法》享有豁免权；最后，根据管辖权的普通法原则，两个外国人不能仅通过南非法院对扣押物有管辖权而在南非法院解决其争议。

在此之前的仲裁案中，仲裁庭裁决第一被申请人胜诉，并由坦桑尼亚高等法院裁定执行。然而，之后当事人之间达成了《和解契据》，其中规定申请人向第一被申请人支付 3000 万美元，而不是由仲裁员裁定的 36, 375, 672. 81 美元。坦桑尼亚高等法院商事分庭依照该《和解契据》制作了法院命令。在那之后，申请人向坦桑尼亚高等法院请求对坦桑尼亚高等法院裁决的复审，以宣告仲裁裁决是法院的一项裁定，理由是《和解契据》中充斥着需要法院重

---

〔1〕 朱伟东：《南非法院对外国仲裁裁决的承认和执行》，载《仲裁研究》2005 年第 3 期。

新考虑的错误，而该申请被坦桑尼亚高等法院驳回，理由是该仲裁裁决已经被后续事件替代，因而不复存在了（The application was struck of on the basis that the arbitration ruling was non-existent as it was overtaken by the events）。

依照南非《国际仲裁法》第16条（仲裁协议和外国仲裁裁决的承认和执行）的规定，外国仲裁裁决必须按照《纽约公约》的规定在南非获得承认和执行。此外，执行人必须请求法院作出命令，将裁决以与任何判决或法院命令相同的方式执行。《和解契据》第6条规定：任何晚于约定时间6个月以后的付款都构成违约，并且法院裁定持有人应有权立即就《和解契据》中的减除已支付的金额而执行该法院同意令。

第一被申请人的律师主张，第一被申请人之所以和南非法院产生关联，是因为其在坦桑尼亚获得胜利的仲裁裁决，并扣押申请人坦桑尼亚政府的财产而获取管辖权的单方命令使其能够提起诉讼程序以执行原仲裁裁决。此外，坦桑尼亚高等法院的裁定并无约束力，因为该案法官的审理结果在内容上与《和解契据》相悖，因此该案法官在未审理该问题的情形下即作出裁定。根据第一被申请人提交的在坦桑尼亚执业的律师的法律意见，《和解契据》第6条是回补条款，已成为法院命令的一部分，该条款可使在违反《和解契据》时仲裁裁决重新具有可执行性。因此，第一被申请人的表面证据主张已经成立，而只能在对此案进行实质审理时才能辨明该主张到底是否成立。

申请人的律师则主张，当仲裁裁决被法院制作成法院命令或者裁定后，该裁决即不复存在。而在此后，当事各方达成了《和解契据》，法院也将该《和解契据》制作成了法院命令或裁定。因此，必须对《和解契据》第6条进行字面解释，而该字面解释并不使该条款成为回补条款。法院的裁定在被撤销之前一直有效。

最终，南非法院不认为存在仲裁裁决，而第6条是一种和解协议行为。对第6条进行字面解释是，一旦违反《和解契据》条款，则本案的第一被申请人即《和解契据》债权人有权立即执行同意令而不是《和解契据》或仲裁裁决。法院裁定，《和解契据》第6条所使用的作出法院命令的措辞没有歧义。南非法院还认为，仲裁裁决于坦桑尼亚法院下达法院命令时即不复存在，即一旦将《和解契据》提交法院以和解任何主张或裁决，则意味着对《和解契据》存在之前的主张、裁决或者裁定进行弃权。此外，南非法院认为坦桑尼亚法院的裁定的效力高于第一被申请人提供的法律意见的效力，该裁定在被撤销之前仍然具有约束力和执行力。南非法院裁定其无权依外国法院的命令扣押财产而认定其自身有管辖权。由此，南非法院裁定撤销原单方命令。

【案例所涉及的主要问题及评析】

本案的被申请人主张，根据《和解契据》，在一方当事人违反《和解契据》时，另一方当事人有权重新启动对于仲裁裁决的执行程序；而之前的坦桑尼亚法院的裁定因为涉及超裁，不应当被遵循，因此原裁决重新生效；此外执行标的物被扣押于南非，因此被申请人申请在南非执行该裁决。

本案申请人主张的则是仲裁裁决在当事人向法院申请执行的时候即已经被消灭转化为法院命令或裁定，而该点被坦桑尼亚高等法院在后续的程序中确定，不再存在仲裁裁决，因此无国际仲裁裁决可在南非执行。

南非法院区分了《和解契据》和原裁决，认为《和解契据》是一种当事人之间的合同，与原裁决无关，而且承认坦桑尼亚高等法院的裁定，即“仲裁裁决在当事人向法院申请执行的时候即已经被消灭转化为法院命令或裁定”，拒绝进一步审查该裁定的合理性，认为不再存在仲裁裁决，因而不再能在南非执行原裁决。

本案在一定程度上揭示了仲裁与调解、和解之间可能存在的矛盾，即它们分属不同的领域，仲裁是有权威的第三方对当事人权利义务作出的处分并施加于当事人之上，而调解、和解则是当事人之间的一个协议，该事后协议可能并不能对裁决的效力作出约定。此外，若当事人在当地法院申请执行仲裁裁决，则可能导致该裁决的效力灭失而转化为当地的法院命令或裁定，可能不再能在其他国家重新来执行该裁决，因而给当事人造成无法在他国执行原仲裁裁决的困境。

第六节 投资南非法律风险防控建议

一、外资准入方面

从外资的准入门槛、限制行业以及持股比例等方面的要求来看，南非对内外资几乎“一视同仁”，并未因为是外来资本而施以更多限制和要求。根据法律规定，仅有航空业、博彩业、电信业以及银行业等少数几个行业对内外资有一定的区别对待。此外，南非还推出大量针对投资的优惠安排，内外资均有资格平等享有。从这一层面而言，南非是“外资友好型”国家。但不容忽视的是，外资想要在南非真正落地营商，还必须关注内在的法律风险。2015年《外资促进与保护法案》对“国民待遇”的规定以及将“投资者—东道国”仲裁剔除，都应当使投资者意识到，南非政府在社会政策的执行与对外来投资者的保护方面，是倾向前者的，投资者应对此类法律风险做好充分的事前评估和预防。

投资顺利进入南非也绝非易事，立法暗藏壁垒。新南非成立以后，为了改变南非之前的社会分层情况，消除种族隔离，南非政府开始致力于逐步提高黑人等社会弱势群体在社会经济中的地位和实力，鼓励黑人逐步融入并掌控经济，缩小黑人与白人之间的贫富差距，推动经济社会的全面可持续发展。为此，黑人经济振兴政策等应运而生。南非实施黑人经济振兴政策的目的是希望通过加大政策倾斜力度，鼓励黑人发展中小型企业，积极参与国家大型企业的发展，并对各企业黑人持股比例、参与管理程度和接受技能培训等设定硬性目标，以期全面提高黑人融入经济的程度。[1] 此后，南非政府又出台一系列配套的法律、法规以实现该法的要求。

从东道国的立场看，这些法案的出台是为了保护南非黑人及历史上受到不公平对待的人群的利益，但是从外国投资者的角度来看，秉承这一目的的

---

〔1〕 朱伟东:《南非〈投资促进与保护法案〉评析》，载《西亚非洲》2014年第2期。

投资立法，会给外国投资者带来隐形壁垒。例如，南非2004年实施的《矿产和石油资源开发法》规定，在南非的所有矿业公司必须将公司26%的股权转让给南非当地的黑人，并增加黑人在公司管理层中的人数。如果南非境内的公司不遵守这些规定，就会受到南非政府的相应处罚。

对待这些隐形的投资壁垒，投资者应当在赴南非投资之前，寻求熟悉南非法律的专业人士，评估好相关法律风险。建议投资者在企业内健全纠纷案件的报告制度。在面临投资纠纷时，投资者应当在必要时通过法律手段解决纠纷，维护自身合法权益。在企业发生法律纠纷或企业合法权益受到侵害时，通过协商、调解、仲裁、诉讼等方式，维护企业合法权益。在纠纷得到解决后，及时总结，制作投资者纠纷案件报告，为投资者积累处理类似纠纷案件的经验。

投资者应当密切关注南非国家政策制定的动向。虽然与非洲其他国家相比，南非的投资环境相对稳定，但也存在投资立法修改频繁、政策变更较快等问题。因此，投资者在投资过程中要时刻关注南非国家政策制定动向，以便及时化解立法和政策改变对投资带来的风险。

二、运营方面

在南非设立营商实体主要有新设和并购两种方式，各自存在优势及风险。对新设投资而言，优势主要在于投资者完全掌握对投资的控制权，能够很好地执行投资者的发展策略。但是，新设投资通常建设周期长、收效慢，可能会因投资回报的时间比较长，投资者的投资目标落空。新设企业除了组织必要的资源外，还需要选址、建厂、安装设备以及安排人员等，要消耗企业大量的时间和精力。

相较于新设投资，并购模式可以直接获取东道国原有企业的资产，大大缩短项目的建设和投资周期，从而使投资者可以迅速获取资产，更好地把握市场机遇。但是，并购模式最大的风险以及不确定因素在于其需要经过严格的跨国并购审查。出于保护南非经济安全、保障本土企业的经济利益的目的，南非政府在审查外资进入本国市场时，相当严格。目前，南非并没有统一的投资审查制度，关于投资审查的内容散见于相关行业的立法中。但这些立法并未对投资审查标准中的“公共利益”或“公共安全”等问题作出明确定义，给投资者带来极大的不确定和不可预期性。

中国企业本身的并购模式也易招致风险。在实践中，中国企业多采取“横向并购”模式，相比于其他并购方式，“横向并购”更容易造成市场集中和行业垄断，对目标国的经济安全造成威胁，成为反垄断审查的重点对象。

在此方面，除了建议投资者进行常规的尽职调查，以提前了解南非并购审查的标准和存在的法律风险，重点是建议投资者尽量选择南非政府鼓励和扶持的投资领域。对这些领域的投资符合南非经济的发展方向，因此主管部门对这些领域的审查可能相对宽松，能够降低投资者的风险。

投资者还应当警惕国有化的风险。在通常情况下，国有化主要表现为两种形式：一是政权更迭或者是国家政策的变化会导致国有化立法的变化，从而使投资者的财产被征收；二是政府出于其他目的，会在国外投资企业在其国内形成一定规模时，寻找多种借口，以不同手段国有化国外企业。国有化风险属于东道国的政治风险，与东道国的国家政策息息相关，投资者无法从根本上杜绝此类风险的发生。但可以通过购买海外投资保险等手段来大大降低风险。建议投资者加强与南非各主体利益的融合，将一部分国有化风险转移给南非国内利益集团，通过适当增加原材料在当地的采购比例、聘用当地人才等手段，提高东道国的国有化成本。本书建议投资者取得核心要素的控制权，例如取得商标、关键技术和市场等核心要素的控制权。在此种情况下，即便南非政府对企业财产进行征收，也无法取得生产的关键技术和专利，因此，即便硬件资产被国有化，企业仍可以通过发放许可证等形式继续维持经营。[1]

三、用工风险

在南非投资应当谨慎对待南非的劳工法律制度。第一，投资者应当意识

---

〔1〕《一带一路沿线国家法律风险防范指引》系列丛书编委会编：《一带一路沿线国家法律风险防范指引（南非）》，经济科学出版社2017年版，第91页。

到南非的劳工法有“过度保护劳工”的立法倾向。第二，投资者应当依法规范用工，不得违反法律的强制性规定。例如，不得强迫雇员加班，若强制加班，则有可能招致劳动诉讼，甚至会在宪法法院引发涉及侵犯人权的诉讼，会严重损害中资企业的形象或中国的国家形象。第三，要处理好和工会的关系。南非的工会地位强势且组织发达，各行各业都有工会，工会常代表雇员进行劳资谈判、组织罢工，为雇员争取更好的薪资待遇等。基本上，劳资双方的博弈最终都会倾向劳动者一方，甚至由于工会的存在，在一定程度上助长了劳动者的“索取”心态。[1] 中国投资者要和工会建立良好的沟通机制，争取借由工会在雇员中的强大威信，将工会发展成为一个和雇员沟通的桥梁机制，通过工会来改善劳资关系。第四，处理好罢工等群体性事件，防止法律问题社会化。罢工的起因多是劳资纠纷，但极易发展成为社会问题。在南非的法律框架中，既赋予员工罢工的权利，又严格限制罢工权的行使。仅在符合实体和程序要求的正当情况下，员工才可以行使罢工权。对于中国投资者而言，可以运用法律的策略，化解罢工危机。有以下几点可以运用：(1) 根据南非相关法律的规定，罢工应当是“协议或者共谋的”且行动至少应该不少于 2 人，任何一个人的所谓“罢工”行为都是不合法的；(2) 罢工的目的仅限在劳资关系内，如果罢工是因社会经济政策而举行的政治性罢工，则被认定为不合法；(3) 任何企业内从事“必要或基本服务”的员工不得参与罢工。建议中资企业可以在劳动合同中对“必要或基本服务”作合理的扩大化解释；(4) 罢工必须符合法定程序，不能采取非和平手段且须穷尽除罢工以外的其他手段后才可实施。此外，罢工须提前 48 小时通知以及必须在举行罢工 7 天前告知工人相关事宜并进行投票表决，超过工人总数的半数同意时，才可进行罢工活动。

在实践中，中国企业在南非发生劳工纠纷的领域主要集中在以下方面：招工、劳动合同、劳动待遇、劳工组织、罢工与关厂、劳资纠纷的解决等。以下就三个具体问题展开分析和建议：(1) 在招工方面，南非有严格的反就

---

〔1〕 黄星永、洪永红:《新南非劳动权制度的嬗变及中资企业的应对》，载《湘潭大学学报（哲学社会科学版）》2019 年第 1 期。

业歧视，尤其是反疾病（艾滋病）歧视。对于中国企业而言，在招工前通常会组织员工体检，这在南非很容易违反相关法律，构成歧视。因此，中国企业在组织员工入职体检时一定要谨慎对待。除非是根据南非法律对特定行业的从业人员必须体检，否则不建议中国企业在南非招聘员工时进行入职体检。[1]（2）在劳动合同方面，除个人合同外，集体谈判制度以及集体合同往往容易被中资企业忽视。在南非，工会经常代表工人与雇主谈判，签订集体合同。因此，中国企业应当注意处理好和工会的关系，以便在劳动合同的集体谈判时争取有利位置。（3）在劳动待遇方面，南非设置了工作条件、休假、最低工资和社保等内容。中资企业存在"付加班费就可以要求员工加班"的惯性思维，但根据南非法律的规定，加班受到严格的限制，即便支付加班费，也不允许随意要求员工加班。

四、争议解决机制

南非曾经是荷兰和英国的殖民地，在法律制度上具有混合法系的特点，给中国投资者在争议解决方面带来风险。第一，南非的法律运作中程序法优于实体法。例如，中国的民事诉讼中被告不提交答辩状并不影响法院的审理，即被告可以不提交书面答辩状，仅在庭审时口头答辩。而按照南非的诉讼规则，被告则必须提交答辩状，如未提交书面答辩状仅在庭审时口头答辩则法院有权不将被告的口头答辩内容作为审理依据和考量，直接按照原告的诉状作出判决。又如，南非程序法往往对到期日有明确的规定，如果中国当事人不严格按照期限提交材料，南非法院可能直接赋予其实体上不利的后果。第二，南非的法院系统复杂，拥有诸多类型的特别法院，负责解决争议的劳动法院就是其中一种。在中国，解决劳动争议也是在普通法院中按照民事诉讼程序提起的，在南非却有专门的法院受理劳动争议。第三，南非有宪法法院，只要争议内容与宪法中的某项权益或者规定有关，是可以被上诉至宪法法院的。因此，中国投资者和经营者要对此有充分的认识，应当意识到在南非一

[1] 周严:《论南非反就业歧视法》，湘潭大学2008年硕士学位论文，第128页。

旦陷入诉讼，就应当做好最后可能被上诉至宪法法院、打持久仗的准备。第四，南非的仲裁法律和仲裁程序和我国虽有诸多相似之处，但仍存在一定差异。例如，南非的仲裁庭是可以由两人组成的，又如南非法院对仲裁庭的监督和干预程度要高于我国法院对仲裁庭的监督。第五，南非虽早已加入《纽约公约》，法律对于承认和执行外国仲裁裁决的规定比较宽泛，在具体执行中却比较复杂和严苛。并且，南非对非英美法系国家作出的仲裁裁决往往采取更为严格的标准来承认与执行，因此中国投资者应当详细了解南非仲裁法律以及南非承认和执行外国仲裁裁决的具体规定。第六，南非法律与英国法观点一致，均认为和解协议就是普通的合同。因此，按照南非法律，和解协议是没有强制执行力的。因此，中国投资者与经营者如果和南非本地公司或自然人发生纠纷，即便达成一致，也建议到法院起诉，请求法院将和解协议采纳到判决书中，赋予其强制执行力。第七，南非的时效制度与我国不同，存在 3 个月至 20 年不等的时效。此外，南非的时效是不变的期限，没有诉讼时效中断、中止等情况。因此，投资者若与南非当事人发生纠纷且时效快届满时必须先起诉，避免超过诉讼时效。